W0195455

Mirjam Pressler
**Novemberkatzen ❦ Wenn das Glück kommt,
muss man ihm einen Stuhl hinstellen**

Sonderausgabe für
❦ *Mirjam Pressler zum 70. Geburtstag* ❦
am 18. Juni 2010

Mirjam Pressler

Novemberkatzen

Wenn das Glück kommt, muss man ihm einen Stuhl hinstellen

Zwei Romane und eine Rede

BELTZ
& Gelberg

Editorische Notiz:
Die in diesem Band versammelten Romane liegen weiterhin auch als
Einzelausgaben vor. *Eine Orchidee blüht im Continen-Tal* basiert
auf einer Rede, die Mirjam Pressler im Jahr 2001 auf Einladung des
Instituts für Jugendbuchforschung in der Johann-Wolfgang-Goethe-
Universität, Frankfurt, gehalten hat.

Wenn das Glück kommt, muss man ihm einen Stuhl hinstellen wurde
1994 mit dem Deutschen Jugendliteraturpreis ausgezeichnet.

www.beltz.de
© 2010 Beltz & Gelberg
in der Verlagsgruppe Beltz · Weinheim Basel
Alle Rechte vorbehalten
© 1982 Novemberkatzen
© 1994 Wenn das Glück kommt, muss man ihm einen Stuhl hinstellen
Neue Rechtschreibung
Einbandillustration: Eva Schöffmann-Davidov
Einbandtypografie: Moni Port
Satz und Bindung: Druckhaus »Thomas Müntzer«, Bad Langensalza
Druck: Druck Partner Rübelmann, Hemsbach
Printed in Germany
ISBN 978-3-407-79970-8
1 2 3 4 5 6   13 12 11 10

Inhalt

Novemberkatzen

1

Ilse starrt auf das Arbeitsblatt, das sie vor sich auf dem Tisch liegen hat. Unterstreiche alle Namenwörter, steht als Arbeitsauftrag da. Sie versteht nicht so genau, was mit Namenwörtern gemeint ist. Natürlich ist Ilse ein Namenwort, weil es ihr Name ist, auch Oma, Dieter, Horst und Marga sind Namenwörter.

Draußen scheint die Sonne und ihre Strahlen fallen auf das Papier. Ilse ballt ihre linke Hand zur Faust, spreizt Daumen und Zeigefinger ab und lässt den Schatten als bellenden Hund über das weiße Blatt gleiten.

Der Hund vom Kornmeier hat den Herrn Krämer in die Hand gebissen. Obwohl er ihn nur streicheln wollte, hat der Herr Krämer gesagt.

Geschieht ihm recht, denkt Ilse. Geschieht ihm ganz recht. Er ist genauso böse wie sein Sohn, der Klaus.

Wenn ich ein Hund wäre, denkt Ilse, dann würde ich viele beißen.

Sie lässt mit schnellen Bewegungen ihren Schattenhund zuschnappen. Plötzlich wird das Papier dunkler, eine Hand greift nach ihrer Schulter, schüttelt sie. Ilse duckt sich unter diesem Griff. »Wenn man so schlecht ist wie du«, schimpft Herr Stumpff, »dann sollte man wenigstens besser aufpassen. Aber bei dir ist Hopfen und Malz verloren.«

Marion auf dem Platz neben ihr lacht laut. Ilse duckt sich noch tiefer. Herr Stumpff geht zurück zur Tafel. »Schreibt die Hausaufgaben auf«, sagt er. »Heute wird es ein bisschen mehr, weil ihr eher aushabt. Ich muss zu einer Beerdigung.«

Als er seine Ledertasche auf den Tisch stellt, seine Sachen einpackt, die Metallschlösser zuschnappen lässt und wie jeden Tag sagt: »So, das wär's für heute«, ist Ilse schon längst fertig. Sie rennt als Erste aus der Klasse.

Im Treppenhaus der Schule ist es düster. Das Licht, das durch die hohen, schmalen Fenster einfällt, wird von dem dunklen, porösen Linoleumbelag aufgesogen. Die große Tür am Fuß des letzten Treppenabsatzes ist geöffnet, die beiden Holzflügel mit den Gittern vor den Glaseinsätzen sind mit eisernen Löwenkopfriegeln in den Halterungen an den Flurwänden eingeklinkt.

Als Ilse über die Schwelle tritt, schlägt ihr die Sonne entgegen. Sie blinzelt und legt den Unterarm schützend über ihre Augen. Im Vorbeigehen streift sie schnell mit der anderen Hand über die sonnenwarmen Sandsteinquader, die den Türstock einrahmen. Trocken und rau fühlen sie sich an, körnig, bröselig, fast wie Schmirgelpapier, nur viel angenehmer. Hinter ihr drängen und schreien jetzt die anderen Kinder. Ilse dreht sich nicht um. Sie rennt über den Schulhof, schaut auf den Boden, stößt mit einem Radfahrer zusammen, hebt den Kopf aber auch dann nicht, als sie das laute »Blöde Kuh« hört, und rennt weiter. Erst als sie draußen auf der Straße ist, geht sie wieder langsamer. Ihr Ranzen schlägt mit jedem Schritt leicht auf ihren Rücken.

Beim Konsum gibt es gegrillte Brathähnchen. Der Geruch steigt ihr verlockend in die Nase. Sie merkt, dass sie Hunger hat, aber sie geht nicht schneller. Im Gegenteil, je näher sie der

Sandgasse kommt, desto langsamer werden ihre Schritte. Sie lässt die geöffnete Hand durch die Fliederzweige von Hoffmanns Garten streifen. Wild wuchern die Büsche durch den Zaun hindurch und zwingen die Fußgänger, von dem ohnehin schmalen Bürgersteig auf die Straße hinunter auszuweichen. Ilse reißt ein paar Blätter ab und zerreibt sie zwischen ihren Fingern.

Dann ist sie in der Sandgasse, die immer noch Sandgasse heißt, obwohl schon vor Jahren der breite Mittelstreifen asphaltiert worden ist, damals, als die ersten Städter oben im alten Wingert Häuser gebaut haben, Häuser mit großen Terrassen und offenen Kaminen in den Gärten über dem Hang.

Das Haus, in dem Ilse wohnt, ist ein graubrauner Klotz, das zweite Haus links, da, wo die Sandgasse noch lange nicht in das neue, feine Wohnviertel übergeht, ganz ohne Terrassen oder Balkons. Das Gemeindehaus ist es. Sie ist die Lautenschläger Ilse aus dem Gemeindehaus. Links und rechts an den Schmalseiten des Hauses befinden sich unter hoch liegenden kleinen Flurfenstern die Eingänge. Drei Parteien wohnen auf jeder Seite, Erdgeschoss, erster und zweiter Stock.

Ilse geht über die steinernen Wegplatten zur linken Haustür und steigt die Treppe hinauf zum ersten Stock. Es ist eine Wohnung ohne Flur, direkt vom Treppenabsatz gehen die drei Türen zur Küche und zu den beiden Schlafzimmern ab. Die Küchentür steht weit offen. Die Mutter hat gern Durchzug, wenn sie kocht, besonders im Sommer, wenn das Feuer im Herd eine fast unerträgliche Hitze verursacht.

»Du bist früh dran heute«, sagt die Mutter und wendet sich wieder dem Herd zu.

»Wir hatten eher aus. Der Lehrer musste zu einer Beerdigung.« Ilse sagt das fast entschuldigend.

»Ja, stimmt«, sagt die Mutter. »Der alte Brückner wird heute beerdigt. Da gehen sie natürlich alle hin. Nur weil er der Vater vom Bürgermeister gewesen ist.«

Ilse dreht sich halb um und lässt ihren Ranzen auf den Tisch rutschen. »Dafür hat er uns umso mehr aufgegeben.« Sie packt ihr Zeug aus, setzt sich an den Tisch. Mit dem Füller in der Hand hockt sie vor dem aufgeschlagenen Heft. Aber sie schreibt nicht, sie schaut ihrer Mutter zu.

Sie kochen schon, die Kartoffeln, Ilse kann es riechen. Der Deckel hebt sich über den Dampfwolken und fällt scheppernd zurück auf den Topf, immer wieder. Die Mutter bewegt sich hastig, heißes Kochwasser schwappt über und platscht ihr auf die rechte Hand. »Scheiße«, sagt sie und schlenkert die Hand ein paar Mal durch die Luft. Die Kartoffeln, jetzt auf der hintersten Ecke des Herdes, links neben dem Wasserschiff, haben aufgehört zu kochen, brummeln nur noch leise vor sich hin. Die Mutter hebt die Hand zum Mund und bläst mit vorgeschobenen Lippen über den sich immer stärker rötenden Brandfleck. »Scheiße«, sagt sie noch einmal, dreht sich um und geht zur gegenüberliegenden Wand, zum Wasserhahn, und lässt sich kaltes Wasser über die Hand laufen. Der rote Fleck fängt über dem Daumen an und zieht sich bis hinter das Handgelenk. Die Mutter schimpft leise vor sich hin. Sie wühlt in der rechten Schublade des Küchentisches, bis sie zwischen Rabattmarken, Gummiringen, einer Nagelfeile, einem angefangenen Heftchen Hansaplast und ein paar Reißnägeln eine rote Salbentube findet, fast leer, gegen Brandwunden und Insektenstiche. Sie rollt die Blechtube sorgfältig vom Ende her auf, drückt etwas von dem fast durchsichtigen Gelee auf die Haut und verreibt es. Dabei verzieht sie das Gesicht und kneift ihre Augen zusammen. Dann stellt sie einen etwas kleineren, blau emaillierten Topf auf den Herd, ganz in die Mitte, dahin, wo das Feuer die innersten Herdringe manchmal rot aufglühen lässt. Oberhalb des Topfbodens ist das Email an etlichen Stellen abgesprungen und bildet seltsam gerundete, schwarze Formen in dem hell gemaserten Blau. Im Topf sind Bohnen, die sie schon vorher abgezogen, gewaschen und in Salzwasser gelegt hat.

»Was gibt es heute?«, fragt Ilse.

»Grüne Bohnen mit Kartoffeln und Fleischwurst«, sagt die Mutter. »Du musst jetzt noch zum Metzger gehen und die Wurst holen, ich hab's vergessen.«

»Der Dieter kann auch mal. Der muss gleich kommen.«

»Du gehst, habe ich gesagt.«

»Ich will aber nicht. Warum immer ich? Der Dieter kann doch auch mal.« Ilse weint. Sie weint laut und sichtbar, die Nase läuft und bildet eine sich aufblähende Rotzglocke.

»Na ja«, sagt die Mutter. »Der Dieter kann wirklich auch mal. Bist du sicher, dass er gleich kommt?«

Ilse nickt, schnieft, wischt mit dem Handrücken die Rotzglocke weg und nimmt wieder ihren Füller. »Der Stumpff meckert jeden Tag, weil ich ihm nicht schön genug schreibe. Ich weiß gar nicht mehr, was ich machen soll. Ich geb mir solche Mühe.«

»Der Stumpff soll das Maul halten, der alte Knacker. Der

glaubt wohl immer noch, er wäre was Besonderes, nur weil sein Vater unter Adolf ein hohes Tier war.«

»Wer ist Adolf?«

»Ach, sei still. Mir tut die Hand weh.«

»Schlimm?«

»Es geht.«

Ilse fängt an zu schreiben. Mühsam malt sie die Buchstaben.

»Ich habe heute die Oma beim Einkaufen getroffen. Scheißfreundlich ist sie gewesen. Du sollst heut Mittag mal raufkommen zu ihr, sie hat zwei Unterhosen und ein Paar Kniestrümpfe für dich gekauft.«

Ilse hebt den Kopf und lacht erfreut.

»Sag ihr, dass der Dieter Sandalen brauchen könnte und der Horst ein neues Oberhemd.«

»Ja, mach ich.«

Da kommt Dieter herein, sein Mund ist schmal und verkniffen. »Was gibt's heute?«

»Grüne Bohnen mit Kartoffeln und Fleischwurst. Gehst du schnell noch zum Metzger und holst die Wurst? Ich hab's vergessen.«

Dieter nimmt den Ranzen vom Rücken. »Wieso ich? Die Ilse soll gehen.«

»Die Ilse ist schon so oft gegangen«, sagt die Mutter. »Du kannst auch mal.«

Dieter schüttelt den Kopf. »Ich geh nicht. Kochen ist Frauensache, Einkaufen auch. Die Ilse soll gehen.«

»Hörst du«, sagt die Mutter, »du sollst gehen. Er geht nicht.«

14

Ilse schaut auf. Ihre Augen sind sehr dunkel gegen das blasse Gesicht. »Ich will nicht. Er soll.«

»Du gehst«, schreit die Mutter. »Sofort gehst du.«

Ilse zieht den Kopf ein, hält die Arme schützend vor das Gesicht. »Nein«, sagt sie. Die Mutter schlägt mit dem Kochlöffel, den sie gerade in der Hand hat, nach ihr, trifft aber nur ihren linken Arm. Ilse nimmt beide Arme schützend auf die linke Seite, und der Kochlöffel trifft, als die Mutter noch einmal ausholt, voll auf ihre rechte Backe. Ilse weint.

»Gehst du jetzt?«

Ilse packt ihre Schulsachen wieder ein, nimmt die fünf Mark, die ihre Mutter aus der Schürzentasche zieht, und verlässt die Küche.

In der Sandgasse spielen jetzt ein paar Buben mit einer Blechbüchse Fußball. »Die Ilse«, schreit der Krämer Klaus und kickt ihr die Büchse vor die Füße. Mittelfeine Erbsen. Ilse weicht aus und rennt zur Bergstraße hin. Nur um die Ecke muss sie kommen, dann ist alles gut. Hinter sich hört sie das Lachen der Buben. Und dann den Vers:

»Ilse Bilse,
niemand willse,
kam der Koch,
nahm sie doch,
steckt sie in das Ofenloch.«

Ilse rennt schneller. Sie hasst dieses Lied, vor allem das »niemand willse«. Ilse Bilse, niemand willse, niemand willse, dröhnt es in ihrem Kopf und ihre Füße schlagen den Takt dazu. Niemand will sie. Zur Marga sagt das keiner. Die Marga ist ja auch bei der Oma. Ganz klar ist es, dass die Oma die Marga will.

Ilse rennt an der alten Lene vorbei und erschrickt, weil sie viel zu nah an ihr vorbeikommt und nicht den gewohnten Bogen um sie gemacht hat. Ganz plötzlich ist das Gesicht der Lene vor ihr, die blau verwaschenen Augen, die Ilse anschauen und doch an ihr vorbei, der eingefallene Mund, die weißen, strähnigen Haare, die so gar nicht zu der seltsam glatten rosa Haut passen.

»Guten Tag«, ruft Ilse im Vorbeirennen. Eine ganz hohe Kinderstimme hat sie vor Angst. Die alte Lene antwortet nicht, streckt aber ihre Hand nach ihr aus. Und obwohl Ilse im letzten Moment versucht auszuweichen, noch schnell einen Sprung zur Seite macht, spürt sie die streifende Berührung der alten Frau.

Die Frau Seifert will gerade ihren Laden zumachen, Mittagspause von halb eins bis drei, als Ilse sich schwer atmend gegen den Metallrahmen der Tür fallen lässt. »Für fünf Mark Fleischwurst«, sagt sie, »ich will für fünf Mark Fleischwurst.«

Frau Seifert schaut Ilse erstaunt an. »Du bist ja ganz schön abgehetzt«, sagt sie. »Hättet ihr euch das nicht früher überlegen können?«

2

Ilse ist mit ihren Aufgaben fertig und schaut der Mutter beim Umziehen zu. »Ich geh mit zur Oma«, hat die Mutter gesagt. »Ich brauche Geld.«

»Lass mich vorgehen«, hat Ilse gebettelt, »du kannst ja nachkommen.« Sie hasst den Streit um Geld zwischen der Mutter und der Oma.

»Nein, wir gehen zusammen, du wartest auf mich.«

Die Mutter hat das ärmellose Sommerkleid ausgezogen und steht jetzt in dem dünnen Perlonunterrock vor Ilse. »Soll ich das rote Kostüm anziehen? Was meinst du?«

Ilse zuckt mit den Achseln. »Wenn du willst.«

»Es sieht immer noch ganz gut aus«, sagt die Mutter und nimmt den Kleiderbügel mit dem Kostüm aus dem Schrank. »Obwohl es jetzt doch schon über drei Jahre alt ist. Der Rock ist ein bisschen zu kurz. Aber das macht nichts. Meine Beine können sich sehen lassen. Meine Knie auch. Ich bin nicht fett geworden wie die anderen in meinem Alter.«

Die Beine der Mutter schauen dünn und blass unter dem Unterrock heraus. Wie Kartoffeltriebe sehen sie aus, denkt Ilse, wie die Keime, die man immer abbrechen muss vor dem Schälen.

»Hast du gesehen, was die Schuster für Knie hat?«, fragt die Mutter. »Ganz aufgequollen und wabbelig.« Sie zieht den Reißverschluss am Rock hoch. »An den Beinen ist meine Haut auch ganz gut, findest du nicht?«

An den Beinen hat die Mutter wirklich nicht diese schilfernde, schuppige Haut wie im Gesicht und an den Armen. An den Beinen ist ihre Haut normal. Aber Ilse mag sie nicht so sehen, so halb nackt. Sie schaut weg und kratzt mit dem Fingernagel vorsichtig an ihrer Warze.

Die Mutter geht in die Küche, holt von dem Ablagebrett neben dem Spülstein die Bürste, fährt sich durch die Haare, greift dann nach dem Lippenstift und malt ihren Mund an. »Er schmeckt schon ranzig«, sagt sie. »Ich brauch bald einen neuen.«

Ilse wartet ungeduldig darauf, dass die Mutter endlich fertig wird. Frau Schuster steht im Treppenhaus, einen Eimer voll dampfender grauer Brühe neben sich. Sie ist diese Woche dran mit dem Treppenputzen. Ilse hält sich am Geländer fest und schiebt ihren Körper vorsichtig an dem Eimer vorbei.

Die Frau Schuster wischt sich die Haare aus der feuchten Stirn. »Na, Gertrud, wo geht's denn hin so fein?«

»Zu meiner Schwiegermutter. Sie muss mal wieder was rausrücken. Kann sich keiner vorstellen, was drei Kinder kosten. Und der Schorsch bezahlt kaum was. Macht sich ein schönes Leben und kümmert sich um nichts. Da muss ich mich an seine Mutter halten.«

»Recht hast du, Gertrud, sag's der Alten nur richtig. Die bildet sich sowieso wer weiß was ein, nur weil sie das eigene Häuschen hat.«

Ilse lehnt unten an dem Pfosten neben der Eingangstür und beobachtet die beiden Frauen. Gegen die Schuster sieht ihre Mutter wirklich gut aus. Wenn sie nur nicht diese Haut hätte.

Frau Schuster hat nichts an unter der Kittelschürze, ihre Brüste schwabbeln unter dem grauen, dreckigen Stoff, wenn sie sich bewegt. Vorn fehlt ihr ein Knopf, sie hat die Schürze mit einer Sicherheitsnadel zugesteckt.

»Na ja«, sagt die Mutter. »Sie haben schwer gearbeitet für das Häuschen, die alten Lautenschlägers, das muss man ihnen lassen. Geschenkt worden ist ihnen nichts.«

Die Frau Schuster reckt sich hoch, streckt ihren krummen Rücken, streicht sich über die strähnigen Haare. »Uns wird auch nichts geschenkt«, sagt sie. »Hol aus der Alten raus, was du kannst, Gertrud.«

»Probier ich ja. Aber jede Kuh ist mal leer gemolken. Und jeder Stier auch.«

»Ein paar Tropfen kriegt man immer noch raus.«

Die beiden Frauen lachen wie über einen Witz, den Ilse nicht versteht. Sie lacht trotzdem mit.

»Pass auf«, sagt die Schuster, »die Treppe ist noch nass.« Und die Mutter stakst mit ihren hohen Absätzen über die nassen, abgetretenen Holzstufen, hält sich am Geländer fest und lacht noch einmal laut und irgendwie ohne Grund. Auf der Straße ist es heiß und staubig, die Luft steht flimmernd über dem Asphalt. »Ich hätte besser doch nicht das Kostüm angezogen«, sagt die Mutter. »Ich werde wieder Schweißflecke kriegen. Und die Alte wird drauf schauen.« Sie wischt sich über die Stirn. Weiße Hautschuppen bleiben auf dem roten Ärmel hängen. Die Mutter klopft sie ab. »Ich vertrage einfach keine Sonne, das hat der Doktor auch gesagt. Mit so einer Haut nicht, hat er gesagt. Aber die neue Salbe, die er mir verschrieben hat, taugt genauso wenig wie die andern. Nur

Geld wollen sie verdienen, diese Ärzte. Deshalb schreiben sie einem alles Mögliche auf, das dann doch nicht hilft.«

Ilse, die insgeheim immer Angst hat, sie würde doch noch so eine Haut bekommen, fragt: »Als du so alt warst wie ich, hattest du das da schon?«

»Ja. Schon als ganz kleines Kind habe ich es gehabt.«

Sie gehen nebeneinander die Bergstraße entlang, biegen nach dem Kornmeierhaus links ab in die Bachgasse, die parallel zur Hauptstraße verläuft. »Schlurf nicht so mit den Füßen«, sagt die Mutter. »Sonst sind die Schuhe auch gleich wieder kaputt.«

Ilse hebt, solange sie daran denkt, die Füße richtig hoch über dem Pflaster.

»Ich geh lieber durch die Bachgasse«, sagt die Mutter. »In der Hauptstraße hängen all die Weiber an ihren Fenstern und schauen heraus. Wie die einen anstarren. Dabei sollten die sich an ihrer eigenen Nase ziehen. Wenn die über dreißig sind, haben sie doch alle dicke Bäuche und fette Ärsche. Aber wir nicht! Wir Schragendorfers haben eine gute Figur, stimmt's?«

Ilse nickt. »Die Schragendorfer-Oma ist auch nicht dick.«

»Ja. Das soll ihr mal einer nachmachen. Mit sechsundfünfzig.«

Als sie zur Bäckergasse kommen, geht die Mutter langsamer. Jetzt ist es nicht mehr weit. Am Zaun von der alten Kinderschule bleiben sie stehen. Im Garten blühen Glockenblumen und Rittersporn, und durch die halb verfaulten Latten fallen rote Pfingstrosen an überlangen Stängeln. »Die weißen sind alle schon verblüht«, sagt Ilse. »Aber mir gefallen sowieso die roten besser.« Sie bückt sich und drückt ihre Nase an die Blütenkugeln. »Ich wollte, wir hätten auch so einen Garten.«

Die Mutter strafft die Schultern, geht aufrecht und stolz in ihrem roten Kostüm, geht durch die Bäckergasse, zwanzig oder dreißig Meter sind das nur, und biegt dann links ab, den Berg hinauf. Ilse zögert, macht kleinere Schritte, lässt jetzt einen Abstand zwischen sich und der Mutter.

Bergbachstraße elf wohnt die Oma. Ilse geht hinter dem roten Rücken ihrer Mutter her, überzeugt sich durch einen verstohlenen Blick zur Seite, dass der verrückte Fischer nicht in seiner runden Toreinfahrt steht, und bewundert im Vorbeigehen die Rosen in Schlosser Brandstetters Vorgarten.

Das Haus von der Oma liegt nicht direkt an der Straße, man muss ein paar Schritte über einen ungeteerten Weg gehen, dann kommt man an das schmiedeeiserne Hoftor. Die Tür zum Waschhaus ist offen, die Oma kocht Weißwäsche. Mit einem langen Holzlöffel rührt sie in der Brühe herum. Die Betttücher wickeln sich um den Stiel, und die Oma muss ihn immer wieder anheben und schütteln, um die Wäsche freizubekommen.

Sie dreht den Kopf. »Ach, ihr seid es«, sagt sie.

»Ja, Oma.«

»Na, wie geht's den Kindern? Gertrud, du könntest mir den Dieter mal schicken, für den Acker, da könnte ich ihn gut brauchen.«

»Mach ich, Oma.«

»Für die Marga ist das Hacken zu schwer. Sie ist ja sonst recht anstellig, kann man nichts sagen, wirklich nicht. Wer die mal kriegt. Da muss man ja jetzt auch bald dran denken, wo sie nächstes Jahr schon aus der Schule kommt.«

»Wo ist sie jetzt?«, fragt die Mutter.

»Drüben, bei der Geibel Maria. Sie hilft ihr mit dem Kleinen. Dafür kriegt sie dann jede Woche ein paar Mark.«

Ilse ist zur Oma hingegangen, nimmt ihr den großen Holzlöffel aus der Hand und rührt. Süßlich stinkender Dampf steigt ihr in die Nase.

»Geld«, sagt die Mutter. »Ich brauche Geld. Ihr habt noch andere Enkel, nicht nur die Marga.«

»Wir können nicht für alle sorgen«, sagt die Oma und wischt sich die großen Schweißtropfen aus der Stirn. »Du kriegst ja Geld. Vom Schorsch und vom Sozialamt.«

»Das langt nicht.«

»Du könntest putzen gehen«, sagt die Oma. »Dann hättest du was extra. Ich geh ja auch immer putzen im Winter, wenn der Opa arbeitslos ist.«

Die Mutter bekommt ein ganz rotes Gesicht. »Wenn der Schorsch nicht mit dieser Hure abgehauen wäre, dann bräuchte ich nicht bei dir um Geld zu betteln. Dann könnte er für seine Kinder sorgen.«

Ilse beugt sich über den Waschkessel und starrt in die weißlich graue, blasige Seifenbrühe. Dampf dringt ihr in Mund und Nase. Sie muss husten, versucht den unangenehmen Geschmack wegzuprusten. Die Oma hat sich aufgerichtet, stemmt die Arme in die Seite und sagt leise: »Er wird schon einen Grund gehabt haben, dass er weggegangen ist.«

»Was für einen denn? Sag mir doch, was er für einen Grund gehabt hat, der Schorsch.«

Die Oma sagt noch leiser als vorher: »Wenn man es einem Mann recht macht, dann geht er nicht fort.«

Ilse sieht, dass die Mutter sich jetzt bemühen muss, ihren Ärger zu beherrschen. Die Wut lässt ihr Gesicht aufquellen und rot werden wie bei dem Truthahn, der beim Degnerbauern im Hof herumläuft. Aber sie nimmt sich zusammen. Ilse weiß, dass sie das nicht deshalb tut, weil sie die Oma mag. Sie will Geld. Ilse hört den Hass in der Stimme ihrer Mutter. Wie eine Schlange zischt sie: »Was habe ich ihm denn nicht recht gemacht? Was denn? Habe ich nicht immer die Beine auseinandergemacht, wenn er das wollte? Habe ich ihm nicht die vier Kinder auf die Welt gebracht?« Die Oma kneift die Lippen zusammen. Wie Striche sind sie jetzt. Ilse schaut der Oma mitten hinein in dieses großporige Wabbelgesicht mit den zusammengepressten Lippen. Eine mächtige Nase hat die Oma und graue Haare wachsen ihr aus den Nasenlöchern. Der Leberfleck an ihrer Oberlippe zittert. »Das ist nicht alles«, sagt sie böse. »Ein ordentliches Haus braucht ein Mann. Was Richtiges auf den Tisch.«

»Ein Hurenbock ist er, dein Sohn, das ist alles«, schreit die Mutter. Ilse lässt den Holzlöffel los und drückt sich in die hinterste Ecke des Waschhauses, dahin, wo immer noch der Zementtrog steht, weil die Oma früher mal ein Schwein im Waschhaus gehalten hat. Die Oma nimmt den Löffel, rührt weiter in dem Waschkessel und schaut nicht hoch, als sie sagt: »Sei doch leise. Wenn dich jemand hört.«

»Das kann jeder hören«, schreit die Mutter weiter. »Das ist die Wahrheit. Und wenn ihr mir nicht helft, dann hole ich die Marga zu mir, dann kriege ich mehr vom Sozialamt.«

Die Oma wischt sich wieder über die Stirn. Es ist wirklich heiß hier drin. »Komm«, sagt sie.

Ilse geht langsam hinter den beiden her in die Küche. »Das hättest du nicht zu sagen brauchen vor dem Kind«, sagt die Oma und schiebt Ilse eine Limoflasche zu. Dann macht sie die Glastür im Küchenschrankoberteil auf. Ganz hinten, hinter den Tassen, steht die alte Zuckerdose mit dem Geld.

Die Oma nimmt einen Schein heraus, einen Fünfziger, glättet ihn zwischen Daumen und Zeigefinger und reicht ihn der Mutter.

Die Mutter grabscht danach und lässt ihn in der Jackentasche verschwinden. »Danke schön«, sagt sie. »Das hilft fürs Erste.« Sie hat jetzt wirklich große Schweißflecke unter den Achseln.

»Für diesen Monat kannst du nichts mehr haben«, sagt die Oma mit einer ganz müden Stimme. »Für diesen Monat nicht mehr.«

Die Mutter nickt. »Danke«, sagt sie noch einmal. »Nichts für ungut«, sagt sie.

Das Gesicht von der Oma ist schlaff und verschwitzt. Alt sieht sie aus.

»Wann soll ich dir den Dieter schicken?«

»Morgen«, antwortet die Oma. »Morgen gleich nach der Schule. Er soll mir auf dem Acker helfen.«

»Gut, dann geh ich jetzt wieder. Auf Wiedersehn, Oma. Und grüß den Opa und die Marga.« Die Mutter hält die Hand fest über der Jackentasche mit dem Fünfzigmarkschein.

Die Oma nickt.

Als die Mutter gegangen ist, lehnt sich Ilse an die Oma mit

dem alten Gesicht. »Ich helf dir beim Waschen«, sagt sie. »Soll ich dir beim Waschen helfen?«

»Ja«, sagt die Oma. »Ich hab noch Unterhosen für dich. Wenn wir fertig sind, geb ich sie dir.«

Die Oma hebt mit dem Stiel des Holzlöffels die Wäsche aus dem Kessel, stemmt ihn mit beiden Armen hoch, wartet ein bisschen, bis die schweren, weißlappigen Wäschestücke abgetropft sind, und schwenkt dann die Arme zur Seite. Das kalte Wasser spritzt auf, als sie die Wäsche in den bereitstehenden Zuber wirft. Bis auf Ilses Beine spritzen die Tropfen.

»Nimm den Eimer«, sagt die Oma. »Hol frisches Wasser. Aber zieh vorher deine Schuhe aus, damit sie nicht nass werden.«

Dann steht Ilse am Wasserhahn im Hof und sieht zu, wie der Eimer vollläuft. Im Winter bindet der Opa immer alte Lappen um das Rohr, das direkt neben dem Eingangstreppchen aus dem Boden kommt und ein Stück an der Hausmauer hochführt. »So ein Rohr ist gleich geplatzt«, sagt er. Breitbeinig steht Ilse über den vollen, schweren Eimer gebeugt, hebt ihn an, rückt ihn ein Stück weiter. Gott sei Dank sind es nur ein paar Schritte bis zum Waschhaus, viel weiter hätte sie es auch nicht geschafft. Die Oma wringt die einzelnen Wäschestücke aus, Betttücher, Kopfkissenbezüge, Unterhosen, Hemden, Handtücher, und wirft sie in eine große Plastikwanne. Ilse stemmt den Eimer hoch und kippt das Wasser hinein. Dann geht sie wieder zurück, dreht den Wasserhahn an, wartet. Sie reden nicht viel bei der Arbeit, aber Ilse ist zittrig und durchgeschwitzt, als sie fertig sind. Im Hinterhof, da, wo zwischen dem Hühnerstall und dem Holzschuppen die Wäscheleine gespannt ist, hält Ilse der Oma die Klammern hin zum Aufhängen.

»So«, sagt die Oma endlich, »jetzt hätten wir's.«

Sie gehen in die Küche. Ilse nimmt sich ein Glas Limonade und setzt sich an den Tisch. »Hier«, sagt die Oma und legt zwei Unterhosen vor sie hin. Weiß sind sie, aus innen angerautem Baumwollstoff.

»Aber die sind doch dick«, sagt Ilse, »und haben Beine.« Bei Frau Stöcker im Schaufenster liegen bunt bedruckte, dünne Unterhosen, ganz ohne Beine.

»Das ist gesund«, sagt die Oma. »Ich versteh euch Kinder nicht. Du wirst mir noch mal dankbar sein, wenn du älter bist. Den Unterleib hat man sich schnell verkühlt.«

Aber die Strümpfe sind schön. Blau-weiß gestreift. Ilse drückt sie an ihr Gesicht. Sie weiß nicht, warum sie am liebsten geweint hätte.

»Gehst mir nachher noch einkaufen«, sagt die Oma. »Ich bin in der letzten Zeit wieder schlecht auf den Beinen.«

Ilse nickt. »Ja, Oma.«

»Gibt sie euch auch genug zu essen?«, fragt die Oma und greift prüfend nach Ilses Schulter.

»Doch, Oma.«

»Na ja«, sagt die Oma und schmiert ein Brot für Ilse. »Die Schragendorfers sind alle so dünn.«

Ilse, obwohl sie eigentlich keinen Hunger hat, stopft das Brot in sich hinein.

3

Ilse geht nicht gern in die Schule. Mittags, wenn sie ihre Aufgaben gemacht hat, ist sie froh, dass sie alles vergessen kann, was damit zusammenhängt. Aber morgens, wenn sie aufwacht, wenn sie weiß, sie muss jetzt aufstehen, sich anziehen, in die Schule gehen, ist die Angst wieder da. Es ist immer dasselbe. Wenn sie das Haus verlässt, hofft sie, die anderen würden sie heute in Ruhe lassen, sie einfach übersehen. Und weiß trotzdem schon ganz genau, dass sie kein Glück haben wird.

Sie geht auf dem Randstein, auf diesen schmalen, aneinandergereihten Betonstreifen, die den Bürgersteig von der Straße trennen. Wenn ich nicht auf die Ritzen trete, denkt sie, wenn ich bis zur Ecke vom Kornmeierhaus nicht auf die Ritzen trete, dann geht heute alles gut. Dann ist die Marion vielleicht krank. Oder sie schaut mich gar nicht an. Ilse muss lange Schritte machen und manchmal doppelt auftreten zwischen den abgebröckelten Ritzen. Sie wundert sich, dass aus manchen Grashalme herauswachsen, obwohl doch gar keine Erde dazwischen ist. Der Krämer Klaus und der Manfred vom Zieglerwirt kommen von hinten und verlangsamen ihre Schritte, als sie neben Ilse angelangt sind. Der Klaus rempelt sie an. Sie stolpert, versucht noch im Stolpern einer Ritze auszuweichen und tritt dann doch darauf.

»Schau mal, die Ilse heult«, sagt der Manfred.

Klaus stößt ihr noch einmal die Faust in die Seite. »Ilse

Bilse, niemand willse.« Dann rennen die beiden an ihr vorbei auf die andere Seite, wo sie sich den Spenglerbuben anschließen.

Noch höchstens zwanzig Schritte wären es gewesen bis zum Kornmeierhaus, nicht mehr. Ilse lehnt sich an die Hauswand und weint. Doch dann wischt sie sich die Tränen aus den Augen, zieht schniefend die Nase hoch und geht weiter. Es hilft ja nichts. Und wenn sie nun auch noch zu spät kommt, schauen sie alle an, wenn sie in die Klasse tritt, und der Stumpff meckert. Morgen, denkt sie, morgen probiere ich das wieder, das mit den Ritzen.

Jeden Tag stellt sie das Schicksal auf die Probe, jeden Morgen denkt sie sich etwas anderes aus. Wenn mehr als sieben Autos an ihr vorbeifahren, bis sie am Konsum die Bergstraße verlässt, oder wenn sie, ohne einzuatmen, an vier Häusern vorbeirennen kann, dann wird alles gut gehen. Vor zwei Wochen hat sie morgens auf dem Schulweg den Schornsteinfeger getroffen.

Schornsteinfeger,
schwarzer Neger,
über die Mauer,
Äppelklauer.

Wenn man einen Schornsteinfeger sieht, muss man etwas Schwarzes anfassen und sich dabei was wünschen. Wenn man dann noch drei Leute mit Brille trifft, geht der Wunsch in Erfüllung. Sie hat an jenem Tag drei Leute mit Brille getroffen, sie ist einfach so lang am Konsum stehen geblieben und hat gewartet, bis sie drei Leute getroffen hatte. Und es ist ein guter Tag gewesen. Die Marion war krank und der Herr Stumpff hat gute Laune gehabt. Aber heute wird nicht so ein Tag sein, heute nicht.

Als Ilse die Tür vom Klassenzimmer aufmacht, sieht sie, dass Marion nicht krank ist. Eine hellblaue Bluse hat sie an. Ilse senkt den Kopf und schleicht auf ihren Platz.

Marion ist am schlimmsten. Marion muss neben Ilse sitzen, weil Herr Stumpff es so verlangt hat. Ilse weiß, warum er ausgerechnet Marion neben sie gesetzt hat. Marion ist nicht aus dem Dorf. Letztes Jahr erst ist sie aus der Stadt gekommen. Sie hat keinen Vater, ihre Mutter arbeitet in der Papierfabrik. Deshalb hat der Herr Stumpff das gemacht. Wenn er die Gisela oder die Evelyn oder die Karin neben Ilse gesetzt hätte, wären ihre Mütter gekommen und hätten sich beschwert. Die hätten sich das getraut, die sind wer im Dorf. Aber Marions Mutter kommt nicht. Marion sitzt weiter neben Ilse und lässt ihre Wut darüber an ihr aus.

Marion tritt sie heimlich unter der Bank ans Schienbein und sagt scheinheilig: »Entschuldigung.«

Marion schubst sie, wenn Ilse gerade mit dem Füller einen Aufsatz ins Reine schreibt.

Marion sagt: »Die Ilse ist eklig.«

Marion sagt: »Die Ilse ist blöd.«

Marion sagt: »Neben so einer sollte kein normales Kind sitzen müssen.«

Marion ist hübsch und gescheit und hat viele Freundinnen. Als Ilse ihren Ranzen unter die Bank schiebt, rempelt Marion sie an. »Kannst du nicht aufpassen«, sagt sie, »machst dich da dick und fett, als wärst du wer weiß wer.« Ilse rückt noch ein wenig weiter zur Seite. Sie versucht ganz klein und unauffällig zu sein, rührt sich fast nicht, hat die Hände gerade vor sich auf dem Tisch liegen. Sich unsichtbar machen, das müsste man können, denkt sie, eine Tarnkappe müsste man haben.

Die Oma erzählt manchmal Märchen, abends, in der Dämmerung, wenn es noch zu schade ist, Licht anzumachen, weil der Strom so teuer ist. Ilse hat da auch schon oft zugehört, auf dem Stuhl am Küchentisch sitzend, den Kopf in die Hände gestützt, aufgeregt und glücklich. Das Türchen vom Herd ist offen gewesen und der Feuerschein ist durch die Küche geflackert. Schön ist das, wenn die Oma erzählt. Im Märchen gibt es Leute, die können sich unsichtbar machen. Wenn eine Fee käme und sagte: Ilse, du hast einen Wunsch frei. Was willst du?, würde Ilse sofort und ohne Zögern sagen: Eine Tarnkappe.

Aber es gibt keine Märchen. Es gibt keine Feen. Und sie sitzt hier neben Marion.

Marion kommt mit ihrem Gesicht ganz nah zu Ilse, zieht geräuschvoll die Luft ein, hält sich die Nase zu und flüstert so leise, dass Herr Stumpff es nicht hören kann: »Du stinkst.«

Ilse rückt noch ein bisschen weiter weg, weiter geht es jetzt wirklich nicht mehr, ihre Knie drücken schon gegen das Tischbein. Wenn sie nur eine Tarnkappe hätte.

Sie glaubt nicht, dass sie stinkt, kann auch nichts riechen, als sie den Kopf senkt, um mit ihrer Nase näher an ihre Achselhöhle zu kommen. Aber in der Pause, als Herr Stumpff rausgegangen ist, sagt Marion ganz laut in die Klasse: »Die Ilse stinkt. Nach Pipi stinkt sie.«

Die anderen Mädchen kommen ganz nah heran und wollen an der Ilse riechen. Sie ist aufgestanden und weicht zurück in die Ecke hinter der Tafel.

»Du stinkst, du stinkst«, ruft Marion und tanzt vor ihr herum. »Es ist eine Schande, dass ein normales Kind neben dir sitzen muss.«

»Sie stinkt wirklich«, sagt Elke und hält sich die Nase zu.

»Hast du in die Hosen gemacht?«, fragt Christian.

Ilse wird immer kleiner und drückt sich gegen die Wand. Sie wäre am liebsten im Erdboden verschwunden, so schämt sie sich.

»Die ist sogar zu blöd zum Pinkeln«, sagt Marion. »Ich wette, die hat sich die Hose verpinkelt.«

Ilse sieht keine Gesichter mehr, nur noch Münder, die ihr immer näher kommen.

»Ilse Bilse, pinkeln willse«, schreit Marion in das Gelächter.

Da greift Ilse nach dem großen Lineal, das an der Wand hängt, und haut es der Marion auf den Kopf. Auf einmal ist es ganz still. Ilse sieht auch wieder Gesichter, sieht die Augen, die sie erschrocken und neugierig anstarren. Und sie sieht Marion, die überrascht ihren Kopf abtastet, die Hand zurückzieht und, als sie einen winzigen Blutstropfen auf ihrer Fingerkuppe entdeckt, laut zu weinen anfängt.

Ein Maul wie ein Frosch hat die Marion, denkt Ilse. Und dann merkt sie erst, dass sie das Lineal in den Händen hält, versteht, dass sie es war, die das getan hat. Sie fängt an zu zittern.

Marion schreit. Ganz hohe, durchdringende Töne kommen

aus ihrem Froschmaul. Ilse sieht das Gesicht. Sie hat Angst. Plötzlich ist es ganz still um sie. Der Mund vor ihr ist immer noch geöffnet, die Zunge schiebt sich vor und zurück, ganz rot ist Marions Gesicht vor Anstrengung, aber Ilse hört nichts. Es sieht komisch aus ohne Ton. Und obwohl sie solche Angst hat, dass sie kaum atmen kann, muss Ilse lachen. Herr Stumpff kommt, betrachtet Marions Kopf, bewegt die Lippen. Aber Ilse hört immer noch nichts. Die Kinder setzen sich, auch Marion, und Herr Stumpff nimmt Ilse bei der Hand und zieht sie hinter sich her in das Lehrerzimmer. Sie wundert sich, dass sie gehen kann, sie lässt sich ziehen, lässt sich auf einen Stuhl drücken und lacht in dieses aufgeregte Gesicht, in dem der Mund auf- und zuklappt wie bei einer Kasperlepuppe. Und dann ist noch ein anderes Gesicht da, das von Frau Bayerlein, der Lehrerin aus der zweiten Klasse. Frau Bayerlein legt den Arm um Ilse. »Warum hast du das gemacht?«, fragt sie.

Ilse kann wieder hören.

»Du musst dir doch was gedacht haben dabei«, sagt Frau Bayerlein.

Ilse schweigt.

»Es gibt immer Ärger mit ihr«, sagt Herr Stumpff. »Sie tut eigentlich nie wirklich was, das heute war das erste Mal, aber trotzdem bringt sie alle anderen gegen sich auf, ich weiß auch nicht, warum. Sie ist ganz anders als ihre Schwester, die Marga. Die habe ich zwei Jahre in der Klasse gehabt, eine gute Schülerin, wirklich. Aber die wächst ja auch bei den Großeltern auf. Ordentliche Leute sind das, die Lautenschlägers. Aber die Ilse. Ich weiß nicht, was ich mit ihr machen soll. Ich versteh sie einfach nicht.«

»Warum hast du das gemacht?«, fragt Frau Bayerlein.

Ilse sitzt stocksteif und rührt sich nicht.

»Hat die Marion dir was getan? Hat sie dich geärgert?«

Ilse zieht die Schultern hoch.

»Sie sehen ja, wie verstockt sie ist«, sagt Herr Stumpff.

»Vorhin, als ich in die Klasse gekommen bin, hat sie gelacht. Ich bitte Sie, haut einer Mitschülerin ein Lineal über den Kopf und lacht auch noch.«

Ilse betrachtet ihre Hände. Sie hat sie so fest zu Fäusten geballt, dass die Knöchel weiß geworden sind. Ich muss nur warten, denkt sie, und ganz still sein. Dann ist es gleich vorbei. Sie können mich ja nicht immer hier sitzen lassen. Gleich ist es vorbei.

Frau Bayerlein und Herr Stumpff sind ans Fenster getreten und unterhalten sich leise miteinander. »Ich versteh das nicht«, hört Ilse den Herrn Stumpff sagen, »in meiner ganzen Laufbahn als Lehrer habe ich so ein Kind noch nicht erlebt.«

Ilse denkt daran, was die Mutter sagen wird. Sie hat Angst vor der Mutter. Aber noch mehr Angst hat sie jetzt vor Herrn Stumpff. »Nicht überbewerten«, sagt Frau Bayerlein gerade. »Man sollte es vielleicht nicht so ernst nehmen.« Ilse senkt den Kopf. Es ist ernst, sie weiß es besser. »Sonderschule«, murmelt Herr Stumpff. »Lernbehindert.«

Frau Bayerlein redet leise auf ihn ein. Ilse kann sie nicht mehr verstehen, so leise redet sie. Aber sie hat eine freundliche Stimme. Wie Blätterrauschen im Wald klingt es, wenn sie so leise redet.

Dann sitzt Frau Bayerlein wieder vor ihr, nimmt Ilses Hände in ihre. Jetzt erst, gegen die Wärme von Frau Bayerleins Haut, fühlt Ilse, wie kalt ihre Hände sind. Sie sind auch nicht sehr sauber. Sie hat zwei Warzen auf der linken Hand, eine an der Wurzel des Ringfingers, eine auf dem obersten Daumengelenk, und ihre Nägel sind schmutzig und abgekaut.

»Verdammt noch mal«, schreit Herr Stumpff. »Wenn du einer Mitschülerin ein Lineal überhaust, wirst du doch noch wissen, warum.«

Ilse schüttelt den Kopf.

»Hat dir die Marion was getan?«, fragt Frau Bayerlein. »Du kannst es uns ruhig sagen.«

»Nein.«

»War es vielleicht aus Versehen? Habt ihr mit dem Lineal gespielt und du hast aus Versehen die Marion getroffen? So war es doch, oder?«

»Nein«, flüstert Ilse. Bald ist es vorbei, denkt sie. Sie können doch nicht immer so weiterfragen.

»Ohne Grund?«, fragt Frau Bayerlein.

Ilse nickt.

Herr Stumpff starrt sie an. Ilse wendet den Kopf zur Seite.

»Also gut«, sagt er. Seine Stimme ist müde. »Gehen wir wieder in die Klasse. Ich werde mal mit deiner Mutter reden müssen.«

Der Platz neben Ilse ist leer. Marion hat ihren Stuhl zu Elke und Gisela geschoben. Herr Stumpff sagt nichts dagegen. Er geht zum Tisch und macht seine Tasche auf. »Lesebücher raus. Eberhard, fang an, auf Seite 79.«

Eberhard liest vor, danach Christian, dann Peter, immer der Reihe nach. Als Ilse dran wäre, warten alle einen Augenblick, schauen sie an, ob sie weiterliest. Aber Ilse hat es gar nicht mitbekommen, dass sie dran ist. Sie hat nicht zugehört, hat aus dem Fenster hinausgeschaut in den Himmel. Ein Vogel ist vorbeigeflogen, eine Schwalbe. Schwalben bringen Glück, denkt Ilse. Wie die Oma sich gefreut hat, als ein Schwalbenpaar unter ihrem Dachfirst ein Nest gebaut hat. Schwalben bringen Glück. An unserem Haus ist kein Schwalbennest. Ob Schwalben nie an Gemeindehäusern nisten?

4

Ilse kehrt den Hof. »Wir sind dran«, hat die Mutter gesagt. »Kehr auch die Straße. Und mach's ordentlich, nicht dass die Knieser wieder was zu meckern hat.«

»Ja, Mama.«

Ilse hat den Besen genommen und hinter dem Haus angefangen. Reisig liegt herum, irgendjemand hat nicht aufgepasst beim Holzholen, und Bonbonpapier. Das hat der Philipp hingeschmissen, immer hat der Bonbons. Der Boden ist schwer zu kehren, weil er nicht gepflastert ist. Bei jedem Besenschwung wehen dicke Staubwolken hoch. Ilse muss niesen. Sie klemmt den Besen zwischen die Beine und reibt sich die Augen.

Frau Schuster kommt mit dem Philipp an der Hand aus der Haustür und ruft nach Ilse. »Tu mir einen Gefallen«, bittet sie. »Bleib ein bisschen beim Helmut. Ich muss mal schnell einkaufen und sonst ist niemand da. Ich weiß wirklich nicht, wo sich der Bruno immer rumtreibt. Nie ist er da, wenn man ihn braucht.«

Ilse lehnt den Besen an die Hauswand und geht hinein. Das Zimmer, in dem Helmut liegt, befindet sich direkt unter ihrem Schlafzimmer. Ilse geht nicht gern zu Helmut, sie weiß nicht, was sie mit ihm reden soll. Sie hat es vor seinem Unfall nicht gewusst, und jetzt erst recht nicht. Außerdem stinkt es in diesem Zimmer nach Pisse. Aber heute ist das Fenster über Helmuts Bett geöffnet.

»Brauchst du etwas?«, fragt sie und setzt sich auf den Stuhl neben ihm.

»Nein«, antwortet er. »Jetzt nicht. Willst du ein Stück Schokolade?«

Sie nimmt den Riegel, den er ihr hinhält, und beißt hinein. Helmut ist ganz weiß im Gesicht und die Haut spannt sich über seinen Backenknochen. Ilse erinnert sich nicht mehr genau daran, wie er vor dem Unfall ausgesehen hat, aber so bestimmt nicht, nicht so weiß und nicht so mager. Auch solche Hände hat er nicht gehabt, mit so langen Fingern und so dünnen Gelenken. Er ist mit Horst und Henner im Fußballverein gewesen, das weiß sie noch genau.

»Ist das Wasser im Schlossteich jetzt sehr warm?«, fragt Helmut. Auch seine Stimme hat sich geändert. Sie ist leiser geworden.

»Ja«, antwortet Ilse. Was soll sie sonst sagen? Das Wasser im Schlossteich ist immer warm im Sommer, schon weil er nicht besonders tief ist. Das weiß Helmut auch. Jedes Kind im Dorf weiß, dass das Wasser im Schlossteich jetzt warm ist.

»Brauchst du was?«, fragt sie noch einmal. »Vielleicht ein Glas Wasser?«

Er schüttelt den Kopf. »Du kannst Mickymausheftchen lesen, wenn du willst. Hinter dem Nachttisch liegt ein ganzer Stapel.«

Ilse nimmt ein Heftchen und liest. Wenn das Fenster offen ist, ist der Gestank wirklich nicht so schlimm. Der Helmut riecht das wahrscheinlich überhaupt nicht, weil er immer hier liegt. Ich möchte nicht so daliegen, denkt sie und sieht Felder vor sich, blühende Blumen, den Bach. Wenn Frau Schuster wieder da ist, wird sie zum Elsbach gehen und im Wasser herumlaufen. In den Schlossteich traut sie sich nicht, da sind zu viele große Kinder.

»Vielleicht bekomme ich zu Weihnachten einen Rollstuhl«, sagt der Helmut. »Dann kann ich auch manchmal raus, wenn mich einer fährt.«

Ilse nickt.

»Jetzt bin ich noch nicht kräftig genug für den Rollstuhl. Aber der Doktor meint, bis Weihnachten geht's vielleicht.«

Ilse blättert in dem Heftchen. Sie liest nicht, sie tut nur so, als würde sie lesen, denn sie versteht nicht genau, was da geschrieben steht. Sie schaut sich lieber die Bilder an und denkt sich Geschichten dazu aus.

»Du kannst ruhig öfter mal kommen«, sagt Helmut. »Bei mir sind abends oft welche zum Fernsehen oder Kartenspielen. Der Horst zum Beispiel. Aber tagsüber bin ich immer allein.«

»Ja«, antwortet Ilse.

»Manchmal ist mir das zu viel, dieser Krach, wenn die anderen da sind«, sagt Helmut. »Manchmal fallen sie mir richtig auf die Nerven. Aber trotzdem, zu Hause ist es besser als im Krankenhaus. Acht Monate war ich dort.«

Ilse nickt. Helmut nimmt ein Buch und liest. Es ist ein Buch aus der Leihbücherei. Auf dem Buchrücken ist ein weißer Streifen mit einer Nummer. Heimlich betrachtet Ilse den knochigen Körper, der sich unter der dünnen Decke abzeichnet. Wie mager er ist, denkt sie. Es ist nichts dran an ihm. Das Betttuch ist nicht mehr ganz weiß, und in der Höhe, wo Helmuts Hintern liegt, hat es gelbe Flecken. Ilse wird rot, als sie da hinschaut. Alle drei Stunden schiebt Frau Schuster ihm die Bettpfanne unter und fummelt an ihm herum. Danach dreht sie ihn auf die andere Seite, damit er sich nicht wund liegt. Ilse hat noch nie dabei zugeschaut, aber der Horst hat es erzählt.

Ilse hat schon vier Heftchen durchgeblättert, als Frau Schuster endlich zurückkommt. »Besuch mich mal wieder«, sagt Helmut. »Mittags bin ich immer allein.«

Ilse nickt und rennt aus der Wohnung. Die fünf Stufen zur Haustür springt sie auf einmal hinunter, federt in den Knien nach, steht. Dann stürzt sie aus der Haustür, rennt an dem Besen vorbei, hat vergessen, dass sie den Hof noch nicht fertig gekehrt hat, sie rennt und rennt, durch die Bergstraße, vorbei an der Schule, vorbei an der Friedhofsmauer, quer durch den Rübenacker vom Kirchhofsbauern zur Wiese, rennt durch das hohe Gras, schreit, als sie mit ihren nackten Füßen auf einen spitzen Stein springt, rennt humpelnd weiter und ist am Bach. Sie stellt sich mitten hinein in die Strömung. Das war ein Unglück, denkt Ilse. Das war ein richtiges Unglück, das mit Helmut. Sie hebt ihren kurzen Rock noch höher und betrachtet ihre langen Beine mit den knochigen Knien. »Ein Unglück«, sagt sie laut und fängt an zu pfeifen. Leise und piepsend kommen die Töne aus ihren gespitzten Lippen. »Mädchen, die pfeifen, und Hühnern, die krähn, soll man beizeiten den Hals umdrehn«, so sagt die Oma immer. Ilse lacht. Sie bückt sich, hebt einen Stein hoch und schleudert ihn, so fest sie kann, weiter oben in den Bach. Das Wasser spritzt auf und die Tröpfchen glitzern in der Sonne. Sie zieht Kleid und Unterhemd aus und wirft sie auf die Wiese. Dann, nur in der Unterhose, legt sie sich ins Wasser und lässt es kalt und glucksend über ihren Körper laufen. Erst hält sie den Kopf noch hoch, dann taucht sie ganz unter. Langsam atmet sie aus unter Wasser, wartet, probt das Sterben, fühlt, wie ihr das Blut hinter den Augen klopft und die Gier nach Luft ihr den Brustkorb fast sprengt. Sie reißt den Kopf hoch, atmet zischend und gurgelnd ein, lacht und wirft sich ins Gras. Sehr blau ist der Himmel und sehr weit weg.

Später, nachdem sie sich von der Sonne hat trocknen lassen, pflückt sie einen Strauß aus Glockenblumen, ein paar letzte Margeriten, Butterblumen und Rispengräser. Die Sonne brennt auf ihren Rücken.

Sie hebt einen dicken Käfer aus dem Schatten unter einem Grasbüschel und setzt ihn auf ihren Handrücken. Sein runder Panzer glänzt in der Sonne wie reines Gold. Als sie ihm die Freiheit wiedergibt, torkelt er wie ein Betrunkener durch das Gras und verschwindet unter großen Löwenzahnblättern. Ilse lacht.

Auf dem Heimweg pfeift sie leise vor sich hin. In der Sandgasse spielen ein paar kleine Kinder Hickeln. Ellen lehnt mit ihrem Ball an der Mauer und sagt: »Deine Mama hat dich gesucht.«

Die Mutter steht auf dem ersten Treppenabsatz und redet mit der Frau Schuster. »Wo bist du denn so lang gewesen?«, fragt sie, als sie Ilse sieht.

»Am Bach«, antwortet Ilse und hält ihr den Blumenstrauß hin. »Schau mal, was für schöne Blumen das sind.«

Die Ohrfeige klatscht laut auf Ilses Backe. Sie lässt die Blumen fallen.

»Habe ich dir nicht gesagt, du sollst den Hof kehren?«, schreit die Mutter.

Ilse dreht sich wortlos um, steigt langsam die Stufen wieder hinunter und nimmt den Besen. Der kleine Philipp sitzt auf dem Boden und spielt mit einem verbogenen Blechauto.

»Tüüüt«, sagt er und schaut Ilse an. »Hast du eine gekriegt?«

Ilse wendet das Gesicht ab. Vorsichtig tastet sie über ihre Backe, die sich heiß und geschwollen anfühlt.

»Hast du eine gekriegt?«, fragt Philipp noch einmal.

»Halt's Maul«, sagt Ilse und fängt an zu kehren.

»Sie ist wie ihr Vater«, sagt die Mutter drinnen zur Frau Schuster. »Sie denkt nur an sich. Eine richtige Lautenschläger wird das. Ihr Alter ist auch immer abgehauen, wann er Lust gehabt hat, und ich hab daheim gesessen mit den kleinen Kindern und der vielen Arbeit. Aber ich treibe ihr das noch aus, da kannst du dich drauf verlassen.«

Ilse beißt sich auf die Lippen und kehrt dicke Staubschwaden gegen das graue Haus. Mit jedem Besenstrich wird das Haus grauer. Philipp nimmt sein Auto und rennt weg. Ilse kehrt und kehrt, bis sie in einer Wolke aus grauem Staub steht und der Himmel seine blaue Farbe verloren hat. Als sie fertig ist, stellt sie den Besen wieder in die Ecke hinter dem Schuppen und geht ins Haus. Ihre Backe brennt immer noch. Die Blumen liegen verstreut auf dem Treppenabsatz. Ilse kauert sich hin und sammelt sie auf. Blaue, weiße und gelbe Flecken.

Sie öffnet die Tür zu Helmuts Zimmer und legt sie ihm auf die Bettdecke. »Hier«, sagt sie. »Für dich.«

Als Helmut die Blumen nimmt, sie einzeln betrachtet und an sein blasses Gesicht hält, geht Ilse schnell aus dem Zimmer. Er sieht so traurig aus.

5

Horst, Dieter und Ilse sind auf dem Weg zum Kirchhofsbauern. Eigentlich heißt er Hartmann, der Kirchhofsbauer. Viele Leute im Dorf heißen Hartmann. Es gibt die Hartmanns in der Siedlung, die Hartmanns auf der Bachgasse, der Feldhüter heißt Hartmann und der Friseur in der Bergstraße.

Der Hof des Bauern Hartmann liegt direkt am Friedhof. Manchmal, im Sommer, wenn der Mesner die Kirchentür offen lässt wegen der Hitze, kann man während des Gottesdienstes die Kühe muhen hören, sagt die Oma. Der Kirchhofsbauer ist der reichste Bauer im Dorf. Er hat an die dreißig Kühe und Spargelfelder hat er und die großen Johannisbeeräcker am Hang.

Es ist sehr heiß. Wirklich, ein heißer Tag ist das. »Die Aufgaben könnt ihr später machen«, hat die Mutter gesagt. »Wir brauchen das Geld, auch wenn es nur ein paar Mark sind.«

»Ich geh nicht hin«, sagt Horst plötzlich.

»Aber die Mama will es doch.«

»Na und? Mehr als verhauen kann sie mich nicht. Ich geh mit dem Henner in den Schlossteich. Kommst du mit, Dieter?«

Dieter schüttelt den Kopf. »Nein, ich kriege bald ein Paar neue Schuhe. Darauf muss ich sparen.«

»Du bist ja blöd. Wenn du zehn Mark verdient hast, dann nimmt dir die Mama sowieso acht ab. Und für zwei Mark sich stundenlang abrackern?« Horst lacht. »Ohne mich.«

Vor der Metzgerei Seifert biegt er nach links ab und geht pfeifend die Hintergasse hoch. Dort oben an der Ecke wohnt der Henner mit seiner Mutter.

Dieter und Ilse gehen allein weiter. Dieter geht schnell, er rennt fast. Ilse sieht, dass er die Lippen fest zusammengepresst hat. Das macht er immer, wenn er böse ist. Sie weiß, dass er sich ärgert, weil er nicht so sein kann wie der Horst, weil er nicht so lachen kann, weil er sich nicht einfach verhauen lassen kann und dann so tun, als wäre nichts gewesen. Horst kann das. Der Horst kann sich sogar wehren. Die Mutter hat mal eine Suppenschüssel nach ihm geworfen. Die Flecken kann man jetzt noch sehen, fettige Sprenkel sind an der Wand neben der Tür. Der Horst hat nur gelacht und ist abgehauen. Laut lachend hat er die Küchentür hinter sich zugeschlagen. Ilse hat die Scherben wegräumen müssen. Als der Horst ein paar Stunden später heimgekommen ist, hat die Mutter nur gesagt: »Du bist vielleicht einer!«, und dann haben sie zusammen gelacht. Ilse hätte sich so etwas nicht getraut und der Dieter auch nicht.

Beim Kirchhofsbauern warten schon ein paar Frauen. Manche haben ihre Kinder dabei. »Na, kommst du auch mit?«, fragt die Kirchhofsbäuerin und tätschelt Ilses Backe. Ilse zieht den Kopf ein.

»Also los, fahren wir.« Alle steigen auf einen offenen Erntewagen, der Kirchhofsbauer setzt sich auf den Traktor vor dem Wagen und los geht's. Die Frauen reden und lachen mit roten, erhitzten Gesichtern.

»Wird ganz schön heiß werden heute auf dem Acker.«

»Das kannst du laut sagen. Zulage müsste der Bauer zahlen bei der Hitze.«

»Dann lohnt es sich nicht mehr«, sagt die Kirchhofsbäuerin. »Wir kriegen ja selbst kaum mehr was für das Obst.« Ilse sitzt ruhig da, eingeklemmt zwischen der Kirchhofsbäuerin und der Frau Keller. Sie schaut auf die beiden Körbe, die die Kirchhofsbäuerin vor sich stehen hat und die sie mit den Händen festhält. Drei Thermosflaschen sind darin mit Kaffee und drei Flaschen Limonade für die Kinder. Und ein ganzer Haufen belegte Brote.

Ilse macht die Augen zu und lässt sich durchrütteln auf dem holprigen Feldweg. Sie träumt davon, weit wegzufahren, sehr weit weg, so weit, dass sie nicht mehr zurückkommen könnte. Die Mutter würde weinen und sagen: Wie meine kleine Ilse mir fehlt. Wenn ich nur wüsste, wo sie ist. Wenn sie nur wieder da wäre. Und die Oma würde traurig die Marga anschauen und denken, vielleicht hätte ich doch lieber die Ilse nehmen sollen. Aber die Ilse wäre weit weg. So weit, dass sie nie mehr zurückkommen könnte.

Die Johannisbeersträucher hängen voll. Es wird eine gute Ernte geben in diesem Jahr. Die Körbe mit dem Essen und Trinken werden auf dem Sandplatz neben der Holzhütte abgestellt und alle Frauen bekommen einen Spankorb und einen kleinen, einbeinigen Schemel. Ilse auch. Aber sie will den Schemel nicht, der ist ihr zu wacklig. Sie kniet lieber in dem warmen Sand.

Ilse sucht sich einen freien Strauch, kauert sich unter das grüne Blätterdach und fängt an zu pflücken. An den äußeren Zweigen des Strauches geht es leicht, da hängen dicke, große Trauben, da ist der Boden von Ilses Korb schnell bedeckt. Die Beeren sind prall und rot und leuchten fast durchsichtig in der Sonne. Wie das Rot auf den bunten Kirchenfenstern sieht es aus.

Wenn man zu fest zupackt, zerquetscht man die Beeren und der rote Saft läuft einem an den Händen herunter. Ilse leckt ihre Finger ab und steckt sich schnell ein paar Beeren in den Mund. Sie drückt sie mit der Zunge an den Gaumen und fühlt, wie die Haut, die sich um das saftige, weiche Innere spannt, platzt. Sie sehen viel süßer aus, als sie schmecken, die Johannisbeeren. Immer wieder ist Ilse überrascht davon. Aber sie mag diesen säuerlichen Geschmack. Nachher wird sie die Kirchhofsbäuerin fragen, ob sie ihr ein paar Johannisbeeren für den Helmut mitgibt.

Außen herum hat sie den Strauch schon leer gepflückt, jetzt muss sie durch die kratzenden Zweige fassen, die Hände in den Strauch hineinstrecken, darunterkriechen, damit sie die innen hängenden Trauben nicht übersieht. Die Kirchhofsbäuerin passt auf, dass niemand zu viel hängen lässt. Aber innen zu pflücken ist viel anstrengender und geht auch langsamer, weil die Trauben oft kleiner sind und weniger Beeren haben. Da dauert es lange, bis sich der Korb füllt. Ilse ist müde. Aber sie weiß, dass es noch eine ganze Weile dauern wird bis zur Kaffeepause.

Wer einen Korb voll hat, leert ihn in eine große Kiepe. Es wird aufgeschrieben, wie viele Körbe jeder ausleert. Die Kirchhofsbäuerin zählt mit. Sie kontrolliert auch, ob die Körbe voll genug sind und ob nicht zu viele Blätter zwischen den Johannisbeeren liegen. »Nicht abreißen«, sagt sie. »Das macht den Strauch kaputt. Pflücken.«

Ilse ist mit ihrem Strauch fertig und will sich einen neuen

suchen, da wird sie von Frau Weizmann aufgehalten. »Mach mir meinen Strauch fertig, du kommst mit deinen kleinen Händen besser rein in die Mitte. Und bücken kannst du dich auch leichter.«

Ilse schüttelt den Kopf. »Nein.«

»Was heißt hier nein? Willst du auch noch frech werden?« Frau Hartmann, nicht die Bäuerin, die aus der Siedlung, die Frau vom Briefträger, mischt sich ein. »Du kannst dann meinen Strauch auch noch leer pflücken«, sagt sie. »Du kannst dich wirklich leichter bücken. Und sag ja nichts. Die anderen machen das auch. Alle lassen sich die Sträucher von Kindern nachlesen.«

Ilse hätte sagen können, dass die anderen Frauen ihre eigenen Kinder nachpflücken lassen, sie hätte sagen können, es wird nach Korb bezahlt und nicht nach Stunden, sie hätte die Frau Hartmann fragen können, warum sie nicht ihre eigene Tochter, die Gisela, mitgebracht hat zum Nachpflücken. Aber Ilse traut sich das nicht. Wenn Mama da wäre, denkt sie, dann wäre alles anders. Aber die geht ja nie mit. Sie hält die Weiber nicht aus, sagt sie. Die sind ihr viel zu blöd.

Ilse kniet neben dem Strauch von Frau Weizmann. Die Beeren sehen jetzt nicht mehr so prall und so rot aus und die Sonne scheint nicht mehr so hell. Selbst der Gedanke an die bald fällige Kaffeepause ist jetzt nicht mehr schön. Ilse steht auf und geht zum Sandplatz. Niemand achtet auf sie. Immer wieder mal geht jemand hinter das Holzhaus zum Pinkeln, das ist ganz normal.

Ilse kauert sich hinter die Bretterwand. Dicht an das raue Holz gedrückt, greift sie schnell hinaus, nimmt eine von den

Thermosflaschen aus dem Korb und zieht den Korkpfropfen heraus. Der Kaffee dampft und hinterlässt einen dunklen Bach im Sand, bevor er versickert. Sie stöpselt die Flasche wieder zu und nimmt die nächste. Mit allen drei Flaschen macht sie das. Dann muss sie doch pinkeln, so aufgeregt ist sie. Beim Zurückgehen zu dem fast leeren Strauch von Frau Weizmann passt sie auf, dass sie nicht gesehen wird.

Jetzt sind die Beeren wieder dick und rot. Sie stopft sich den Mund so voll damit, dass ihr der Saft aus den Mundwinkeln rinnt und auf ihr bunt geblümtes Kleid tropft. Die Mama wird Krach machen wegen der Flecken.

Kaffeepause. Ilse steht mit den anderen auf, geht mit ihnen zum Sandplatz, lässt sich zwischen schwätzenden, aufgekratzten Frauen nieder. Ihr Herz klopft. Die Kirchhofsbäuerin nimmt eine Thermosflasche, zieht den Korken heraus, schüttelt ungläubig den Kopf, schaut in die Flaschenöffnung, dreht die Flasche um. Nur ein paar braune Tropfen fallen heraus und hinterlassen kleine, runde Flecken im Sand.

Die anderen Flaschen sind auch leer.

Die Kinder werden befragt, einzeln beschuldigt, aber sie schütteln die Köpfe.

»Nein.«

»Nein, bestimmt nicht.«

»Das würde ich nie machen.«

»Nein«, sagt Ilse. Sie wird nicht rot. Sie ist jetzt ganz ruhig. Aber sie merkt, wie Dieter zu ihr herüberschaut. Die Kirchhofsbäuerin sagt, dass alle essen sollen. Die Limonade müssten sie halt teilen.

Abends bekommt Ilse elf Mark, Dieter vierzehn. Die Frau Weizmann hat achtzehn Mark fünfzig bekommen, Ilse hat es genau gesehen. Und außerdem noch einen Korb Johannisbeeren zum Einmachen. Ilse traut sich nicht zu fragen, ob sie auch welche bekommt für den Helmut.

»Morgen pflücken wir wieder«, sagt die Kirchhofsbäuerin. Dieter und Ilse gehen langsam nebeneinanderher. Sie sind müde von der Arbeit und von der Hitze. »Du warst das«, sagt der Dieter plötzlich. »Du hast den Kaffee ausgeschüttet.«

Ilse erschrickt und schüttelt den Kopf.

»Ich hab doch gesehen, wie du hinter das Holzhaus gegangen bist. Und vorher haben die Weiber mit dir geredet. Du bist wirklich doof, dass du ihnen die Sträucher leer gepflückt hast. Mit mir macht keiner so etwas. Mit mir nicht. Ich würde einfach Nein sagen und weitergehen.«

Ilse schweigt.

»Ich verrat dich nicht«, sagt Dieter. »Ich finde das ja gut, das mit dem Kaffee. Wirklich. Ich hätte nie geglaubt, dass du dich das traust.«

Ilse schaut auf den Boden und spielt beim Gehen mit dem Geld in ihrer Rocktasche. Dieter hört das Klimpern. »Ich behalte zwei oder drei Mark von dem Geld für mich«, sagt er. »Mach das doch auch. Das merkt die Mama überhaupt nicht. Die geht doch nie im Leben zur Kirchhofsbäuerin und fragt, wie viel sie uns ausbezahlt hat.«

Ilse schüttelt den Kopf. »Das nützt nichts. Sie nimmt es ja sowieso, wenn sie es irgendwo findet. Und schreit uns dann noch an. Ich gebe ihr lieber gleich alles.«

»Ich kann es für dich aufheben«, bietet Dieter ihr an. »Du

kannst es mir geben, und ich verstecke es so, dass sie es bestimmt nicht findet.«

»Wo denn?«

»Das sag ich nicht. Aber es ist ein sicherer Platz. Seit sie mir das Geld unter der Matratze rausgeholt hat, hebe ich es woanders auf.«

Ilse betrachtet ihr Geld, einen Fünfer und sechs einzelne Markstücke, und sagt vorsichtig: »Wir könnten uns jetzt noch ein Eis kaufen. Ein Schokoladeneis.«

Dieter zögert, doch dann antwortet er: »Nein. Ich heb das Geld lieber auf. Ich spare. Ich bin nicht wie die anderen. Irgendwann habe ich mal genug Geld. Dann schaut keiner mehr auf mich runter. Da kannst du Gift drauf nehmen.«

Ilse lässt die Markstücke einzeln in ihre Rocktasche zurückfallen. Das Fünfmarkstück behält sie in der Hand.

»Also warst du das jetzt mit dem Kaffee oder nicht?«, fragt Dieter noch einmal.

»Nein.«

Dieter schaut sie von der Seite an. Ilse dreht den Kopf weg. Sie mag das nicht, wenn er sie so anschaut. Sie fängt an zu pfeifen. Er legt seinen Arm um ihre Schulter. Sie duckt sich weg aus seiner Berührung und fängt an zu rennen.

»Du blöde Kuh«, ruft Dieter ihr nach. »Ich wollte dich doch gar nicht hauen.«

6

Die kleine Ute ist tot, die Schwester vom Thomas Westermeier. Ilse hört es morgens, als sie in die Klasse kommt.

»Der Thomas ist nicht da, seine Schwester ist heute Nacht gestorben.« Zweieinhalb Jahre ist sie alt gewesen. Vor zwei Tagen hat sie einen Topf mit kochendem Wasser vom Herd gezogen und sich verbrüht. Mit dem Notarztwagen ist sie in die Stadt gefahren worden, ins Krankenhaus.

»Narben wird sie behalten«, haben die Leute gesagt. »Das arme Kind. Ausgerechnet ein Mädchen.«

»Die Westermeier hätte besser aufpassen sollen auf sie«, haben die Leute auch gesagt. »Wenn man ein kleines Kind daheim hat, sollte man nicht arbeiten gehen.«

Die Frau Westermeier ist Verkäuferin im Konsum, halbtags. Die Ute hat sie morgens immer bei ihrer Oma gelassen. Und jetzt ist die Ute tot. »Die ganze Haut ist ihr in Fetzen abgegangen«, sagt Christian. »Der Thomas hat es mir erzählt.«

»Das arme Kind«, sagt Karin. »So hübsch ist sie gewesen.« Ilse beugt sich vor über den Tisch und legt den Kopf in die verschränkten Arme. Sie überlegt, wie das ist, tot sein.

»Jetzt tut ihr nichts mehr weh«, hört sie Evelyn zur Birgit sagen. »Jetzt braucht sie nicht mehr zu weinen.«

Ob ihre Mutter jetzt weint?, denkt Ilse. Natürlich. Auch der Thomas wird weinen. Die Mutter wird sagen: Hätte ich sie doch damals nicht gehauen, als sie das und das gemacht hat, und der Thomas wird daran denken, wie oft er sie geärgert hat.

Ilse ist sehr traurig und weiß nicht, warum. So gut hat sie die Ute nicht gekannt. Manchmal hat sie sie gesehen, wenn sie an der Hand ihrer Mutter zum Einkaufen gegangen ist. Die Westermeiers wohnen auch in der Bergbachstraße, wie die Oma, drei Häuser weiter auf der anderen Straßenseite. Einen Aprikosenbaum haben sie vor dem Haus. Manchmal hat Ilse heruntergefallene Aprikosen von der Straße aufgesammelt, und einmal hat ihr der Thomas einen Stein nachgeworfen, als er sie dabei erwischt hat, aber er hat sie nicht getroffen. Einen lustigen Pferdeschwanz hat die Ute gehabt, ziemlich lang für so ein kleines Kind. Und blau-weiß-rot gestreifte Hosenträger. Ilse versucht, sich Utes Gesicht vorzustellen, aber es gelingt ihr nicht. Kleine Kinder sehen sich alle so ähnlich. Nur an Utes Hosenträger kann sie sich erinnern und an den Pferdeschwanz.

Herr Stumpff redet davon, wie tragisch das ist, die armen Eltern und der arme Thomas. So ein junges Leben, jetzt ist sie im Himmel. »Wen Gott liebt, den nimmt er in jungen Jahren zu sich«, sagt er. Ein paar Mädchen weinen.

Nach dem Mittagessen geht Ilse zu Helmut. »Weißt du das schon mit der Ute?«

Aber Helmut will heute nicht mit ihr reden. »Lass mich«, sagt er. »Ich will allein sein.«

Ilse sieht, dass er geweint hat.

»Ist das wegen Ute?«, fragt sie.

Helmut dreht den Kopf auf die Seite. »Du verstehst das nicht«, sagt er. »Du bist ja gesund.«

Ilse will sich setzen. »Da kann ich doch nichts dafür«, sagt sie. »Warum bist du böse auf mich, weil ich gesund bin?« Helmut antwortet nicht. Ilse wartet noch ein bisschen, aber als er wirklich nichts sagt, geht sie hinaus. Sie beschließt, auf dem Friedhof zu schauen, ob das Grab für Ute schon ausgehoben worden ist.

Doch auf dem Weg, der zwischen dem Rübenacker und der Friedhofsmauer hindurch zur Siedlung führt, zögert sie. Beim Gehen streicht sie mit der linken Hand über die Gräser und Blumen, die auf der kleinen Böschung unterhalb der Friedhofsmauer wachsen. Bienen brummeln über die Blüten, Königskerzen, Lichtnelken, Leinkraut, Schafgarben, Schöllkraut.

Ein Zitronenfalter auf einer Büschelglockenblume. Ilse streckt vorsichtig die Hand aus, nähert sich ihm, hofft, er würde sich auf ihre Finger setzen. Aber er flattert auf, fliegt weg, lässt sich auf einer Lichtnelke oben vor der Mauer nieder. Durch den abgebröckelten Verputz kann man die rötlichen Backsteine und die Speisschicht dazwischen sehen. Ilse schaut sich um. Niemand ist auf dem Weg, nur eine Frau mit einem großen Spankorb in der Hand geht weit vor ihr auf der Straße und biegt jetzt rechts zur Siedlung ab.

Ilse rennt die Treppe zum Hintereingang des Friedhofs hinauf. Sie ist schon oft hier gewesen, aber noch nie allein. Entweder war sie mit ihrer Mutter hergekommen, um Blumen auf das Grab vom Schragendorfer-Opa zu legen, oder mit der Oma, die die Gräber von der Uroma und dem Uropa sauber gemacht hat. Und natürlich das vom Onkel Peter. Onkel Peter ist das Lieblingskind von der Oma gewesen.

Immer erzählt sie, wie gut er zu ihr gewesen ist, das ganze Geld hat er ihr heimgebracht, nur für sein Motorrad hat er was ausgegeben, sonst für gar nichts. Er hat nicht geraucht und nicht getrunken. Aber mit neunzehn hat er sich den Kopf eingerannt mit dem Motorrad. Ilse geht am Grab vom Onkel Peter vorbei. Wenn er ihr Vater gewesen wäre, wäre sie jetzt bei der Oma. Dann hätte die Oma zur Mutter gesagt: Ich kann die Marga nicht nehmen, wie stellst du dir denn das vor, ich hab doch die Ilse, die ich aufziehen muss. Aber der Onkel Peter hat keine Kinder gehabt, der hat sich mit neunzehn den Kopf eingerannt.

Ilse geht weiter. Sie kennt sich aus auf dem Friedhof. Sie weiß, dass oben am Haupteingang, um die Kirche herum, die alten Gräber liegen, die mit den hohen Büschen und den dunklen Grabsteinen mit der altmodischen Schrift, die so schwer zu lesen ist. Große Engel mit ausgebreiteten Armen gibt es dort und schmiedeeiserne Zäune. Dann, im mittleren Teil, wachsen keine hohen Büsche mehr, die Grabsteine werden niedriger, heller, oft ganz weiß, und die Umrandungen sind aus Stein oder sorgsam gestutzten Buchsbaumhecken. Da liegen die Gräber der Familien, die Ilse kennt. Sie geht langsam durch die Reihen. Aber nirgends ist ein frisches Grab ausgehoben. Vielleicht morgen, denkt sie. Und dann wendet sie sich nach links, geht an der Mauer entlang zum Randfriedhof. Hier sehen die Gräber nicht mehr so schön aus, nicht mehr so voll Blumen. Ganz hinten in der Ecke sind die alten Kindergräber, die Ilse sucht, unkrautüberwuchert, manche nur noch durch den Grabhügel erkennbar. Wenige haben Grabsteine oder halb zerbrochene Holzkreuze. Auf einem Grab steht ein kleiner, weißer Marmorengel mit abgebrochenen Händen.

»Vergessene Kinder sind das«, hat die Oma gesagt, als Ilse sie gefragt hat. »Die Familien wohnen nicht mehr hier oder sind tot.«

Die Oma hat die Gräber betrachtet und den Kopf geschüttelt. »Wie die aussehen. Eine Schande für den ganzen Friedhof. Werden wohl bald eingeebnet werden.«

Ilse setzt sich auf eine steinerne Grabeinfassung. Jetzt kann sie weinen.

Sie denkt an die kleine Katze, die Schusters mal hatten und die überfahren worden ist. Horst hat sie gefunden. »Die ganzen Därme haben ihr aus dem Bauch gehangen«, hat er erzählt. Und als er gemerkt hat, dass Ilse weinte, hat er alles ganz ausführlich beschrieben. Ilse hat ein paar Nächte kaum schlafen können, weil sie immer daran denken musste, wie der Katzenbauch ausgesehen hat nach dem Unfall. Schwarzweiß gefleckt ist die kleine Katze gewesen und ganz weich und zärtlich. Tote Vögel hat Ilse auch schon gesehen, manchmal ganz klein, noch fast nackt. »Die werden von ihrer Mutter aus dem Nest geschmissen, wenn sie sie nicht mehr will«, hat Dieter erklärt. Ilse weint, und sie weiß nicht so recht, warum sie weint, über Ute, über die tote Katze, die kleinen Vögel, die vergessenen Kinder. Sie nimmt die Faust zum Mund und beißt sich in den Daumenballen, beißt so fest, dass es wehtut, und betrachtet dann entsetzt und befriedigt die Spuren ihrer Zähne.

Sie greift mit beiden Händen hinein in das Unkraut, zieht und zerrt, reißt es heraus, greift wieder hinein. Die Erde ist trocken und die meisten Pflanzen lassen sich leicht herausziehen. Nur die Gräser nicht, die schneiden ihr blutige Risse in die weiche Haut zwischen Handkante und Innenfläche.

Ilse arbeitet verbissen. Sie trägt das herausgerissene Zeug auf den Komposthaufen in der Ecke. Die Wurzeln, die sie nicht entfernen kann, deckt sie mit Erde zu. Sauber sieht das Grab jetzt aus, aber sehr kahl und leer.

Ilse sucht. Hinter einem Grabstein steht eine rostige Konservenbüchse. Ilse füllt sie am Hahn mit Wasser und stellt sie an das Kopfende ihres Grabes. Dann pflückt sie draußen an der Böschung einen Blumenstrauß aus Schöllkraut, Glockenblumen, Mönchskraut und Lichtnelken. Jetzt ist das Grab schön.

»Jetzt bist du kein vergessenes Kind mehr«, sagt Ilse.

Sie stellt sich vor, dass da unter der Erde ein Mädchen liegt. Vielleicht ist sie zehn Jahre alt gewesen, als sie gestorben ist. Vielleicht auch nur zwei oder drei, wie die Ute, und sie hätten Freundinnen werden können, wenn sie am Leben geblieben wäre. Und plötzlich ist sie ganz sicher. Dieses Mädchen, das da begraben ist, wäre ihre Freundin geworden. Deshalb hat sie keine, weil ihre so früh gestorben ist und Ilse allein zurückgelassen hat. Rita hat sie geheißen. Rita ist ein schöner Name. Ilse holt eine Hand voll Glitzersteine, mit denen bei den meisten Familiengräbern die Wege zwischen den Grabstellen aufgeschüttet sind, und legt um den Blumenstrauß herum die Steine zu Buchstaben. Rita.

»Meine Freundin Rita«, sagt sie.

Weil das Grab aber immer noch zu kahl ist, weil noch zu

viel Erde zu sehen ist, nimmt Ilse von einem anderen Grab einen Kranz und bringt ihn zu Rita. »Rita ist gestorben«, sagt sie laut. »Meine Freundin Rita ist gestorben.«

Jetzt kann sie wieder weinen. Ganz friedlich und ruhig kann sie jetzt weinen.

Bis sie plötzlich hochgerissen wird. »Friedhofsschänderin«, schreit der alte Ballheimer, der Mesner, und hält Ilse fest, die sich wehrt und um sich schlägt. »Was fällt dir ein?«, schreit er und schüttelt sie wie einen jungen Hund. »Du kannst doch nicht einfach Kränze stehlen.«

Sein Gesicht mit den verquollenen Backen und den schwiemeligen Augen ist ihr ganz nah. Er schielt. Ilse weiß nicht, in welches Auge sie schauen soll. Sie senkt den Kopf, macht sich ganz schwer und schlaff in seinen Händen. Aber als er anfängt, sie hinter sich herzuziehen, muss sie doch aufstehen, um nicht über den Boden geschleift zu werden. Ungeschickt stolpert sie hinter ihm her, sieht nur die krummen Beine und den ausgebeulten Hosenboden.

»Was machst du mit dem Kind, Ballheimer?«, ruft die Kirchhofsbäuerin durch das offene Hoftor.

Er bleibt stehen. Ilse versucht sich loszureißen, aber die Hand um ihren Arm gibt nicht nach. »Den Friedhof hat sie geschändet«, sagt er. »Ich geh mit ihr zum alten Lautenschläger. Der soll ihr beibringen, was Anstand ist.«

»Lass sie los«, sagt die Kirchhofsbäuerin.

Er umklammert Ilses Arm so fest, dass sie fast schreien muss. »Sie hat einen Kranz gestohlen«, sagt er.

»Und was hat sie damit gemacht?«

»Was geht dich das an? Warum mischst du dich ein?«

Die Kirchhofsbäuerin nimmt Ilse bei der Hand. »Du lässt sie bei mir, Ballheimer. Sie ist doch noch ein Kind.«

Er lässt Ilse los. Sie taumelt und wäre hingefallen, wenn die Frau sie nicht gehalten hätte. »Aber mit dem Lautenschläger werde ich reden«, schimpft der Mesner noch im Weggehen. »Dem werde ich sagen, was seine Enkeltochter für eine ist.«

Die Kirchhofsbäuerin führt Ilse in die Küche und stellt ihr Brot, Butter und Schinken hin. »Da, iss was.«

Ilse rührt sich nicht.

»Iss doch. Du bist sowieso nur Haut und Knochen.« Die Kirchhofsbäuerin stapelt leere Eierkartons aufeinander. »Na ja«, sagt sie, »deine Mutter war auch so dürr als Kind. Da kann ich mich noch gut daran erinnern.«

Ilse weint leise. Sie hat das Gefühl, als könnte sie nie wieder aufhören zu weinen.

»Warum hast du das gemacht?«, fragt die Bäuerin. »Was hast du dir denn dabei gedacht?« Sie schneidet ein Stück Brot ab, schmiert Butter drauf, belegt es mit Schinken und drückt es Ilse in die Hand. »Was zu essen schadet nie. Ich muss jetzt in den Stall. Kommst du mit? Ich kann dich doch nicht hier sitzen lassen.«

Ilse hält das Brot in der Hand. Ihr Magen krampft sich zusammen bei dem Geruch nach Geräuchertem. Auf einmal merkt sie, dass sie Hunger hat.

»Wir haben ein Kalb«, sagt die Kirchhofsbäuerin. »Es ist erst ein paar Tage alt.«

Ilse trottet hinter ihr her. Der Kuhstallgeruch umfängt sie weich und warm. Dann steht sie vor dem Kalb und hält ihm die Hand hin. Die Bäuerin setzt sich unter den dicken Bauch einer Kuh und fängt an zu melken. »Das ist die Mutter«, sagt sie. »Die kann man noch nicht mit der Maschine melken. Ihr Euter ist noch zu empfindlich.« Die Milch spritzt schaumig in den Eimer.

Das Kalb nimmt mit seinen weichen Lippen Ilses ganze Hand in sein Maul und saugt daran. Seine Zunge ist rau.

»So was Süßes«, sagt Ilse. »Ich hab noch nie so was Süßes gesehen.«

Die Kirchhofsbäuerin nickt. »Ich hab ja gewusst, dass es dir gefallen wird. Allen Kindern gefällt so etwas.«

»Ich würde am liebsten immer hierbleiben«, sagt Ilse.

»Komm mich halt wieder besuchen«, sagt die Kirchhofsbäuerin. »Du kannst immer kommen.«

Auf dem Heimweg überlegt Ilse, warum die Kirchhofsbäuerin so freundlich gewesen ist. Sie kann es nicht verstehen. Ich geh lieber nicht hin, denkt sie. Vielleicht will sie, dass ich ihr die Arbeit mache, weil sie kein Kind hat.

Dann sieht sie auf der Rathausuhr, dass es schon nach sieben ist. Die Mutter wird Krach machen. Ilse fängt an zu rennen.

7

Ilse ist früher zu Hause als Horst und Dieter. Sie hebt die Fußmatte hoch, nimmt den Schlüssel und schließt die Küchentür auf. Ihr Anorak ist nass. Sie hängt ihn an den Haken hinter der Tür. Dann holt sie ihre Puppe aus dem Schlafzimmer und setzt sie neben sich an den Tisch, damit sie sich nicht so allein fühlt.

Die Mutter ist heute nicht da. Sie muss in die Stadt zum Arzt. Und dann will sie auch noch zum Arbeitsamt gehen. »Vielleicht kriege ich eine Halbtagsstelle«, hat sie gesagt. »Das Geld reicht vorn und hinten nicht. Aber putzen gehe ich auf gar keinen Fall. Ich mach nicht den anderen Leuten ihren Dreck weg.«

Deshalb kocht Ilse heute. Aber zuerst muss sie Feuer anmachen. Sie knäult eine alte Zeitung zusammen und schiebt sie in das Herdloch, dann etwas Reisig drauf und zuletzt dünn gespaltene Holzscheite. Die Streichhölzer liegen in der Tischschublade. Ilse kniet vor dem Herd und schaut zufrieden zu, wie das Feuer anfängt zu flackern. Nudeln wird sie kochen. Nudeln mit Tomatensoße. Sie lässt den großen Topf voll Wasser laufen und stellt ihn auf den Herd.

»Jetzt bin ich die Mutter«, sagt sie zu ihrer Puppe. »So, ich koch für dich. Ich bin eine gute Mutter, ich koch jeden Tag, was du willst. Und abends kommt der Papa nach Hause, da koch ich wieder. Du brauchst auch keine Angst zu haben, wenn es dunkel ist. Ich geh nie weg. So wie die Frau Schuster, die ist auch immer zu Hause, wegen dem Helmut. Und unser Papa bleibt auch daheim. Der treibt sich nicht in Wirtshäusern rum.«

Als das Wasser anfängt zu kochen, wirft Ilse die Nudeln hinein und schiebt den Topf weiter an den Rand. »Viele Männer saufen«, erzählt sie, als sie die Pfanne in die Mitte des Herdes stellt und Öl hineingießt. »Wenn der Herr Schuster besoffen ist, dann schreit er und seine Augen fallen ihm bald aus dem Gesicht. Aber unser Vater macht das nicht.«

Sie schneidet eine Zwiebel in die Pfanne, ein paar Tomaten und die von gestern Abend übrig gebliebenen Scheiben Salami mit den bereits dunkel aufgerollten, vertrockneten Rändern. »Wir haben auch einen Elektroherd wie die Oma. Wir müssen nicht mitten im Sommer den richtigen Herd anmachen, wenn es sowieso schon so heiß ist. Und wenn der Papa abends kommt, bringt er uns Schokolade mit.«

»Führst du Selbstgespräche oder was?«, fragt Dieter, der zur Tür hereinkommt. »Ich glaube, du spinnst immer mehr.« Er wirft seinen Ranzen in die Ecke. »Ist das Essen fertig?«

Ilse nickt. »Ja. Stell schon die Teller auf den Tisch.«

»Mach es doch selber«, sagt Dieter. »Du glaubst wohl, du könntest mir was anschaffen?«

Jeden Abend bringt mein Papa Schokolade mit, denkt Ilse, als sie den Tisch deckt. Das hat die Evelyn gesagt. Ilse kann sich das gar nicht vorstellen. Aber vielleicht stimmt es doch. Wenigstens könnte es so sein. Sicher gibt es einen Vater, der das tut.

»Sag mal, Dieter, hat uns der Papa abends was mitgebracht, als er noch bei uns gewohnt hat?«

»Hat er nicht«, sagt Dieter. »Ich kann mich zwar nicht mehr genau daran erinnern, wie das war, aber mitgebracht hat er uns bestimmt nichts.«

»Warum ist er ausgezogen?«

»Das weißt du doch. Wegen der anderen, der Witwe, für die er das Haus gebaut hat, als er im Rheinland auf Arbeit war. Erst hat er ihr ein Haus gebaut und dann ist er selbst eingezogen. So sagt die Mama.«

Ilse gießt die Nudeln ab und stellt sie auf den Tisch. Horst kommt jetzt auch. »Los, mach schnell«, sagt er. »Ich will gleich wieder weg.«

»Du sollst noch das Holz aufschichten, das du gestern gehackt hast, hat die Mama gesagt.«

»Nein«, sagt Horst. »Das kannst du machen. Ich hab was vor.«

»Ich wollte zur Oma gehen.«

»Du räumst das Holz auf, verstanden? Dieter kann dir helfen.«

Ilse nickt.

»Ich geh auch weg«, sagt Dieter. »Ich helf dir nicht.«

Ilse wird böse. »Warum immer ich?«, schreit sie. »Immer muss ich für euch die Arbeit machen.«

Horst greift nach ihrer Hand und drückt sie so fest, dass Ilse die Gabel fallen lässt. »Du machst das. Und wehe, du sagst der Mama was.«

Ilse ist blass geworden, so weh tut ihr die Hand. »Ja«, sagt sie. »Ich räum das Holz auf.«

»Und bring gleich einen Eimer Kohlen mit.«

»Ja.«

Dann ist Ilse wieder allein. Beim Geschirrabräumen weint sie vor Wut.

Der Bruno schleicht um den Holzschuppen herum, als Ilse mit dem Kohleneimer in der Hand hinuntergeht. Es hat aufgehört zu regnen, aber die Luft ist feucht und der Himmel verhangen. Sie geht schnell an Bruno vorbei. Er ist ihr ein bisschen unheimlich. Schon wie er aussieht, mit dem komisch geformten Kopf und den hellblauen Augen, mit den immer geschwollenen, entzündeten Lidern. Er sieht ganz anders aus als der Helmut. Und wie er einen immer anschaut. Eierkopf, Eierkopf, rufen die Kinder ihm nach. Eierkopf im Suppentopf. Er wird dann ganz rot und atemlos vor Zorn und drischt mit seinen langen Armen ungeschickt in der Gegend herum. Gott sei Dank erwischt er selten jemand.

Ilse fängt an, die Holzscheite an der Hinterwand des Schuppens aufeinanderzustapeln. Obwohl sie Bruno den Rücken zugedreht hat, spürt sie, dass er sie durch die Latten hindurch beobachtet. Dann quietscht die Tür. Ilse richtet sich auf und dreht sich um. »Na, Ilse«, sagt Bruno und zieht die Tür hinter sich zu. Noch bevor er bei ihr ist, weiß sie, was er will. Sie hält die Beine fest zusammen. Aber er ist älter als sie, fast so alt wie Horst, und ein ganzes Stück größer. Manchmal tut er ihr leid, aber jetzt hat sie nur noch Angst.

»Lass mich«, sagt er sehr leise. »Los, lass mich.«

Sein Atem ist über ihrem Gesicht.

»Sei still«, sagt er. »Ich tu dir nichts.«

Er zieht ihr die Hose herunter und fingert. Ilse steht starr vor Angst. Sie weiß nicht, was er will mit seinen Fingern. Und sie weiß es irgendwie doch. Die Scheite des sauber aufgerichteten Holzstoßes drücken in ihren Rücken. Und sie wünscht sich, ihre Mutter wäre da. Aber sie wird es ihr nicht sagen können. So etwas kann man nicht sagen.

Aber da ist es auch schon wieder vorbei. Der Bruno nimmt seine Hand weg. »Dass du nur den Mund hältst. Grün und blau schlag ich dich, wenn du nicht den Mund hältst.«

Sie schüttelt den Kopf. Kein Wort bringt sie hervor, nur mit dem Kopf schütteln kann sie. Dann ist der Bruno weg.

Eierkopf, Eierkopf. Eierkopf im Suppentopf.

Ilses Kopf ist leer und es verschwimmt ihr alles vor den Augen. Aber sie schichtet das Holz fertig auf. Dann nimmt sie die Schaufel und schippt den Kohleneimer voll. Er ist sehr schwer, sie kann nur ganz langsam gehen. Auf jeder dritten Stufe muss sie den Eimer abstellen und die Tragehand wechseln. Rote Striemen ziehen über ihre Handflächen. Sie zerrt den Kohleneimer rechts neben den Herd, dann geht sie in das Schlafzimmer, zieht ihr Kleid aus und legt sich ins Bett. Sie zieht die Decke über den Kopf, rollt sich richtig zusammen in der dunklen, stickigen Höhle ihres Bettes und weint, bis sie einschläft.

Die Mutter reißt sie wieder heraus aus ihrer Sicherheit. »Was machst du denn am helllichten Tag im Bett?«

»Mir war nicht gut«, sagt Ilse. »Ich weiß auch nicht, warum.«

»Hast du eingekauft?«

»Nein, ich hab's vergessen.«

Die Mutter streicht sich müde die Haare aus der Stirn. »Auf nichts kann man sich verlassen«, sagt sie.

Das ist schlimmer als Schimpfen. Ilse springt aus dem Bett.

»Ich geh schnell noch, Mama. Ich kann hintenrum gehen. Beim Bäcker und beim Metzger kann ich hintenrum gehen. Die geben mir bestimmt noch was.«

Beim Abendessen schaut sie immer wieder die Mutter an, die sehr ruhig am Tisch sitzt und kaum etwas isst. Sie sieht schlimm aus heute, das Gesicht schilfernd und aufgekratzt, ein blutiger Streifen zieht sich vom Ohr zum Kinn.

»Hast du eine neue Salbe bekommen?«, fragt Ilse.

Die Mutter schaut sie an. Von ganz weit her kommt ihr Blick. Sie sieht mich gar nicht richtig, denkt Ilse. Am liebsten hätte sie sich der Mutter auf den Schoß gesetzt wie früher, als sie noch klein war. Aber das ist lange her, sehr lange. Ilse traut es sich nicht mehr.

Später liegt sie in ihrem Bett und kann nicht einschlafen. Eierkopf im Suppentopf. Die Mutter ist noch einmal weggegangen. Es hat unten vor dem Haus gehupt, und sie hat gesagt, sie fährt noch mal mit dem Eduard wohin, sie muss mit ihm reden. »Scheißkerl, der Eduard«, hat Horst gesagt, aber erst, als die Mutter die Tür schon hinter sich zugemacht hatte.

Ilse wälzt sich unruhig hin und her. Jetzt hat sie doch wieder vergessen, vor dem Ins-Bett-Gehen zu pinkeln. Wenn sie aufsteht und auf den Topf geht, macht Dieter einen Zirkus, sie würde alles vollstinken und so weiter. Aber runter in den Hof aufs Klo traut sie sich jetzt nicht mehr. Sie hat Angst im Dunkeln. Andere Leute haben ein Klo in der Wohnung. Da braucht man nur auf den Lichtschalter zu drücken. Aber im Gemeindehaus gibt es noch ein Plumpsklo im Hof. Plumpsklo heißt es deshalb, weil die Scheiße mit einem Plumps in die Jauche fällt. Tagsüber schwirren die Schmeißfliegen in dem

Bretterhäuschen herum. Aber das ist immer noch besser als Nachtfalter. Wenn Ilse Nachtfalter sieht, wird ihr immer ganz kribbelig im Bauch. Wenn sie im Schein der Taschenlampe plötzlich lautlos aufflattern, spürt Ilse das Flügelschlagen ganz innen in ihren Eingeweiden.

Ilse horcht. Ob ich mal frage, ob einer von den beiden noch mal muss?, denkt sie. Aber das lohnt sich nicht. Dieter vergisst nie, vor dem Schlafengehen zu pissen, und Horst würde sie nur auslachen. Er würde extra ganz allein gehen. Er würde sagen: Jetzt geh ich und nachher gehst du.

Ilse denkt: Das drückt vielleicht in meinem Bauch, die Pisse. Ich habe eine ganz kleine Blase, das sagt die Mama auch immer.

Wenn sie sicher wäre, dass die beiden schlafen, könnte sie ja auf den Nachttopf gehen. Sie pinkelt immer ganz leise. Wenn sie die Arschbacken fest zusammendrückt, kann sie den Strahl auf den Nachttopfrand lenken. Dann hört man es kaum. Aber die zwei schlafen noch nicht. Der Dieter dreht sich immer noch um und der Horst schnarcht noch nicht.

Das tut vielleicht weh, wenn man so dringend muss. Kann eigentlich die Blase platzen, wenn sie zu voll ist?

Die Taschenlampe liegt auf der Kommode neben der Tür. Bei Schusters läuft der Fernseher noch ganz laut. Der Helmut wird nicht mehr richtig müde, seit er immer im Bett liegt, hat Frau Schuster gesagt. Er schläft immer erst ganz spät ein. Ein Segen, dass es das Fernsehen gibt.

Wenn der Helmut mal muss, hilft ihm seine Mutter. Die kann abends nicht weggehen. Aber sie hat ja auch einen Mann. Als Papa noch zu Hause war, denkt Ilse, ist Mama auch nicht weggegangen. Sie kann sich allerdings nicht mehr so richtig dran erinnern, sie ist noch klein gewesen.

Das sticht richtig im Bauch, wenn man muss.

Der Horst schnarcht jetzt schon leise, aber der Dieter bewegt sich noch. Ilse kann es nicht mehr aushalten. Vorsichtig schlägt sie die Decke hoch. Das Bett knarzt immer, wenn man raussteigt. Da ist der Bettvorleger und da das Bettgestell vom Dieter. Horst schläft im Bett obendrüber. Jetzt ist sie mit dem Kopf an den Bettpfosten gestoßen. Sie unterdrückt ein Stöhnen.

»Was machst du denn?«, fragt Dieter. Er flüstert, er hat auch gemerkt, dass Horst schläft.

»Ich suche den Nachttopf«, sagt Ilse und fährt mit dem linken Arm über den Boden unter dem Bett, bis sie an ihn stößt.

»Hättest du das nicht vorher machen können? Jetzt stinkt es wieder die ganze Nacht.«

»Vorher habe ich nicht gemusst.«

»Blöde Kuh.«

Ilse pinkelt, kneift die Arschbacken zusammen. Es geht auch ganz gut, nur am Schluss, als die Pisse nicht mehr so richtig strömt, rappelt es laut in den Nachttopf. »Du bist eine alte Sau«, sagt Dieter leise und böse.

Dann liegt Ilse wieder im Bett. Ganz reglos liegt sie da, sie will den Dieter nicht noch mehr ärgern. Er ist nie besonders nett zu ihr. Andere Brüder sind viel netter zu ihren Schwestern. Der Thomas zum Beispiel, der war sicher zur Ute viel netter. Er ist jetzt sehr ruhig geworden, und wenn jemand was von Ute sagt, fängt er an zu weinen.

Der Dieter würde nicht weinen, wenn sie sterben würde, der nicht. Überhaupt würde niemand weinen.

Ilse ist sehr traurig. Ich wäre auch gern bei der Oma, so wie die Marga, denkt sie. Aber sie will mich nicht. Niemand will mich.

Ilse Bilse, niemand willse.

»Mit dir hat der Kerl mich noch mal reingelegt«, sagt ihre Mutter immer. Mit dem Kerl meint sie Ilses Vater. Er hat eine andere. Ein Kind hat er auch noch bekommen, ein Mädchen. Elvira heißt sie und ist vier Jahre alt. Ein schöner Name ist das, Elvira.

Wenn ich Elvira heißen würde, denkt Ilse.

Aber sie heißt Ilse.

Ilse Bilse,
niemand willse,
kam der Koch,
nahm sie doch,
steckt sie in das Ofenloch.

Blöd ist das. Natürlich kann so etwas nicht wirklich passieren, das weiß Ilse schon. Aber sie ärgert sich darüber. Die Mutter sagt, Ilse soll sich nichts draus machen, die anderen spinnen. Die hat gut reden, denkt Ilse. Ich mach mir halt was draus. Ich mag das nicht, wenn sie über mich lachen. Aber ich kann mich nicht wehren. Der Dieter sagt, ich wäre zu blöd dazu. Und der Horst lacht nur. Er lacht immer. Er lacht auch, wenn er mich verhaut. Und dabei sieht er so schön aus. Er hat Grübchen in den Backen und braune Locken. Die Kurgäste vom Hotel schenken ihm oft Geld. Wenn wir Schlüsselblumen verkaufen oder Maiglöckchen, hat er immer zuerst seine Sträuße los. So ein hübscher Junge, sagen die Leute. Aber sie kennen ihn ja auch nicht.

Die Mutter sagt immer, es wäre besser, wenn er nicht so gut aussehen würde. Er lacht nur, wenn sie das sagt. Aber Ilse ist überzeugt, dass sie ihn am liebsten hat. Sie tut ihm fast nie etwas, ganz selten, dass sie ihn schlägt. Und wenn, dann lacht er nur. Wie der lachen kann. Ich wollte, ich könnte auch so lachen, denkt Ilse. Dann würde mich die Oma vielleicht wollen.

Komisch, jetzt kribbelt es wieder in ihrem Bauch. Dabei muss sie doch gar nicht mehr pinkeln. Seit wann kribbeln Tränen im Bauch?

8

Wochenlang hat Ilse darauf gewartet, dass endlich die Sommerferien anfangen, weil sie dann zur Oma darf. Die ganzen Ferien, die Oma hat's erlaubt. Und die Mama sagt, sie ist froh, wenn mal ein Esser weniger da ist. Jeden Tag hat Ilse ausgerechnet, wie lange es noch dauert, wie viele Tage noch. Zuletzt hat sie sogar versucht herauszubekommen, wie viele Stunden sie noch warten muss, aber das ist wirklich schwierig gewesen. Der Helmut hat ihr beim Rechnen geholfen.

»Kommst du mich trotzdem manchmal besuchen?«, hat er gefragt.

Ilse hat genickt. »Natürlich. Ich mache ja keine weite Reise, nach Italien oder so, es ist ja nur am anderen Ende vom Dorf.«

»Ich wette, dass du mich sofort vergisst«, hat Helmut geantwortet. »Wenn du erst bei deiner Oma bist, denkst du bestimmt nicht mehr daran, dass ich hier ganz allein liege.«

Ilse ist schnell weggegangen, weil sie nicht gewusst hat, wie sie den Helmut trösten kann.

Und dann ist der letzte Schultag doch gekommen, der letzte Schultag und das Zeugnis. Ilse hat gewusst, dass sie sitzen bleibt, sie ist nicht überrascht. Sie ist sogar froh darüber, dass sie in eine andere Klasse kommen wird. Seit sie der Marion das Lineal auf den Kopf gehauen hat, hat keiner mehr mit ihr geredet. Sie haben getan, als wäre Ilse Luft. Das ist jetzt vorbei und schlimmer kann es nicht werden.

Ilse rennt den ganzen Weg nach Hause, kommt atemlos an, packt ihre Anziehsachen in die große Einkaufstasche. »So viel brauchst du doch nicht«, sagt ihre Mutter. »Wenn dir was fehlt, kannst du doch kommen und es dir holen.« Aber Ilse stopft die Tasche so voll, dass sie die Henkel gerade noch schließen kann zum Tragen. Sechs Wochen Ferien. Sechs Wochen bei der Oma. Ilse hat keine Zeit mehr, weil die sechs Wochen schon angefangen haben. Sie hat auch keine Zeit mehr, sich beim Helmut auf den Stuhl zu setzen. Sie macht nur die Tür von seinem Zimmer auf und streckt den Kopf hinein. »Also, ich geh jetzt«, sagt sie.

Helmut antwortet nicht. Er sieht traurig aus. Nächste Woche, denkt Ilse, nächste Woche kann ich ihn ja mal besuchen.

Die Oma hat ein Feldbett zur Marga ins Zimmer gestellt. Ilse schiebt die Einkaufstasche mit ihren Sachen auf Margas Kleiderschrank und geht in die Küche. »Was gibt's heute zu essen?«

»Kartoffelsalat mit Würstchen«, sagt die Oma. »Im Beet hinter dem Hühnerstall ist Schnittlauch, hol mal welchen, aber schneid ihn nicht zu kurz, hörst du.«

Ilse nimmt ein kleines Messer aus der Schrankschublade und springt die Stufen zum Hof hinunter. Jetzt bin ich hier daheim, denkt sie. Und sechs Wochen sind lang. Wer weiß, wann sechs Wochen aufhören.

Schöne Tage sind das.

Ilse hilft der Oma auf ihrem kleinen Acker, schleppt die volle Gießkanne vom Bach die zwanzig Meter zum Acker, zu den Beeten, geht willig mit der leeren Kanne wieder zurück zum Bach. Die Arbeit auf dem Acker ist schön, wenn es so heiß ist. Sie steht dann barfuß im kalten Wasser und hält die Gießkanne in die leichte Strömung. Im Sommer ist der Bach nicht tief, sie muss warten, bis die Kanne vollgelaufen ist. Mücken schwirren über das Wasser, manchmal ein Schmetterling, manchmal eine Libelle. Wenn die Gießkanne voll ist, ist sie natürlich sehr schwer. Die Böschung hinauf muss Ilse sich fest gegen den Boden stemmen und die Kanne nach jedem Schritt absetzen. Das Wasser schwappt über ihre dünnen Beine, zieht saubere Rinnen in ihre Füße, die schwarz sind vom Ufermorast. Aber wenn sie dann oben auf der Böschung steht und über die Äcker schaut, wenn sie sieht, wie die Oma sich bückt, jätet, hackt, die Tomaten anbindet, die schon ganz schwer geworden sind unter ihren noch grünen Früchten, da fühlt Ilse sich richtig glücklich. Und sehr stolz, weil sie arbeiten kann. Nicht wie die Marga. Natürlich kann die Marga nichts dafür, dass sie so krank gewesen ist und ihr Herz schonen muss. Das kann einem leid tun, dass sie nicht mehr mit der vollen Gießkanne oben über dem Bach stehen kann, dass sie das alles nicht mehr erlebt. Sie tut Ilse auch leid. Aber insgeheim hofft sie, dass die Oma sagt: Die Ilse brauch ich. Ich komme nicht mehr aus ohne die Ilse. Die kann arbeiten. Weißt du was, Opa, nehmen wir die Ilse doch auch.

Aber die Oma sagt nichts. Die Oma sagt höchstens: »Bist ein braves Mädchen, ja, das bist du.«

Und Ilse schluckt ihre Enttäuschung runter, hofft trotzdem, strengt sich weiter an, noch mehr. Abends ist sie müde und zufrieden, wenn sie ins Bett geht. Manchmal redet die Marga noch ein bisschen mit ihr. »Ich bin froh, dass ich hier wohne«, sagt sie. »Ich könnte nicht dort in der Sandgasse leben, in so einem Loch, mit Kohleheizung und Plumpsklo im Hof. Und mit so vielen Kindern.«

»Wir können doch nichts dafür«, sagt Ilse. »Wo sollen wir sonst hin?«

»Wir haben alles«, zählt Marga auf. »Ölheizung, Elektroherd, Fernseher, Badezimmer. Nur keine Waschmaschine. Aber nicht etwa deshalb nicht, weil wir uns keine leisten könnten. Nur weil die Oma so altmodisch ist und sagt, die Wäsche wird erst dann sauber, wenn sie ordentlich gekocht wird. Nur deshalb wäscht sie im Waschhaus.«

»Wir waschen auch im Waschhaus«, sagt Ilse.

Marga holt aus ihrer Nachttischschublade zwei Bonbons und wirft eins davon zu Ilse aufs Bett. »Mir macht das Waschen nichts aus«, sagt sie. »Ich brauch sowieso nicht zu helfen dabei, weil es zu anstrengend ist.«

Ilse wickelt das Bonbon aus dem Papier und steckt es in den Mund.

Karamell.

Es ist schön bei der Oma.

Alles ist schön, bis zu diesem Tag.

Ilse ist früh aufgestanden. Sie könnte diese Ferienmorgen nicht verschlafen wie die Marga. Nach dem Frühstück, die Oma macht jeden Tag Frühstück, immer mit Milch und Brot und Butter, sagt die Oma: »Geh jetzt einkaufen, ja?«

Ilse nickt, nimmt das Geld, den Zettel und das Netz und zieht los. Viel ist es nicht, Rindfleisch zum Kochen, ein Paket Waschpulver, Klopapier und eine Schachtel Ernte für den Opa. Ilse lacht und springt auf dem Heimweg.

Und dann fehlen fünf Mark.

»Was hast du dir davon gekauft?«, fragt die Oma.

»Nichts. Wirklich nichts.«

»Lüg nicht! Nichts ist schlimmer, als wenn ein Kind lügt. Sag's halt.«

»Wirklich nicht, Oma. Ich weiß nicht, wo das Geld ist. Vielleicht hat mir jemand falsch rausgegeben.«

Die Oma wird rot vor Zorn. »Auch noch andere Leute beschuldigen. Wenn die Marga mal so was macht, sagt sie wenigstens die Wahrheit.«

Ilse duckt sich, empfängt die Ohrfeige, weiß aber nichts anderes zu sagen als:

»Ich war's nicht.«

»Nein, das stimmt nicht. Ich habe mir nichts gekauft.«

»Nein, ich habe nichts getan.«

»Nein.«

Oma schlägt auf Ilse ein. »Ich hasse Lügen. Besonders Lügen bei Kindern.«

Ilse nimmt die Schläge an, erinnert sich an die fünf Mark von damals, als sie und Horst und Dieter sich heimlich Geld von der Mutter genommen und Eis gekauft haben. Fast wie Gerechtigkeit kommen Ilse die Schläge vor. Aber Entschuldigung will sie nicht sagen, das nicht.

»Du bist verstockt«, sagt die Oma. »Nur verstockt bist du. Die Marga gibt wenigstens zu, wenn sie was falsch gemacht hat.« Oma sperrt Ilse in die Kammer. »Bis du sagst, dass es dir leid tut. Bis du sagst, dass du es nicht wieder machen willst. Bis du es einsiehst.«

Ilse ist noch nie eingesperrt worden. Ihre Mutter macht so etwas nicht. Sie haben auch keine Kammer zu Hause, höchstens den Keller, und der ist zwei Stockwerke tiefer. Im Keller liegen im Winter die Kartoffeln.

Sie steht im Dunkeln. Nur ein schmaler Streifen Licht fällt durch den Spalt oberhalb der Türangel, doch er reicht nicht aus, irgendetwas zu erkennen, er wird von der Dunkelheit verschluckt. Aber Ilse kennt sich hier aus. Sie hat schon oft genug etwas aus dieser Kammer holen müssen, Eingemachtes oder Gartengerät. Das ist der Raum unter der Treppe, die sich vom Flur zum Speicher hochwindet, ein fensterloser Raum, nur an der Tür mannshoch. Zwei Schritte geradeaus und einen Schritt nach rechts kann man aufrecht gehen, nicht mehr, dann drücken die Stufen die Kammer zusammen bis hin zu dem schmalen Spalt am Boden unter der untersten Treppenstufe. Der Lichtschalter ist draußen.

Ilse tastet mit den Fingern die Gegenstände in ihrem Gefängnis ab, hofft, dass sie damit das Sehen ersetzen kann. An der hohen Wand ist der Schrank mit der Fliegengittertür. Sie spürt deutlich die winzigen Metallquadrate unter ihren Fingerspitzen. Rechts unten hat das Gitter ein Loch, rau und kratzig sind die abgerissenen Drahtenden nach außen gebogen.

Noch fühlt Ilse sich sicher. Traurig und bekümmert zwar, aber sicher. Dies ist der Schrank mit dem Fliegengitter. In diesem Schrank stehen die Gläser mit dem Eingemachten. Erdbeeren, Kirschen, Pflaumen, Birnen und so weiter in den oberen Fächern, Marmeladen und Gelees in den beiden unteren.

Neben dem Schrank, in der Nische an der Wand, hängt Opas Arbeitskleidung. Ilse muss sich strecken, um den gebogenen Eisenhaken direkt unter der Decke zu fühlen. Ein Maurerkittel ist das, Ilse ist sicher, dass es ein Maurerkittel ist. Der Stoff fühlt sich kühl an und an manchen Stellen tasten ihre Finger über sandig-bröckelige Hubbel, Speis- und Mörtelreste von der Baustelle. Ilse stößt mit dem Fuß gegen etwas. Das blecherne Scheppern lässt sie zusammenzucken. Dann atmet sie erleichtert auf. Die Gießkanne. Natürlich, die Gießkanne. Da ist der gebogene Griff mit der Längsrille, da die runde Öffnung, da das Rohr mit der Tülle, der Gießkopf mit den Brauselöchern. Darüber an der Wand hängen Hacke, Spaten und Rechen. An der glatten, flachen Schneide der Hacke kann Ilse noch angetrocknete Erdkrumen fühlen.

Sie kratzt mit den Fingernägeln die Erde ab, bis die Hacke glatt und sauber ist unter ihren Fingerspitzen. Nur oben, da, wo der Holzgriff ansetzt, ist sie noch rau. An dieser Stelle ist das Metall rostig, das weiß sie. Rost kann man nicht mit den Fingernägeln abkratzen. Sie stößt mit dem Kopf an eine Treppenstufe und weicht die zwei Schritte zurück, bis sie wieder an der Tür steht. Rechts an der Holzwand, bevor die Treppenwindungen anfangen, die selbst dann düster aussehen, wenn die magere Glühbirne brennt, steht ein Regal. Ilse weiß das, streicht nur flüchtig darüber. Alles Mögliche steht da. Kästen, in denen der Opa Nägel und Werkzeug aufhebt, Flaschen mit Terpentin und Spiritus, Schuhputzzeug. Der Lappen ist fett, unangenehm glatt und schmierig. Die Dosen haben einen Schmetterlingsverschluss. Zwei Dosen sind es, eine braun, die andere schwarz. Natürlich kann sie das jetzt in der Dunkelheit nicht sehen, aber sie weiß es. Sie hat schon öfter Schuhe geputzt für die Oma.

Jetzt wird die Decke niedriger. Ilse muss sich auf den Boden knien. An dieser Stelle geht die Treppe draußen steil nach oben.

Sie tastet über den Boden, erschrickt, zieht die Hand zurück und lacht sich gleich selber aus. Wie dumm sie ist, dass sie einen Moment lang Angst gehabt hat. Das sind ja nur Gummistiefel, groß und mit schiefgetretenem Absatz. Opas Gummistiefel sind das. Ilse fühlt, dass sie nicht geputzt sind, Erdbatzen füllen die Rillen der Sohle und liegen abgebröckelt um die Schuhe herum auf dem Boden. Daneben stehen andere Schuhe, welche von der Oma, mit höheren Absätzen und breit ausgelatschtem Oberleder an der Innenseite.

Und da sind Margas Sandalen. Der Riemen vom rechten Schuh ist abgerissen. »Du musst sie zum Schuster bringen«, hat die Oma gestern gesagt.

Ilse schiebt ihre Hände vorsichtig weiter über den Fußboden. Steinkacheln, leicht sauber zu halten, dieselben wie draußen im Flur. Abwechselnd versetzt fahlgelb und schmutzig grau. Die Verputzritzen sind gerade Rillen, ab und zu ein Dreckhubbel.

Ihre Finger stoßen an etwas Hölzernes. Das ist ein Spankorb, so einer, wie man sie zum Obstpflücken hernimmt. Damit hat der Opa Kirschen heimgebracht, als er beim Lindenbauern geholfen hat.

Ilse wird unruhig. Sie berührt etwas Weiches, Felliges. Sie erschrickt, erschrickt auch vor dem fauligen Geruch, der ihr in die Nase steigt. Vielleicht eine alte Mütze, denkt sie und streckt zögernd die Hand noch einmal aus.

Da ist die Angst.

Sie wehrt sich gegen die Angst. Sie greift mitten hinein in dieses Fremde. Sie haut hinein, verfängt sich mit der Hand in einer Schnur. Nachgiebig ist diese Masse unter ihren Schlägen, feucht und kalt.

Dann merkt Ilse, dass sie es ist, die schreit. Sie schreit und schreit und kann nicht mehr aufhören zu schreien. Es schreit von ganz allein aus ihr heraus. Sie rennt mit dem Kopf gegen die Tür und schreit: »Lass mich raus!«

Still und gefügig ist sie, als die Oma endlich die Tür aufmacht. »Willst du noch einmal lügen?«

Ilse schüttelt den Kopf. »Nein«, sagt sie.

Die Oma ist jetzt ganz lieb und freundlich.

»So ist sie nun mal«, sagt Marga zu Ilse. »Man kann alles von ihr haben, man muss es nur richtig anstellen, man muss die richtigen Worte sagen, man darf ja nicht widerborstig sein. Das kann sie auf den Tod nicht ausstehen. Es ist manchmal schwierig mit ihr, das stimmt, aber wenn man nicht ganz blöd ist, blickt man schnell durch.«

»Ich will heim«, sagt Ilse. »Ich will nicht hierbleiben.«

»Weißt du«, sagt die Marga, »man sieht es ihr immer an, wenn sie so böse ist, dass man nichts mehr machen kann, nur noch klein beigeben. Sie schiebt dann das Kinn vor und ihre Unterlippe zittert ganz komisch. Dann kann man nur sagen: Du hast Recht, Oma. Ja, Oma. Es tut mir leid, Oma.«

Ilse legt den Kopf auf die Arme. »Ich will heim.«

»Du bist blöd«, sagt die Marga. »Das musst du doch nicht so ernst nehmen. Morgen hat die Oma das wieder vergessen. Aber wenn du jetzt heimgehst, was sagen da die anderen?«

»Ich will heim.«

Marga streckt die Hand aus, aber Ilse will Margas Hand nicht.

»Nur Entschuldigung hättest du sagen müssen, sonst nichts. Wenn die Oma so in Fahrt ist, kann man nichts anderes machen. Sogar der Opa ist dann ganz still und das will schon was heißen.«

»Ich habe nichts getan«, sagt Ilse. »Ich will nach Hause.«

»Meine Güte«, sagt Marga. »Wie du dich anstellst. Man muss lernen, mit Leuten umzugehen. So schwer ist das doch nicht.«

»Ich will nach Hause, zur Mama.«

9

Die Mutter hat nicht viel gesagt, als Oma die verheulte Ilse gegen Mittag heimgebracht hat. »Da kann man nichts machen, Oma. So ist sie nun mal. Ich weiß auch manchmal nicht, was mit dem Kind los ist.«

»Ihr fehlt halt der Vater«, hat die Oma geantwortet. »Die feste Hand. Das wird's sein.«

Dann hat die Oma sich wieder auf den Weg gemacht. Vorher hat sie noch gefragt, ob Ilse nächste Woche wieder mit ihr auf den Acker geht. Ilse ist, ohne zu antworten, aus der Küche gegangen, aber sie hat noch gehört, wie ihre Mutter gesagt hat: »Natürlich kommt sie mit dir, Oma. Die beruhigt sich bald wieder.«

Ilse geht zu Helmut.

»Du bist braun geworden«, sagt er zu ihr und nimmt ihre Hand in seine, die wirklich sehr weiß ist und auf deren Rücken die Adern wie blaue Schnüre zu den Fingern laufen.

Ilse sitzt ganz still.

»Warum bist du denn schon wieder heimgekommen?«, fragt er. »Nicht mal zwei Wochen bist du weg gewesen.«

Ilse antwortet nicht.

»Ich bin froh, dass du wieder da bist«, sagt Helmut. »Ich hab dich vermisst. Der Horst ist dauernd mit dem Henner unterwegs, der Dieter hilft in der Markthalle, mit dem Bruno kann man sowieso nichts anfangen und der Philipp ist noch zu klein. Nur du kümmerst dich um mich.«

Er streichelt ihre Hand.

Ilse freut sich. Das Streicheln ist schön. »Soll ich dir Pflaumen bringen?«, fragt sie. »Drunten am Bach neben dem Spargelacker vom Kirchhofsbauern sind die Pflaumen schon reif. Soll ich dir nachher welche holen?«

»Ja.«

»Nachher geh ich«, sagt Ilse. »Du wirst sehen, wie schön die sind. Dieses Jahr gibt es die allerbesten Pflaumen.«

Ilse holt Pflaumen für Helmut.

Ilse kauft ein für die Mutter.

Ilse spielt mit ihrer Puppe. Manchmal auch mit den anderen Kindern draußen auf der Straße Hickeln oder Ball.

An einem Nachmittag geht sie mit nackten Füßen über die Sandgasse. Ein schöner, heißer Ferientag ist das. Sie stößt ihre Füße in den warmen Sand, stupst mit dem großen Zeh Punkte hinein. Punkt, Punkt, Komma, Strich, fertig ist das Mondgesicht.

Auf der anderen Straßenseite spielen Gisela und Ellen mit einem großen roten Ball. Ilse kennt das Spiel, sie spielt es selbst gern. Man wirft einen Ball ziemlich hoch an die Hauswand, geht schnell in die Hocke, sagt »Jeden Morgen steh ich auf« und muss, wieder aufrecht stehend, den Ball auffangen.

Jeden Morgen steh ich auf.

Jeden Morgen putz ich mir die Zähne.

Jeden Morgen wasch ich mein Gesicht.

Jeden Morgen kämm ich mir die Haare …

Es ist eine endlos lange, beliebig veränderbare Folge von Handlungen. Bei jedem Spiel müssen Regeln und Reihenfolge wieder neu besprochen und festgelegt werden. Stundenlang kann man sich mit diesem Spiel beschäftigen.

Ilse setzt sich in den Sand. Mit dem Rücken an den Zementsockel des Zaunes gelehnt, schaut sie hinüber auf die andere Straßenseite.

»Jeden Morgen trinke ich Kaffee«, schreit Ellen und führt eine imaginäre Tasse an den Mund. Der Ball rutscht ihr beim Auffangen aus der Hand. So weich ist der Sand bei diesem Wetter, dass der Ball noch nicht einmal aufspringt, er rollt ein paar Schritte weiter und bleibt dann liegen.

»Jetzt bin ich dran.« Gisela hebt den Ball auf. Als sie sich bückt, sieht Ilse, dass sie blau-rot gestreifte Unterhosen anhat. Dünne, so wie sie bei Frau Stöcker im Schaufenster liegen.

»Jeden Morgen steh ich auf.«

»Jeden Morgen putz ich mir die Zähne.«

Ein Marienkäfer hat sich auf Ilses Hand gesetzt. Sie bleibt ganz ruhig sitzen, bewegt die Finger nicht, atmet kaum, zählt die schwarzen Punkte auf dem roten Rücken. Sechs. Sechs Kinder wird sie haben.

Sie steht auf, klopft sich den Sand aus dem Kleid und überquert die Straße. Neben Gisela und Ellen lehnt sie sich an die Mauer. Das Haus wirft nur einen schmalen Schattenstreifen, kaum genug, dass man sich unterstellen kann.

»Jeden Morgen kämm ich mir die Haare«, sagt Gisela und fährt sich mit gespreizten, gekrümmten Fingern über den Kopf.

»Kann ich mitspielen?«, fragt Ilse.

»Nein«, sagt Gisela und fängt den Ball.

Ellen schaut Ilse an. »Zu dritt ist es langweilig. Da muss man immer so lang warten, bis man wieder dran ist.«

Ilse zieht mit ihrem rechten großen Zeh eine lange Rille in den Sand. »Ich weiß was«, sagt sie.

»Was denn?«

»Ein Geheimnis. Ich könnte es euch zeigen, aber ich weiß nicht, ob ihr euch traut.«

»Gib nicht so an«, sagt Gisela und kommt, den roten Ball unter den Arm geklemmt, einen Schritt näher. »Was ist es?«

Ilse legt die Hand an den Mund. »Ich weiß, wo ein Mörder seine Leichen hingelegt hat«, flüstert sie.

»Du spinnst ja.«

Aber Ellen hat große Augen. »Wo denn?«

»Ihr traut euch ja doch nicht«, sagt Ilse und reibt ihre Schultern an der rauen Hauswand. »Es ist gefährlich, weil der Mörder kommen könnte.«

»Zeig's uns«, sagt Ellen.

Gisela wirft den Ball in die Luft, klatscht zweimal in die Hände, fängt ihn wieder auf.

»Wenn ihr mir versprecht, dass ihr es niemandem verratet. Keiner darf was davon erfahren.«

Die drei gehen durch das mittagsruhige Dorf, die Straße zum Tannenwald hinunter. Kurz vor Omas Acker biegt Ilse nach rechts ab, auf einen Feldweg. Sie gehen durch die Spargeläcker vom Lindenbauern. Es ist heiß hier, die Sonne brennt auf den Sand. In langen Reihen wächst das Spargelkraut. Die Oma geht oft Spargel stechen für den Lindenbauern, Ende Mai, wenn die Spargel reif sind. Früh um vier geht sie dann schon aus dem Haus und mittags gibt es Spargelsuppe oder

Gemüse aus Bruchspargel mit einer dicken, weißen Soße. Ilse mag nur diese Soße.

»Ist es noch weit?«, fragt Ellen.

»Leise«, antwortet Ilse. »Wir müssen uns von hinten anschleichen. Es ist auf der anderen Seite vom Sandberg. Im Wäldchen.«

Der Boden ist weich von Tannennadeln. Vor einem großen Brombeergestrüpp hält Ilse an und sagt noch einmal: »Jetzt ganz leise.«

Ellens Augen sind weit aufgerissen. Richtige kleine Runzeln hat sie auf der Stirn. Gisela zieht ihre Mundwinkel nach unten. »Du spinnst ja«, sagt sie laut.

»Ich hab selbst gesehen, wie er ein kleines Kind geschlachtet hat«, behauptet Ilse. Sie drückt mit den Händen auf ihren Bauch, um das aufgeregte Kribbeln zu beruhigen. »Da drin«, sagt sie und deutet auf einen schmalen Durchbruch, einen Pfad, den Brombeerpflücker getreten haben und der jetzt schon fast wieder zugewachsen ist. »Da müsst ihr reingehen. Aber vorsichtig, damit er euch nicht hört, wenn er da ist.«

»Gehst du nicht vor?«, fragt Ellen.

»Es passt doch immer nur einer rein. Und ich hab's ja schon gesehen.«

»Ich trau mich nicht«, sagt Ellen.

Gisela hat ein hochmütiges Gesicht. »Ist ja doch alles erlogen.« Ihre Stimme klingt schrill in der Stille des Waldes. Sie lehnt sich an einen Baum und lässt den Ball auf der rechten Handfläche kreisen.

Ellen duckt sich in den Gang, wehrt mit den Händen die überhängenden Brombeerzweige ab und setzt langsam und vorsichtig einen Fuß vor den anderen. Es ist dunkel unter dem Gestrüpp.

Ilse reißt ein Stück von der rötlich fahlen Kiefernborke ab und fährt mit den Fingern über die Wunde am Baumstamm. Bald wird sie klebrig verheilen, kleine helle Tröpfchen werden aus dem Holz treten, weich und duftend wird das Harz an ihren Fingern pappen. Eine Hummel summt an ihr vorbei.

Gisela hat sich auf den Boden gesetzt und lässt den Ball von einer Hand in die andere rollen. Da schreit Ellen, schreit laut und durchdringend und angstvoll. Gisela springt auf. Jetzt ist ihr Gesicht nicht mehr hochmütig. Ihr Mund ist aufgerissen, in den herabhängenden Armen hält sie krampfhaft den Ball. Ellen stürzt aus den Brombeeren. Sie passt nicht mehr auf, die Zweige schlagen ihr ins Gesicht und reißen Striemen in ihre nackten Arme. Sie schreit und rennt, ohne sich nach Gisela oder Ilse umzuschauen, auf das Dorf zu. Gisela lässt den Ball fallen und läuft ihr nach. Ilse hebt den Ball auf, geht langsam hinter den anderen her, ruft: »Wartet doch, ist ja alles nicht wahr.«

Die beiden Mädchen rennen jetzt nicht mehr. Gisela hat den Arm um Ellen gelegt. Ilse sieht an ihrem zuckenden Rücken, dass sie weint.

»Das war doch nur ein Witz«, sagt Ilse hilflos. »Nur ein Witz war das.« Aber sie weiß, dass die beiden sie nicht mehr hören. Sie sind schon zu weit weg.

»Ist ja auch egal.« Sie macht ein paar Schritte in das Spargelfeld hinein, lässt sich in den warmen Sand fallen und lehnt sich mit dem Rücken an eine aufgeworfene Reihe. Sie streichelt mit der Hand über den Ball, drückt mit den Fingerspitzen in die nachgiebige Gummihülle. Der Ball fällt ihr aus der Hand, rollt noch ein bisschen weiter und bleibt in einer Furche liegen. »Das ist doch nur ein Witz gewesen«, sagt Ilse. »Das ist doch nur eine alte Puppe. Ich hab es doch selbst gesehen, letzten Herbst, beim Brombeerpflücken. Ich bin auch erst erschrocken. Aber da braucht man doch nicht so zu schreien.«

Niemand antwortet ihr. Gisela und Ellen sind nur noch kleine Punkte vor den ersten Häusern des Dorfes. Ilse rollt sich zusammen und schaut durch das zarte Gewirr des Spargelkrautes hinauf in den blauen Himmel.

Sie ist sehr allein. Sie starrt den Himmel an, bis zu den weißflockigen Rändern am Horizont sucht sie ihn mit den Augen ab, sucht etwas zum Denken, um dieses hohle, leere Gefühl in ihrem Bauch zu vergessen. Aber der Himmel ist nur blau, der Saum hinter den Sauerkirschbäumen nur weißgrau, die Blätter sind grün, der Sand fahlgelb. Ich habe doch auch nicht geschrien, letztes Jahr, denkt sie. Ich habe die Beine zwischen den verrosteten Konservenbüchsen liegen sehen. Ich bin erschrocken. Aber ich habe nicht geschrien. Ich bin näher hingegangen und habe gemerkt, dass es nur eine alte, kaputte Puppe ist, ohne Augen, nur Löcher im Gesicht. Ein Arm hat ganz gefehlt, sonst hätte ich sie vielleicht sogar mit nach Hause genommen.

Ilse hat jetzt wirklich Bauchweh. Ob Ellen es dem Stumpff erzählt? Doch dann fällt ihr ein, dass sie den Stumpff nicht mehr hat, weil sie sitzen geblieben ist. Gott sei Dank wird sie den Stumpff nicht mehr haben. Eigentlich sollte sie sich darüber freuen, aber Ellens Gesicht, die aufgerissenen Augen und der schreiende Mund, schiebt sich zwischen sie und Lehrer Stumpff und ihr Bauch tut sehr weh. Sie muss scheißen. Durchfall. Richtig erleichtert betrachtet sie den dampfenden Brei, schaufelt mit den Händen Sand darüber. Deshalb hat ihr der Bauch so wehgetan. Das ist ganz normal, wenn man Durchfall hat. Die Oma gibt einem immer Kohletabletten gegen Durchfall.

Wie lang so ein Nachmittag dauert. Das dunkle Blau des Himmels ist blass geworden. Die Sonne steht jetzt über Maldorf, ihre Strahlen fallen schräg durch den Kirschbaum.

Ilse holt den Ball und streichelt ihn wie eine Puppe. Dann, noch später, die Bäume werfen schon lange Schatten und der Himmel färbt sich langsam rosa, steht sie auf und geht auf das Dorf zu.

Die Mutter sitzt am Küchentisch. Vor ihr steht ein billiger, gelb gerahmter Spiegel mit einem aufklappbaren Metallbügel auf der Rückseite. Die Mutter hat Lockenwickler auf dem Kopf. Sie öffnet einen nach dem anderen und rollt ihn vorsichtig aus den Haaren.

Ilse bleibt an der Tür stehen. Die Mutter wirft ihr einen bösen Blick zu, fährt aber fort, die Lockenwickler herauszudrehen. »Ich versteh dich nicht«, sagt sie. »Erst wolltest du nicht bei der Oma bleiben und jetzt das. Die Bachmeier war hier. Rumgeschrien hat sie. Und die Bluse von der Ellen will sie bezahlt haben, weil sie ganz zerrissen ist von den Dornen. Neunundzwanzig Mark fünfzig.«

Die Mutter nimmt den letzten Lockenwickler aus den Haaren und neigt sich vor, um sich im Spiegel zu betrachten.

Die Locken liegen klein und dicht gerollt um ihren Kopf. Sie nimmt eine Bürste, fährt hinein in die Haare, bricht die fest zusammengeklebten Strähnen auf. Jetzt fallen ihre Haare locker und wellig. Sie betrachtet sich zufrieden. Dann dreht sie sich um und schaut Ilse an, die immer noch an der Tür steht. »Du kannst ruhig reinkommen«, sagt sie. »Passiert ist passiert. Aber die Bluse bezahle ich nicht. Soll sie doch besser auf ihre Kleine aufpassen. Die und ihre Ellen. So sensibel ist das Kind, hat sie gesagt. Wenn ich so was schon höre. Dreißig Mark für eine Kinderbluse. Die spinnt!«

»Wo ist denn der Dieter?«, fragt Ilse.

»Unten beim Helmut. Der Horst auch. Die machen unseren Apparat kaum mehr an, seit der Helmut einen Farbfernseher hat.«

Die Mutter schmiert sich hautfarbene Creme ins Gesicht und verteilt sie über den besonders schuppenden Stellen auf der Stirn, unterhalb der Backenknochen und am Kinn. »Wie du nur auf die Idee gekommen bist«, sagt sie. »Aber dein Vater ist auch so. Der hat auch immer Geschichten erzählt, die nicht gestimmt haben. Und ich habe ihm geglaubt. Als der damals an den Wochenenden nicht heimgekommen ist, hat er mir erzählt, er muss ein Haus bauen, Schwarzarbeit, da schaut ein schöner Batzen raus. Und dann war es diese Witwe, der er das Haus hingestellt hat. Und vom Geld habe ich nichts gesehen. Von ihm auch bald nichts mehr. Er hat mich einfach sitzen lassen mit vier Kindern.«

Die Mutter zieht sich die Augenbrauen nach und schminkt ihren Mund. Dann nimmt sie das Handtuch von den Schultern und hängt es an den Haken neben das Spülbecken. »Ich geh jetzt weg. Zum Essen könnt ihr euch Bratkartoffeln machen, wenn das Fußballspiel aus ist.«

Ilse nickt. Sie nimmt die Schüssel mit den gekochten kalten Kartoffeln, stellt sie vor sich auf den Tisch und fängt an zu pellen.

10

Ilse hat gedacht, dass sechs Wochen viel länger sind, sie hat sich nicht vorstellen können, dass sie mal vorbeigehen. Tage, die einfach Tage sind, morgens anfangen und abends aufhören, nur unterbrochen von Ilse-mach-das und Ilse-hilf-mir und Ilse-kannst-du-nicht-mal. Und dann sind sie doch vorbei.

Die Oma hat Ilse einen Rock von Marga geschenkt, dunkles Schottenmuster, damit man den Dreck nicht so sieht, und die Mutter hat ihn enger und kürzer gemacht. Er ist sehr schön. Ilse würde sich freuen, wenn er nur nicht deshalb so ordentlich über dem Stuhl hängen würde, weil heute die Schule wieder anfängt. Ilse hat Bauchweh. Sie fühlt sich krank. Sie will nicht. Dann zieht sie sich an und geht in die Küche.

Dieter sitzt schon am Tisch und isst, Horst steht vor dem Spülstein und wäscht sich das Gesicht, die Mutter gießt kochendes Wasser in den Kaffeefilter. Ilse schmiert sich ein Brot, das sie dann aber nicht essen kann, weil sich ihr der Magen bei dem süßlichen Geruch nach Erdbeermarmelade zusammenkrampft. Sie legt es zurück auf den Teller. Sie hat Angst vor der Schule. Sie hat immer Angst gehabt vor der Schule, aber heute ist es besonders schlimm. Die Angst sitzt überall. In den Armen, in den Beinen, im Bauch. Vor allem im Bauch.

Dummschreiber, Sitzenbleiber.

Die Kinder werden mit den Fingern auf sie zeigen. Lachen

werden sie, um sie herumhüpfen und schreien: Bleistiftkauer, Arschverhauer, Quatsch geschrieben, sitzen geblieben.

Ilse kann nicht essen, sie kriegt keinen Bissen runter. »Ich geh heut nicht in die Schule«, sagt sie. Die Worte dringen kaum durch das Würgen in ihrer Kehle.

Die Mutter schaut sie überrascht an.

»Bist du krank?«

Ilse antwortet nicht.

»Hättest du besser aufgepasst«, sagt Dieter, »dann wärst du auch nicht sitzen geblieben.«

Ilse steht auf und rennt zum Spülbecken. Sie würgt, aber es kommt nur ein bisschen bitterer Schleim heraus, sonst nichts.

»Bist du krank?«, fragt die Mutter noch einmal.

»Merkst du nicht, dass sie Schiss hat?«, fragt Dieter. »Sie traut sich nicht, das ist alles.«

Ilse spült den Mund mit kaltem Wasser aus und setzt sich wieder an den Tisch.

»Versteh ich nicht, dass du dich so anstellst«, sagt Horst kauend. »Das ist doch nicht so schlimm. Ich hab die vierte Klasse auch zweimal gemacht.«

Ilse senkt den Kopf tiefer über ihren Teller und schluckt. Der Horst, ja, den hat bestimmt keiner ausgelacht. Das sollte mal einer probieren, den auszulachen.

»Jetzt hör endlich auf mit dem Theater und fang an zu essen«, sagt die Mutter. »Dieter, du nimmst sie heute mit in die Schule und bringst sie in die Klasse rein.«

Dieter wehrt sich. »Ich bin doch kein Kindermädchen. Sie kann allein in die Schule gehen. Bring du sie doch, wenn du das willst.«

Die Mutter holt aus. »Machst du, was ich dir gesagt habe, oder …« Man sieht ihr an, dass sie es ernst meint.

»Ja«, sagt Dieter schnell. »Ja.« Aber als die Mutter nicht herschaut, wirft er Ilse einen bösen Blick zu und hebt drohend die Faust.

Auf dem Weg knufft er sie in die Seite. »Los, lauf schneller, du blöde Gans.« Er geht hinter ihr her bis zum Klassenzimmer. Ilse macht keinen Versuch wegzulaufen. Es wäre nutzlos, er ist viel schneller als sie.

In der neuen Klasse ist auch die Ellen, die Ellen Bachmeier. Ilses Mutter hat die Bluse nicht bezahlt. »Dann gehen Sie halt zum Rechtsanwalt«, hat sie der Frau Bachmeier geantwortet. »Probieren Sie es doch.« Ilse hat in den Tagen danach jeden Morgen dem Briefträger aufgelauert, aber es ist kein Brief von einem Rechtsanwalt gekommen. Es ist überhaupt kein Brief gekommen. Dann hat Ilse es wieder vergessen. Jetzt, als sie Ellen sieht, denkt sie, es wäre vielleicht doch besser gewesen, wenn die Mutter die dreißig Mark bezahlt hätte für die Bluse.

Sie bleibt in der Türöffnung stehen. Sie traut sich nicht weiter. Frau Bayerlein sitzt schon vorn am Tisch und redet mit ein paar Kindern, die sich um sie drängen.

»Die Ilse«, sagt ein Kind. Es ist die Renate Klaus aus der Bachgasse.

Frau Bayerlein schaut zu ihr herüber. Ilse senkt den Kopf, verfolgt mit den Augen die Ritzen zwischen den braunen Holzbohlen. Frau Bayerlein steht auf und nimmt sie an der Hand. Ilse kann nicht verstehen, was sie sagt, in ihren Ohren rauscht es. Frau Bayerlein führt sie zur letzten Reihe, zu der

Bank am Fenster. »Du bist sehr groß«, sagt sie. »Du sitzt besser ganz hinten.«

Ilse nickt, setzt sich. Das Zimmer sieht komisch aus, denkt sie. Genau wie mein altes, nur ist alles umgekehrt. Früher hatte ich links das Fenster und rechts die Tür und jetzt ist es andersherum.

Wenn sie aus dem Fenster schaut, sieht sie keine Bäume mehr, denn die stehen auf dem Platz hinter dem Schulhaus, dort, wo ein einfacher Maschendrahtzaun das Schulgelände von den Gärten und dem schmalen Pfad abgrenzt, der zu der Kirche führt. Vorn, zur Straße hin, dehnt sich der große Pausenhof mit dem Hauptportal und dem schmiedeeisernen Zaun auf einer niedrigen Sandsteinmauer. Den Pausenhof kann Ilse nicht sehen, aber wenn Leute auf der Straße vorbeigehen, sieht sie ihre Köpfe hinter dem Zaun.

Die Ulrike Keller kommt, legt ihren Ranzen auf den Tisch und setzt sich neben Ilse. Ilse rückt zur Seite, sitzt ganz still, hat die Hände vor sich auf den Tisch gelegt und betrachtet die Warze an ihrem Daumen. Aber die Ulrike macht nichts. Sie tritt sie nicht und sie rempelt sie nicht an. Die Warze ist viel größer geworden, denkt Ilse. Ich muss mal wieder Wolfsmilchsaft draufmachen. Wolfsmilch bei Vollmond. Das letzte Mal hat es geholfen. Der Dieter ist mit ihr gegangen.

»Ilse«, ruft Frau Bayerlein. Sie fragt etwas. Aber Ilse hat nicht aufgepasst, sie kann nicht antworten. Sie sitzt nur da und wartet, dass Frau Bayerlein sie in Ruhe lässt.

»Nimm dein Lesebuch«, sagt Frau Bayerlein. Ilse findet die Stelle nicht, die sie lesen soll. Ulrike beugt sich zu ihr herüber und zeigt sie ihr.

»Du musst lauter lesen, Ilse. Wir verstehen dich nicht«, sagt Frau Bayerlein.

Ilse wäre am liebsten vor Scham in den Boden versunken, als einige Kinder sich umdrehen und sie anschauen. Sie liest nicht mehr. Frau Bayerlein ruft den Nächsten auf. Als Ilse nach einer Weile den Kopf hebt, schaut sie in Ellens Gesicht. Ellen hat die Lippen vorgeschoben. Als sie merkt, dass Ilse sie ansieht, wird ihr Mund ganz schmal und hart und sie dreht sich wieder zur Tafel.

»Hast du wirklich der Marion ein Loch in den Kopf gehauen?«, fragt Ulrike in der Pause. Ilse wendet sich ab und rennt zum Klo. Sie verriegelt die Tür und setzt sich auf den Klodeckel. Langsam wird sie wieder ruhiger. Nebenan rauscht die Wasserspülung. Ilse zieht die Beine an, legt den Kopf auf die Knie und wartet. Erst als es läutet, steht sie auf, drückt den Hebel der Spülung und verlässt die Toilette.

Sie sollen malen. »Ein Erlebnis aus den Ferien. Oder wie es da ausgesehen hat, wo ihr wart.«

Ilse starrt auf ihr weißes Blatt.

»Ich war in Italien, am Meer. Es war sehr schön, immer Sonne und viel Sand«, sagt Ulrike.

Natürlich, die haben Geld. Keller-Heizöl. Früher hatten sie nur Kohlen. Die Leute sagen immer noch Kohlen-Keller zu ihrem Vater. Ilse war schon oft mit dem Leiterwagen dort, mit dem sie sonst im Wald Holz holen. Einen Zentner Briketts kaufen sie immer, manchmal auch Eierbriketts. Der Kohlen-Keller hebt den Sack auf den Wagen. Nach Hause fahren kann Ilse ihn allein, aber dort muss Horst den Sack vom Leiterwagen heben und ihn in den Verschlag im Schuppen kippen. Sein Gesicht und seine Hände sind dann schwarz vom Kohlenstaub. Auch Ulrikes Vater sieht so aus, wenn er die Kohlen in Säcke füllt. Er hat ganz hellblaue Augen, wie Seen in dem dunklen Gesicht. Einmal hat er mit seinem geschwärzten Zeigefinger Kringel auf Ilses Backen gemalt. Ilse hat gelacht. Er ist ein netter Mann, der Kohlen-Keller. Ob er der Ulrike jeden Abend Schokolade mitbringt? Er könnte so einer sein. Der schon.

Ulrike malt Kinder mit Badehosen unter eine große, gelbe Sonne. Ilse schaut ihr zu. »Das Wasser war ganz warm«, erzählt Ulrike und malt blaue Wellen. »Nur so salzig, das kannst du dir gar nicht vorstellen. Das war scheußlich, wenn man Wasser in den Mund bekommen hat.«

Ilse weiß nicht, was sie malen soll. Wie kann man gegen ein filzschreiberblaues Meer ankommen?

Sie malt einen Berg. Und oben auf den Berg ein Haus. Und um das Haus herum Bäume. Unten, an den Fuß des Berges, ein Pferd und auf das Pferd sich selbst.

»Was ist das?«, fragt Ulrike.

»Ich war bei meinem Vater. Er wohnt in einem Haus ganz für sich allein. Und er hat ein Pferd. Ich durfte jeden Tag auf dem Pferd reiten.«

»Toll. Das möchte ich auch mal.«

»Aber dann«, sagt Ilse, »ist das Pferd krank geworden und gestorben.«

Frau Bayerlein kommt und schaut den Kindern zu. »Was ist das?«, fragt sie und deutet auf Ilses Bild.

Ilse nimmt den dicken schwarzen Filzschreiber aus Ulrikes Federmäppchen und streicht ihr Bild mit vielen wilden Strichen zu, bis es so schwarz ist wie die Kohlen vom Kohlen-Keller.

»Das ist aber schade«, sagt Frau Bayerlein. »Es war ein schönes Bild. Willst du vielleicht ein neues malen?«

Ilse schüttelt den Kopf. »Nein.« Sie weicht Frau Bayerleins Blick aus und fängt an, ihre Buntstifte zu spitzen. Frau Bayerlein zuckt mit den Achseln, dreht sich um, geht zur nächsten Bank.

»Warum hast du das gemacht?«, fragt Ulrike leise.

»Das Pferd ist tot. Ich will nie mehr zu meinem Vater gehen, weil das Pferd tot ist. Nie mehr gehe ich hin, obwohl er mir jeden Abend Schokolade mitgebracht hat.«

»Vielleicht kauft er ein neues Pferd?«

»Nein«, antwortet Ilse. »Er kauft kein Pferd mehr. Und seine Schokolade kann er selber essen. An den Hut stecken kann er sich die.« Sie wickelt sich fester in ihre Strickjacke. Der Sommer ist vorbei.

»Na«, fragt die Mutter zu Hause. »War es so schlimm?«

»Nein«, sagt Ilse. »Ich sitze neben der Ulrike vom Kohlen-Keller.«

»Die ist die einzige Tochter«, sagt die Mutter und rührt mit dem Kochlöffel in der Suppe. »Die erbt mal das Geschäft.« Ilse stellt ihren Ranzen in die Ecke. »Soll ich das Fenster putzen?«

»Wenn du willst. Schaden könnte es nicht.«

Ilse holt sich heißes Wasser aus dem Schiff am Herd und reibt mit dem nassen Leder so heftig über die Scheiben, dass sie quietschen.

11

Das Schreien ist so laut, dass Ilse davon aufgewacht ist. Es kommt von unten, aus der Wohnung der Schusters. Laut und durchdringend füllt es das dunkle Zimmer. Horst setzt sich auf. »Hört ihr's auch?«

»Ja«, antwortet Dieter.

»Mach das Licht an.«

Dieters Bettdecke raschelt, sein Bett knarzt. Dann ist es hell. Ilse blinzelt in das Licht, hält ihre Hand schützend vor die Augen. Horst stützt sich auf. »Der Schuster schlägt seine Frau tot.«

»Oder sie ihn«, sagt Dieter. »Die ist auch nicht ohne. Ich hab mal gesehen, wie sie mit dem Fleischklopfer auf ihn losgegangen ist. Das hättest du sehen sollen, wie schnell der da abgehauen ist.«

Ilse wickelt sich fest in ihre Decke. Sie ist froh, dass Dieter das Licht angemacht hat. »Wo ist die Mama?«, fragt sie. »Ich hab Angst. Ich will, dass die Mama kommt.«

»Blöde Nuss. Meinst du, der Schuster kommt hier herauf?« Horst lacht laut. Viel zu laut.

Ilse bekommt noch mehr Angst bei diesem Lachen. »Wo ist die Mama?«

»Mit dem Eduard weg. Das weißt du doch.«

Es ist Frau Schuster, die so schreit. Nichts anderes ist zu hören als dieses Schreien, mal wird es leiser, dann wieder sehr laut. Ilse kann einfach nicht weghören. Jetzt fängt Horst an zu singen: »Warte, warte noch ein Weilchen, dann kommt der Schuster auch zu dir. Mit dem kleinen Hackebeilchen klopft er dann an deine Tür.«

Ilse hält sich die Ohren zu. Sie kann den Schuster die Treppe raufschleichen sehen, mit einem Beil in der Hand, eine Stufe nach der anderen, immer höher, immer näher.

»Ein schönes, kleines, silbrig glänzendes Hackebeilchen«, sagt Horst. »Vielleicht klebt sogar Blut dran.«

»Hör auf.« Dieter schreit fast. »Du tust ja nur so.«

»Meinst du etwa, ich hätte Angst?«, fragt Horst. »Ich doch nicht. Der Schuster soll nur kommen. Den mach ich fertig.«

Trotzdem steht er auf und schiebt den Türriegel von innen vor. »So, jetzt kann er nicht rein.«

»Das nützt nicht viel«, sagt Dieter.

»Dann schieben wir halt noch die Kommode vor die Tür. Die schafft er bestimmt nicht. Komm, hilf mir.«

Dieter steht auf. Die Kommode ist schwer und ratscht laut über den Boden. »So«, sagt Horst. »Jetzt können wir das Licht wieder ausmachen und schlafen.«

Ilse liegt im Dunkeln. Ein paar Minuten ist es ganz ruhig gewesen, aber jetzt fängt das Geschrei wieder an. Auch der Schuster schreit. Ilse ist hilflos. Hilflos und ausgeliefert. Auch eine Kommode nützt nichts gegen die Angst. Sie rollt sich von einer Seite auf die andere und hält sich die Ohren zu. Sie zieht sich die Decke über den Kopf und kauert sich in dem warmen, nach Angstschweiß riechenden Loch zusammen. Aber auch eine Decke ist kein Schutz gegen den Schrecken.

Die Geräusche klingen jetzt nur noch leise und gedämpft. Ilse reißt die Decke wieder von ihrem Kopf weg. Es ist noch viel schlimmer, wenn man nicht richtig hört, was los ist, wenn man nur weiß, dass etwas passiert. Sie könnte schon tot sein, die Frau Schuster.

»Der Alte tobt aber heute wirklich besonders arg«, sagt Horst mit einer Stimme, wie er sie früher gehabt hat, als er noch nicht so groß gewesen ist. Ilse würde am liebsten weinen, weil er mit so einer Stimme spricht.

Unten wird es wieder lauter.

»Nur weil er so viel säuft, der Schuster, nur deshalb ist er so«, sagt Dieter. »Ich werde nicht saufen, später, wenn ich erwachsen bin.«

»Also mir schmeckt Bier«, antwortet Horst. Plötzlich hat er wieder seine normale Stimme. »Der Schuster verträgt halt nichts, das ist es.«

Im Zimmer oben hört man Schritte. Jemand schlurft über den Boden, ein Fenster wird zugeschlagen. »Der Knieser«, sagt Horst. »Der alte Kacker ist aufgewacht. Der macht sich bestimmt vor lauter Angst in die Hosen. Und morgen zeigt er den Schuster wieder mal bei der Gemeinde an.«

Dann sagen sie nichts mehr. Sie lassen Ilse allein mit der Angst. Ihre Stimmen haben geholfen. Ihre Stimmen waren so etwas wie Sicherheit. Ilse liegt starr im Bett. Jeder Schrei von unten, jedes Geräusch dringt durch die Ohren in ihren Körper ein und läuft durch ihn hindurch. Irgendwann wird es ruhig. Die Stille ist noch schlimmer als der Krach vorher. Ilse lauscht in diese Stille, hofft auf einen Ton, ein Lebenszeichen.

Viel später kommt die Mutter. Ilse hört sie die Treppe heraufsteigen. Vorsichtig umgeht sie die knarrenden Stellen, schließt die Küchentür auf, macht sie leise hinter sich zu. Der Wasserhahn rauscht. Dann wieder der Schlüssel, der im Schloss gedreht wird, die Mutter geht in ihr Zimmer. Erst als Ilse das Bett nebenan knarren hört, kann sie wieder einschlafen.

Am nächsten Morgen sitzt Ilse neben Helmuts Bett auf dem Stuhl. Frau Schuster ist zum Arzt gegangen, den Philipp hat sie mitgenommen, den Bruno zu ihrer Mutter geschickt, er soll bis Montagmorgen dort bleiben. Frau Schuster hat eine große Beule an der Schläfe, dick geschwollen, in der Mitte aufgeplatzt, mit geronnenem Blut an den Rändern. Als Frau Schuster mit dem Philipp an der Hand zur Küchentür reingekommen ist, hat Ilse den Kopf abwenden müssen, weil ihr schlecht geworden ist.

»Hast du meine Mutter gesehen?«, fragt Helmut.

»Ja.«

»Das war mein Vater, gestern Abend. Er war mal wieder stockbesoffen.«

»Ich hab's gehört«, sagt Ilse. Sie will, dass Helmut aufhört, darüber zu reden. Sie will sich nicht an die Nacht erinnern. Schon bei dem Gedanken an die Angst fängt sie an zu schwitzen.

»Er sagt immer, er säuft nur, weil das mit mir passiert ist«, sagt Helmut leise. Er greift nach Ilses Hand und hält sie fest. Seine Hand ist mager und weich, selbst die Knochen fühlen sich so dünn an, als könnte man sie zerdrücken wie zu lang gekochte Hühnerbeine. Ilse will sich freimachen, aber er greift fester zu.

»Das stimmt aber nicht«, sagt er. »Das ist nicht wahr. Er

hat auch früher schon gesoffen. Das ist nur eine Ausrede, das mit mir.«

Ilse kann sich an den Herrn Schuster von früher nicht mehr erinnern, aber sie nickt. Sie wehrt sich auch nicht mehr gegen seine Hand.

»Ilse«, sagt er. »Ich lebe nicht mehr lang.«

Sie starrt ihn erschrocken an. Er lacht, ein schiefes Lachen, und sieht in diesem Augenblick seinem Bruder ähnlich, dem Bruno. Eierkopf im Suppentopf.

Man stirbt, wenn man alt ist. Oder bei einem Unfall wie Ute oder wie der Onkel Peter, der sich den Kopf eingerannt hat, als er neunzehn war. Aber doch nicht so. Helmut doch nicht. Ilse schüttelt den Kopf.

»Doch«, sagt Helmut. »Ich weiß es. Ich kann dir auch sagen, warum ich das so genau weiß.«

Ilse fragt nicht, warum. Sie will es nicht wissen. Sie will überhaupt nichts wissen. Sie will wieder hinauf in die vertraute Küche. Samstag ist heute. Bald wird die Mutter am Herd stehen und kochen. Kartoffelsuppe gibt es, das hat sie beim Frühstück gesagt. Die Küche wird nach gebratenen Zwiebeln und Speck riechen. Daran will Ilse denken, nicht an das, was der Helmut sagt.

Aber er hält ihre Hand fest und redet weiter. »Alle, die einen Unfall gehabt haben, lässt man einen Beruf lernen. Im Krankenhaus waren noch andere Gelähmte, und die hat man alle nach einiger Zeit in ein anderes Krankenhaus geschickt, in eine besondere Schule, wo sie einen Beruf lernen. Irgendetwas, wozu man die Beine nicht braucht. Nur mich haben sie nicht geschickt. Bei mir lohnt sich das nicht. Ich habe gesagt:

101

Ich will auch einen Beruf lernen, ich will auch dahin. Und sie haben geantwortet: Jetzt gehst du erst mal eine Zeit lang nach Hause und erholst dich. Dann sehen wir weiter.«

»Aber das ist doch richtig, dass du dich erst mal erholen sollst«, sagt Ilse. Das sieht doch jeder, dass der Helmut sich erholen muss, so blass und dünn, wie er ist.

»Du kapierst nichts.« Helmut dreht seinen Kopf zum Fenster, weg von Ilse. Aber sie sieht trotzdem, dass er weint, sie hört es an seinem unterdrückten Schnaufen. Aufmerksam betrachtet sie den gefleckten, bräunlichen Fußbodenbelag mit den abgestoßenen Stellen vor dem Stuhl, nur damit sie sein Weinen nicht sehen muss – und damit er nicht sieht, dass sie es sieht.

Sie nimmt ihre Hand aus seiner. »Ich schau mal nach dem Feuer, dass es nicht ausgeht. Es ist kalt heute.« Sie legt zwei Briketts auf, dann setzt sie sich wieder auf den Stuhl.

»Es lohnt sich nicht bei mir«, sagt der Helmut. »So ist das, es lohnt sich bei mir nicht.«

Die Haustür fällt ins Schloss. Schwere Schritte sind es, die die fünf Stufen heraufkommen. Ilse kennt diese Schritte. Der Herr Schuster ist das. Sie will aufstehen, aber der Helmut greift wieder nach ihr. »Bleib da, bitte.«

Ilse bleibt. Sie hört, wie der Herr Schuster in der Küche das Wasser laufen lässt, und sie hört das laute Prusten, das sie vom Opa her kennt. So waschen sich die Männer nach der Arbeit, schlagen sich mit den geöffneten Händen das Wasser ins Gesicht und prusten und schnauben, um Mund und Nase freizuhalten. Beim Opa muss Ilse immer darüber lachen. Aber jetzt lacht sie nicht. Ihr ist kalt. Sie merkt die Gänsehaut, die ihr über den Körper kriecht und die Härchen auf ihren Unterarmen hochstehen lässt.

»Bleib da, bis meine Mutter kommt«, sagt Helmut.

Und Ilse bleibt. Sie hört ihre Mutter die Treppe hinuntergehen. Sie geht einkaufen, denkt sie. Ich würde jetzt auch lieber einkaufen gehen, als hier zu sitzen. Hoffentlich vergisst sie nicht, dass wir kein Spülmittel mehr haben. Und Zucker ist auch nicht mehr viel da.

Sie sitzt lange bei Helmut. Aber er sagt nichts mehr. Er hält ihre Hand fest. Nur daran, dass er ihre Hand so fest hält, merkt sie, dass er nicht schläft. Sie weiß auch nicht, was sie zu ihm sagen könnte. Aus der Küche kommt kein Ton mehr. Vielleicht hat er sich hingelegt. Die Schusters haben ein Sofa in der Küche, und der Herr Schuster liegt oft dort, samstags und sonntags nach dem Mittagessen. Vielleicht ist er auch am Tisch eingenickt, wie der Opa manchmal, wenn er sehr müde von der Arbeit ist.

Dann hört Ilse die Schritte ihrer Mutter. Sie geht langsam, viel langsamer als früher. Auf der halben Treppe bleibt sie stehen. Sie muss jetzt auch öfter verschnaufen. Sie ist krank, denkt Ilse. So schlecht, wie sie immer aussieht.

Schließlich kommt Frau Schuster. Sie geht gar nicht zuerst in die Küche, sie kommt gleich in Helmuts Zimmer. Philipp ist auf ihrem Arm eingeschlafen. Sie legt ihn an das Fußende von Helmuts Bett.

»Was hat der Doktor gesagt?«, fragt Helmut.

»Wenn er ein bisschen fester zugehauen hätte, wäre es aus gewesen«, antwortet Frau Schuster. »Noch ein bisschen stärker, und ich wäre nicht mehr da.« Sie zieht Philipp bis auf das

Hemd und die langen Unterhosen aus und legt ihn in sein Bett an der anderen Seite des Zimmers. »Er hat heut Nacht zu wenig geschlafen«, sagt sie. »Kein Wunder, dass er so müde ist.« Philipp steckt den Daumen in den Mund und macht die Augen wieder zu.

»Danke, Ilse«, sagt Frau Schuster. Sie lässt sich auf den Stuhl fallen, den Ilse für sie freigemacht hat. Die Beule an ihrem Kopf ist jetzt verpflastert und riecht scharf und durchdringend nach Doktor. Ilse muss immer wieder hinschauen.

»Ihr Mann ist schon da. In der Küche.«

Frau Schuster streicht sich die Haare aus der Stirn, vorsichtig, damit sie den Verband nicht berührt. »Jetzt wird es ihm wieder leid tun. Es ist immer dasselbe mit ihm. Der gibt keine Ruhe, bis er mich unter der Erde hat. Na ja, ich geh gleich rüber, Essen machen. Ich will mich nur ein bisschen ausruhen vorher.«

»Also dann auf Wiedersehen«, sagt Ilse. Keiner antwortet ihr. Sie steigt die Treppe hoch. Sie lässt die Hände am Geländer ganz weit nach vorn rutschen, greift dann fest zu und zieht ihren Körper nach. Fast so, als könnte sie nicht mehr laufen. Doch die letzten Stufen rennt sie.

Die Mutter steht am Spülstein und wäscht Kartoffeln. Es riecht wirklich nach Zwiebeln und gebratenem Speck.

»Ach, Mama«, sagt Ilse und drückt sich an die nassgespritzte Schürze ihrer Mutter. »Ach, Mama.«

12

Am Sonntagmorgen, als sie um den Tisch sitzen und Kaffee trinken, Bohnenkaffee für die Mutter und Horst, Muckefuck für Dieter und Ilse, sagt die Mutter: »Ich bin heute nicht da. Ihr könnt bei der Oma essen. Geh gleich nachher rauf, Dieter, und sag ihr Bescheid.«

»Ich gehe mit Henner zum Falkenheim«, sagt Horst.

»Aber vergiss nicht, bei der Oma wird sonntags pünktlich um zwölf gegessen. Auf die Minute.«

»Ja, ja.« Horst ist aufgestanden. Er hält einen Kamm unter den Wasserhahn und kämmt sich die Haare straff nach hinten. Mit der rechten Hand schiebt er eine nasse Strähne schräg über das Ohr, mit Daumen und Zeigefinger der linken drückt er sich eine Welle hinein.

»Du mit deinen Schmalzlocken«, sagt Dieter.

»Halt's Maul. Oder willst du was?«

Dieter schaut seinen Bruder an, die schmalen Schultern hochgezogen. »Gib doch nicht so an«, sagt er mit einer ganz hohen, aufgeregten Stimme.

Horst dreht sich zu ihm um. »Du kleiner Scheißkerl«, sagt er, stößt mit einem kurzen, heftigen Ton die Luft aus und boxt Dieter ins Gesicht.

Dieter schlägt die Hände vor die Augen und legt den Kopf auf den Küchentisch, aber er weint nicht. Nach einer Weile steht er auf und wäscht sich das Blut aus dem verschmierten Gesicht.

»Bist selber schuld«, sagt die Mutter. »Warum hast du dich auch mit ihm anlegen müssen.«

Ilse steht auf und rennt die Treppe hinunter. Sie muss dringend aufs Klo. Ein schwüler Herbsttag ist das heute, fast so warm wie im Sommer. Bei so einem Wetter stinkt das Klo besonders unangenehm. Sie muss sich überwinden, um in das Holzhäuschen hineinzugehen. Grün schillernde Schmeißfliegen surren um das runde Loch in dem Brettersitz. Ilse zieht ihre Unterhose runter und setzt sich. Ihre Beine sind jetzt so lang, dass sie mit den Fußspitzen den Boden berührt, aber die Öffnung unter ihrem Hintern ist noch viel zu groß, sie muss sich mit beiden Händen am Rand abstützen. Immer hat sie Angst, in dieses dunkle, unheimliche Loch hinunterzufallen. »Das ist schon passiert«, hat die Oma erzählt. »Da ist ein Kind in die Jauche gefallen und ersoffen. Das ist kein schöner Tod, so was.« Ilse würgt. Nach einem lauten, säuerlichen Rülpser geht es ihr besser.

Als sie die Tür wieder hinter sich zumacht und den Riegel vorschiebt, kommt Dieter aus der Haustür. Seine Nase ist geschwollen, die Nasenlöcher dunkel vom geronnenen Blut. »Ich geh schon zur Oma«, sagt er.

Sie nickt. Er tut ihr leid, sie hätte es ihm gern gesagt, aber sie weiß nicht, wie. So sagt sie gar nichts.

»Ilse«, ruft Helmut, als sie an seiner Zimmertür vorbeigeht. »Komm doch ein bisschen rein.«

Aber sie ist ungeduldig. »Ich muss zur Oma. Ich kann heut nicht.«

In der Küche ist die Mutter schon fertig zum Gehen. Sie hat ihr rotes Kostüm an und ihre Lippen leuchten in dem blassen

Gesicht. »Ich geh jetzt«, sagt sie. »Ihr braucht abends nicht auf mich zu warten. Macht euch was zu essen und geht ins Bett. Aber nicht so spät. Um zehn ist das Licht aus. Und vergesst nicht, mir den Schlüssel unter die Fußmatte zu legen.«

Horst geht mit ihr die Treppe hinunter. Ilse, jetzt allein in der Küche, greift nach einem Kamm und setzt sich vor den Spiegel, der noch auf dem Tisch steht. Sie kämmt sich lange und betrachtet dabei ihr Spiegelbild. Ihre Haare sind blond und strähnig. Sie versucht sich vorzustellen, dass sie braune Locken hätte, so wie die Marga oder der Horst, aber es gelingt ihr nicht. Wenigstens rote Lippen, denkt sie und fängt an zu suchen. Aber der Lippenstift ist nicht da. Die Mutter muss ihn mitgenommen haben. Im Aschenbecher sieht Ilse eine nicht ganz fertig gerauchte Zigarette. Sie steckt die Kippe in die Rocktasche und nimmt auch noch die Schachtel Streichhölzer aus der Tischschublade.

Horst raucht schon. Ilse hat gesehen, dass er immer wieder der Mutter eine Zigarette oder zwei aus der Schachtel klaut. Die Mutter hat noch nie was dazu gesagt, vielleicht merkt sie es überhaupt nicht. Ilse schaut nach, ob die Schlafzimmer abgeschlossen sind. Es ist zwar nichts drin, was man klauen könnte, aber man weiß ja nie. Dann geht sie, verschließt auch noch die Küchentür und legt den Schlüssel unter die Fußmatte.

Es ist wirklich schwül. Vielleicht wird es abends ein Gewitter geben. Sie hat Angst vor Gewittern. Ich muss aufpassen, denkt sie, dass es mich nicht auf dem Heimweg erwischt.

Die Kirchenglocken fangen an zu läuten, als sie von der Bäckergasse in die Bergbachstraße einbiegt. Zehn Uhr. Ilse geht fast nie in die Kirche. Das letzte Mal ist sie dort gewesen, als der Schragendorfer-Opa beerdigt worden ist. Das ist schon lang her. Marga wird nächste Ostern konfirmiert, da wird Ilse wieder in die Kirche gehen. Jetzt kommt sie an der Einfahrt vorbei, die zu Omas Haus führt. Aber sie wirft nur einen Blick darauf, geht weiter, die Straße hinauf. Nach dem Haus vom Schaaf Wilhelm biegt sie rechts ab und läuft die Treppen hoch zum Kreuzberg. Am Aussichtstempel bleibt sie stehen. Vor ihr liegt das Dorf. Omas Küchenfenster kann man sehen und im Hinterhof den Holzschuppen und den Hühnerstall. Drei Hühner hat die Oma jetzt nur, aber nächstes Frühjahr wird sie sich wieder Küken holen, hat sie gesagt. Ilse mag Küken. Sie schaut hinüber zum Unterdorf, zur Sandgasse. Es ist weit weg, fast am Dorfrand. Das Gemeindehaus kann man nicht sehen, es wird von anderen Häusern verdeckt. Dunstig ist es heute. Schwül und dunstig. Der Rhein, der an manchen Tagen wie eine silberne Schlange am Horizont glitzert, verschwindet in dem flimmrigen Nebel zwischen Land und Himmel.

Ilse geht in den Wald hinein, drückt sich an Holunderbüschen vorbei auf den schmalen Pfad, der auf halber Höhe am kleinen Steinbruch endet. Über Felsbrocken klettert sie zur Höhle im oberen Teil des Steinbruchs. Sie ist nicht tief, die Höhle, vielleicht einen oder zwei Meter, aber groß genug, dass sich ein Kind in ihr verstecken kann. Ilse hebt ihren Rock hoch, damit er nicht von dem staubenden gelben Kies verdreckt wird. Die Oma schimpft immer, wenn die Kinder schmutzig zu ihr kommen, besonders sonntags. Und Ilse hat ihren guten Rock an, den grünen mit den schwarzen Schmetterlingen und den beiden aufgenähten Taschen. Sie sitzt mit dem Rücken zur Höhlenwand und schaut den kleinen Steinbruch hinunter. Früher hat man hier mal Kies gebrochen, aber nicht lange. Es hat sich nicht gelohnt, sagt der Opa. Der Kies war nichts wert, zu bröckelig, zu sandig. Der untere Zugang zum Steinbruch, über den Weg am Kreuzberg vorbei zur Blumenfeld-Villa, ist schon längst wieder zugewachsen, dürre Schwarzdornhecken und Holunder wuchern bis an die Kieshalde.

Ilse denkt an Helmut. Hier ist es nicht gewesen, wo er abgestürzt ist. Hier ist es nicht hoch, und der Hang ist nur so schräg, dass man sich höchstens die Knie blutig schlagen kann, wenn man runterfällt. Helmut ist am großen Steinbruch im Erlenbachtal abgestürzt, ein Platz, an dem sich die jungen Kerle früher gern getroffen haben. Dort sind sie dann rumgeklettert. Bis das mit dem Helmut passiert ist. Jetzt geht keiner mehr hin.

Ilse nimmt die Zigarette aus der Tasche und steckt sie in den Mund. Die Luft, die sie durch die kalte Kippe einatmet, schmeckt bitter und brennt auf der Zunge. Sie zündet ein Streichholz an, wartet, bis das Flämmchen hell züngelt, und hält es an den Stummel. Sie zieht kräftig. Dann, plötzlich, spürt sie den Schmerz von der Wunde, die die Flamme in ihre Lippen beißt. Sie schreit und spuckt die Kippe aus. Das Streichholz fällt neben ihr in den Kies und verglüht langsam. Ilse weint, so weh tun ihr die Lippen. Sie hält die gewölbte Hand vor den Mund und unterdrückt das Weinen. Es dauert lange, bis der Schmerz nachlässt.

Dann nimmt sie die Streichhölzer und rutscht, die Beine fest gegen den Boden gestemmt, den Hang hinunter. Unter der Schwarzdornhecke sammelt sie ein paar dürre Zweige und trockene Blätter zu einem Haufen und hält ein brennendes Streichholz daran. Es fängt an zu glimmen. Noch ein bisschen Holz, dann hat sie ein kleines Feuer. Sie zerrt einen abgebrochenen Ast die paar Meter von den Bäumen herüber und legt ihn auf die Glut. Als die Flammen anfangen zu züngeln und die untersten Zweige des Busches ergreifen, rennt sie weg, krabbelt auf allen vieren den Steinbruch hinauf und nimmt wieder den kleinen Pfad zum Kreuzberg hinüber. Unterwegs klopft sie sich die gelben Sandspuren von Rock und Bluse. Von oben, vom Aussichtstempel aus, sieht man nur eine winzige Rauchfahne über dem Steinbruch. Ilse bleibt eine Weile stehen und schaut zu, wie sich der Rauch in dem diesigen Himmel auflöst. Dann wirft sie die Streichhölzer weg und rennt den Berg hinunter. Sie muss sich gar nicht anstrengen, ihre Beine bewegen sich bei dem starken Gefälle von ganz allein. Unten am Weg hat sie Mühe, ihre Geschwindigkeit zu bremsen. Fast wäre sie in die Büsche gefallen.

Sie sitzt schon lange bei der Oma in der Küche und hilft ihr beim Bohnenabziehen, als die Feuersirene aufheult. Opa, der am Küchentisch gesessen und die Zeitung gelesen hat, springt auf und holt aus dem Schlafzimmerschrank seine Uniformjacke und den Helm. Im Laufen zieht er die Jacke über sein blaues Flanellhemd. »Der alte Esel«, sagt die Oma. »Wie der rennt. Und bis er zum Spritzenhaus kommt, sind die Jungen schon längst weg.«

Marga und Dieter rennen auch los, sie wollen sehen, wo es brennt. Ilse bleibt ruhig sitzen und zieht mit einem spitzen Messer die Fäden an den Bruchkanten der Bohnen herunter.

Mittagessen gibt es heute erst zwei Stunden später, als der Opa wieder heimkommt. »Im kleinen Steinbruch hat's gebrannt«, erzählt er.

»Warum?«, fragt die Oma und stellt die Bohnenschüssel auf den Tisch.

»Wahrscheinlich hat wieder jemand geraucht und die Kippe weggeworfen«, antwortet der Opa. »Irgendeiner von den Fremden wird es gewesen sein. Die passen ja nie auf. Es ist jedes Jahr das Gleiche.«

Ilse senkt den Kopf über den Teller und fängt an zu essen. Schweinebraten mit Salzkartoffeln.

Nach dem Essen geht die Marga in ihr Zimmer. Sie muss sich ausruhen. Dieter blättert in der Zeitung. Ilse stellt die dreckigen Teller aufeinander und legt das Besteck in die leere Gemüseschüssel. Dann lässt sie heißes Wasser einlaufen zum Spülen.

Die Oma kratzt den Rest Kartoffeln auf ein Tellerchen und stellt es in den Kühlschrank. »Das bisschen hättet ihr ja auch noch essen können.«

Niemand antwortet ihr. Der Opa hat den Kopf auf den Tisch gelegt. Er ist müde.

»Nie sagt er was«, brummt die Oma. »Immer muss ich alles allein machen. Und er sagt nichts dazu.«

Sie räumt die Teller und Schüsseln zum Spülstein, spritzt Spülmittel in die große Plastikschüssel mit dem heißen Wasser und fängt an. Der Opa ist auf seinem Rohrsessel zusammengesunken und schnarcht leise. Mit gleichmäßigen Bewegungen nimmt die Oma ein Stück nach dem anderen, kreist im Wasser mit dem Spüllappen darüber und gibt es dann der

Ilse zum Abtrocknen. Dieter faltet raschelnd die Zeitung zusammen und geht raus.

»Ich wette, der macht sich wieder an meine Monatserdbeeren«, sagt die Oma. »Immer tut er das.«

Ilse antwortet nicht.

»Warum schickt euch die Mama eigentlich immer zu mir?«, fragt die Oma. »Warum nicht mal zur alten Schragendorfer? Die ist zehn Jahre jünger als ich. Ich bin nicht mehr so gut beieinander. Manchmal glaube ich, ich mach's nicht mehr lang, so tut mir das Kreuz weh. Alles tut mir weh. Ohne Tabletten könnte ich es schon nicht mehr aushalten. Ich hab zu viel gearbeitet in meinem Leben. Viel zu viel.«

»Die Schragendorfer-Oma will nicht, dass wir kommen«, sagt Ilse. »Sie hat nicht mehr die Nerven dazu.«

»Die macht sich's leicht«, sagt die Oma. »Und wie ihr wieder ausseht. Der Dieter mit seiner Nase. Und was hast du eigentlich angestellt?«

Ilse fährt sich vorsichtig mit dem Zeigefinger über die wunde Lippe. »Beim Feueranmachen«, sagt sie. »Ich bin zu nah an die Flamme gekommen.«

»Immer habt ihr irgendwas. Und wie ihr angezogen seid. Wenigstens sonntags könnte eure Mutter darauf aufpassen, dass ihr sauber seid. Ich lass doch die Marga auch nicht so rumlaufen.«

Sie hat das Geschirr fertig gespült. Mit dem ausgedrückten Spüllappen geht sie zum Tisch. Mit weit ausholenden Bewegungen wischt sie sich den Dreck in die geöffnete, an die Tischkante gehaltene Hand. Sie wischt um Opas Arme herum. »Am liebsten würde ich ihn vom Tisch stoßen«, sagt

112

sie leise und böse. »Damit er endlich mal wach wird und aufhört zu schnarchen. Jeden Samstag und jeden Sonntag ist es dasselbe.«

Sie wirft die Krümel in den Abfalleimer und wischt sich die Hand an der Schürze ab. »Nach mir fragt ja auch niemand. Kein Mensch kümmert sich darum, ob ich müde bin oder nicht. Tag für Tag muss ich arbeiten, sauber machen, kochen. Ich habe nie frei. Mein ganzes Leben lang habe ich arbeiten müssen. Als ich so alt war wie die Marga, war ich schon bei einem Bauern verdingt.«

Ilse ist jetzt auch fertig mit dem Abtrocknen. Die Oma nimmt ihr das feuchte Geschirrtuch aus der Hand und wischt damit über den weiß lackierten Unterbau der Spüle, schüttelt es aus und hängt es über den Beckenrand zum Trocknen. Ilse räumt das Geschirr in den Schrank.

Die Oma wischt sich mit dem rechten Unterarm den Schweiß aus dem Gesicht. »So, jetzt setz ich mich auch ein bisschen hin. Bis zum Kaffeetrinken. Einen großen Streuselkuchen habe ich gestern gebacken. Als hätte ich gerochen, dass ihr kommt.«

»Krieg ich jetzt schon ein Stück?«, fragt Ilse.

Die Oma nickt. Sie setzt sich in den hohen Stuhl unter dem Fenster. Sie lehnt sich so weit zurück, dass ihr Kopf an dem vorspringenden Brett der Fensterbank liegt und sie die krampfadrigen Beine weit gespreizt von sich strecken kann. Ihre Hände mit der vom Spülen aufgeweichten Hornhautschicht auf den Innenflächen liegen auf den Armlehnen. Es dauert nicht lange, da nickt ihr Kopf nach vorn und die Oma schnarcht auch.

Ilse öffnet die Backofentür und schneidet sich von dem Kuchen ein schönes, großes Stück ab. Dann geht sie hinaus. Sie zieht die Küchentür ganz leise hinter sich zu. Im Hinterhof steht Dieter an dem Beet und isst Erdbeeren.

»Wollen wir mal gucken, wo's gebrannt hat?«, fragt Ilse. »Zeigst du es mir?«

13

Ilse trödelt auf dem Heimweg noch mehr als sonst. Am Konsum bleibt sie stehen und betrachtet das Schaufenster, liest die Waschmittelreklame, die Liste mit den Sonderangeboten. 1 Dose Würstchen, 5 Stück, DM 2,19 – Schweinekotelett, 1000 g, DM 11,70 – Poularden, 650 g, DM 3,78 – Apfelmus, 500-g-Glas, DM –,79. Ilse liest das und denkt an etwas ganz anderes.

Vorhin, sie hat noch mit der Ulrike im Schulhof gestanden und zugehört, wie die Schneider Ursula von ihrer Oma erzählt hat, die die Treppe runtergefallen ist und sich ein Bein gebrochen hat, ist plötzlich Frau Bayerlein gekommen und hat Ilse auf die Seite gezogen.

»Komm heute um fünf zu mir nach Hause, Ilse. Ich will das Einmaleins mit dir üben. Irgendwann musst du es ja lernen.«

Ilse wäre am liebsten weggelaufen, aber das hat sie sich nicht getraut.

»Also du kommst, nicht wahr?«, hat Frau Bayerlein gefragt. Und als Ilse den Kopf gesenkt hat, hat sie ihr die Hand auf die Schulter gelegt. »Ich fress dich schon nicht, Ilse. Ich will dir doch nur helfen.«

Ilse weiß nicht, was sie davon halten soll. Sie will nicht hingehen, aber sie kann auch nicht wegbleiben.

5 Tafeln Schokolade DM 3,99.

Ilse geht weiter. Am Kornmeierhaus begegnet sie der alten

Lene. Sie fuchtelt wild mit den Armen in der Luft herum und redet laut vor sich hin. Lauter unverständliches Zeug. Einen Satz versteht Ilse. »Der soll nur kommen«, sagt die Lene und hebt drohend die Faust.

Ilse bleibt stehen und schaut der Lene nach. Ihr aufgedunsener Körper wabbelt unter der dunklen Kittelschürze und die Ärmel von ihrer Strickjacke sind ausgefranst. Niemand im Dorf sagt Frau Grieshammer zu ihr, alle nennen sie nur die alte Lene, die verrückte Lene.

»Sie hat den Verstand verloren, als sie ins Lager gekommen ist«, sagen die Leute. »Damals, als man sie weggebracht hat, weil sie in der Kommunistischen Partei gewesen ist. Ihr Bub, der Karlheinz, ist gerade vierzehn Tage alt gewesen. Die Milch ist ihr in den Kopf gestiegen. Sie ist nie wieder die Alte geworden danach.«

Die Lene überquert die Fahrbahn und biegt in die Weinbergstraße ein. Ilse macht ein paar Schritte zur Seite, um zu sehen, wo die Lene hingeht. Obwohl es ein bisschen unheimlich aussieht, wie sie mit den Händen durch die Luft stößt, hat Ilse nicht wirklich Angst vor ihr. Jeder im Dorf weiß, dass sie harmlos ist, dass sie nie etwas tun würde. Sie läuft nur vor sich hin brabbelnd überall herum, sonst nichts. Nur mit sich selbst redet sie. Und manchmal rennt ihr Sohn, der Grieshammer Karlheinz, der selbst schon große Kinder hat, durch das Dorf und sucht seine Mutter. Wenn er sie dann findet, legt er ganz sanft seinen Arm um ihre Schulter und führt sie heim. Vom Karlheinz lässt sie sich führen. Wenn er da ist, wird die Lene ganz ruhig.

Nein, Ilse hat keine Angst vor der alten Lene. Es ist anders als beim Fischer, der die Kinder erschreckt und ihnen nachrennt. Trotzdem weicht Ilse der Lene aus, hat sich daran gewöhnt, einen großen Bogen um sie zu machen.

Die Lene ist jetzt hinter den Häusern verschwunden. Ilse dreht sich um und geht langsam auf die Sandgasse zu. Um fünf Uhr, hat Frau Bayerlein gesagt.

Die Mutter hat das Mittagessen schon fertig. Nudelsuppe. Ilse deckt den Tisch. In Gedanken sagt sie dabei die Dreierreihe auf, die Viererreihe, die Fünferreihe. Mit den Sechsern klappt es schon nicht mehr so gut.

»Ihr geht heut in den Wald Holz holen«, sagt die Mutter, als alle um den Tisch sitzen und sie die Suppe in die Teller schöpft. Sie sieht schlecht aus, hat dunkle Ringe unter den Augen und ist gereizt und nervös.

»Ich muss um fünf zu Frau Bayerlein«, sagt Ilse vorsichtig. »Sie hat's gesagt.«

»Wieso denn? Was sollst du dort?«

Ilse schaut auf ihren Teller. Gelbe Fettaugen schwimmen auf der Suppe. »Sie hat gesagt, sie will mir was erklären im Rechnen, weil ich es nicht verstanden habe.«

Nur nichts vom Einmaleins sagen. Weil der Dieter sie dann auslacht. »Selbst der größte Depp lernt das«, sagt er immer. »Und wenn du das nicht kannst, zeigt es nur, wie blöd du wirklich bist.«

»Können wir nicht morgen gehen?«, fragt Horst. »Ich wollte eigentlich zum Henner. Wir haben was vor.«

Jetzt fängt die Mutter an zu schreien. »Glaubst du denn, dass ich die teuren Kohlen kaufe, wenn ich junge, kräftige Burschen im Haus habe, die Holz holen können? Aber ihr habt ja nur euer Vergnügen im Kopf, sonst nichts. Und ich kann sehen, wo ich bleibe.«

Ilse legt den Löffel aus der Hand und steht auf. Sie hat das schon so oft gehört. Auswendig kann sie das. Danach kommt der Vater dran. Er hat auch nur sein Vergnügen im Kopf gehabt. Ilse hat plötzlich die Nase voll davon. Am liebsten würde sie zurückschreien: Halt den Mund! Halt endlich den Mund. Aber sie sagt nichts. Die Mutter sieht wirklich schlecht aus. Vielleicht ist sie krank, denkt Ilse. Vielleicht weiß sie nicht mehr, was sie sagt. Vielleicht muss sie sterben.

Sie sieht sich selbst schon blass und dünn am Grab stehen und um die tote Mutter weinen. Wir müssen uns um die Ilse kümmern, wird die Oma zum Opa sagen. Wir nehmen sie zu uns, weil sie jetzt eine halbe Waise ist. Aber der Vater würde das nicht zulassen. Er würde sagen: Nichts da. Sie kommt zu mir. Ich habe viel Geld und bringe ihr jeden Abend Schokolade mit.

Ilse kann der Mutter fast nicht ins Gesicht schauen, weil sie so etwas denkt. Sie geht die Treppe hinunter, öffnet die Tür zum Holzschuppen und zieht den kleinen Leiterwagen heraus. Dann zerrt sie das Beil los, das mit der Schneide fest im Hackklotz steckt, und wickelt es in einen alten Sack. Es braucht nicht gleich jeder zu sehen, dass sie ein Beil mitnehmen in den Wald. Beil und Säge sind verboten, auch wenn man zehnmal eine Sammelberechtigung hat.

»Vergiss den Draht nicht«, schreit Dieter vom Küchenfenster herunter. Den Draht werden sie brauchen, um das Reisig zu verschnüren. Ilse packt die Drahtrolle zum Beil. Der Sack ist ekelhaft schmierig und voller Kohlenstaub.

Im Nachbarschuppen, nur durch eine Lattenwand von ihr getrennt, füttert der Bruno die Hasen. Vier Hasen haben die Schusters. Wenn Ilse zufällig die Frau Schuster im Schuppen trifft, darf sie manchmal die Hasen streicheln. Ganz weich sind sie. Im letzten Winter hat Ilse ein Hasenfell von der Oma bekommen. Zwei Felle sind es eigentlich, mit Achselbändern verbunden trägt Ilse sie auf Brust und Rücken, wenn es kalt ist. Früher ist es Margas Fell gewesen, aber die hat es nicht mehr anziehen wollen. Weil man so dick aussieht damit, hat sie gesagt. Das ist Ilse egal. Wenn nur das Fell weich ist. Die Schusters schlachten immer einen Hasen zu Weihnachten und einen zu Ostern. Ilse hätte von dem Fleisch nichts essen mögen, von einem Hasen, den sie am Tag vorher noch gestreichelt hat, von dem sie weiß, welche Farbe sein Fell gehabt hat, den sie sogar mit seinem Namen genannt hat. Aber den Schusters ist das egal. Sie essen die Hasen einfach. Und die Frau Schuster erzählt sogar noch, wie gut es geschmeckt hat.

Ilse steht, an die Latten der Zwischenwand gelehnt, und schaut dem Bruno zu. So hat sie keine Angst vor ihm. Außerdem kommen Horst und Dieter gleich herunter. Der Bruno schiebt die Löwenzahnblätter einzeln durch den Maschendraht von der Käfigtür und lacht, wenn die Hasen mit ihren großen Nagezähnen die Blätter in den Stall hineinziehen. Otto heißt der größte von ihnen. Immer heißt einer Otto.

»Blöde Kuh«, sagt der Horst hinter ihr und stößt sie so fest in den Rücken, dass sie mit dem Gesicht auf eine ungehobelte Lattenkante schlägt und sich aufschürft. Vorsichtig tastet sie mit dem Zeigefinger darüber.

»Was stehst du da und gaffst?«, fragt Horst. »Ich will

nachher noch zum Henner. Los, mach schneller.« Zusammen ziehen sie den Leiterwagen durch den Sand auf die Straße. Dieter hat den Schuppen abgeschlossen und kommt ihnen nach.

»Wir gehen in den Tannenwald«, sagt Horst. »Ich habe keine Lust, durch das ganze Dorf ins Tal raufzuwetzen.«

Dieter nickt. Ilse läuft nebenher. Sie mag den Tannenwald nicht so gern. Er ist langweilig. Im Tal ist es viel schöner. Aber vielleicht finden sie noch ein paar Brombeeren. Sie muss fast rennen, um mit den Brüdern Schritt zu halten. Der Wagen rattert laut über die gepflasterte Straße, und alle sind froh, als sie endlich in einen Waldweg abbiegen.

»Bleiben wir doch gleich hier am Anfang«, entscheidet Horst. »Ilse, du nimmst den Sack für die Tannenzapfen. Aber beeil dich. Wir holen Äste.« Er schwingt das Beil durch die Luft.

Ilse greift nach dem schmierigen Sack, hält ihn zwischen Daumen und Zeigefinger und zieht ihn hinter sich her. Immer wieder bückt sie sich, hebt Tannenzapfen auf, wirft sie in den Sack. Sie sind gut zum Feueranmachen. Sie knistern schön laut beim Brennen. Weiter hinten hört sie Beilschläge. Horst kümmert sich nicht darum, dass sie eigentlich nur bereits abgefallene Äste mitnehmen dürfen. Er hackt alles ab, was er brauchen kann. »Warum auch nicht«, sagt er immer. »Ich krieg doch nur welche ab, die schon trocken sind. Die würden auch so bald runterfallen. Und dann holt sie vielleicht ein anderer.« Ilse weiß, dass das stimmt. Aber sie mag nicht zuschauen. Der Horst will das auch nicht, weil sie immer wieder sagt: Sei vorsichtig. Pass auf. Mach das nicht.

Sie ist nämlich im letzten Jahr mit dem Opa im Wald gewesen, Holz holen. Der Opa hat eine Bohnenstange mit einem gekrümmten Eisenhaken an der Spitze. Den hängt er in morsche Äste ein und zieht sie herunter. Letztes Jahr, als Ilse dabei war, hat ihn ein Ast im Fallen am Kopf getroffen. Ilse hat gedacht, der Opa ist tot, als er einen Moment still und blutig am Boden gelegen hat. Sie hat laut geschrien. Aber dann ist der Opa wieder zu sich gekommen und hat ihr eine runtergehauen, damit sie aufhört zu schreien. »Willst du denn das ganze Dorf herbeirufen?« Mit seinem karierten Taschentuch hat er sich das Blut abgewischt. Aber sie haben danach kein Holz mehr aufgeladen, mit einem fast leeren Wagen sind sie den Berg hinuntergefahren. Die Oma hat die Wunde mit Jod abgetupft und Arnikawatte draufgelegt. Seither hat der Opa eine helle Narbe auf der Glatze, ein paar Zentimeter über dem rechten Ohr. Und Ilse kann nicht mehr beim Holzreißen zuschauen.

Ihr Sack ist bald halb voll. Ein bisschen weiter weg schreit Horst den Dieter an. Ilse kann nicht verstehen, was er sagt, aber sie kann sich denken, dass Horst schnell fertig werden will.

Ilse beeilt sich nicht. Langsam umkreist sie eine Brombeerhecke, an der aber nur noch ein paar halb vertrocknete Beeren hängen. Wenn wir noch lang im Wald bleiben, brauche ich nicht zu Frau Bayerlein zu gehen, denkt sie. Dann kann ich morgen sagen, ich hätte Holz holen müssen, ich hätte keine Zeit gehabt.

Aber da ruft Horst schon nach ihr. Sie schleift den Sack hinter sich her zu dem voll geladenen Wagen. Horst nimmt ihn ihr ab und hebt ihn obendrauf. »Viel hast du ja nicht«, sagt er. »Ein bisschen mehr anstrengen könntest du dich schon.«

»Immer musst du meckern«, sagt Dieter und nimmt die Deichsel auf. Der Wagen ruckt an. Ilse schiebt von hinten, Horst von der Seite. Er passt gleichzeitig auf, dass der Sack und die vier mit Draht zusammengebundenen Reisigbündel nicht herunterfallen.

Es ist erst kurz nach halb fünf, als sie nach Hause kommen.

»Du lädst ab«, sagt Horst zu Dieter. »Ich hab jetzt keine Zeit mehr.« Und schon ist er weg.

Ilse rennt schnell ins Haus. Dieter ruft ihr noch etwas nach, aber sie kehrt nicht um. Sie muss zu Frau Bayerlein. Die Mutter sitzt am Küchentisch, eine Hose vom Dieter in der Hand, und trennt den Saum am Hosenbein auf. »Er wächst und wächst«, sagt sie. »Bald passt ihm gar nichts mehr.«

Ilse wäscht sich die Hände und das Gesicht und nimmt den Kamm.

»Kann die denn so einfach sagen, dass du kommen musst?«, fragt die Mutter misstrauisch. »Und wenn ich dich jetzt nicht gehen lasse?«

Ilse zuckt mit den Schultern. »Sie hat gesagt, ich soll um fünf Uhr kommen.« Und weil die Mutter nicht antwortet, packt sie ihr Federmäppchen und ihr Rechenheft in eine Plastiktüte. Es braucht nicht gleich jeder zu sehen, dass sie zusätzlich lernen muss, weil sie so dumm ist.

Als sie am Konsum vorbeigeht, schlägt die Kirchturmuhr fünf. Sie rennt und steht kurz darauf atemlos vor dem Haus der Bayerleins. Der Vorgarten ist schon für den Winter hergerichtet, er sieht kahl und traurig aus.

Frau Bayerlein macht ihr die Tür auf. »Komm rein«, sagt sie. Sie hat ihr Kind auf dem Arm, den Peter. Ungefähr drei ist er. Sie führt Ilse in die Küche und sagt ihr, sie soll sich an den Tisch setzen. Dann stellt sie zwei Tassen Milch hin und teilt eine Packung Waffeln zwischen Ilse und Peter.

»Jetzt rechnen wir.«

Ilse gibt sich Mühe, aber die Zahlen verwirren ihren Kopf. Ganz steif und verkrampft sitzt sie da, weil sie plötzlich merkt, dass sie pinkeln muss. Ich hätte vorher gehen sollen, denkt sie. Jetzt muss ich warten.

Zwei mal acht. Vier mal acht. Acht mal acht. Drei mal acht. Sechs mal acht. Neun mal acht.

»Warum trinkst du keine Milch?«, fragt Frau Bayerlein. »Magst du keine?«

Ilse schüttelt den Kopf. Sie presst die Beine so fest zusammen, dass die Muskeln an ihren Oberschenkeln anfangen zu zittern.

»Willst du lieber einen heißen Tee? Ist dir kalt?«

Ilse schüttelt noch einmal den Kopf.

Fünf mal acht. Zehn mal acht. Sieben mal acht.

»Ich muss jetzt nach Hause«, sagt Ilse. »Ich muss meiner Mama noch was helfen.«

»Das ist aber schade«, sagt Frau Bayerlein. »Du müsstest noch viel üben. Komm bald wieder.«

Ilse nickt und packt ihre Sachen wieder in die Tüte. Sie hat sie gar nicht gebraucht.

»Ich will dir doch nur helfen«, sagt Frau Bayerlein.

Ilse antwortet nicht mehr. Sie rennt aus dem Haus. Im Braunwarthgässchen setzt sie sich hinter den Vorsprung zwischen der Mauer und Daumers Scheune und pinkelt. Die Pisse spritzt ihre Schuhe und Strümpfe voll, aber sie kann nicht vorsichtig sein, sie kann es nicht verkneifen, auch nicht, als sie Schritte von der Bachgasse herunter hört. Leer und erleichtert steht sie auf und nimmt wieder ihre Tüte.

»Aber Ilse«, sagt Frau Krämer. »Du kannst dich doch nicht mehr einfach irgendwo hinsetzen, wenn du musst. Du bist doch viel zu groß dafür. Was wird denn deine Oma sagen, wenn ich ihr das erzähle.«

Ilse rennt an ihr vorbei, die paar Schritte hinauf zur Bachgasse. Die Bayerlein soll mich in Ruhe lassen, denkt sie. Ich will da nicht hin. Ich gehe nicht mehr hin. Ich will überhaupt nicht, dass sie sich um Sachen kümmert, die sie nichts angehen. »Deine Röcke sind oft ein wenig dreckig, Ilse«, hat sie neulich gesagt. »Kannst du nicht darauf achten, dass du sauber in die Schule kommst?« Oder: »Wann hast du dir das letzte Mal die Haare gewaschen, Ilse?« Sie ist freundlich gewesen, als sie das gesagt hat, nach der Schule, niemand hat es gehört. Aber Ilse hat sich geärgert.

»Das geht Sie einen Dreck an, Frau Bayerlein«, sagt sie laut über die Bachgasse. »Einen Dreck geht Sie das an, wann ich mir das letzte Mal die Haare gewaschen habe. Kümmern Sie sich doch um Ihren eigenen Kram, Frau Bayerlein. Und außerdem hat Ihr Peter ein Loch im Strumpf gehabt, ich hab's genau gesehen.«

Als Helmut Ilse später fragt, warum sie so böse aussieht, wird sie wütend. Sie steht so schnell auf, dass ihr Stuhl krachend umfällt. »Du brauchst auch nicht alles zu wissen«, schreit sie und stürzt die Treppe hoch in die Küche.

»Na?«, fragt die Mutter. »Kannst du jetzt wenigstens alles?«

Ilse nickt.

Ihre Mutter packt das Flickzeug zusammen. »Geh morgen gleich nach der Schule zur Oma«, sagt sie. »Sie soll mir zwanzig Mark leihen. Wir haben keinen Pfennig mehr im Haus.«

14

Ilse hat sich mit ihrer Puppe in den Holzschuppen zurückgezogen. Mit einem Handtuch hat sie hinten, zwischen dem Kohlenverschlag und der Rückwand, an der das Brennholz aufgestapelt ist, eine Ecke abgeteilt, die sie mit einem Reisigbesen sauber kehrt. Sie sucht aus dem dünn gespaltenen Anmachholz besonders flache Scheite heraus und baut damit ein Bett für ihre Puppe. Als Tisch dient ihr ein umgedrehter Schuhkarton.

»Du musst jetzt schön schlafen«, sagt Ilse und deckt die Puppe ordentlich mit einem blau-weiß karierten Küchenhandtuch zu. »Ich muss nämlich jetzt kochen, weil dein Papa heute Abend kommt. Da wird er Hunger haben.« Sie nimmt eine leere Blechbüchse, füllt Sand hinein und rührt mit einem alten, verbogenen Löffel darin herum. Dabei singt sie ein Lied, das sie von der Oma gelernt hat.

> »Horch nur, was klopft drauß ans Scheuertor,
> Scheuertor,
> Scheuertor?
> Hol es mir mal rein.
> Das ist mein kleines Mädchen,
> es will geschaukelt sein.«

In der Dämmerung, beim Feuerschein aus der offenen Herdklappe, hat die Oma das früher manchmal gesungen und dabei die Ilse auf ihren Knien gewiegt. Und Ilse hat sich an die warme, dicke Oma gedrückt und fast geweint, so schön ist das gewesen.

Jetzt ist sie zu groß für so was.

Ilse hat die Blechbüchse sinken lassen. Die Mutter schiebt sie auch immer weg, wenn sie sich mal auf ihren Schoß setzen will. »Hör auf, Ilse. Du bist doch kein kleines Kind mehr.«

Ilse friert. Es ist kalt heute. Sie zieht die Ärmel ihrer blauen Strickjacke länger. Sie sind ihr zu kurz geworden über den Sommer. Dann schüttelt sie sich, hebt die Blechbüchse wieder hoch und rührt heftig. »Warte«, sagt sie zu der Puppe. »Warte, wenn dein Papa kommt, der bringt dir etwas mit. Er nimmt dich auf den Schoß und spielt mit dir. Und dann essen wir eine gute, heiße Suppe, dann wird dir wieder warm.«

Draußen pfeift jemand ein Lied. Das ist Horst, nur der kann so laut pfeifen. Ilse duckt sich zu der Puppe hinter den Verschlag, macht sich ganz klein, weil sie nicht gesehen werden will.

»Die Schuppentür ist offen«, sagt Horst.

Einen Moment lang hat Ilse Angst, dass er die Tür zumachen könnte, den Riegel vorschieben und abschließen. Dann würde sie laut rufen müssen, um wieder hinauszukommen, und die anderen würden lachen und sagen: Natürlich, die blöde Ilse. So was kann auch nur der passieren. Die Schritte kommen näher. Die Schuppentür wird ganz aufgemacht, und dann stehen sie vor ihr, der Horst und der Henner, und schauen auf sie herunter. Sie zieht ihre langen Arme und Beine noch fester an sich, beugt den Rücken noch tiefer unter dem verächtlichen Lachen der beiden Buben.

»Was, du spielst noch mit Puppen?«, fragt Henner. Er ist

127

noch größer als Horst, fast so groß wie ein Mann ist er. Ilse bekommt kein Wort heraus.

»Lass sie, die Ilse ist doch blöd«, sagt Horst und zieht Henner am Ärmel seiner schwarzen, abgewetzten Lederjacke. »Komm, gehen wir.«

Aber Henner macht sich mit einer Drehung seines Oberkörpers frei und streckt die Hand aus: »Gib mir die Puppe.«

Ilse greift neben sich, nimmt die Puppe aus dem Bett mit der karierten Decke und hält sie ihm hin. Klein und armselig sieht sie aus in Henners großen Händen. Er zieht an einem Arm. Das Gummiband, das beide Arme durch den hohlen Puppenkörper hindurch verbindet, kommt aus dem Ärmel der Bluse hervor. Henner spannt es noch fester an und lässt dann los. Mit einem dumpfen Ton schnappt der Arm wieder ein und quetscht die Bluse in die Armkugel.

Ilse ist zusammengezuckt, aber sie sagt nichts. Ganz still kauert sie und presst die Fäuste an die Brust. »Lass sie doch«, sagt Horst wieder. »Gehen wir.«

Aber Henner achtet nicht auf ihn. Breitbeinig steht er vor Ilse, hält die Puppe an einem Arm, beugt sich nach unten. »Glaubst du noch an den Klapperstorch?«, fragt er.

Ilse wagt nicht, sich zu rühren. Henner ist jetzt mit seinem Kopf so dicht bei ihr, dass sie seinen warmen Atem spürt. Wie eine Fratze ist sein Gesicht, ganz angespannt, die Lippen über den Zähnen hochgezogen. »Soll ich dir zeigen, wie es wirklich ist, das mit dem Klapperstorch?«

»Henner, komm endlich«, sagt Horst. »Die Ilse kapiert das nicht. Die ist doch blöd.«

Henner hört nicht hin. Er starrt Ilse ins Gesicht, schiebt

seine Zungenspitze zwischen die Zähne. Ilse kann vor Angst kaum atmen. Henner fährt sich mit der Zunge über die Lippen. Dann richtet er sich plötzlich auf. »Hast Recht. In zwei Jahren, da zeigen wir's ihr.« Er lässt die Puppe an einem Arm kreisen. »Die ist wirklich noch blöd. Die glaubt am Ende noch, dass das Ding da ihr Kind ist, was?«

Horst lacht, tippt sich mit dem rechten Zeigefinger an die Schläfe. »Die schon.«

»So ein altes Dreckding«, sagt Henner und legt die Puppe neben sich auf den Hackklotz. Der Puppenkopf ist ganz nah vor Ilses Gesicht. Sie bräuchte nur die Hand auszustrecken und die Puppe zu nehmen. Nur das. Aber sie traut sich nicht.

Henner lacht, zieht mit einem Ruck das Beil aus dem Holz, umklammert den Stiel mit beiden Händen und schwingt es über seinem Kopf. Die Schneide schimmert hell. Ilse legt ihr Gesicht auf die Knie, verschränkt die Hände über dem Kopf und drückt die Unterarme fest gegen ihre Ohren. Der Schlag, mit dem das Beil den Hackklotz trifft, zittert in ihrem Körper nach.

»Genau getroffen«, sagt Horst. »Macht nichts, dieses alte Dreckding. War sowieso nichts mehr wert.« Seine Stimme klingt hoch und zittert ein bisschen.

»War doch nur eine Puppe«, sagt Henner viel zu laut. »Du bist sowieso schon zu groß für Puppen. Wart nur, bis du älter bist.« Er lacht. »Komm, Horst, hier ist es langweilig. Wenn sie zwei Jahre älter wäre … Aber so. Komm, wir hauen ab.«

Die Schuppentür wird zugeschlagen. Scheppernd fällt der Riegel gegen den Metallbeschlag.

Ilse wartet lange. Dann lässt sie die Arme sinken. Sie betrachtet zuerst ihre warzige linke Hand, dann hebt sie ihre Augen zum Hackklotz. Der Puppenkopf ist bis zum Hals hinunter gespalten, die eine Hälfte ist auf den Boden gefallen. Ilse hebt die leere Zelluloidhülle hoch und betrachtet sie, als erwarte sie, zerhackte Knochen, Blut und Gehirn zu sehen. Sie weint nicht. Immer noch spürt sie nur die Angst, die jedes andere Gefühl in ihr abschnürt.

Lange sitzt sie so da. Dann nimmt sie die Puppe, verbirgt sie unter der blauen Strickjacke und verlässt den Schuppen. »Ilse Bilse, niemand willse«, schreit ihr der Krämer Klaus nach, als sie durch die Sandgasse geht. Aber Ilse fängt nicht an zu rennen. Heute trifft es sie nicht.

> *»Kam der Koch,*
> *nahm sie doch,*
> *steckt sie in das Ofenloch.«*

Die Blumen an der Friedhofsmauer sind längst verblüht, verdorrte Halme ragen aus dem bräunlich gewordenen Gras. Ilse geht zu den vergessenen Kindern. Auf Ritas Grab ist Unkraut nachgewachsen, Unkraut, das jetzt verwelkt ist. Mit den Händen wühlt Ilse die herbstharte Erde auf, hebt eine kleine Grube aus, legt, nachdem sie sorgfältig die abgehackte Kopfhälfte an die andere gefügt hat, die Puppe hinein und scharrt wieder Erde darüber. Dann tritt sie sie mit den Füßen fest.

Auf dem Heimweg hält sie den Kopf gesenkt. Sie will nicht, dass jemand ihr Gesicht sieht. Sie betrachtet beim Gehen die schiefergrauen Pflastersteine, die Erdritzen dazwischen, sieht, wie sich manchmal Grashalme und Unkraut zwischen den Steinen einen Weg gebahnt haben. Sie schaut so lang auf den Boden, bis ihr schwindelig wird von den Steinbändern unter ihren Augen und bis die dunklen Ritzen anfangen, sich zu Kreisen zu biegen. Am Grieshammer Haus lehnt sie sich an die Mauer. Sie ist müde und traurig.

Da geht neben ihr die Hoftür auf und die alte Lene kommt heraus. Es ist das erste Mal, dass Ilse ihr so dicht gegenübersteht. Ganz weiße Haare hat die Lene, weißer als ein Betttuch, weißer als Schnee, und trotzdem fast keine Falten im Gesicht. Nur ihr Mund ist eingefallen. Sie streckt die Hände aus und tastet mit ihren harten Schrumpelfingern über Ilses Gesicht. Ilse hält still. Sie hat keine Angst mehr, sie wird ganz ruhig unter der kratzigen Berührung. Als die alte Lene anfängt zu brabbeln, läuft ihr ein feiner Faden Spucke aus dem fast zahnlosen Mund und rinnt seitlich über ihr Kinn. Ilse lächelt die Lene an. Sie friert nicht mehr. Es tut ihr fast leid, als die Lene ihre Hände aus ihrem Gesicht nimmt.

Ilse wendet sich der Sandgasse zu. Jetzt kann sie wieder aufrecht gehen, den Kopf wieder hochhalten. Ein ganzes Stück schlurft die alte Lene neben ihr her. Dann biegt Ilse in die Sandgasse ein. Sie dreht sich noch einmal um. Die alte Lene ist stehen geblieben. Ilse hebt die Hand, winkt ihr zu. Langsam grüßt die Frau zurück.

Ilse macht heute nur einen sehr kurzen Besuch bei Helmut. Sie hätte ihm gern erzählt, was passiert ist, aber sie findet keine Worte für ihre Angst. Sie findet auch keine Worte für Helmut. Nur weil er nicht mehr laufen kann, denkt sie, ist er so anders als die anderen. Aber er könnte wie Henner und

Horst sein, wenn ihm das nicht passiert wäre. Sie nimmt ihre Hand aus seiner. »Ich muss rauf, der Mama helfen.«

Als Horst gegen Abend heimkommt, sitzt Ilse am Küchentisch und schält Kartoffeln. Die Mutter steht am Herd. Horst hebt hinter ihrem Rücken die Faust gegen Ilse. Sie senkt die Augen. Sie hat verstanden. Natürlich wird sie nichts sagen.

Horst setzt sich an den Tisch und stützt die Arme auf. »Was gibt's denn heute zum Essen?«

Die Mutter dreht sich um. »Suppe«, antwortet sie. »Und Röstkartoffeln mit Blutwurst.« Ihr Gesicht ist abgespannt und böse. »Aber zuerst gehst du runter und sägst die zwei Äste, die noch da liegen.«

»Morgen«, sagt Horst. »Ich habe heute keine Lust.«

»Jetzt, habe ich gesagt.«

»Nein, morgen.«

Blitzschnell holt die Mutter aus und trifft ihn, obwohl er auszuweichen versucht, am Ohr. »Du gehst jetzt. Ich habe fast nichts mehr zum Feuermachen. Und kein Geld für Kohlen.« Sie reißt den Deckel von der Holzkiste hoch. »Da, schau, beinahe leer. Und was unten im Schuppen ist, reicht höchstens noch für drei, vier Tage.« Sie knallt den Deckel wieder zurück. Ilse zuckt zusammen und zieht die Schultern hoch. Horst hält sich das Ohr und sieht die Mutter böse an. »Das machst du nicht mehr lange mit mir!«

Ihr Gesicht ist fleckig und aufgekratzt. »Willst du noch eine? Solange du hier in meiner Küche sitzt und die Beine unter den Tisch streckst, machst du, was ich dir sage, verstanden? Und jetzt geh runter.«

Horst geht hinaus, aber er schmeißt die Tür laut hinter sich zu. Die Mutter macht die Herdklappe auf und legt ein paar Holzscheite nach. »Nächste Woche fange ich in der Stadt in der Radiofabrik an«, sagt sie zu Ilse. »Du wirst dann mehr für den Haushalt machen müssen.«

Ilse betrachtet sie. Das Feuer beleuchtet ihr Profil. Schwerfällig steht sie auf, nimmt ein paar geschälte Kartoffeln von dem Teller und schneidet sie in die Suppe. »Manchmal werdet ihr auch bei der Oma essen können«, sagt sie. »Aber immer geht das nicht, das wird die Oma nicht machen.«

Ilse schaut auf den Rücken der Mutter, die sich über den Topf beugt. »Warum?«, fragt Ilse. »Warum gehst du in die Fabrik?«

»Das fragst du auch noch?« Die Mutter wird laut. »Weil dein Hurenbock von Vater nicht genug bezahlt«, schreit sie. »Deshalb.« Dann fängt sie an zu weinen. Ihre Schultern zucken. Ilse erschrickt bei den jämmerlichen Tönen. »Mama«, sagt sie hilflos. »Mama.« Die Mutter wischt sich mit dem Handrücken über die Augen. »Ist doch wahr«, sagt sie. »Die Männer machen, was sie wollen, dann gehen sie weg und wir bleiben im Dreck sitzen. Lass dich ja nie mit Männern ein.«

Ilse senkt den Kopf, weil sie die kleinen, roten Augen ihrer Mutter nicht sehen will, und greift nach der letzten Kartoffel. »Schäl nicht so dick«, sagt die Mutter. »Oder glaubst du, wir hätten einen Geldscheißer?«

Später liegt Ilse in ihrem Bett und drückt ihr heißes Gesicht in das Kopfkissen. Es ist doch nicht nur das Geld, denkt sie. Andere Familien haben auch nicht viel mehr. Es ist doch nicht nur das Geld.

Dann fängt sie an zu weinen.

15

Ilse hat heute schon alles gemacht, was ihr die Mutter aufgetragen hatte. Sie hat, schon während sie das Essen aufwärmte, die Küche aufgeräumt und die Betten gemacht. Nach dem Mittagessen hat sie eingekauft, was auf dem Zettel gestanden hat. Jetzt schaut sie auf die Uhr. Vier ist es, noch zwei Stunden, bis die Mutter heimkommt. Bis dahin hat sie frei.

Es ist nicht schön, wenn die Kinder mittags allein sind. Horst und Dieter ärgern Ilse und verschwinden gleich nach dem Essen, ohne ihr zu helfen. Ilse kann sich noch nicht mal abends bei der Mutter darüber beschweren, denn die beiden würden es ihr heimzahlen. »Doppelt und dreifach«, hat der Horst gesagt. »Merk dir das.«

Es war besser, als Mama nicht arbeiten gegangen ist, denkt Ilse. Viel besser. Aber so wie jetzt wird es immer sein. Sie schaut noch mal auf die Uhr. In anderthalb Stunden wird es erst dunkel. Sie überlegt, was sie machen könnte. Sie hat keine Lust, jetzt bei Helmut zu sitzen, sie will noch ein bisschen rausgehen. Vielleicht zur Müllhalde. Sie zieht den blauen Mantel an, der früher dem Dieter gehört hat. Er ist ihr noch zu weit und zu lang, die Ärmel hängen ihr bis fast an die Fingerspitzen. Sie stülpt sie einmal um. So ist es besser. Jedenfalls besser als der Anorak, der ihr über Brust und Rücken spannt und bei dem ihr die Ärmel an den Handgelenken hochrutschen, wenn sie sich bewegt.

Dauernd muss sie daran denken, dass die Ulrike Keller

jetzt oft mit der Margit zusammen ist. Heute in der Pause hat sich die Ulrike gar nicht mehr nach ihr umgeschaut, und Ilse hat allein in der Ecke am Zaun gestanden und nicht gewusst, was sie machen soll. So wie früher. Aber nachher, als sie an ihrem Platz gesessen haben, hat die Ulrike mit ihr geredet und so getan, als wäre alles in Ordnung. Aber für Ilse ist es nicht in Ordnung. Ilse möchte mit der Ulrike auf dem Pausenhof rumlaufen oder auf dem Mäuerchen sitzen. Am liebsten allein mit der Ulrike.

Am Bachrand beobachtet Ilse einen komischen kleinen Vogel, der auf langen, dünnen Beinen herumstelzt. Sie schaut ihm so lange zu, bis er zwischen den Sträuchern verschwunden ist. Dann kommt sie an den Müllplatz. SCHUTT ABLADEN VERBOTEN. ZUWIDERHANDLUNGEN WERDEN MIT GELDBUSSEN BIS ZU DM 10 000,- GEAHNDET. So steht es auf dem großen, weißen Schild, das an einer Kiefer festgemacht ist. Ilse kennt das Wort ›geahndet‹ nicht, aber sie denkt sich, dass man wohl Strafe bezahlen muss. Zehntausend Mark ist viel Geld, so viel, dass sie sich das gar nicht vorstellen kann. Trotzdem bringen die Leute immer wieder ihre alten Sachen an diese Stelle hinter dem Sandberg. Ilse hat hier mal eine verbogene Silbergabel gefunden, eine richtige Silbergabel mit eingehämmerten Blümchen am Griff. Der Horst hat sie wieder zurechtgebogen und seither isst Ilse mit ihrer eigenen Gabel.

Ein kalter Wind kommt auf. Ilse fröstelt. Sie wird heute nicht lange hierbleiben, nicht bei diesem Wetter. Sie steigt über Pappkartons und aufgeplatzte Plastiktüten. Mit klammen Fingern dreht sie einen Karton nach dem anderen um und schüttet Tüten aus. Eine Dominoschachtel fällt ihr vor die Füße, aber als sie nachschaut, sind nur noch fünf Steine darin. Enttäuscht lässt sie sie auf die Erde fallen und wirft die Schachtel in hohem Bogen in die Brombeerhecken. Da ist ein Karton mit Mickymausheften. Aber dann stellt sich heraus, dass unten drunter lauter alte Zeitungen sind. Nur ganz oben liegen ein paar lose Blätter aus einem alten Heftchen. Ilse gibt dem Karton einen Tritt. Nichts findet sie heute, gar nichts. Ein richtiger Pechtag ist das. Erst das mit der Ulrike, dann hat sie im Rechnen einen Fünfer gehabt, und Frau Bayerlein hat sie gefragt, ob sie nicht doch mal wieder zum Üben kommt. Nachher, beim Mittagessen, hat der Horst ihr eine runtergehauen und jetzt ist sie ganz umsonst den weiten Weg hierher gegangen.

Da hört sie ein leises Quäken. Sehr leise. Zuerst denkt sie, sie hätte sich verhört, es wäre vielleicht ein Vogel gewesen, irgendwo in den Kiefern. Oder nur das Rascheln von Blättern. Aber dann hört sie es wieder. Es klingt fast wie Babygeschrei, nur viel leiser. Aufgeregt sucht sie, richtet sich auf, lauscht, sucht weiter. Dann hat sie es gefunden. Es kommt offensichtlich aus einer Tengelmann-Plastiktüte. Und die Tüte liegt in einem Karton mit alten Lumpen. Zweimal hat Ilse schon die Hand ausgestreckt und sie wieder zurückgezogen, bis sie sich endlich traut, die Tüte zu nehmen und aufzuklappen.

Jetzt sieht sie, was da quäkt. Es ist ein Kätzchen. Eigentlich sind es zwei, aber eines ist schlaff und leblos, als Ilse es herausnimmt. Das andere hebt ein Köpfchen mit noch fast blinden Augen. Ilse hält es in ihren steif gewordenen Händen und haucht es an. Es maunzt, krümmt sich zitternd und stupst die schwarz-rosa gefleckte Nase zwischen ihre Finger.

Aufgeregt läuft Ilse nach Hause. Sie rennt den ganzen Weg, ohne anzuhalten. Sie keucht und kann fast nicht weiter, aber sie hat Angst, das Kätzchen könnte ihr unter den Händen sterben, wenn es nicht bald ins Warme käme.

Der Schweiß rinnt ihr vom Gesicht, und ihr Brustkorb tut weh, als sie endlich vor der Küchentür steht. Abgeschlossen, Gott sei Dank. Zum ersten Mal ist sie froh, dass keiner zu Hause ist. Sie legt das Tier vorsichtig auf die Fußmatte und schließt die Tür auf. Das Kätzchen bewegt sich noch. Sie zieht ihren Pullover aus und legt ihn auf die Holzkiste neben dem Herd, da ist es am wärmsten. Mit den Ärmeln formt sie ein Nest und legt das zitternde kleine Ding hinein.

»Du, warte, ich mach dir Milch warm«, sagt sie und holt einen kleinen Topf aus dem Kühlschrank. Keine Vollmilch. Irgendwo hat sie gehört, dass reine Kuhmilch zu fett ist, also gießt sie Wasser dazu. Dann stellt sie einen Untersetzer mit Milch auf den Pullover neben den Kopf des Kätzchens. Als es keine Anstalten macht zu trinken, stößt sie ihren Zeigefinger in die warme Milch und hält ihn dem Tier vor das Maul. Es leckt. Wieder und wieder macht sie das, dann hebt sie es hoch und stupst seine Nase in die Milch. Als sie sieht, dass es trinkt, lehnt sie sich aufatmend an die Holzkiste. Sie weint fast vor Erleichterung. Als das Kätzchen satt ist, rollt es sich auf dem Pullover zusammen und schläft. Ilse sitzt bei ihm und betrachtet es, fährt ab und zu zärtlich mit einem Finger über das weiche Fell und ist froh.

So findet sie auch die Mutter. »Was ist denn hier los?«, sagt sie, als sie Ilse im Unterhemd vor der Holzkiste sitzen sieht.

Ilse legt den Zeigefinger an die Lippen. »Pst! Es schläft.«

»Novemberkatzen«, sagt die Mutter. »Keiner will Novemberkatzen, die taugen nichts.«

»Mama, bitte«, sagt Ilse. »Bitte, bitte.«

»Nein.« Das Gesicht der Mutter, mager, schuppig, müde, wird noch härter. »Es geht nicht. Die Schusters würden ja nichts sagen, aber die Kniesers. Du weißt doch, wie die Kniesers sind.«

Ilse weiß es. Die Katze von den Schusters, das ist schon ein paar Jahre her. Aber im letzten Sommer hat Horst einen Hund heimgebracht. Die Kniesers von obendrüber haben so lange Krach gemacht und sich bei der Gemeinde beschwert, bis Horst den Hund wegbringen musste. Ilse hat sich damals nicht getraut zu fragen, was er mit ihm gemacht hat. Danach kam noch ein Brief. Im Gemeindehaus dürften keine Haustiere gehalten werden.

»Bitte, Mama. Es ist doch noch so klein. Die Knieser merkt es gar nicht.«

»Ein paar Tage«, sagt die Mutter. »Ein paar Tage. Dann muss es weg.«

Ilse nickt, streichelt das Kätzchen. »Schau mal, fast schwarz ist es. Findest du, dass Mohrle ein schöner Name ist?«

Die Mutter lässt sich auf einen Stuhl sinken. »Ja«, antwortet sie, »es ist ein schöner Name. Aber ich bin sehr müde. Hast du Nudeln und Hackfleisch gekauft?«

»Ja. Und Zwiebeln.«

Ilse holt einen alten Schuhkarton vom Kleiderschrank im Schlafzimmer der Mutter und füttert ihn für Mohrle mit Lappen aus.

Dieter kommt nach Hause. »Was ist denn das?« Er nimmt

das schlafende Mohrle hoch und betrachtet den kleinen rosa Bauch, der noch fast nackt ist.

»Eine Katze«, sagt er.

»Ein Weibchen.«

»Auch das noch«, seufzt die Mutter. »Die wird bestimmt keiner wollen. Kommt zweimal im Jahr mit Jungen an.« Und sie sagt noch einmal: »Nur ein paar Tage.«

»Wo hast du sie her?«, fragt Dieter.

»Am Müllplatz gefunden. In einer Plastiktüte.«

Dieter legt Ilse das Kätzchen in die ausgestreckte Hand zurück. »Typisch. Für uns ist immer nur gut, was die anderen weggeschmissen haben. Und noch nicht einmal das dürfen wir behalten.«

»Du weißt doch, die Kniesers«, sagt die Mutter und schaut ihn nicht an.

»Ja, ich weiß. Und nur, weil wir im Gemeindehaus wohnen. Weil wir nichts haben. Weil wir keine hohe Miete bezahlen können. Keine Angst, Mama, ich hab das schon kapiert. Aber ich werde später ein eigenes Haus haben, darauf kannst du dich verlassen.«

Er dreht sich um und geht raus, die Treppe hinunter. Er braucht lange, bis er wieder zurückkommt, länger, als man normalerweise auf einem kalten und stinkenden Klo sitzt.

Horst wirft nur einen Blick auf die Katze, dann sagt er: »Am besten bringst du sie gleich um. Wer will schon Novemberkatzen? Gibt sowieso viel zu viele Katzen im Dorf.«

Ilse hat Mohrle vor dem Schlafengehen noch einmal gefüttert. Dann liegt sie im Bett und grübelt. Im Schuppen, denkt sie. Im Schuppen könnte ich sie eine Weile verstecken, wenn ich sie warm zudecke. Es muss nur warm genug sein. Aber dann fällt ihr Henner ein. Henner und die Puppe. Er kommt oft in die Sandgasse. Als sie sich Mohrles Kopf unter dem Beil vorstellt, fängt sie an zu weinen. So fest sie kann, beißt sie sich in den Handballen. Das hilft.

Mohrle. Sie schleicht leise in die Küche. Ohne Licht anzumachen, tastet sie nach dem Herd und dem Karton darunter. Warm und weich und lebendig ist die kleine Katze. Sie quäkt und schiebt ihr Köpfchen fester in die Kuhle, die Ilse mit der Hand formt.

Ilse bleibt lange in der dunklen Küche auf dem Boden vor dem Herd sitzen.

16

Ilse liebt Mohrle. Das ist eine ganz neue Erfahrung für sie. Es ist, als hätte sich alles um sie herum geändert. Als wäre über allen Menschen und Dingen etwas Weiches und Warmes, so etwas wie ein unsichtbares Katzenfell. Sie betrachtet Gesichter und entdeckt, dass sie sie noch nie so gesehen hat. Horst zum Beispiel: Er schiebt morgens vor der Schule noch zwei Briketts in den Herd, damit das Feuer nicht ausgeht. Dann streichelt er Mohrle und sieht sehr freundlich aus, sehr lieb. Als er merkt, dass Ilse ihn beobachtet hat, steht er abrupt auf und wischt sich die Handflächen an der Hose ab. »Katzen brauchen es warm«, sagt er und macht wieder sein ganz normales Horst-Gesicht. »Du blöde Kuh hättest natürlich nicht daran gedacht.« Dann schnappt er seinen Ranzen und rennt davon. Ilse schaut ihm erstaunt nach und macht sich auch auf den Weg. Heute freut sie sich fast auf die Schule, weil sie Ulrike vom Mohrle erzählen kann.

Ilse erzählt.

Ilse lacht.

Ilse ist aufgeregt.

Nach dem Mittagessen geht sie zu Helmut und legt ihm Mohrle auf die Bettdecke. »Da, schau mal.«

Er streichelt sie, hält sie so lange in seinen knochigen Händen, bis sie sich einrollt. Sie zuckt im Schlaf und bewegt ihre Pfote.

»Sie träumt«, sagt Ilse. »Schau nur, sie träumt.«

»Und was ist mit den Kniesers?«, fragt Helmut. »Du kannst die Katze doch nicht immer verstecken.«

Ilse will nicht daran denken. »Weiß ich noch nicht. Vielleicht bring ich sie zu meiner Oma.« Ganz versunken sitzt sie da und bewacht Mohrles Schlaf.

»Ich hätte auch gern eine Katze«, sagt Helmut. »Aber das geht ja nicht. Nie kann ich ein Tier haben.«

»Vielleicht zieht ihr mal um und du darfst dort eine Katze haben.« Ilse glaubt das zwar selbst nicht, aber was könnte sie sonst sagen, um Helmut zu trösten?

Er wendet sein Gesicht wieder zum Fenster. Das macht er immer öfter in der letzten Zeit. »Aus dem Gemeindehaus komm ich nicht mehr raus. Höchstens mit den Füßen zuerst.«

Ilse läuft vor seinem Kummer weg. Vorsichtig trägt sie Mohrle wieder hinauf in die Küche, in den Schuhkarton unter dem Herd. Sie spült das Geschirr, trocknet es ab, räumt auf und immer wieder schaut sie zu Mohrle. »Nur ein paar Tage, nicht länger«, hat die Mutter gesagt. Ilse schiebt den Gedanken daran weit weg. Jetzt ist jetzt. Und jetzt ist sie glücklich.

Am Nachmittag des zweiten Tages geht sie, nachdem sie Mohrle versorgt hat, in die Bergbachstraße. Sie will die Oma fragen, ob sie vielleicht ihre Katze nimmt. Die Oma wohnt doch in einem eigenen Haus, der Oma kann niemand Vorschriften machen.

»Ach du bist's«, sagt die Oma, als Ilse zur Tür hereinkommt. Sie hat das Bügelbrett in der Küche aufgestellt und spritzt ein Hemd vom Opa ein. »Gehst du schnell für mich zum Doktor? Ich brauche ein neues Rezept für meine Gallentabletten.«

Mindestens eine Viertelstunde ist es bis zum Doktor, und wieder eine Viertelstunde zurück. Und noch warten. So viel Zeit hat Ilse eigentlich nicht. »Kann nicht die Marga gehen?« »Die ist bei der Geibel Maria, auf den Kleinen aufpassen.« Die Oma stellt das Bügeleisen heftig auf den Metallrost. »Außerdem kannst du deiner Mutter sagen, dass sie mal mit der Marga reden muss. Um halb zwölf ist sie gestern heimgekommen. So spät war sie noch nie. Wenn die anfängt, sich rumzutreiben, kann sie was erleben.«

Ilse wird ganz klein. »Ich werd's der Mama sagen.«

»Tu das. Der Opa haut sie grün und blau, wenn sie noch einmal so spät kommt. Noch nicht mal fünfzehn und fängt schon mit den Buben an.«

»Oma«, fragt Ilse vorsichtig. »Warum hast du keine Katze?«

»Um Gottes willen, nur keine Viecher im Haus«, sagt die Oma. »Die machen doch nur Dreck und Arbeit.«

»Aber Katzen sind doch so süß.«

»Nein, nein. Das ist nichts für mich. Gehst du jetzt zum Doktor?«

Ilse nickt. Sie traut sich nicht weiterzufragen, und sie traut sich nicht, Nein zu sagen.

Sie nimmt den Zettel, den die Oma ihr gibt, und rennt los. Schnell, nur schnell, damit sie wieder heimkommt zu Mohrle. Sie nimmt die Abkürzung über den Friedhof. Oben am Haupteingang hinein und unten an der Mauer wieder hinaus. Im Notfall könnte sie auch noch die Kirchhofsbäuerin fragen. Die hat sicher schon eine Katze, aber auf einem Bauernhof können auch mehrere Katzen sein, das macht nichts. Ich werde sie besuchen, denkt Ilse. Wer weiß, ob ich sie nicht für Mohrle brauche. Aber als sie an dem großen Hoftor vorbeikommt, geht sie doch nicht hinein. Morgen langt auch noch. Oder übermorgen. Jetzt nicht.

Als Ilse zurückkommt, ist es schon spät. Die Marga sitzt in der Küche und strickt. Sie hat rote, verschwollene Augen. Jetzt kann Ilse erst recht nicht mehr von der Katze anfangen.

Die Oma drückt ihr eine Mark in die Hand. »Da, kauf dir was«, sagt sie. »Bist ein braves Mädchen.« Auf dem Heimweg über die Bachgasse muss Ilse sich Mühe geben, um nicht laut zu weinen.

Die Mutter ist schon da. »Deine Katze hat reingeschissen«, sagt sie. »Es stinkt. Wann bringst du sie endlich weg?«

»Du hast doch gesagt, ein paar Tage.«

»Na gut, von mir aus. Ein paar Tage. Hol jetzt einen Eimer Kohlen rauf.«

Ilse nimmt den Eimer.

Beim Abendessen fällt ihr wieder ein, was die Oma gesagt hat. »Du sollst mal mit der Marga reden. Sie ist gestern erst um halb zwölf heimgekommen.«

»Und warum soll ich da mit ihr reden? Sie erziehen sie doch, nicht ich.«

»So hat die Oma gesagt.«

Der Horst verzieht das Gesicht. »Die Marga geht mit dem Peter Roßmann.«

Die Mutter legt erstaunt die Gabel hin. »Wieso denn mit dem?«

»Wieso denn nicht?«

»Der hat doch nichts«, sagt die Mutter. »Seine Eltern haben nichts. Wie kommt die Marga denn auf so einen?«

Dieter hat ganz dünne Lippen und kleine Augen. »Ich versteh nicht, warum du dich aufregst. Wir haben doch auch nichts.«

»Wir«, antwortet die Mutter, »wir haben Pech gehabt. Aber die Marga kriegt doch mal das Haus. Ist das nichts? Außerdem waren die Schragendorfers auch mal was Besseres.«

Das Gesicht von Dieter wird jetzt richtig verkniffen. »Früher, als der Uropa noch den Steinmetzbetrieb hatte. Aber den hat der Opa ja schon versoffen.«

Die Mutter stützt den Kopf auf. »Wir haben halt Pech«, wiederholt sie. »Ich weiß auch nicht, warum es bei uns nicht klappt. Wenn euer Vater dageblieben wäre, hätten wir vielleicht auch ein Haus. Er ist ein tüchtiger Maurer, euer Vater, da kann man nichts sagen. Aber als er dieser Frau in die Hände gefallen ist, war alles aus.«

Ilse steht auf, räumt das Geschirr ab, holt sich heißes Wasser aus dem Schiff. Horst nimmt sich die Zeitung und schlägt den Sportbericht auf. »Von mir aus kann die Marga gehen, mit wem sie will«, sagt er. »Wenn er ihr gefällt.«

Die Mutter streicht sich die Haare aus der Stirn. »Wir haben wirklich immer Pech. Ich kann es euch genauso gut jetzt schon sagen, bald sieht man es sowieso. Ich kriege ein Kind.«

Ilse lässt den Teller, den sie gerade abspült, erschrocken zurückfallen. Noch ein Kind. Wo sie doch schon so viele sind.

»Von wem?«, fragt Horst. »Von diesem Eduard, mit dem du da rumziehst?«

Die Mutter nickt.

»Und will er dich heiraten?«

»Nein. Er hat gesagt, wenn ich allein wäre, das wär was anderes. Aber auf einmal so viele Kinder, das will er nicht.«

Die Mutter hat ihren Kopf jetzt auf den Tisch gelegt und weint. Ihr Rücken zuckt und ihre Schulterblätter drücken spitze Dreiecke in die dünne Bluse.

»So ein Scheißkerl«, sagt Horst und steht auf. »Ich gehe noch ein bisschen zum Helmut.«

Dieter schluckt. »Ich auch.«

Ilse sieht, wie er vorsichtig die Hand ausstreckt, sie aber wieder zurückzieht, bevor er die Mutter berührt hat.

Ilses Kopf ist ganz leer. Sie spült das Geschirr. So langsam und so gründlich hat sie noch nie gespült. Das Weinen der Mutter füllt die Küche ganz aus. Für Ilse ist kein Platz in diesem Weinen. Dann steht die Mutter auf und geht in ihr Schlafzimmer.

Zwei Tage später sagt sie morgens, bevor sie weggeht: »Was ist jetzt mit der Katze?«

Ilse macht gerade Mohrles Kästchen sauber. Zwei, drei Häufchen wischt sie weg und zieht einen trockenen Lappen von ganz unten nach oben. Der Katze geht es gut. Als Ilse sie auf den Rücken legt und mit dem Zeigefinger den Babybauch streichelt, hackt ihr Mohrle die winzigen Krallen in die Finger. Ilse schaut ihre Mutter an. »Heute«, sagt sie.

Die Mutter weicht dem Blick aus. »Ich habe dir gleich gesagt, dass es nicht anders geht.«

»Ja, Mama.« Ilse nimmt Mohrle hoch und legt sie an ihr Gesicht.

»Wo willst du denn hin mit ihr?«

»Zur Oma.«

»Die Oma kann Katzen nicht leiden.«

Ilse zuckt mit den Schultern.

»Na ja, probieren kannst du's ja«, sagt die Mutter und zieht ihren Mantel an. »Heute Mittag könnt ihr euch die Suppe warm machen.«

In der Schule hält Ilse es fast nicht aus. Was ist, wenn die Oma Nein sagt? Was ist, wenn auch die Kirchhofsbäuerin Nein sagt?

In der Pause rennt die Ellen Bachmeier mit ein paar anderen Kindern hinter ihr her.

»Ilse Bilse, niemand willse.« Wie Mohrle, denkt Ilse. Genau wie Mohrle. Die will auch niemand.

Ulrike kommt vorbei und zieht sie am Ärmel mit sich. »Komm, wir spielen Ball.« Und nachher in der Stunde flüstert sie Ilse zu: »Die Ellen ist doch blöd. Da brauchst du dir nichts draus zu machen.«

»Schwätzt nicht«, sagt Frau Bayerlein. »Ilse, lies weiter vor.«

Nach der letzten Stunde rennt Ilse sofort hinaus auf den Gang und nimmt ihren Mantel. Sie hat es eilig. Aber Frau Bayerlein kommt ihr nach und ruft sie auf die Seite. »Kommst du heute mal wieder zu mir zum Lernen?«

»Nein«, sagt Ilse, »das geht nicht. Das geht überhaupt nicht mehr. Meine Mutter arbeitet jetzt in der Stadt. Da muss ich zu Hause helfen.«

»Wieso du?«, fragt Frau Bayerlein. »Du hast doch noch zwei größere Brüder.«

»So halt.« Ilse hebt die Schultern hoch. Das tut sie immer, wenn sie nichts zu sagen weiß.

»Ich werd mal mit deiner Mutter reden.«

Ilse nickt und dreht sich um.

Mohrle versucht schon aus dem Karton zu klettern. Ilse gibt ihr Milch, dann deckt sie sie warm mit einer alten wollenen Unterhose zu und legt den Deckel auf den Schuhkarton. Mohrle hebt den Deckel mit dem Kopf an. Ilse muss lachen, aber plötzlich merkt sie, dass sie weint. Sie zieht den Mantel an, dann nimmt sie den Karton vorsichtig in beide Hände und verlässt das Haus. Horst und Dieter sollen sich heute die Suppe mal allein wärmen.

Die Oma steht am Herd und kocht, als Ilse die Tür aufmacht. »Ach, du bist's«, sagt sie. »Willst du hier essen?«

»Ja.« Ilse zögert, geht dann entschlossen zu Oma, nimmt den Deckel vom Karton und zieht Mohrle die Unterhose vom Kopf. »Schau mal, Oma. Ist das nicht lieb, Oma?«

Die Oma wischt sich die Hände an der Kittelschürze ab und beugt sich über den Karton. »Eine Katze«, sagt sie. »Was willst du denn mit einer Katze?«

Ilse schaut in dieses großporige Gesicht mit der mächtigen Nase. Ganz nah bei ihr ist es. Sie hat Angst, sie weiß nicht, wie sie es sagen soll. Sie weint fast, als sie ihre Hand auf Mohrles Rücken legt. »Fühl mal, Oma, wie weich ihr Fell ist.«

»Alle jungen Katzen sind so«, sagt die Oma. »Aber wenn sie älter werden, hat man nur Dreck und Arbeit mit ihnen.«

»Sie würde dir die Mäuse auf dem Speicher fangen können.«

148

Die Oma schaut Ilse prüfend an. »Ich will keine Katze«, sagt sie dann und dreht sich zum Herd. »Und die paar Mäuse auf dem Speicher stören mich nicht. Ich muss halt mal wieder Fallen aufstellen.«

Ilse fängt jetzt wirklich an zu weinen. »Bitte, Oma.«

»Und warum behaltet ihr sie nicht?«

»Die Kniesers«, flüstert Ilse. »Denk doch mal an den Hund vom Horst.«

»Ich brauche keine Katze«, sagt die Oma laut. »Was soll ich mit einer Katze?«

Ilse hat sich auf den Stuhl gesetzt und hält Mohrle ganz fest. »Sie muss sterben, wenn sie niemand will.«

»Gulasch gibt es heute«, sagt die Oma. »Nudeln mit Gulasch. Die Marga kommt auch bald, dann können wir essen.« Sie deckt den Tisch. Hart stellt sie die Teller hin. »Der Opa kann Katzen nicht leiden.«

Ilse sagt nichts, streichelt langsam mit den Fingerspitzen über Mohrles Rücken. Sie kann nichts sagen, sie weint.

»Willst du ihr Milch geben?«, fragt die Oma.

Ilse nickt. Die Oma wärmt Milch in einer kleinen Stielpfanne. »Umstände«, brummt sie. »Immer hat man Umstände mit diesen Kindern.«

»Du musst die Milch mit Wasser verdünnen«, sagt Ilse.

Dann steht Mohrle mitten in der Küche und schlabbert aus einem Unterteller.

Ilse wischt sich über das Gesicht. Eine Rotzspur bleibt auf ihrem Ärmel. Die Oma nimmt, ohne was zu sagen, einen feuchten Lappen und wischt sie weg.

»Ich komm auch jeden Tag und spüle dir das Geschirr«,

sagt Ilse leise. »Und im Sommer gehe ich immer auf den Acker gießen. Jeden Tag, wenn es heiß ist.«

Die Tür geht auf und Marga kommt herein. »Eine Katze! Ach, Oma, eine Katze!« Sie kniet sich auf den Boden und streichelt Mohrle.

Eifersüchtig sagt Ilse: »Es ist meine Katze.«

Die Oma stellt den Topf mit den Nudeln auf den Tisch.

»Ja, und weil Ilse die Katze zu Hause nicht behalten darf, bleibt sie bei uns.«

Ilse greift nach Omas Hand und legt ihr Gesicht dran. Die Oma schubst sie und lacht ein bisschen. »Zufrieden?«

»Ich hab auch immer eine Katze haben wollen«, sagt Marga.

»Aber es ist meine.« Ilse flüstert es so leise, dass die Marga es nicht hören kann. Fast nur gedacht hat sie es. Laut fragt sie: »Und was wird der Opa sagen?«

»Ach, der!« Die Oma nimmt einen Teller nach dem anderen, füllt Nudeln auf und schöpft eine Kelle Gulasch darüber. »Hier, esst. Sonst wird's kalt.«

Marga stochert mit der Gabel im Essen herum. »Mir hast du nie erlaubt, dass ich eine Katze heimbringe.«

»Hör auf«, sagt die Oma.

Die Marga beugt sich so weit vor, dass ihre braunen Haare ihr Gesicht fast verdecken. »Die weiße Katze von Herrlings hätte ich haben können im Frühjahr, die Ursula hatte sie mir versprochen. Bei der weißen Katze von Herrlings hast du gesagt ...«

Die Oma haut mit der Hand auf den Tisch, dass die Teller klirren. »Jetzt hörst du aber wirklich auf. Du bist nicht die

Einzige. Und du hast sowieso fast alles, was du willst. Und so viel arbeiten musst du auch nicht. Du weißt ja gar nicht, wie das ist. Aber ich weiß es. Ich kenne das. Mir ist es nämlich nicht so gut gegangen wie dir.«

Marga hat sich über ihrem Teller zusammengeduckt und schweigt. Ilse sagt auch nichts. Keiner kann etwas sagen. Die Oma denkt jetzt an ihre eigene Kindheit, die vielen Geschwister, die Arbeit, selten satt zu essen und niemals was Gescheites zum Anziehen. Manchmal erzählt sie davon. Jeder weiß, wie empfindlich sie ist, wenn es um ihre Kindheit geht.

»Die Katze bleibt da«, sagt die Oma nach einer Weile.

Niemand antwortet ihr. Ilse kaut an einem Stück Gulasch herum und wundert sich, warum sie jetzt nicht glücklich ist.

Mohrle liegt unter dem Herd und schläft.

17

Am Sonntagmorgen ist Ilse ganz früh aufgestanden, weil sie zur Oma wollte, zu Mohrle. »Geh nur«, hat die Mutter gesagt. »Aber zieh den Anorak an, der Mantel ist dreckig. Außerdem ist er dir wirklich noch zu groß.«

»Der Anorak ist mir zu klein.«

»Aber sauber. Du weißt doch, wie die Oma ist.«

Ilse hat den Anorak angezogen und ist weggegangen. Sie hat kaum einen Menschen getroffen auf der Straße, weil es noch so früh gewesen ist. Das Dorf hat richtig fremd ausgesehen, fast unheimlich mit den vielen geschlossenen Fensterläden. Nur die Frau Brunner aus der Bachgasse ist mit ihrem Dackel spazieren gegangen.

Bei der Oma haben sie gerade gefrühstückt. »Wir gehen nachher in den Wald Pilze sammeln, der Opa und ich«, hat die Marga gesagt. »Kommst du mit?«

Die Oma hat für Ilse geantwortet. »Natürlich geht sie mit. Zwei Augen mehr zum Sehen. Beeilt euch. Es ist vielleicht das letzte Mal. Man weiß nie, wann der Frost kommt, und dann ist es vorbei.«

Jetzt gehen Ilse und Marga hinter dem Opa her durch den Wald.

Die Morgensonne fällt schräg durch die Bäume, die Buchenstämme sehen silbrig grün aus. Das Laub raschelt unter ihren Füßen. Der Opa bleibt stehen. »Hier an der Stelle ist der Schaaf Jakob mal von einem Wildschwein angefallen worden«, sagt er. »Das ist schon lang her. Damals hat es hier noch Wildschweine gegeben.«

»Ich hätte Angst«, sagt die Marga. »Ich bin froh, dass es keine mehr gibt. Gibt es wirklich keine mehr?«

Der Opa lacht. »Schon lang nicht mehr. Aber du würdest sogar vor einem Hasen davonrennen.«

Die Marga lacht auch und geht ein paar Schritte voraus. »Hier, ich hab den Ersten. Eine Marone.«

Ilse hat die Hand fest um den Griff von dem kleinen Spankorb gelegt, den die Oma ihr gegeben hat, und macht große Schritte hinter Opas gekrümmtem Rücken. Er ist alt und abgeschafft. Wie dicke blaue Regenwürmer kriechen die Adern über seinen Handrücken. »Ein ordentlicher Mann ist er, dein Opa«, sagen die Leute, wenn sie von ihm reden. »Ein fleißiger Mann. Und dass er freitagabends mal ein bisschen mehr trinkt, als ihm guttut, na ja, das ist so bei den Männern. Wer hat noch nie einen über den Durst getrunken, wenn er die Woche über schwer gearbeitet hat.«

Ilse hat Angst vor dem Opa. Er redet nicht viel, meistens sagt er gar nichts, nur manchmal gerät er plötzlich in Zorn und schreit los, ganz heftig und unerwartet kommt das und ist deshalb umso erschreckender.

»Ein Steinpilz«, sagt der Opa und stellt seinen Korb auf den Boden. Unter seinem blauen Pullover rutscht das Hemd heraus, als er sich bückt, und über seinem Ledergürtel rollt sich dick der Gummizug von seiner grauen, angerauten Unterhose. »Soll ich meinen Gürtel ausziehen?«, fragt er immer, wenn eines von den Kindern etwas angestellt hat, und legt die Hände auf die schwere Metallschnalle. Ilse kann den Gürtel nicht anschauen, ohne daran denken zu müssen, wie er einmal den Horst damit geschlagen hat. Der Horst hatte irgendetwas mit der Tochter vom Lindenbauern gemacht. Noch Wochen danach hat er ein langärmeliges Hemd getragen, obwohl es doch mitten im Sommer gewesen ist, nur damit man die blauen und grünen Flecken nicht gesehen hat.

Der Opa schneidet den Pilz ganz unten am Stiel ab und schabt die Erdreste weg, bevor er ihn in seinen Korb legt. Der karierte Hemdzipfel bauscht sich zwischen Pullover und Hose.

»Ist der da essbar?«, fragt Ilse und deutet auf einen schönen lila Pilz.

Der Opa dreht sich um. »Das ist ein Stachelbeer-Täubling«, sagt er. »Den kann man nicht essen. Der ist bitter.« Sie gehen weiter. Die Marga hat ihren neuen Wintermantel an, obwohl es die Oma nicht gewollt hat. Dunkelblau ist er, mit einem weißen Fell am Kragen. Ilse zieht an ihren Anorakärmeln, aber sobald sie sich bewegt, rutschen sie ihr wieder hoch bis über die Handgelenke. Die Marga würde mit so einem Anorak nicht mehr rumlaufen. Die Marga würde auch keine Strumpfhosen anziehen, die an den Knien gestopft sind. »Aber Ilse«, hat die Oma gesagt, als sie es gesehen hat. »Hast du denn nicht wenigstens eine gute für sonntags?« Und dann hat sie versprochen, ihr ein Paar zu kaufen, gleich nächste Woche.

Ilse schaut und schaut, aber sie findet keinen Pilz. Jedes Mal, wenn weiter weg etwas graubraun aufblitzt, rennt sie hin und denkt, das muss eine Pilzkappe sein. Diesmal bestimmt. Dann ist es aber doch nur ein vermodertes Blatt. Oder ein Stein.

Der Opa findet Pilze. Er bückt sich immer wieder, schiebt welkes Vorjahrslaub zur Seite, schneidet ab, legt in den Korb.

Die Marga redet dauernd. Sie hat keine Angst vor dem Opa, sie kennt ihn ja auch besser. Und sie findet was. Ihr Korb ist schon beinahe halb voll.

Sie kommen an die Friedensquelle. Aus einem dünnen Eisenrohr springt ein feiner Wasserstrahl und versickert ein paar Meter weiter im Waldboden. Das Moos um die Quelle herum ist dicht und sehr grün.

»Sie heißt Friedensquelle, weil sie kurz nach Kriegsende aufgebrochen ist«, erzählt der Opa. »Ganz plötzlich war sie da. Die Leute haben das für ein gutes Zeichen gehalten. Jeder hat sich gefreut, dass der Krieg vorbei war. Jeder hat den Frieden gewollt.«

Der Opa ist auch im Krieg gewesen, in Frankreich. An der linken Hand hat ihm ein Granatsplitter den kleinen Finger abgerissen. Manchmal sagt er, die ganze Hand wäre ihm lieber gewesen, da bekäme er Rente und müsste nicht mehr arbeiten. Die Oma schimpft dann. »So ein Quatsch. Nur mit einer Rente hätten wir nie im Leben ein Haus kaufen können.«

»Red doch mal französisch«, sagt die Marga.

»Leböf, der Ochs, lawasch, die Kuh, fermeh laport, die Tür mach zu.«

Marga lacht, wiederholt: »Leböf, der Ochs, lawasch, die Kuh, fermeh laport, die Tür mach zu.«

Sie lacht noch, als sie sich bückt und aus der hohlen Hand von dem Wasser trinkt. Wie eine Wand ist dieses Lachen zwischen ihr und Ilse. Weil Ilse nicht lachen kann. Sie dreht sich um, geht ein paar Schritte seitwärts, den Hang hinauf, kauert sich hinter einen Busch. »Fermehlaport, die Tür mach zu«, flüstert sie. Den Anfang hat sie vergessen.

»Ilse«, ruft der Opa. »Wir gehen weiter.«

Später, als Marga ihren Korb hinstellt und in ein Dickicht kriecht, vorsichtig, damit ihr neuer Mantel nicht schmutzig wird, nimmt Ilse schnell zwei große, braunhütige Pilze aus Margas Korb und legt sie in ihren eigenen, in dem nur ein paar Hallimasche sind.

Zu Hause stellen sie ihre Körbe auf den Tisch, alle drei. »Zwei schöne Maronen hast du, Ilse«, sagt die Oma und hält die beiden Pilze hoch.

»Das waren meine«, schreit die Marga und reißt sie der Oma aus der Hand. »Du hast sie mir gestohlen. Gib es zu, dass du sie mir gestohlen hast. Ich weiß genau, dass es meine sind.« Marga weint.

Die Oma schaut Ilse an. Ilse spürt, wie ihr Gesicht rot wird. »Nein, die hab ich gefunden«, sagt sie. Langsam geht sie einen Schritt rückwärts, noch einen, stößt mit dem Rücken an den Küchenschrank, rutscht an ihm entlang bis zu der Ecke zwischen Schrank und Tür. Dort sind die Haken, an denen die Mäntel und Jacken hängen. Jetzt kann sie nicht mehr weiter. Sie bleibt stehen.

»Eine Diebin«, schreit die Marga immer wieder. »Ihre eigene Schwester hat sie bestohlen.«

Die Oma schaut von Ilse zu Marga und wieder zu Ilse. Sie zuckt hilflos mit den Schultern. Dann breitet sie eine alte Zeitung auf dem Küchentisch aus und schüttet alle Pilze darauf, aus allen drei Körben. Breitbeinig hockt sie sich auf einen Stuhl und entfernt Schmutzreste und madige Stellen.

»Hör endlich auf«, sagt Opa zu Marga.

Sie heult weiter. »Meine Pilze sind das.«

Da holt der Opa aus und haut ihr eine runter. »Ich hab gesagt, du sollst aufhören«, brüllt er. »Es ist doch ganz egal, wem die Pilze gehören. Essen tun wir sie ja doch alle zusammen.«

Marga hält sich die Backe und läuft aus der Küche. Dann hört man ihre Zimmertür ins Schloss fallen.

»Warum hast du sie geschlagen?«, fragt die Oma. »Sie kann doch nichts dafür.«

Der Opa schaut sie böse an. »Kannst auch eine kriegen, wenn du das Maul nicht hältst.«

Die Oma presst die Lippen fest aufeinander. Wie Striche sehen sie aus unter einem hubbelig zusammengezogenen Fleischwulst.

»Weiber«, schreit der Opa und haut mit der Faust auf den Tisch. »Ihr treibt mich noch alle aus dem Haus. Und dann könnt ihr sehen, wo ihr bleibt.«

Er dreht sich um und kommt zu der Ecke, in der Ilse sich hinter den Mänteln versteckt hat. Sie schaut in das Gesicht mit den blau verschwommenen Augen und hat auf einmal keine Angst mehr vor ihm. Er reißt seine Kappe vom Haken und knallt laut die Tür hinter sich zu. Ilse rennt ihm nach.

Mit krummem Rücken stapft er wieder die Straße bergauf, hinein in den Wald, läuft und läuft, als müsste er seine Wut mit den Füßen tottreten.

Ilse geht ruhig neben ihm her.

»Natürlich hast du die Pilze genommen«, sagt er nach einer Weile. »Die Marga hat sie mir ja gezeigt, gleich nachdem sie sie gefunden hat. Aber warum muss sie so ein Theater machen wegen zwei Maronen?« Wütend stößt er mit dem Fuß in das raschelnde Laub. »Dein Vater gehört geschlagen, weil er sich nicht um euch kümmert. Ich hab das auch nicht gekonnt, einfach abhauen. Ich bin dageblieben und habe für meine Familie gesorgt, auch wenn es mir oft sauer gewesen ist. Aber der lässt einfach alles im Stich und zieht weg. Und ich habe die Last damit. Nächstes Jahr, wenn ich aufhöre zu arbeiten, was wird dann? Meine Rente langt nicht für alles. Und das Haus ist immer noch nicht abbezahlt.« Er nimmt einen dürren Ast vom Boden und drischt wütend auf einen Baum ein. »Aufhängen sollte ich mich, das wär das Beste. Dann wäre ich alles los.«

Ilse legt ihre Hand in seine schwielige, raue, in die linke, der ein Finger fehlt. Er hält sie fest. So gehen sie nebeneinanderher, langsamer jetzt, den Hohlweg hinüber auf die Kuppe des Kreuzbergs.

»Opa, red noch mal französisch«, sagt Ilse.

»Leböf, der Ochs, lawasch, die Kuh, fermeh laport, die Tür mach zu.« Er muss es noch ein paar Mal wiederholen, bis Ilse es auch kann.

»Leböf, der Ochs, lawasch, die Kuh, fermeh laport, die Tür mach zu«, sagt sie und lacht.

Später, als sie nach Hause kommen und das Essen auf dem Tisch steht, ist Opa wieder so schweigsam wie immer.

18

Abends ist es eigentlich noch nicht besonders schlimm. Ilse friert etwas mehr als sonst. Und sie ist traurig, ohne zu wissen, warum. Horst und Dieter reden im Bett noch darüber, wie sie zu einem Schlitten kommen können. Den alten hat Horst im letzten Winter kaputtgefahren, den Schlossberg runter und gegen die alte Linde. Er hat ein Loch im Kopf gehabt und den Schlitten konnten sie wegwerfen.

»Bald gibt es Schnee«, sagt der Horst. »Und was machen wir dann?«

»Vielleicht kauft uns der Papa einen neuen, wenn er an Weihnachten kommt«, antwortet Dieter.

»Ach, der!« Horst macht ein Geräusch, als würde er spucken. »Von dem würde ich keinen wollen. Von dem nicht.«

Ilse versucht, ihre klamme Zudecke fester um sich zu stopfen. Sie friert und ihr Hals tut weh. Der Papa. Ostern vor einem Jahr ist er das letzte Mal da gewesen. Sie schluckt, aber der Brocken in ihrem Hals geht nicht weg. Nachts träumt sie von einem Mann, der am anderen Ende der Sandgasse steht, da, wo der Wingert anfängt, und ihr zuwinkt. Sie weiß, dass das ihr Vater ist. Sie läuft und läuft, aber die Sandgasse wird immer länger, der Weg immer weiter und sie bekommt keine Luft mehr. Der Mann steht unter dem Pflaumenbaum von Krämers Garten und winkt. Ilse merkt, dass sie ihn nie erreichen wird, und dreht sich um. Sie will den Weg zurückgehen, sie friert und will nach Hause in die warme Küche. Da steht der Vater plötzlich vor ihr und schwingt einen großen Stock. Sein Gesicht ist nur ein weißer Fleck. Ilse erschrickt. Sogar im Traum erschrickt sie darüber, dass sie nicht mehr weiß, wie ihr Vater aussieht. Und während sie ihn voller Angst anstarrt, bekommt er das Gesicht vom Herrn Schuster und aus dem Stock wird ein Beil. »Ich leg dich auf den Hackklotz«, schreit er. Ilses Beine werden immer schwerer. Sie versucht zu rennen, aber es geht nicht. Der Vater-Schuster lacht und schwingt das Beil über dem Kopf. »Jetzt«, schreit er. »Jetzt. Jetzt.«

Ilse wacht auf. Ihr Kopf tut ihr weh. Sie dreht das Kissen um und presst ihr Gesicht auf die kühle Seite. Für einen Moment bringt ihr das Erleichterung. Aber die Nacht ist noch nicht vorbei. Immer wieder döst sie ein und wacht wieder auf. Der Horst schnarcht laut.

Sie ist froh, als drüben in Mamas Zimmer der Wecker rasselt. Jetzt dauert es nicht mehr lang, dann kommt die Mutter herein, öffnet das Fenster, schlägt die Läden knarrend an die Hauswand und klappt die Riegel hoch. »Aufstehen.«

Ilse zittert. »Mama«, sagt sie. »Mir ist nicht gut. Ich glaube, ich bin krank.«

Die Mutter schaut sie erschrocken an. »Das geht nicht. Das darfst du jetzt nicht. Ich bin doch erst so kurz in der Firma, noch in der Probezeit, da kann ich doch nicht zu Hause bleiben.«

Ilse nickt. Sie steht auf. Sie wäscht sich das Gesicht und die Hände unter dem Wasserhahn und deckt den Tisch. Aber Hunger hat sie heute nicht. Sie bringt nichts runter.

Draußen, auf dem Weg zur Schule, tut ihr der Kopf etwas

weniger weh, nur kalt ist ihr. Fürchterlich kalt. Wattegrau hängen die Wolken über den Häusern. Horst hat Recht, es wird Schnee geben.

Wie schwer ihre Beine sind.

Müde sitzt sie in der Schule, stützt den Kopf auf die Arme, bewegt sich kaum. »Ilse, setz dich richtig hin«, sagt Frau Bayerlein.

Ilse nimmt die Ellenbogen vom Tisch und fängt an zu weinen.

»Was ist denn, Kind?« Frau Bayerlein ist erschrocken.

»Ich habe Kopfweh.«

Frau Bayerlein betrachtet sie aufmerksam. »Du siehst schlecht aus«, sagt sie. »Geh heim und leg dich ins Bett.«

Ilse packt ihre Sachen zusammen. »Gute Besserung«, flüstert Ulrike ihr zu. »Und grüß Mohrle.«

Ilse geht nicht nach Hause. Sie will nicht in der leeren Wohnung sein. Sie nimmt den Weg durch das Schulgässchen hinauf, an dem Milchgeschäft vorbei zur Bergbachstraße.

Doch die Oma ist nicht da. Ilse hat vergessen, dass Winter ist, dass die Oma im Winter immer Putzstellen annimmt, weil der Opa dann oft arbeitslos ist. Sie legt ihren Ranzen auf die Treppe und hockt sich auf die Türschwelle. Wenn es nur nicht so kalt wäre. Sie zieht die Knie fest an ihren Körper und schlingt ihre Arme darum, versucht sich mit ihrem Atem zu wärmen. Sie schläft ein.

Erst als die Oma sie rüttelt, kommt sie wieder zu sich. »Was machst du denn hier? Bist du schon lang da?«

Ilse nickt. »Die Lehrerin hat mich heimgeschickt. Ich bin krank.«

»Ach Gott«, sagt die Oma. »Nichts als Ärger hat man mit euch.« Sie schließt die Tür auf. »Komm rein.«

Ilse legt ihren Ranzen auf einen Stuhl, zieht den Mantel aus und hängt ihn an einen Haken hinter der Tür. Dann kauert sie sich zu Mohrle auf den Boden. Mohrle ist groß geworden und kann schon richtig laufen. Als Ilse ihre Hand ausstreckt, wölbt sie ihr den Rücken entgegen und hebt ihr lächerliches Schwänzchen hoch.

»Du siehst wirklich sehr schlecht aus«, sagt die Oma. »Setz dich mal hier auf den Stuhl.« Sie legt ihre Hand auf Ilses Stirn. »Tut dir was weh?«

»Der Kopf. Und der Bauch.« Ilse fängt an zu weinen.

»Hast du heute schon geschissen?«

»Nein.«

»Gestern?«

»Ich weiß nicht mehr.«

Die Oma holt aus dem Küchenschrank, aus dem Fach ganz links oben, eine gelbliche Flasche.

»Nein«, ruft Ilse. »Bitte nicht.«

Die Oma hält die Hand mit einem Esslöffel weit von sich weg, weil sie keine Brille aufhat. Der Löffel zittert, aber die Oma füllt ihn mit dickflüssigem Rizinusöl aus der Flasche.

»Nein, Oma, nicht«, sagt Ilse noch einmal, macht trotzdem den Mund auf, als die Oma mit dem Löffel näher kommt. Sie würgt, aber die Oma hält ihr den Mund zu, drückt ihr den Unterkiefer so fest nach oben, dass sie wohl oder übel runterschlucken muss.

»So«, sagt die Oma. »Jetzt legst du dich erst einmal hin.«

Gleich neben der Küche ist das Schlafzimmer mit den Ehe-betten. Die Laken sind straffgezogen und die Zudecken ordentlich geschüttelt und geknickt. »Ich lass dir die Tür auf«, sagt die Oma. »Dann wird es bald warm im Schlafzimmer.«

Ilse zieht sich aus. Sie hat noch immer den öligen Geschmack im Mund und das Würgen im Hals. Sie rollt ihre Strümpfe zusammen und stopft sie in die Schuhe, damit die Oma das Loch in der einen Ferse nicht sieht.

»Hier hast du ein Nachthemd von der Marga.«

Ilse sinkt in das große, weiche Oma-Bett. Es schwankt unter ihr, immer hin und her, wie auf einem voll geladenen Heuwagen. Dann wird es ruhiger.

»Nichts als Schwierigkeiten hat man mit diesen Kindern«, sagt die Oma draußen in der Küche und klappert mit den Töpfen. »Dabei bin ich alt. Ich will langsam mal meine Ruhe haben.«

Ilse weint sich in den Schlaf. Sie wird von stechenden Schmerzen in ihrem Bauch wieder wach. »Oma«, schreit sie. »Oma, mein Bauch.«

Und die Oma kommt, hebt sie hoch und trägt sie aufs Klo. Danach ist Ilse nur noch müde.

Abends ist dann ihre Mutter da. Sie sitzt mit Oma und Opa in der Küche. »Kann sie nicht so lang bei euch bleiben, bis sie wieder gesund ist?«, fragt die Mutter.

»Nein«, antwortet der Opa. »Wir haben schon genug am Hals. Wir brauchen nicht noch ein krankes Kind. Nimm dir halt frei. Du wirst dir doch noch freinehmen können, wenn dein Kind was hat.«

»Nur dieses eine Mal.« Ilse hört an Mamas Stimme, dass sie

weint. Und sie denkt: Im Sommer, als ich immer den Acker gegossen habe, da haben sie mich brauchen können.

»Hör auf zu weinen«, sagt die Oma. »Vielleicht geht es ihr morgen schon besser.«

»Weiber«, sagt der Opa laut und böse. »Macht doch euren Dreck allein. Vorhin hast du mir noch damit in den Ohren gelegen, dass du es nicht machen kannst. Und was ist mit der Frau Reuß? Du kannst doch nicht putzen gehen, wenn du ein krankes Kind daheim liegen hast. Gibt dir etwa die Gertrud das Geld dafür?«

Ilse will es nicht mehr hören. »Mama«, ruft sie laut. »Mama.«

Und dann sind die Mutter und die Oma bei ihr. »Jetzt hat sie Fieber«, sagt die Oma. »Die Marga hat heute schon Rotwein gekauft. Ich habe es mir gedacht, dass sie ihn noch braucht.«

Die Mutter hat Ilse in den Arm genommen und hält sie fest. Der Opa schimpft in der Küche herum, dann klappt die Tür. Sicher geht er noch in die Wirtschaft. Der Geruch nach heißem Rotwein und Nelken kommt herüber. Ilse möchte so bleiben, den Kopf auf Mamas Schoß. Immer möchte sie so bleiben, obwohl ihr Kopf sich anfühlt, als würde er gleich aufplatzen wie ein reifer Kürbis.

Die Oma bringt ein Glas Rotwein, heiß, mit Gewürzen. Schon von dem Geruch wird Ilse schlecht. Aber die Mutter hält ihren Kopf fest, und obwohl Ilse wieder und wieder würgt und spuckt, muss sie alles austrinken. Erschöpft döst sie ein.

Die Stimmen von Oma und der Mutter, die draußen reden,

machen sie wieder wach. »Willst du noch eine Tasse Kaffee?«, fragt die Oma.

Wenn Ilse ein bisschen nach unten rutscht, kann sie durch den offenen Türspalt die Oma am Tisch sitzen sehen. Die Kaffeekanne steht vor ihr, die Werktagskanne aus dem geblümten Porzellan, ganz verblasst ist das Muster schon. Vorn am Schnabel ist ein kleines, plattes Stück rausgebrochen, direkt über dem lachsrosa Tropfenfänger aus Schaumgummi. Wie eine Ente ist die helle, weißporige Bruchstelle geformt. Ilse schaut sie immer gern an beim Kaffeetrinken.

Die Oma gießt Dosenmilch in ihre Tasse. »Willst du Zucker, Gertrud?«, fragt sie.

»Nein, keinen Zucker.« Die Stimme der Mutter ist leise. Ilse schließt die Augen. Sie wundert sich, wie das sein kann, dass ihre Augen sich so groß und geschwollen anfühlen. Wie ein roter Nebel ist das hinter ihren Lidern. Sie macht die Augen schnell wieder auf. Der Lichtstreifen, der aus der Küche kommt, tut ihr weh, aber es ist immer noch besser als der rote Nebel. Die Oma sitzt am Tisch, die schweren Arme aufgestützt. Aus den hochgekrempelten Ärmeln quellen blasse Speckrollen. Wenn Ilse die Augen halb zumacht, verschwimmt das Licht zu flimmernden Bändern und Omas Finger liegen nebeneinander wie geplatzte Bratwürste.

»Ich krieg was Kleines«, sagt die Mutter.

Die Oma rührt heftig in ihrer Kaffeetasse. Das Löffelchen scheppert gegen das Porzellan. »Ich hab mir so was gedacht«, sagt sie. »Man sieht es schon.«

»Dabei habe ich abgenommen.«

»Du hast bei jedem Kind erst abgenommen, nur in den

letzten Monaten bist du dicker geworden. Weißt du noch, wie schlecht du bei der Ilse ausgesehen hast?«

»Mir geht es auch diesmal nicht besonders.«

»Wer ist der Vater?«

»Einer aus der Stadt. Eduard Walter heißt er. Er ist Autoschlosser.«

»Will er dich heiraten?«

»Nein. Wenn ich die Kinder nicht hätte, dann ja, hat er gesagt.«

Ilse muss plötzlich weinen. Nicht mit lauten Schluchzern, ganz leise weint sie. Sie merkt es erst, als ihr die Tränen über die Backen laufen.

In der Küche ratscht ein Stuhl über den Boden. Ilse hört an den schweren Schritten, dass die Oma aufgestanden ist. Die Schranktür klappt, der Glaseinsatz klirrt leise nach. Ilse schaut mit offenen Augen in die Küche, aber sie sieht nichts durch die Tränen. Ihre Augen brennen. Die Stimme von der Oma kommt wie durch einen Nebel, mal laut, mal leise.

»Hier, iss noch was. Den Schinken habe ich von der Spalt Anna, die haben letzte Woche geschlachtet.«

Dann ist es eine Weile still. Ilses Augen werden wieder klarer. Sie wischt sich die Tränen mit dem Bettzipfel weg. Komisch, jetzt ist ihr heiß.

»Und wenn du es wegmachen lässt?«, fragt die Oma draußen.

»Es ist schon zu spät«, antwortet die Mutter. »Außerdem habe ich noch nie eines wegmachen lassen.«

Die Oma kaut. Man hört ihr Schmatzen bis ins Schlafzimmer. »Ja«, sagt sie. Und dann: »Ich auch nicht. Den Peter, den habe ich wegmachen wollen, damals, weil es uns so schlecht gegangen ist, aber ich habe niemand gefunden, der es macht. Chinin habe ich gefressen, massenweise Chinin, aber geholfen hat es überhaupt nicht. Und dann hat er sich totgefahren.« Die Oma wischt sich mit der Hand über die Augen. »Sechzehn Jahre ist es jetzt her und ich habe es immer noch nicht verwunden.«

Ilse kennt die Geschichte. Sie war noch lange nicht geboren, als das mit Onkel Peter passiert ist. Aber immer noch wischt sich die Oma über die Augen, wenn sie von ihm erzählt.

»So ist das«, sagt die Oma. »Sechzehn Jahre. Aber Alimente wird er doch zahlen müssen, dein Autoschlosser.«

»Das schon«, antwortet die Mutter mit einer ganz harten Stimme. »Aber ich muss noch ein Kind aufziehen.«

Ilses Augen werden dicker. Und wieder weint sie. Sie dreht sich zur Wand und stopft sich die Zeigefinger in die Ohren. Sie will nichts mehr hören.

19

Nach ein paar Tagen geht es Ilse schon wieder besser. Gut noch nicht, aber besser. Sie hat nicht mehr so viel Fieber und kann zwischendurch immer mal aufstehen, um mit Mohrle zu spielen. Heute ist die Oma wieder putzen gegangen. »Die Frau Reuß braucht mich«, hat sie gesagt. »Und du bist ja kein kleines Kind mehr, man kann dich ruhig drei Stunden allein lassen.« Der Opa arbeitet auch noch. Es hat zwar schon mal geschneit, aber der Schnee ist nicht liegen geblieben. »Wir machen Innenarbeiten«, hat er gesagt. »Vor Neujahr werd ich nicht arbeitslos. Heuer wird es nicht so schlimm wie letzten Winter.«

»Hoffentlich«, hat die Oma geantwortet. »Das werden teure Weihnachten, wenn der Schorsch mit seiner Familie kommt. Da muss man doch was anderes auf den Tisch stellen als sonst.«

»Von mir aus bräuchte er nicht zu kommen«, hat der Opa gesagt. »Von mir aus wirklich nicht.«

Die Oma ist böse geworden. »Er ist doch dein Sohn. Versündige dich nicht.«

Der Opa ist rausgegangen und hat die Tür hinter sich zugeschlagen. Die Oma hat ihm nachgeschaut und den Kopf geschüttelt. »Er ist doch sein Sohn.«

Ilse liegt mit Mohrle auf dem Küchenfußboden. Das kann sie nur, wenn die Oma nicht da ist. Die Oma schimpft, wenn Ilse sich auf den Boden legt. Nicht weil der dreckig wäre, bei der Oma ist nichts dreckig, aber weil er kalt ist und man das einfach nicht tut. Ilse würde ja auch lieber mit Mohrle im Bett liegen, aber das traut sie sich nicht wegen der Katzenhaare. Das würde die Oma merken. Ilse will nicht, dass die Oma schimpft, Ilse will der Oma gefallen, es ihr recht machen, lieb Kind sein. Ilse möchte am liebsten bei der Oma bleiben und nur zum Besuchen in die Sandgasse gehen. Die Marga weiß gar nicht, wie gut sie es hat, denkt sie. Die redet immer nur von der kleinen Wohnung und dem Plumpsklo. Aber die weiß nicht, wie das ist, wenn man ausgelacht wird. Wer ein eigenes Haus hat oder eins erben wird, der wird nicht ausgelacht.

Wenn die Marga damals gestorben wäre, als sie so krank gewesen ist, dann hätte die Oma sicher die Ilse zu sich geholt, als Ersatz. Aber die Marga ist nicht gestorben.

Die Marga hat ein eigenes Zimmer, einen eigenen Kleiderschrank, sogar einen eigenen Plattenspieler. Und wenn Ilse nicht da ist, hat sie fast eine eigene Katze.

Ilse mag nicht mehr spielen. Sie steht auf, klopft sich ein paar Fusseln vom Nachthemd und setzt sich an den Tisch. Im Radio gibt es nur Musik. Und im Wohnzimmer, wo der Fernseher steht, wird tagsüber nicht geheizt. »Das lohnt sich nicht«, hat die Oma gesagt. »Nur damit du morgens was anschauen kannst. Dazu ist das Öl zu teuer.«

Gestern hat die Oma Plätzchen gebacken. Marga hat ihr beim Ausstechen geholfen und sogar Ilse hat eine halbe Stunde dafür aufstehen dürfen. Aber die Oma hat genau aufgepasst, dass sie nicht zu viel vom Teig genascht haben. »Keine vier Wochen sind es mehr bis Weihnachten«, hat sie gesagt. »Und ich kann nicht dauernd neu anfangen mit Backen.« Die fertigen Plätzchen hat die Oma in den großen, ovalen Eisentopf gepackt, in dem sie sonst an Feiertagen ihren Braten macht. Der Topf ist alt und rau. Den hat die Oma von ihren Schwiegereltern zur Hochzeit bekommen, so alt ist der schon. »Das war noch Qualität«, sagt die Oma, wenn sie von diesem Topf spricht. »Heutzutage geht ja alles gleich kaputt.«

Den Topf mit den Plätzchen hat die Oma versteckt, damit keiner drangeht.

Ilse fängt an zu suchen. In der Küche ist er nicht, nicht hinten im Küchenschrank, nicht obendrauf, nicht im Bratrohr des Elektroherdes, der im Winter, wenn der richtige Herd angemacht wird, nicht mehr benutzt wird. Sogar unten in die Holzkiste hat sie geschaut. Das wäre ein Versteck gewesen, unter den Holzscheiten. Im Schlafzimmer ist der Topf auch nicht. Ilse geht ins Wohnzimmer. Es ist wirklich sehr kalt hier. Sie zittert, als sie die Tür vom Vertiko aufklappt. Tischdecken und Handtücher liegen sorgfältig Kante auf Kante gefaltet in den Fächern. Weiß, glatt und ordentlich. »So muss ein Schrank aussehen, Ilse«, hat die Oma gesagt. »Nicht wie bei euch daheim. Wenn man auf seine Sachen aufpasst, halten sie länger. Da sind Tischdecken dabei, die stammen noch aus meiner Aussteuer.«

Ilse schaut unter das Sofa, aber da steht nur das Fußbänkchen, das die Oma abends beim Fernsehen benutzt. Sonst gibt es kein Versteck mehr im Wohnzimmer, nur noch den Kasten, auf dem der Fernseher steht. Aber der ist zu klein für einen großen Topf. Und da liegen auch nur die alten Fernsehzeitschriften drin, die die Oma manchmal abends liest.

In Margas Zimmer sind die Plätzchen bestimmt nicht. »Ich

werde doch nicht den Bock zum Gärtner machen«, hat die Oma gesagt, als die Marga ihr Zimmer vorgeschlagen hat. Ilse setzt sich wieder an den Küchentisch. Der Topf kann nur in der Kammer sein. Aber da will sie nicht hineingehen. Sie hat Angst vor der Kammer.

Aber sie hätte jetzt gern ein Plätzchen gegessen. Einen Stern oder ein Herz. Oder einen Tannenbaum.

Wenn ich Licht anmache, denkt sie, dann kann es ja nicht so schlimm sein. Früher bin ich doch auch in die Kammer gegangen. Die Glühlampe ist nicht sehr hell. Ilse erinnert sich, dass die Oma immer eine Taschenlampe griffbereit liegen hat, falls mal der Strom ausfallen sollte. Sie zieht die linke Tischschublade auf und nimmt die Lampe heraus. Damit wird es hell genug sein. Ilse geht durch den Flur zur Kammertür, knipst das Licht an, schiebt den Riegel zurück.

Im Schrank mit dem Fliegengitter findet sie den Topf, ganz hinten im obersten Fach, hinter den Einmachgläsern. Sie holt sich aus der Küche einen Stuhl. Sie greift über die Gläser nach dem Deckel. Und plötzlich ist es passiert. Er rutscht ihr aus der Hand und fällt laut scheppernd auf den Boden. Im Fallen reißt er noch zwei Gläser mit. Ilse wird ganz steif und starr vor Schreck. Bis ihr einfällt, dass die Oma nicht da ist. Aber Lust auf Plätzchen hat sie jetzt nicht mehr. Vorsichtig legt sie den Deckel wieder auf den Topf. In der Kammer sieht es schlimm aus. Auf den Steinfliesen schwimmen in einer roten Soße die Erdbeeren zwischen Glasscherben. Sie holt sich einen Eimer Wasser und den Putzlappen. Dass in zwei Gläsern so viel Zeug drin war! Sie weiß nicht, wo sie anfangen soll, sie muss sich zum Nachdenken zwingen. Eine Schüssel braucht sie noch für die Scherben. Mit spitzen Fingern greift sie danach, zuckt bei jedem Klirren zusammen. Sie streift die braunrosa zerkochten Erdbeeren zu einem Häufchen und wirft sie in die Schüssel. Die kleinen Scherben knirschen und schaben auf den Steinplatten. Ilse fröstelt. Aus der Ecke unter der Treppe kommt ein Rascheln. Ilse starrt in das Dunkel, kann aber nichts erkennen. Sie weint. Immer langsamer werden ihre Bewegungen, immer hoffnungsloser weint sie, bis sie auf dem Boden kniend die Arme um den Kopf legt und nichts mehr tut, gar nichts mehr. Nur noch weinen.

So findet sie die Oma, als sie nach Hause kommt. Sie führt Ilse zurück in die Küche, zieht ihr das klebrig gewordene Nachthemd aus und wäscht sie ab. »Du blöde Gans«, schimpft sie. »Das hast du jetzt davon. An die Plätzchen hast du gewollt, gell? Da schau, was du für einen Schnitt an der Hand hast.«

Ilse sieht sich die klaffende, blutende Wunde unbeteiligt an. Sie tut nicht weh.

»Die Strafe folgt auf dem Fuß«, sagt die Oma. »Es ist oft so im Leben, dass die Strafe auf dem Fuß folgt.« Sie schneidet einen Streifen Leukoplast ab und klebt ihn auf Ilses Hand. »Wie hast du dich nur so schneiden können? Hast du denn gar nicht aufgepasst?«

Ilse wartet auf Schläge. Erst als sie im Bett liegt und die Oma sagt, sie ginge jetzt schnell den Dreck wegmachen, merkt Ilse, dass sie keine Schläge bekommen wird. Diesmal nicht. Aber die Angst bleibt. Fast bewegungslos liegt sie im Bett, hört, wie die Marga heimkommt, hört, wie die Oma ihr von den zerbrochenen Gläsern berichtet. Die Marga lacht, als die Oma erzählt, wie ihr mal eine Porzellanschüssel mit Plätzchen runtergefallen ist, als sie ein Kind war. »Während meine Mutter mich verhauen hat, haben meine Geschwister alle Plätzchen aufgegessen. Das fand ich schlimmer als die Ohrfeigen.«

Ilse lacht nicht. Sie kann auch nichts essen. Die Oma legt ihr die Hand auf die Stirn. »Du kriegst wieder Fieber«, sagt sie. Ilse ist fast froh über das Fieber, sie braucht nicht mehr zu denken, wenn sie Fieber hat. Es ist ganz normal, dass man sich schlecht fühlt mit Fieber. Da sollte man eigentlich viel schlafen. Schlaf heilt.

Als sie wieder wach wird, ist es Abend. Die Oma hat ein Tuch über die Lampe gehängt, einen graubraunen Schal mit ockerfarbenen Ranken. Ilse starrt so lange auf das Licht, bis die Ranken sich wie Schlangen aus dem Muster lösen, Kreuz-ottern auf dem Waldboden, Kreuzottern zwischen Erdbeer-blättern, wie lebendige, bewegliche Messer, und Ilse rennt zwischen den Bäumen und schreit, weil die Schlangen überall sind.

»Die Ilse spinnt«, sagt Marga.

»Das ist das Fieber«, antwortet die Oma und wickelt nasse Tücher um Ilses Beine.

Ilse rennt schreiend durch den Wald, vor sich und hinter sich die Schlangen. Kalt und glitschig ringeln sie sich um ihre Beine und ziehen sie zu Boden. Als Ilse sie von ihrem Kör-per nehmen will, lösen sie sich an den Druckstellen in kleb-rigen Matsch auf, aber mit braunrosa Matschenden schlän-geln beide Teile weiter, zischeln um Ilse herum. Aus dem Zischeln kommt Omas Stimme: »Es sind nur Ringelnattern.«

Ilse glaubt ihr nicht. Die sagt das nur so, denkt sie. Weil sie will, dass ich mich beißen lasse. Sie schlägt um sich. Aber die Schlangen legen sich wie Seile um ihre Beine, um ihren ganzen Körper, halten sie fest. Ilse gibt auf. Sie kann sich nicht mehr wehren. Wehren ist sinnlos. Sich einfach fallen lassen, das ist die einzige Möglichkeit. In Omas Armen wacht sie wieder auf.

»Die spinnt, die Ilse«, sagt die Marga.

Die Oma hält Ilse fest. »Das ist nur das Fieber.«

»Ich habe Durst«, sagt Ilse. Sie trinkt Wasser, als könne sie damit das Brennen in ihrem Körper löschen. »Der ganze Wald ist voll Kreuzottern gewesen«, sagt sie.

Die Oma ist sehr groß, sehr dick, sehr warm. Wenn sie auf dem Bettrand sitzt, rutscht Ilse in die Kuhle an Omas Hintern. »Oma«, sagt sie. »Ach, Oma.«

Die Oma macht einen neuen Wadenwickel. »Jetzt ist es wieder besser. Aber wenn du einen Rückfall kriegst, kommt das nur von den kalten Fliesen, das sag ich dir.«

»Die Erdbeeren«, sagt Ilse. »Ich bin so erschrocken.«

Später faltet die Oma wie jeden Abend eine Wolldecke längs zusammen und stopft sie über die Holzritze zwischen den Betten. Darauf schläft Ilse nachts, in der Mitte zwischen Oma und Opa. Aber sie wartet nur darauf, dass die Oma sich auszieht, langsam und umständlich die große Leibbinde aufhakt, die Strümpfe mühsam an den Beinen herunterrollt, das Flanellnachthemd überzieht und dann ins Bett steigt.

Mit einem erleichterten Seufzer lässt Ilse sich zur Oma hinunterrollen und legt sich auf den Arm, den sie ihr hinstreckt. Denn die Nachtoma ist anders als die Tagoma. Ganz still ist die Nachtoma, wenn Ilse sich an sie drückt, ihr Gesicht in die weiche Kuhle zwischen Schulter und Busen legt, diesen Geruch nach Schweiß und frisch gewaschener Wäsche einatmet. Wenn man an der Nachtoma liegt, ist es fast schade einzuschlafen, so schön ist das.

»Jetzt geht es dir wieder ganz gut«, sagt die Oma. »Du bist nicht mehr heiß. Dass du dich so aufgeregt hast.«

Ilse kuschelt sich an die Oma. Jede Nacht müsste es so sein, immer. Die Mutter lässt Ilse nie bei sich schlafen, auch nicht, wenn sie krank ist. »Ich mit meiner Haut! Das geht nicht. Mit so einer Haut kann ich das nicht, die ganze Nacht jemand bei mir im Bett. Da müsste ich dauernd jucken und kratzen. Kein Auge würde ich zutun.«

Ilse schiebt ihren Arm über Omas Bauch und schläft ganz ruhig und friedlich ein.

20

Die Oma hat die große braune Einkaufstasche auf den Küchentisch gestellt. »Da, pack deine Sachen ein, damit du noch heimkommst, bevor es dunkel wird.«

Ilse nimmt das Nachthemd, das die Oma ihr jetzt geschenkt hat, weil es der Marga zu eng geworden ist über dem Busen. Die Oma hat es noch gewaschen und gebügelt und zum Auskühlen über einen Stuhl gehängt. Der Stoff ist sehr glatt. Rote Herzchen auf nachtblauem Grund. Durch den Saum des Halsausschnittes ist ein Band gezogen, das vorn zu einer Schleife gebunden wird.

»Das war mal mein Lieblingsnachthemd«, sagt die Marga. Sie sitzt auf Opas Rohrstuhl, streichelt Mohrle, die sich auf ihrem Schoß zusammengerollt hat, und schaut Ilse beim Einpacken zu. Die Oma sitzt am Tisch und schält Kartoffeln. Ilse faltet das Nachthemd sorgfältig zusammen.

»Ich habe das mal zum Geburtstag bekommen«, sagt die Marga. »Ich habe richtig betteln müssen dafür, weil die Oma unbedingt so ein rosa Blümchennachthemd kaufen wollte. Weißt du noch, Oma? Bei der Frau Stöcker?«

Ilse denkt an die weißen Unterhosen, weiß oder lachsfarben oder himmelblau. Sie denkt auch an die roten, blauen, bunt bedruckten, die bei Frau Stöcker im Schaufenster liegen. Die Marga hat auch ein paar bunte Unterhosen. Aber die passen ihr noch alle. Ilse streichelt das Nachthemd. Wie schön es ist. Widerwillig legt sie es in die alte Einkaufstasche, auf den zerrissenen, verfärbten, braunen Karton, der zur Versteifung des Bodens eingenäht ist.

»Los, mach schneller«, sagt die Oma. »Sonst wird es wirklich noch dunkel.«

Ilse holt ihre Unterwäsche, auch gewaschen und gebügelt, aus dem Schlafzimmer. »Vergiss die Strümpfe nicht«, ruft die Oma ihr nach. »Sie liegen noch bei dem Flickzeug.«

Gestern Abend noch hat die Oma das große Loch in der Ferse gestopft. »Dass sie euch auch so rumlaufen lässt«, hat sie gesagt. Ilse hat versucht, die Oma zu besänftigen. »Man sieht das doch nicht, das Loch. Ich hab doch Schuhe drüber.«

Die Oma hat den Strumpf über das Stopfei gezogen und einen Faden von der Stopfwolle abgewickelt. »Das ist es ja gerade«, hat sie geschimpft. »Unten drunter muss alles sauber sein. Es könnte ja mal was passieren. Und was sagen dann die Leute? Außen hui und innen pfui! Merk dir das: Die Unterwäsche und die Strümpfe müssen immer sauber und ordentlich sein. Hier, fädle mir den Faden ein. Ich seh nicht mehr so gut wie früher.«

Ilse legt die Strümpfe zuoberst in die braune Tasche. Das ist alles, mehr hat sie nicht. Einmal Sachen zum Wechseln hat ihr der Dieter vor ein paar Tagen gebracht. »Eine Tüte hätte auch gereicht«, sagt die Oma. »Hast ja nicht viel.«

Die Marga lacht. »Als ich zur Kur gefahren bin, damals, hatte ich einen großen Koffer voller Sachen, gell, Oma?«

Ilse schaut sich in der Küche um. Sie ist traurig und weiß nicht, was sie sagen soll. Wie Abschied ist das, obwohl sie doch bald wieder da sein wird, hier in dieser Küche. Aber dann wird sie von der Sandgasse kommen und abends zur

Sandgasse zurückgehen. »Also dann«, sagt sie und zieht den Mantel an. »Dann gehe ich jetzt.«

»Ja«, sagt die Oma. »Geh, sonst wird's dunkel.«

Mohrle schläft immer noch auf Margas Schoß. Ganz selbstverständlich liegt sie da. Einen Moment lang stellt Ilse sich vor, wie das wäre, wenn sie Marga die Katze wegreißen würde und mit ihr ins Schlafzimmer rennen, in Omas Bett. Aber so etwas kann man nur denken. »Also, ich gehe dann jetzt«, wiederholt sie. Sie schaut Mohrle nicht mehr an. Auch die Oma und Marga nicht. Als sie die Küchentür hinter sich zugezogen hat, hört sie Margas Stimme. »Noch nicht einmal Danke schön hat sie gesagt.«

Die Tasche ist nicht besonders schwer. Ilse schlenkert sie hin und her beim Gehen. Die Hauptstraße kommt ihr fremd vor, ganz verändert. Sie ist lange nicht mehr im Dorf gewesen. Erst als sie am Kino vorbeigeht und die schmutzigen Schneereste im Hof sieht, wird ihr klar, was sich geändert hat. Es ist Winter geworden. Schneespuren auf den Dächern, Matsch auf den Straßen. Sie wundert sich, dass ihr das nicht aufgefallen ist, als sie an der alten Linde vorbeigekommen ist. Bald ist Weihnachten.

Ilse geht jetzt sehr langsam, sehr aufrecht. Sie stellt sich vor, es käme jemand, der sie nicht kennt, ein Fremder. Wer bist du, würde er fragen. Sie würde ihn anlachen und sagen: Ich bin die Kleine vom Lautenschläger Peter. Wir wohnen oben im Tal, in einem kleinen Haus. Jetzt gehe ich in die Sandgasse, weil ich was hinbringe. Dann muss ich aber schnell wieder heim, die warten auf mich.

Aber es kommt kein Fremder. Nur Leute, die sie kennt.

»Guten Tag«, sagt Ilse.

»Guten Tag, Herr Keimpp.«

»Guten Tag, Frau Schmidt.«

»Guten Tag, Frau Jährling.«

»Na, Ilse«, sagt die Frau Jährling. »Warst du bei der Oma?«

Ilse nickt. Ihre Schultern fallen vor, sie wird wieder krumm. Am Konsum biegt sie rechts ab in die Bergstraße. Vor Hoffmanns Garten, an den Zaun gelehnt, steht die alte Lene. Ilse geht auf sie zu und hält ihr das Gesicht hin, wartet auf das kratzige, raue Streicheln, das absichtslose Fingern auf ihrer Haut. Sie spürt Lenes Atem, riecht den Geruch nach Körper. Wie nachts bei der Oma im Bett. Dann geht Lene neben ihr her bis zur Sandgasse. Der Sandstreifen neben dem Asphalt ist matschig mit graufleckigen Schneeinseln.

Es wird dunkel.

In der Küche sitzt die Mutter am Tisch und liest Zeitung. »Gut, dass du wieder da bist«, sagt sie. »Die Buben helfen mir kaum.« Als sie aufsteht, sieht man, dass sie dicker geworden ist. Der Rock spannt über dem Bauch. Aber ihr Gesicht hat dunkle Schatten in dem Dämmerlicht. Ilse drückt sich an die Mutter und fängt an zu weinen. Einen Moment lang legt die Mutter die Arme um sie, fährt ihr durch die Haare. Dann schiebt sie sie weg. »Warum weinst du? Was ist los?«

Ilse weiß es auch nicht. Sie versteht die Traurigkeit nicht, die so plötzlich über sie kommt. Hilflos zuckt sie mit den Schultern.

»Stell dich nicht so an«, sagt die Mutter und setzt sich wieder an den Tisch.

Ilse unterdrückt das Schluchzen. Sie knipst das Licht an. »Du verdirbst dir die Augen, wenn du so liest.«

Die Mutter kneift die Augen zusammen bei der plötzlichen Helligkeit. Und auf einmal weiß Ilse wieder ganz genau, wo sie ist, erkennt die Mutter, die Küche, sieht den abgewetzten, fleckigen Spülstein, den Herd, der mal wieder mit Sand geschrubbt werden muss, die Staubflocken unter dem Schrank.

»Es ist wirklich gut, dass du wieder da bist«, sagt die Mutter noch einmal. »Ein Mädchen im Haus ist was ganz anderes.«

Ilse nickt und trägt Omas alte braune Einkaufstasche hinüber ins Kinderschlafzimmer. Das Nachthemd sieht bunt und schön aus, sehr fremd in der Kommode zwischen den anderen Sachen. Nachtblau mit roten Herzen.

Die Mutter brät Zwiebeln und Speck in der Pfanne. »Ich habe gedacht, ich mache Linsen, weil du die so gern isst«, sagt sie. »Bei uns gibt es nicht so viel Fleisch wie bei der Oma. Aber wir werden auch satt.«

Ilse nickt und nimmt den Kohleneimer. »Ich hol noch was rauf.«

Auf der Treppe trifft sie Frau Schuster und grüßt.

»Das ist gut, dass du endlich daheim bist, Ilse. Du hast deiner Mutter gefehlt. Bist du denn wieder ganz gesund?«

»Ja.«

»Du musst bald zum Helmut kommen. Er hat dauernd nach dir gefragt. Er freut sich bestimmt, wenn du kommst.«

»Ja«, sagt Ilse. »Morgen.«

Frau Schuster kommt mit ihrem Kopf näher zu Ilse und senkt ihre Stimme. »Es geht ihm gar nicht gut. Er ist auch krank gewesen. Wenn es so weitergeht, muss er wieder ins Krankenhaus, hat der Doktor gesagt.«

Ilse weiß nicht, was sie sagen soll. Sie schämt sich, weil sie Helmut vergessen hat. Sie hat nicht an ihn gedacht, weder an ihn noch an die Sandgasse. Kaum an die Mutter. »Morgen komm ich«, sagt sie. »Gleich in der Früh.«

Es ist jetzt wirklich fast ganz dunkel geworden. Im Schuppen muss Ilse erst mal nach den Briketts tasten, bis ihre Augen sich an die Dunkelheit gewöhnt haben. Sie muss sich überwinden, nicht in die Ecken zu schauen, nur an den Eimer zu denken, der gefüllt werden muss. Sie beeilt sich und ist froh, als sie den Riegel wieder von außen zuschieben kann.

Die Mutter öffnet zwei Dosen mit Linsen und gießt sie in die Pfanne. Es zischt und dampft. »Rühr mal«, sagt die Mutter und drückt ihr einen Kochlöffel in die Hand. Ilse merkt jetzt erst, wie hungrig sie ist.

Dieter kommt herein und zieht seine nassen Schuhe aus. »Du bist ja noch dünner geworden. Aus dir wird nie was.«

»Wo ist der Horst?«, fragt die Mutter.

»Er kommt gleich.«

Ilse zieht die Pfanne vom Herd.

»Es ist fertig«, sagt sie.

Horst schaut sie kaum an beim Essen. »Du bist wieder da«, hat er zu ihr gesagt. Mehr nicht.

Dann liegt Ilse in ihrem Bett, zieht die klamme Decke über sich, drückt sich gegen die Matratze, versucht mit ihren knochigen Schultern eine Schlafkuhle hineinzubohren, und will nicht an das warme, weiche Omabett denken. »Du hast deiner Mutter gefehlt«, hat die Frau Schuster gesagt. Die Mama sieht schlecht aus. Sie hat Ringe unter den Augen. Dieter wälzt sich im Bett herum. Das tut er immer, bevor er einschläft. Horst atmet schon ganz ruhig.

»Die Buben helfen mir kaum.«

Ilse dreht sich vorsichtig um, versucht, die Decke so wenig wie möglich zu bewegen, um nichts von der beginnenden Wärme hinauszulassen.

»Der Helmut hat dauernd nach dir gefragt.«

Ilse knäult sich den Zipfel des Kissens unter den Kopf. Sie ist wieder zu Hause.

21

»Die paar Tage bis zu den Ferien brauchst du nicht mehr in die Schule zu gehen«, hat die Mutter gesagt. »Das lohnt sich wirklich nicht. Du kannst die Wohnung putzen für die Feiertage. Ich schaff das nicht mehr, abends nach der Arbeit.«

Ilse ist das ganz recht. »Ich mach auch die Wäsche fertig. Bügeln und einräumen.«

»Und ins Holz müsstet ihr auch noch mal, obwohl es geschneit hat. Vielleicht könnt ihr ein paar Äste reißen.«

»Ja, Mama.«

Ilse ist froh, dass sie nicht in die Schule gehen muss. Denn vielleicht hat sich die Keller Ulrike jetzt weggesetzt, nach vorn, zur Margit, weil die Ilse so lange nicht da gewesen ist. Und Ilse muss wieder ganz allein sitzen, so wie in der letzten Klasse, bei Herrn Stumpff, wo sich nach der Geschichte mit Marion keiner mehr neben sie setzen wollte. Vielleicht will die Ulrike jetzt gar nichts mehr von Ilse wissen. Die Ellen und die anderen werden ihr gesagt haben, was Ilse für eine ist.

Dass du neben ihr sitzen bleibst, verstehe ich nicht. Kein normales Kind sollte neben so einer sitzen müssen. So ungefähr wird die Ellen geredet haben, aber ganz leise, damit Frau Bayerlein es nicht hört, weil die sonst böse wird. »Ihr seid eine Gemeinschaft«, sagt sie immer. Ilse versteht das nicht. Nur weil sie zusammen in eine Klasse gehen. Das tun sie doch nur, weil sie müssen.

Nach den Ferien werde ich schon sehen, was mit Ulrike ist, denkt Ilse. Nach den Ferien ist immer noch Zeit.

Sie ist müde. Bei der Oma könnte sie jetzt mit Mohrle spielen. Oder im Bett liegen und Radio hören. Oder der Oma in der Küche helfen. Wenn sie gut gelaunt ist, erzählt sie Geschichten aus ihrer Kindheit. Ilse hört das gern. Sie ist dann froh, dass sie nicht so leben muss, wie die Oma gelebt hat, als Älteste von zehn Kindern.

Ilse breitet die Bügeldecke über dem Küchentisch aus und stellt das Bügeleisen an. Die Mutter hat die Betten frisch bezogen, das ergibt vier Laken, vier Bezüge, fünf Kopfkissenbezüge, weil die Mutter zwei Kissen braucht zum Schlafen. Wenn die Oma als Kind bügeln musste, war das Bettzeug von zwölf Betten. Zum Einsprengen schnippt Ilse aus einem Schüsselchen Wasser über die Wäsche. Küchentücher bügelt sie am liebsten, aber es sind nur vier Stück dabei. Hemden und Blusen sortiert sie gleich aus, die kann sie noch nicht richtig bügeln. »Lass es lieber bleiben«, sagt die Mutter immer, wenn Ilse es mal wieder probiert hat. »Für so was stellst du dich zu blöd an. Da bügle ich doch lieber selbst, bevor ich so eine Bluse anziehe.«

Das Bügeleisen zischt und dampft über dem feuchten Stoff. Bügeln ist anstrengend. Nach ein, zwei Stunden ist Ilse müde. Das Bügeleisen in ihrer Hand wird schwerer und schwerer. Es nützt auch nichts mehr, dass sie sich vorstellt, wie die anderen in der Schule sitzen. Sie kann nicht mehr. Morgen ist auch noch ein Tag, denkt sie und trägt den immer noch vollen Korb zurück ins Schlafzimmer der Mutter. Morgen wird sie kräftiger sein.

Nach dem Mittagessen räumt sie die Küche auf. Um halb drei nimmt sie den zusammengefalteten Zwanzigmarkschein vom Küchenschrank, wo ihn die Mutter morgens zusammen mit dem Einkaufszettel hingelegt hat, zieht den Mantel an und die blauen Handschuhe. Sie sind ihr zu klein, sie spannen zwischen den Fingern. Aber zu Weihnachten wird sie neue bekommen, das hat ihr die Mutter versprochen. Sie steigt mit dem Einkaufsnetz in der Hand die Treppe hinunter. Nur noch sechs Tage bis Weihnachten. Nur noch sieben Mal schlafen, bis der Vater am ersten Feiertag kommt. Sie hat schon so lange darauf gewartet, so oft die Tage an den Fingern abgezählt und immer wieder nachgerechnet, dass sie es jetzt kaum glauben kann. Nur noch sieben Tage, dann kommt er. Natürlich wird er ihr etwas mitbringen. Und sie wird nach den Ferien der Ulrike erzählen, was sie bekommen hat, dann, wenn die anderen Kinder von ihren Geschenken reden, wenn sie Dinge aus ihren Ranzen ziehen und sie sich gegenseitig zeigen, vergleichen, einander belauern, ob das eigene Geschenk auch genügend Beachtung findet. Irgendetwas ganz Schönes, Besonderes wird der Vater ihr mitbringen, etwas, das kein anderes Kind hat. Er wird sie auf den Schoß nehmen und »mein Schatz« zu ihr sagen, so wie der Kohlen-Keller zur Ulrike. Und er wird genauso breit und gemütlich lachen dabei.

Es hat über Nacht kräftig geschneit. Ilse ist schon auf der Straße, als jemand ihr nachruft. Ilse dreht sich um und geht wieder auf das Haus zu. Frau Schuster hat das Küchenfenster aufgemacht und lehnt sich heraus. Sie hat das grüne Wollkleid an, das ihr viel zu eng ist. Ein Knopf ist über der Brust aufgesprungen und die grüne Leiste klafft über einem rosa Unterrock. Ilse schaut schnell weg.

»Bringst du eine Zeitung mit für den Helmut, ja?«

Ilse greift nach dem Geldstück, das Frau Schuster ihr hinhält, aber es rutscht ihr aus der Hand und fällt in eine Schneewehe unter dem Fenster.

»Mit den Handschuhen hat man kein Gefühl in den Fingern«, sagt Frau Schuster.

Ilse zieht den rechten Handschuh aus und tastet im Schnee nach der Mark.

»Dem Helmut geht es wieder schlechter«, sagt Frau Schuster über ihren gebeugten Rücken hinweg. »Man muss für ihn tun, was man kann.«

Ilse hat die Mark gefunden und steckt sie in die Manteltasche.

»Vergiss es aber nicht, Ilse.«

»Nein, Frau Schuster, bestimmt nicht.« Ilse wischt ihre nasse Hand am Mantel ab und zwängt sie wieder in den engen Handschuh. Frau Schuster schließt das Fenster. Sie muss fest drücken, es kracht und die Scheiben klirren. Ilse kennt das. Im Winter verziehen sich die Fenster immer, Frau Schuster hat bestimmt auch alte Wolltücher innen auf die Fensterbank gelegt, gegen die Kälte, die durch die Ritzen der verzogenen Rahmen eindringt.

Bei Bachmeiers steht das Hoftor offen. Ellen und Gisela bauen einen Schneemann. Gisela hat eine weiße Fellmütze auf. Als sie den Kopf hebt und Ilse sieht, deutet sie mit dem Finger auf sie und flüstert Ellen etwas zu. Ilse geht schnell weiter. Der Schnee knirscht unter ihren Füßen. Neben dem Konsum, auf dem schmalen, eingefassten Grasstreifen zwischen Straße und Parkplatz, steht ein riesiger Weihnachtsbaum mit elektrischen Kerzen. Ilse geht direkt auf den Baum zu, auf die Lichter, die, wenn sie die Augen etwas zusammenkneift, sternförmig leuchten.

Horst wird einen Christbaum aus dem Wald holen. »Mich erwischt niemand«, hat er gesagt. »Wir gehen spätabends, der Henner und ich, und holen zwei Bäume.«

Die Mutter hat genickt. »Das ist gut. Da brauchen wir nicht unnötig Geld auszugeben. Zehn Mark verlangen sie jetzt schon für die kleinste Fichte. Wenn man sich das vorstellt.«

Ilse ist an dem Weihnachtsbaum angelangt. Sie zählt die Kerzen. Es sind aber so viele, dass sie es wieder aufgibt. Bald ist Weihnachten, sehr bald. Und der Vater kommt. Ganz versunken steht Ilse da. Dann wird ihr kalt, sie fängt an zu frösteln. Sie stampft ein paar Mal mit den Füßen auf, fühlt, wie ihre Zehen in den Stiefeln anfangen zu kribbeln. Sie will erst die Zeitung holen, bevor sie in den Konsum hineingeht. Beim Friseur in der Auslage hängen zwischen Christbaumkugeln Päckchen mit Seifen und Parfümflaschen an goldenen Bändern. Wenn ich Geld hätte, überlegt Ilse, würde ich für Mama Seife kaufen. Aber ich habe keins.

Spalts haben an ihrem Wohnzimmerfenster einen großen Stern aus Strohhalmen hängen. Das hätte Ilse auch machen können, von der Kirchhofsbäuerin hätte sie sich Stroh holen können. Aber sie hat nicht daran gedacht. Dieses Jahr hat Ilse kein Geschenk für die Mutter. Nur weil sie krank gewesen ist. Sonst hat sie immer in der Schule etwas gebastelt.

Im Schreibwarengeschäft sind viele Leute. Ilse zieht ihre

Handschuhe aus und drückt sich in die Ecke links hinter dem Schaufenster, zwischen das Regal mit Geschenkartikeln und dem mit Zeitschriften. Sie wartet, bis ihr Atem ruhig geworden ist, schiebt sich dicht an dem Regal entlang ein Stück vorwärts, greift dabei blitzschnell nach einem Etui mit einem Füller und lässt es in ihrer Manteltasche verschwinden.

»Na, Ilse, bist du wieder gesund?«

Das ist Frau Bayerlein. Ilse schaut erschrocken hoch. Sie hält die Hand in der Tasche fest um das Etui. Bestimmt hat sie nichts gesehen, denkt sie. Sonst hätte sie doch was gesagt. Trotzdem merkt sie, wie sie rot wird.

»Wie geht es dir?«, fragt Frau Bayerlein. »Kommst du morgen wieder in die Schule?«

Ilse schüttelt den Kopf. »Erst nach den Ferien, hat die Mama gesagt.«

Frau Bayerlein legt ihr die Hand auf die Schulter, nimmt sie aber sofort wieder zurück, als sie sieht, wie Ilse zurückweicht.

»Du brauchst doch keine Angst vor mir zu haben«, sagt sie. »Oder ist was nicht in Ordnung?«

Vielleicht hat sie es doch gesehen, denkt Ilse. Bestimmt hat sie es gesehen, sonst würde sie doch nicht von Angst reden. Gleich wird sie Fräulein Neugebauer rufen und sagen, sie soll doch mal nachschauen, was ich in der Manteltasche habe. Ilse würde am liebsten wegrennen, aber das wäre ganz falsch. »Wenn du was geklaut hast«, hat der Horst gesagt, »dann musst du erst mal ganz ruhig stehen bleiben, das ist ganz wichtig. Wenn du zu schnell weggehst, verrätst du dich.«

Ilse zwingt sich, die paar Schritte zur Theke zu gehen.

»Eine Zeitung will ich«, sagt sie zu Fräulein Neugebauer, die gerade frei ist.

»Was für eine?«

»Ich weiß nicht. Das hat Frau Schuster nicht gesagt. Es ist für den Helmut.«

»Dann wird's eine BILD sein. Hier.«

Als Ilse in ihre Manteltasche greift und nach der Mark sucht, fühlt sie das Etui. Sie wird rot, aber Fräulein Neugebauer fällt es nicht auf. Sie ist sehr freundlich, sie schenkt Ilse sogar noch einen Kalender für das nächste Jahr.

»Fröhliche Weihnachten, Ilse, falls ich dich nicht mehr sehe«, sagt Frau Bayerlein, als Ilse die Ladentür aufmacht.

Ilse nickt und rennt die Straße hinunter, bis sie wieder am Konsum steht, vor dem Christbaum.

»Weihnachten ist etwas für Leute, die Geld haben«, hat Frau Schuster gesagt. »Was kann unsereiner schon schenken, wenn es immer nur zum Notwendigsten reicht.«

»Man kann das mit den Geschenken auch übertreiben«, hat die Mutter geantwortet. »Früher haben wir ein paar Süßigkeiten bekommen und irgendeine Kleinigkeit. Das war alles.« Sie hat sich auf das Treppengeländer gestützt und gelacht. »Außerdem habe ich die Bescherung schon in meinem Bauch.«

»Schöne Bescherung«, hat Frau Schuster gesagt und genauso komisch gelacht wie die Mutter.

Ilse kauft beim Konsum Kartoffeln, Margarine, Mehl, Zucker und Backpulver. Heute oder morgen will die Mutter Plätzchen backen. Das Netz ist schwer. Sie trägt es in der linken Hand, weil sie mit der rechten immer wieder das Etui in ihrer Manteltasche befühlen muss. Ich hätte ein Feuerzeug nehmen sollen, denkt sie. Was soll die Mama mit einem Füller? Mama schreibt nie was, höchstens mal einen Brief an ihre Schwester in Aschaffenburg oder einen Antrag an das Sozialamt, und dafür hat sie einen Kugelschreiber. Ilse zögert. Wenn sie nicht so erschrocken wäre wegen Frau Bayerlein, würde sie jetzt zurückgehen und ein Feuerzeug holen. Aber nun hat sie Angst. Morgen, nimmt sie sich vor, morgen hole ich ein Feuerzeug. Den Füller kann ich Papa schenken.

»Ach, Ilse«, sagt Frau Bachmeier, »wie geht es denn zu Hause? Stimmt es, dass ihr was Kleines kriegt? Freust du dich darauf? Was sagt denn die Oma dazu?«

Ilse spürt die Bosheit und rennt vor der Stimme weg. »Man wird doch noch fragen dürfen«, ruft die Frau Bachmeier hinter ihr her.

Ilse rennt um die Ecke von der Sandgasse und rumpelt mit dem alten Krämer zusammen, dem Opa vom Klaus. Sie springt schnell zur Seite, bevor er sie mit seinem Spazierstock erwischt. »Kannst du nicht aufpassen?«, schreit er. »Hast du denn keine Augen im Kopf?«

Ilse rennt. Erst im Treppenhaus, als die Tür hinter ihr ins Schloss gefallen ist, bleibt sie schwer atmend stehen. Sie versucht, nicht mehr zu keuchen, nicht mehr an das Gesicht von der Frau Bachmeier zu denken, an das hinterhältige Lachen.

Und dann fällt ihr ein, dass sie die Fleischwurst für abends vergessen hat. Sie wird noch einmal gehen müssen. Sie wird in den Laden von Metzger Seifert treten und vielleicht wird die Frau Bachmeier da sein und mit anderen Frauen tuscheln. Sie wird zu Ilse hinschauen, heimlich mit dem Finger auf sie zeigen und das Gesicht wegdrehen, damit Ilse ihr Lachen nicht sieht. Und dann wird sie fragen: Na, kriegt ihr jetzt was Kleines oder nicht? Und alle Frauen im Laden werden Ilse anstarren. Freust du dich, Ilse? Man wird doch noch fragen dürfen, wird die Bachmeier sagen, wenn Ilse nicht antwortet, und die anderen werden lachen.

Ilse fährt sich entschlossen mit der Faust über die Augen. Die Handschuhe sind rau und kratzen. Weinen hilft nichts. Bald werden es sowieso alle sehen. Der Bauch wird immer dicker werden.

»Wenn das Kind erst mal schreit, kümmert sich keiner mehr drum«, hat die Oma gesagt, als sie es dem Opa erzählt hat. »Nur vorher, da werden sie über die Gertrud herziehen. Und die werden am lautesten schreien, die selber Dreck am Stecken haben.«

Aber der Opa ist trotzdem böse gewesen. »Dass sie nicht endlich genug hat davon«, hat er gesagt. »Eine Frau mit vier Kindern. Dass ihr das nicht langt.«

»Halt's Maul«, hat die Oma geantwortet. »Hast du vergessen, wie es damals gewesen ist?«

Da hat der Opa nichts mehr gesagt. Er hat seine Kappe aufgesetzt und ist in den Holzschuppen gegangen.

Ilse bringt das schwere Netz nach oben in die Küche, schüttet die Kartoffeln aus dem Plastikbeutel in die Obstkiste zwischen Küchenschrank und Spüle und lässt die anderen Sachen, Margarine, Mehl, Zucker und Backpulver, auf dem Tisch stehen. Vielleicht backt die Mutter heute, wenn sie sieht, dass alles eingekauft ist.

Dann nimmt sie die Zeitung und geht hinunter ins Erdgeschoss. »Danke«, sagt Frau Schuster, als Ilse ihr das Wechselgeld und die Zeitung gibt. »Bist ein braves Mädchen. Bring doch die Zeitung gleich rüber zu Helmut, das wird ihn ablenken.« Sie schiebt Ilse zur Tür. »Red noch ein bisschen mit ihm. Erzähl ihm was. Es wird immer schlimmer mit ihm.«

Helmut ist sehr weiß. Er greift nach Ilse, will sie nicht gehen lassen. »Wie sieht es draußen aus mit dem Schnee?«, fragt er. »Bist du am Schlossberg gewesen?«

Ilse schüttelt den Kopf. »Nein. Erstens haben wir keinen Schlitten, und zweitens hätte es mir die Mama verboten, weil ich doch nicht in die Schule gehe. Aber die Straßen sind ganz weiß. Der Schnee wird nur nicht liegen bleiben, es ist nicht kalt genug.«

Sie sitzt bei ihm auf dem Bett und betrachtet seine weißen Finger, die langen, fast durchsichtigen Fingernägel mit dem bläulichen Rand am Nagelbett. »Bleib doch noch«, sagt er, als sie aufstehen will. »Magst du Plätzchen?« Er lacht bitter. »Alle Leute bringen mir Plätzchen, sogar die Knieser hat mir welche geschickt. Die wissen genau, dass es das letzte Weihnachten für mich ist.«

Ilse sieht ihn an, betrachtet das Gesicht, das immer dünner geworden ist, nur noch Haut und Knochen, und sie muss sich schnell die Haare aus der Stirn streichen, damit der Helmut nicht merkt, was sie denkt.

Helmut zieht seine Nachttischschublade auf. »Da, schau dir die Päckchen an. Diese Plätzchen sind von Frau Weber, die von Krämers, die von der Frau Müller. Komm, iss, ich bring sowieso kaum was runter.«

Ilse nimmt ein Spritzgebackenes und kaut lustlos darauf herum. Weinen möchte sie, wenn sie Helmuts blasses Gesicht sieht und wie er sie gierig beim Essen beobachtet. Sie kaut und schluckt, lügt, sagt, wie gut es ihr schmeckt, nimmt das nächste Plätzchen. Helmut hält ihr immer wieder eine Tüte hin. Sie stopft unter diesen Augen Plätzchen in sich hinein, nimmt wahllos, was kommt, Zimtsterne, Anisplätzchen, Buttergebackenes.

»Freust du dich auf Weihnachten?«, fragt Helmut und streichelt ihre Hand.

Der Bruno kommt herein und legt zwei Briketts auf. Er grinst, als er sieht, wie Helmut Ilses Hand hält.

»Hau ab«, sagt Helmut. »Mach bloß, dass du rauskommst.«

»Du hast mir gar nichts zu sagen«, zischt der Bruno böse und schlenkert mit seinen langen Armen. Aber dann geht er doch.

»Mir ist immer so kalt«, sagt Helmut. »Mir wird überhaupt nicht mehr richtig warm.«

Ilse beugt sich hinunter und legt ihr Gesicht auf seine Hand.

»Warum weinst du?«, fragt er. »Hat dir jemand was getan? Der Bruno vielleicht?«

»Sie werden über uns reden«, flüstert Ilse. »Sie werden mich Sachen fragen. Sie werden mir Sachen nachrufen, wenn der Bauch von meiner Mama noch dicker geworden ist.«

Helmut streichelt über ihren Kopf. »Mach dir nichts daraus. Es lohnt sich nicht, über so etwas zu weinen. Es lohnt sich überhaupt nicht zu weinen. Man muss doch alles nehmen, wie es kommt.«

Nach einer Weile steht Ilse auf. »Ich muss noch zum Metzger«, sagt sie. »Ich habe die Fleischwurst fürs Abendessen vergessen.«

Sie zieht die Tür hinter sich zu. Er versteht das nicht, denkt sie. Weil ihm niemand mehr was nachrufen kann, versteht er es nicht.

Aber sie weiß nicht, wer es überhaupt verstehen könnte außer der Mutter, und mit der kann sie nicht darüber sprechen. Mit der nicht.

Bruno macht die Küchentür auf und droht ihr mit der Faust. Ilse stolpert die Treppe hoch und wischt sich beim Laufen die Tränen aus dem Gesicht.

Am nächsten Morgen erfährt sie, dass Helmut ins Krankenhaus gebracht worden ist. »Gestern Abend noch«, sagt die Mutter. »Du hast schon lang geschlafen. Die Frau Schuster hat den Arzt geholt, weil es ihm schlechter gegangen ist. Um elf so was ist der Krankenwagen gekommen.«

22

Weihnachten. Endlich ist Weihnachten. Der Schnee ist nicht liegen geblieben, gestern hat es angefangen zu tauen. Ilse hat sich eine schöne, glitzernde Schneedecke gewünscht, um den Vater zu empfangen, ein sauberes, weißes Tuch über Schmutz und Dreck gebreitet, so hätte sie es haben wollen. Aber gestern Morgen war plötzlich dieser laue Wind da, hat Wolken über den vorher frostklaren Himmel getrieben und in nur einem Tag und einer Nacht den ganzen Schnee weggetaut.

Schnee hätte liegen müssen. Ilse hat sich schon vorgestellt, wie sie mit ihrem Vater auf den Kreuzberg steigen würde, bis oben hin zu dem Aussichtstempel, und wie sie ihm das verschneite Dorf zeigen würde, ihn darauf hinweisen, wie schön die Bäume im Schnee sind, die dunklen Stämme gegen das Weiß und die Zweige, die ganz dünn und zart werden. Und der Kirchturm mit der Schneekuppe, der Wetterhahn sieht nur mehr aus wie ein schwarzer Punkt, nur sein Schnabel schaut noch raus, damit er nicht erstickt. Alles werde ich ihm zeigen, hat Ilse gedacht, er soll sehen, wie schön es ist. Und dann ist ihr eingefallen, dass er es kennt, dass er viele Jahre hier gelebt hat, dass er in diesem Dorf aufgewachsen ist wie sie. Sie hat sich selbst ausgelacht, so komisch ist ihr das vorgekommen, dass sie ihm das Dorf zeigen wollte wie einem Kurgast.

Trotzdem hätte er sich bestimmt gefreut, wenn alles weiß gewesen wäre, denkt sie. Dicke, weiße Kissen auf den Dächern, Watte auf den Bäumen wie der Zuckerguss auf dem

Lebkuchenhaus, das der Bäcker Schwindt immer in der Adventszeit in seiner Auslage stehen hat, zwischen Brot und Kuchen.

Anfänglich geht Ilse sehr schnell. Angetrieben von der Erwartung, endlich den Vater zu sehen, läuft sie immer ein paar Schritte vor Horst und Dieter her. Die gehen langsam, fast zögernd, als wollten sie nicht so recht. »Renn doch nicht so«, ruft Horst. »Du kommst schon noch früh genug hin.«

Am Kornmeierhaus bleibt Ilse stehen und dreht sich um.

»Die Bachgasse rauf«, bestimmt Horst.

Die Bachgasse ist nicht glatt geteert wie die meisten Straßen im Dorf, sie ist noch mit diesen dickbauchig gewölbten graublauen Steinen gepflastert, die bei Regen dunkel glänzen. Der Bürgersteig an der Häuserreihe entlang ist so schmal, dass man fast nicht darauf gehen kann. Wenn es trocken ist, benutzen die Leute den hart getrampelten Pfad im Gras neben dem Bachbett, der aber sofort glitschig wird, wenn es ein bisschen geregnet hat. Dann kann man eigentlich nur noch auf der Fahrbahn gehen. Ilse weicht den Dreckpfützen aus, die sich in den Vertiefungen gesammelt haben, da, wo das Pflaster sich im Laufe der Zeit gesenkt hat.

Wie grau der Tag ist, denkt Ilse. Die Sonne hätte heute scheinen müssen. Nur heute. Über einer sauberen, weißen Glitzerdecke.

Es ist nicht mehr weit bis zur Bäckergasse. Ilse wird langsamer und bleibt vor der Gärtnerei Schauer stehen. Wie bei allen Häusern auf dieser Straßenseite führt ein geteerter Zugang über den Bach zum Hof. Dort, vor dem Haus, sind noch bis gestern Mittag Weihnachtsbäume verkauft worden.

Das Schild hängt noch am Zaun. Fichten DM 10,– pro Meter, Edeltannen ab DM 18,–.

»Was ist denn los mit dir«, fährt Horst Ilse an. »Erst kann es dir nicht schnell genug gehen und jetzt stehst du da rum.«

Ilse geht langsam hinter den Brüdern her. Ihr neues Kleid kratzt, das Kleid, das sie gestern zu Weihnachten bekommen hat. Dunkelgrün ist es, mit schwarzen Karos, einem weißen Kragen und weißen Knöpfchen bis zum Gürtel. Gestern Abend noch hat die Mutter es kürzer gemacht. »Es kratzt«, hat Ilse gesagt, aber die Mutter hat sich nicht darum gekümmert. »Dann ziehst du halt ein langärmeliges Unterhemd vom Dieter drunter an«, hat sie gesagt.

Aber das Kleid kratzt durch das Unterhemd durch. Ilse bewegt ihre Schultern unter dem Mantel gegen den Juckreiz. Trotzdem ist sie froh, dass sie ein neues Kleid hat, dass sie sauber und ordentlich aussehen wird, wenn sie gleich den Vater wiedersieht. Sie kann sich kaum mehr an ihn erinnern, mit jedem Monat ist sein Gesicht verschwommener geworden. Wenn viele Männer bei der Oma wären, denkt sie, würde ich ihn vielleicht gar nicht erkennen.

Horst und Dieter biegen schon in die Bäckergasse ab. Horst dreht sich zu ihr um. »Los, mach schon. Schlaf nicht ein beim Gehen.«

Ilse fühlt, wie ihre Beine immer schwerer werden. Sie versteht nicht, warum dieselbe Erwartung einen manchmal so leicht macht, dass man fast fliegen kann, und ein andermal so schwer. In der Bäckergasse, als sie an der alten Kinderschule vorbeigeht, fällt ihr ein, wie der Dieter sie hier mal geschlagen hat. Sie war aus irgendeinem Grund vor ihm davongelaufen, warum, hat sie vergessen. Er ist ihr nachgerannt und hat sie hier, in der Bäckergasse, erwischt. Er hat sie an den Oberarmen gepackt und an die alte Mauer gedrückt. Dann hat er auf sie eingehauen. Sie hat versucht ihr Gesicht mit den Armen abzudecken, aber es ist gewesen, als würde der Dieter nur noch aus Armen und Händen und Fäusten bestehen. Ihr linkes Auge ist danach zugeschwollen. Die Oma hat ihr Umschläge mit Kamille und Augentrost gemacht und Dieter ist vom Opa verhauen worden.

Die Straße von der alten Linde bis hinauf zu Omas Haus kommt Ilse heute sehr steil vor, viel steiler als sonst. Plötzlich muss sie auch an die Mutter denken, wie sie sie vorhin gekämmt und ihr Fusseln vom Kleid gezupft hat. »Seid anständig«, hat sie gesagt. »Er soll mir nichts nachsagen können.«

Jetzt ist Ilse ganz traurig. Am liebsten würde sie umkehren, sich daheim in der Küche an den Tisch setzen und der Mutter beim Gemüseschneiden helfen. Alles andere würde sie lieber tun, als in dieses Haus mit dem fremden Auto vor der Tür zu gehen, einem fremden Mann gegenüberzutreten, einem Vater, an den sie sich nicht mehr erinnern kann. Auch der letzte, verschwommene Rest von Erinnerung ist jetzt weg.

Die Oma steht in der Küche, dicke Schweißtropfen auf der Stirn. Es riecht nach Gans und Rotkraut. Ein Topfdeckel klappert. Die Oma nimmt ihren Schürzenzipfel und zieht den Topf an den Herdrand. »Sie sind alle drüben im Wohnzimmer«, sagt sie zu Ilse. »Dein Geschenk liegt unter dem Christbaum. Eine warme Strickjacke.«

Ilse nickt. Sie hängt ihren Mantel auf und stellt sich ganz dicht neben die Oma.

»Na, willst du nicht reingehen und deinem Vater Guten Tag sagen?«

»Gleich, Oma. Lass mich noch ein bisschen hier.«

Die Oma macht das Bratrohr auf und begießt die Gans mit Fett. Ilse bückt sich und schaut zu. »Gänsehaut«, sagt sie, als sie den stoppelhäutig angebräunten Gansrücken sieht. Die Oma lacht. »Die friert aber bestimmt nicht, da kannst du dich drauf verlassen. Es gibt Kartoffelklöße und Rotkraut dazu. Hast du Hunger?«

»Nein. Wir haben erst Kaffee getrunken.«

»Dauert auch noch anderthalb Stunden. Mindestens. Ist ein Riesenviech. Ich hab's von der Friedhofsbäuerin. Sie hat nach dir gefragt. Sie kann dich gut leiden. Wenn du dich hältst, nimmt sie dich, wenn du mit der Schule fertig bist.«

Ilse antwortet nicht. Sie lauscht auf die Stimmen aus dem Wohnzimmer, aber sie kann nichts verstehen.

»Willst du nicht rübergehen?«, fragt die Oma noch einmal.

»Gleich. Ich will mich erst noch aufwärmen.«

Als die Oma sie zweifelnd anschaut, stellt sie sich schnell vor den Herd, streckt die Arme aus und reibt sich die Hände über der aufsteigenden Wärme.

»Also, dann hilf mir beim Zwiebelschneiden«, sagt die Oma und legt das Holzbrett und ein kleines, scharfes Messer auf den Tisch.

Erleichtert und froh über den Aufschub setzt Ilse sich hin. Sie schneidet einer Zwiebel den runden Wurzelansatz ab und oben die schon grünspitzigen Triebe. Die äußere braune Haut knistert brüchig. Vor Ostern sammelt die Oma die Zwiebelschalen und färbt dann die Eier damit. Omas Ostereier sind immer braun.

»Soll ich Würfel oder Scheiben schneiden?«, fragt Ilse.

»Würfel. Und die kleine da in dünne Scheiben. Die brauche ich für Tomatensalat für deinen Vater. Der hat schon immer so gern Tomatensalat gegessen.«

Der scharfe, beißende Zwiebelgeruch treibt Ilse die Tränen in die Augen. Sie wischt sie mit dem Armrücken weg.

»Das ist gut, dass sie dir ein neues Kleid gekauft hat. Deine alten kannst du wirklich nicht mehr für gut anziehen.«

»Die Mama hat es gestern Abend noch kürzer gemacht«, erzählt Ilse, froh drüber, dass die Oma von etwas anderem redet. »Und es kratzt ein bisschen. Ich habe ein Unterhemd von Dieter drunter an.«

»Gut, dass noch ein Saum drin ist zum Rauslassen. So, wie du wächst«, sagt die Oma. Ilse lacht gegen die Stimmen aus dem Wohnzimmer.

Da geht die Küchentür auf. Er steht im Türrahmen, groß, hübsch, und streckt die Arme nach ihr aus. Natürlich kennt sie sein Gesicht. Nie hat sie es vergessen. Nie wird sie es vergessen können.

»Na, Ilse«, sagt er. »Willst du mir denn gar nicht Guten Tag sagen?«

Sie schaut ihn an, schüchtern, unfähig aufzustehen. »Papa«, sagt sie. Das ist das Einzige, was sie rausbekommt. Er zieht sie hoch, legt kurz die Arme um sie, hält sie dann von sich und betrachtet sie. »Groß bist du geworden. Ich hätte dich fast nicht erkannt.«

Ilse schaut an ihm vorbei zur Oma, die wieder die Gans

begießt. »Ja, ich bin groß für mein Alter«, sagt sie und denkt: Wie kann er mich fast nicht erkennen, wo ich doch sein Kind bin? Sie wischt sich die Tränen weg. »Ich habe Zwiebeln geschnitten.«

Der Vater schiebt sie zur Tür. »Komm mit rüber.«

Im Wohnzimmer auf dem Sofa sitzt die neue Frau des Vaters. In schwarzen Hosen und einem schwarzen Pullover. Das ist es, was Ilse auffällt. Das und die rötlichen Locken. Neben ihr Marga und das kleine Mädchen, dann Dieter. Horst und Opa sitzen am Tisch. »Da, schau mal, Ella, wie groß meine Jüngste geworden ist.«

Die Frau wirft den Kopf zurück. »Deine Jüngste ist Elvira«, sagt sie böse.

Der Vater lacht. »Ach, das ist was ganz anderes. Elvira ist meine Prinzessin. Gell, mein Schatz?«

»Ja, Papa«, sagt das kleine Mädchen.

Die Frau betrachtet Ilse. Ilse senkt den Kopf. Sie will nicht in dieses Gesicht mit der scharfen Nase und dem scharfen Mund schauen. Wie ein Vogel sieht sie aus, denkt Ilse. Wie ein böser, schnabelhackender Vogel. Die Frau streckt ihr die Hand hin. »Guten Tag, Ilse«, sagt sie. »Wir haben dir auch was mitgebracht.«

Ilse weiß nicht, was sie sagen soll. Leicht vorgeneigt steht sie da. Plötzlich merkt sie, dass ihre Arme an ihr herabhängen wie aus Holz. Und ganz fremd. Die Frau hat noch immer ihre Hand ausgestreckt. Ilse legt ihre Hand hinein, ohne Druck, einfach so, wie man jemand einen Gegenstand in die geöffnete Hand legt. Die Frau lacht hoch und laut. Ilse erschrickt, macht einen Schritt rückwärts und sieht sich um. Dann, froh, dass da Platz ist, zieht sie sich einen Hocker zum Tisch neben Opa.

»Sie ist wohl ein bisschen schüchtern, was?«, sagt die Frau mit dieser hellen lauten Stimme.

Der Vater wühlt in einem Koffer. Dann drückt er Ilse eine Puppe in die Hand. »Hier. Gefällt sie dir?«

Ilse schaut die Puppe an und bemüht sich, die Tränen zu unterdrücken. »Ich spiele nicht mehr mit Puppen«, flüstert sie.

»Du könntest wenigstens Danke sagen«, ruft Marga über den Tisch hinweg. Bei dem Gelächter der Frau wird Ilse rot. Jetzt bekommt sie erst recht kein Wort heraus.

»Hör mal, wie die Katze schnurrt«, sagt das kleine Mädchen. Ilse schaut hinüber und merkt, wie sich ihr Magen zusammenkrampft, als sie Mohrle auf Elviras Schoß liegen sieht. Der Vater schwenkt eine Flasche. »Na, Opa, noch ein Schlückchen? So jung kommen wir nicht mehr zusammen.« Er gießt Opas Glas so voll, dass etwas von der klaren Flüssigkeit überschwappt.

»Halt, halt«, ruft der Opa und hebt vorsichtig das Glas. »Also dann, prost, Schorsch.«

»Prost, Opa.«

Ilse sitzt da in all dem Lachen und Reden und kann nicht zuhören. Wenn der Vater an ihr vorbeigeht, wenn er ihr mit der Hand über den Kopf streicht, denkt sie: Jetzt wird er mich gleich auf den Schoß nehmen und sagen: Hast du wirklich geglaubt, die Puppe wäre alles? Und dann wird er das wunderbare Geschenk aus der Tasche ziehen. Und Schokolade. Ganz viel Schokolade. Aber er nimmt sie nicht auf den Schoß.

Er redet laut und lacht laut und die neue Frau lacht mit. Dann merkt Ilse, dass auch der Opa nichts sagt. Sie rutscht noch näher an ihn heran und legt den Kopf an seine Schulter. Er hat seinen dunklen Anzug an. Der Stoff ist rau und riecht ganz leicht nach Mottenkugeln.

Ilse ist froh, als die Oma sie ruft. Sie soll ihr helfen beim Tischdecken, sie soll ein paar Flaschen Bier aus der Kammer holen, sie soll den Tomatensalat probieren, sie soll das Rotkraut umrühren, sie soll schon mal einen Kaffee aufgießen, sie soll die Suppe reintragen.

Ilse macht alles, weil die Marga sich um das Kind kümmern muss. Ilse macht es gern. Sie trägt auch die Suppenteller wieder hinaus in die Küche und bringt die große Schüssel mit Klößen.

Die Oma zerteilt die Gans. »Von der Kirchhofsbäuerin hab ich die«, erzählt sie dem Vater. »Bei der hab ich noch immer gut gekauft. Das ist eine anständige Frau.« Sie legt dem Vater einen Schenkel auf den Teller. »Iss, dass du satt wirst.«

Die Gans ist fett und gut, aber Ilse hat keinen richtigen Hunger. Auch Horst und Dieter essen weniger als sonst. Die Oma schaut sie erstaunt an, sagt aber nichts. Nach dem Essen darf Ilse wieder helfen, und als sie die Küche fertig haben, sie und Oma, ist es schon bald wieder Zeit zum Kaffeetrinken. Und dann das Abendessen.

Der Tag ist vergangen, ohne dass sie es recht gemerkt hat. Sie will jetzt auch gar nicht daran denken. Sie will vergessen, wie der Opa mit dem Vater geschrien hat, sie will vergessen, wie der Vater nach jedem Glas lauter geworden ist. Sie will dieses ganze verdammte Weihnachten vergessen.

Nach dem Abendessen gehen die Kinder heim. »Morgen Nachmittag fahre ich wieder«, sagt der Vater. »Kommt ihr wenigstens noch mal, um mir Auf Wiedersehen zu sagen?«

»Ja«, sagt Dieter. »Bestimmt.«

Horst und Ilse sagen nichts.

Es hat angefangen zu schneien. Dicke, schwere Flocken fallen vom Himmel und schmelzen fast sofort, wenn sie den nassen Boden berühren.

»Ein tolles Auto hat er«, sagt Dieter.

Horst stößt laut und verächtlich die Luft aus. Wie ein Furz klingt das. »Der hat ein Auto und wir haben noch nicht mal Fahrräder.«

»Wenn du deines nicht kaputtgefahren hättest«, sagt Dieter. »Du hast doch mal eins gehabt.«

Müde stolpert Ilse hinter ihren Brüdern her. Sie hat die Puppe unter ihren Mantel geschoben, damit sie nicht nass wird, und hält sie krampfhaft mit einer Hand fest. Es ist kälter geworden.

Dieter spielt mit dem Messer, das er vom Vater bekommen hat, und lässt die Klinge hörbar einschnappen. »Ein prima Messer«, sagt er. »Drei Klingen, Dosenöffner und Korkenzieher.«

»Halt's Maul«, fährt Horst ihn böse an. »Damit ist es nicht getan, dass er alle zwei Jahre mal was mitbringt. Damit bestimmt nicht. Der bricht sich keinen Zacken aus der Krone für uns.«

Dieter sagt nichts mehr.

»Na, wie war's?«, fragt die Mutter zu Hause, schaut aber keinen an dabei. »Wie war euer Vater?«

»Halt so«, sagt Horst.

Dieter zeigt sein neues Taschenmesser.

Die Mutter öffnet die Herdklappe und legt ein Holzscheit nach. »Und du, Horst?«

»Mir hat er einen Fünfziger gegeben.« Horst holt den Schein aus seiner Tasche und knallt ihn auf den Tisch. »Hier, nimm du ihn. Ich will von dem nichts geschenkt haben. Fährt ein teures Auto und wir sitzen da.«

Die Mutter dreht sich um. Sie wischt sich über die Augen. »Immer dieser Rauch.« Aber Ilse sieht, wie sie den Horst anschaut, schnell, mit leicht geöffneten Lippen. »Das gehört alles seiner Frau«, sagt die Mutter. »Wenn das Sozialamt zu ihm kommt, gehört nichts ihm.«

»Schau, meine Puppe«, sagt Ilse.

Die Mutter betrachtet sie. »Das ist eine teure Puppe.« Sie nimmt eine Zigarette und zündet sie mit dem Feuerzeug an, das Ilse ihr geschenkt hat.

»Was soll ich mit einer Puppe?«, sagt Ilse. »Eine Tafel Schokolade wär mir lieber gewesen.«

23

Ilse kauft sich ein Paket Wunderkerzen von dem Geld, das ihr die Oma für Neujahr gegeben hat. Den Rest hebt sie auf, weil ihr die Mutter versprochen hat, dass sie demnächst den Helmut im Krankenhaus besuchen darf. Schokolade will sie ihm mitbringen, Milchschokolade mit ganzen Nüssen.

Horst und Dieter haben verschiedene Raketen und Kracher heimgebracht. Sie liegen in einem Pappkarton auf der Kommode im Schlafzimmer. Die Mutter hat nicht gefragt, wo sie sie herhaben, sie fragt nie nach so etwas. Aber Ilse weiß es: geklaut im Schreibwarengeschäft oder beim Konsum oder beim Braunwarth. Die vier großen Raketen mit den Stangen haben sie wahrscheinlich gekauft. Dieter wird sich von Fräulein Neugebauer erklärt haben lassen, wie sie funktionieren, während Horst sich die Taschen vollgestopft haben wird. Ilse hat manchmal gesehen, wie die zwei das machen. Danach lachen sie und hauen sich auf die Schulter und für ein oder zwei Tage streiten sie dann nicht mehr.

Ilse hat Hunger. Aus der Küche ruft ihre Mutter. Ilse knipst das Licht aus und geht hinüber. »Der Zirkus fängt an«, sagt die Mutter. »Den hast du doch sehen wollen.«

Ilse setzt sich auf einen Stuhl.

Später kommen Horst und Dieter und es gibt Rippchen mit Kraut. Zu Neujahr gibt es immer Rippchen mit Kraut.

»Das gehört sich so«, sagt die Mutter. »Das haben wir schon zu Hause immer gegessen.«

»Wann fangt ihr an zu schießen?«, fragt Ilse.

»Nicht vor halb zwölf.«

»Rausgeschmissenes Geld«, sagt die Mutter und beißt in ihr Fleisch. »Wenn wir nur ein bisschen von dem hätten, was heute in die Luft geballert wird, dann könnten wir gut leben.«

»Wenn, wenn!« Horst verzieht das Gesicht. »Immer nur wenn. Wenn du gescheiter gewesen wärest und dir einen anderen Kerl ausgesucht hättest, wäre auch alles anders. Wenn!«

»Wenn du wüsstest, was sich gehört, würdest du nicht so mit deiner Mutter reden.«

»Hör auf«, sagt Horst. »Sonst streiten wir das ganze nächste Jahr.«

Dieter legt den sauber abgenagten Rippchenknochen auf den Teller. »Als ob es bei uns je anders wäre.« Er steht auf. »Ich geh schon mal runter auf die Straße.«

»Wir kommen gleich nach.«

Ilse steckt ihre Wunderkerzen und eine Schachtel Streichhölzer ein.

So voll ist die Sandgasse sonst nie. Alle Leute stehen vor ihren Häusern. Sogar die Kniesers aus dem zweiten Stock sind da. Frau Knieser hat sich bei ihrem Mann eingehängt und sie laufen langsam im Hof auf und ab. Vereinzelt hört man es schon knallen.

»Da«, schreit Bruno und wirft seine Arme hoch. »Da oben, auf dem Kreuzberg.«

Aber als Ilse hinschaut, ist schon nichts mehr zu sehen. Ihr ist kalt. Sie drängt sich dichter zu ihrer Mutter und Frau Schuster.

»Wisst ihr noch, letztes Jahr, wie wir den Helmut rausgetragen haben, damit er auch was sieht?«, fragt sie.

Frau Schuster fängt an zu weinen.

»Blöde Gans«, schimpft die Mutter und versetzt Ilse einen Schlag auf den Arm. »Manchmal weiß ich wirklich nicht, ob du so dumm bist, wie du tust.«

Ilse weicht aus. Sie lehnt sich an den Türpfosten und zündet ihre erste Wunderkerze an. Hingerissen starrt sie in die stiebenden Funken. Sie hält sie hoch in die Luft, gegen den sternklaren Himmel. Sie lässt ihre Arme kreisen und malt Feuerräder, Feuerbänder. Sterntaler hat das Hemd aufgehalten und Gold ist ihr in den Schoß gefallen. Ilse lacht. So ist das gewesen. Wunderkerzen waren das. Glücklich läuft sie ihren schwingenden Armen nach.

Wie dunkel der Himmel ist. Horst lässt die erste Rakete steigen. Rote Bälle zerplatzen in der Luft. Der Helmut hat letztes Jahr fast geweint vor Freude, als er das gesehen hat. Vielleicht macht ihm eine Krankenschwester das Fenster auf. Vielleicht kann er auch etwas sehen.

Jetzt knallt es überall. Ilse macht einen Sprung zur Seite, als neben ihr ein großer Schweizer Kracher zerplatzt.

Horst lacht laut.

»Habt ihr gesehen, wie sie gehüpft ist?« Bruno tanzt um Horst herum. »Lass mich auch mal. Los, lass mich auch mal.«

Plötzlich fühlt Ilse den Krach auf der Haut, jeder Schlag, jedes Krachen dröhnt in ihren Ohren wie Donner. Blitz und Donner.

Das Gesicht der Mutter leuchtet grün im Licht einer Rakete, dann rot, dann fahlgelb. Ihr Mund ist aufgerissen vor Lachen. Aber Ilse hört das Lachen nicht. Nur Donnerschläge hört sie.

Sie lässt die Wunderkerze fallen, schlägt die Hände auf die Ohren und rennt ins Haus, in das Schlafzimmer. Sie lässt ihre Kleider auf den Boden fallen, kriecht in das Bett und zieht sich die Decke über die Ohren. Jetzt klingt der Krach nur noch gedämpft zu ihr. Nächstes Jahr, denkt sie. Nächstes Jahr ist wieder ein Jahr. Ein Jahr und noch ein Jahr.

Unten grölt der Schuster ein Lied. Jetzt ist er schon wieder besoffen. Ilse schiebt die Hand aus der Decke heraus und tastet an der Wand entlang. Da ist die Puppe. Sie zieht sie unter die Decke und nimmt sie in den Arm.

Das neue Kind, denkt sie. Ein Mädchen soll es werden. Ich wünsche mir, dass es ein Mädchen wird.

Wenn das Glück kommt, muss man ihm einen Stuhl hinstellen

❧

1. Wenn man nicht beißen kann, soll man die Zähne nicht zeigen

Zwei Kartoffeln sind noch übrig. Sie sind fast weiß und glasig und haben schwärzliche Stellen, trotzdem hätte ich gern noch eine. Oder alle beide. Vorsichtig strecke ich die Hand aus. Da spüre ich auch schon den Tritt gegen mein Schienbein und einen Moment lang wird mir schwarz vor den Augen. Nicht weil es so wehtut, sondern vor Wut. Aber ich reiße mich zusammen und ziehe die Hand schnell zurück.

»Wenn man nicht beißen kann, soll man die Zähne nicht zeigen«, sagt Tante Lou immer. Duro ist nun mal zu groß für mich, da hat Beißen keinen Sinn. Sie ist schon vierzehn, nächste Ostern geht sie weg. Sie will nach dem Heim eine Lehre als Schneiderin anfangen, hat sie gesagt. Sie nimmt die Schüssel, lässt die beiden Kartoffeln auf ihren Teller rutschen und kippt dann den Rest Senfsoße darüber. Inge, am anderen Tischende, hat alles mitgekriegt. Sie zieht die Augenbrauen hoch und zuckt ganz leicht mit den Schultern.

Am Tisch nebenan steht Fräulein Urban auf und schwingt die Glocke, die immer neben ihrem Teller steht. Eine stumpfgelbe Messingglocke mit zisteliertem Blumenmuster und einem schwarzen Holzgriff. Unser Tisch ist sofort still, weil wir das Klingeln nicht überhören können. Ein Tisch nach dem anderen wird ruhig, bis auch die Letzten im Speisesaal den Mund halten.

»Alle herhören«, sagt Fräulein Urban. »Die Mädchen der

Fünften und Sechsten kommen um halb zwei in den Handarbeitssaal. Alle!«

Renate, die Einzige aus unserem Zimmer, die bei mir am Tisch sitzt und auch in die Sechste geht, duckt sich neben mir. Ganz klein sieht sie plötzlich aus, als hätte Duro sie ebenfalls ans Schienbein getreten. Aber Renate würde nie den Versuch wagen, sich an den letzten Kartoffeln zu vergreifen.

»Du brauchst keine Angst zu haben«, flüstere ich ihr zu. »Handarbeitssaal ist nicht schlimm. Da will sie nur mit allen etwas besprechen. Vielleicht machen wir ja einen Klassenausflug nach Amerika, eine Floßfahrt auf dem Mississippi.«

Renate findet das nicht komisch, sie lacht auch nicht. Vielleicht hat sie ja nie »Huckleberry Finn« gelesen. Sie zieht den Kopf noch tiefer zwischen die Schultern, und ich ärgere mich, dass ich überhaupt etwas zu ihr gesagt habe. Und ich ärgere mich auch über sie. Ich habe ihr doch nichts tun wollen, ich doch nicht!

Von mir aus soll sie den Mund halten, so lange sie will. Ich dränge mich niemandem auf. Nie. Ein wichtiger Satz in meinem Gedankenbuch heißt: »Man sollte nie jemand anlachen, der vorher nicht wenigstens gelächelt hat.«

Ich habe heute weder Tischdienst noch Spüldienst, deshalb bin ich schon kurz vor eins in unserem Zimmer. Ich setze mich aufs Bett und fahre vorsichtig mit dem Finger über die Beule, die an meinem Schienbein wächst. Bestimmt habe ich bald einen blauen Fleck. Diese fette Kuh! Ich ziehe mir die Schuhe aus. Natürlich kriege ich den rechten Schuh nicht vom Fuß. Heute Morgen ist der blöde Schnürsenkel gerissen, zum dritten Mal, und ich habe ihn verknotet. Jetzt geht der

Knoten nicht durch die Öse und ich muss ihn wieder aufnesteln. Das abgerissene Ende schiebe ich in den Schuh, dann lege ich mich aufs Bett.

Ganz fest drücke ich das Gesicht in meine schöne, rotbraune Tagesdecke und denke an Tante Lou. Ich denke immer nur an Tante Lou. An wen denn sonst? Es gibt Gedanken, die wehtun, bei denen mir übel wird. Solche Gedanken will ich nicht, die schiebe ich schnell weg. Gedanken an Tante Lou aber sind schön. Als würde mitten in einem Unwetter der Himmel aufreißen, so dass man einen Streifen blauen Himmel sieht. Einmal, als wir im Taunus waren, Tante Lou und ich, haben wir einen Regenbogen gesehen. Tante Lou ist ganz feierlich geworden und hat mir ein Lied vorgesungen, auf Polnisch. Ich habe nicht alles verstanden, aber es war schön. Unhörbar, nur in meinem Kopf, summe ich die Melodie vor mich hin.

Um halb zwei sagt Elisabeth: »Los, wir müssen gehen.«

Ich streichle noch einmal unauffällig über meine Tagesdecke, dann stehe ich auf und gehe in den Handarbeitssaal. Den abgerissenen Schnürsenkel halte ich in der Hand.

Im Handarbeitssaal ist es voll. Alle sind da, alle Mädchen aus der Fünften und der Sechsten. Über dreißig. Sie sitzen auf Stühlen, Tischen und sogar auf den Fensterbänken. Es ist ziemlich laut. Auf einem Tisch an der Wand, neben der Tür zum Kofferspeicher, hockt Inge. Sie winkt mir zu und klopft mit der anderen Hand neben sich. Da ist noch ein Platz frei.

Auf der großen Platte zum Zuschneiden stehen drei Pappkartons. Fräulein Urban hat die Hände daraufgelegt und wartet, dass endlich alle still sind.

»Vielleicht haben wir Care-Pakete aus Amerika bekommen«, flüstert Inge. »Stell dir vor, Halinka, Care-Pakete mit Schokolade und Erdnussbutter.«

»Es gibt keine Care-Pakete mehr«, flüstere ich zurück. »Schon lang nicht mehr.«

Inge zuckt mit den Schultern. »Vielleicht passiert ja ein Wunder, wer weiß.«

In meinem Gedankenbuch steht: »Man sollte nie auf Wunder hoffen, es sei denn, man kann sich drauf verlassen, dass sie wirklich eintreten.« Diesen Satz habe ich damals aufgeschrieben, als Tante Lou zum zweiten Mal zu meinem Vormund gegangen ist und mich wieder nicht gekriegt hat. Dabei war sie so sicher gewesen, weil sie doch eine feste Arbeitsstelle gefunden hatte.

Fräulein Urban hebt eine Hand. »Ruhe!«, ruft sie. »Hört mal alle her! Ich habe einen tollen Vorschlag für euch!«

Inge rutscht etwas näher zu mir und sagt leise: »Von wegen toll! Wenn die einen Vorschlag hat, kann er nur saublöd sein.«

Inge kann Fräulein Urban nicht leiden. Ich glaube, sie trauert immer noch Frau Maurer nach, der Leiterin vom Kinderheim Hildegardis, in dem wir beide früher gewesen sind. Mir gefällt Fräulein Urban besser, wenn man da überhaupt von gefallen sprechen kann. Zumindest fragt sie nicht dauernd, was man denkt, und sie will einen auch nicht ständig in den Arm nehmen und küssen.

Fräulein Urban klatscht jetzt ein paar Mal in die Hände und alle werden still. Sie erzählt uns von einem Verein, der »Müttergenesungswerk« heißt. Den hat Frau Elly Heuss-Knapp gegründet, die Frau unseres Bundespräsidenten. 1950, also vor zwei Jahren. Von dieser Frau Heuss-Knapp habe ich nie gehört, doch der Name Theodor Heuss kommt mir bekannt vor, wahrscheinlich vom Radio, aber was genau ein Bundespräsident ist, weiß ich nicht. Fräulein Urban sagt, diese Frau Heuss-Knapp sei eine gute Frau und klug und mildtätig. Und wir sollten für das Müttergenesungswerk Geld sammeln, sagt sie, damit die armen Mütter genesen können und damit Frau Heuss-Knapp sich freut.

»Was heißt das, genesen?«, fragt Inge.

Fräulein Urban erklärt ihr, was das heißt, nämlich gesund werden. Ich weiß das, denn ich war schon mal in so einem Heim. Das nennt man auch Sanatorium und dort bekommt man jeden Tag dick Butter aufs Brot und viel Milch zu trinken und nach dem Mittagessen muss man stundenlang gut eingepackt in einem Liegestuhl im Freien liegen, sogar wenn's kalt ist. Mir hat es in dem Heim nicht gefallen, weil ich niemanden gekannt habe, außer Hannelore, aber die ist bald gestorben. Genesen bin ich trotzdem. Kein Wunder bei so viel Butter! Und außerdem hat mich Tante Lou einmal im Monat besucht. Fast ein halbes Jahr war ich dort. Und vor zwei Jahren, als Frau Heuss-Knapp – wieso hat sie eigentlich zwei Nachnamen? – dieses Dingsbums gegründet hat, bin ich gerade ins Heim gekommen. Nicht in dieses, sondern ins Kinderheim Hildegardis, zu den Kleinen. In dieses hier bin ich erst letztes Jahr nach den Osterferien gekommen, zusammen mit einer ganzen Gruppe aus dem früheren. Wie lange ich noch bleiben muss, weiß niemand. Wenn ich Glück habe, findet Tante Lou einen Mann zum Heiraten. Sonst kann es noch Jahre dauern.

Daran will ich lieber nicht denken. Das kann ich mir nicht vorstellen und das will ich mir auch nicht vorstellen.

Ich schaue aus dem Fenster, über die Köpfe von Susanne, Claudia und der Neuen aus der Fünften hinweg, deren Gesichter ich gegen die Helligkeit draußen kaum erkennen kann, nur dunkle, verschwommene Flecken. Der Himmel hinter ihnen ist blau mit ein paar weißen Wolken und nur noch der Wipfel der großen Kastanie im Schulhof ist zu sehen.

»Die Mütter sollen allein in ihr Genesungsheim fahren«, sagt Fräulein Urban, »ohne Kinder, damit sie die Verantwortung einmal los sind. Denn Mütter mit mehreren Kindern sind alle überlastet und müssen viel zu viel arbeiten.« – »Für unsere Mütter hat sie dieses Dingsheim da aber nicht gegründet«, sagt die Neue aus der Fünften. »Für unsere Mütter nicht.«

»Halt den Mund«, sagt Susanne laut. Sie hat keine Mutter mehr.

»Eure Mütter sind etwas anderes«, sagt Fräulein Urban. »Aber stellt euch zum Beispiel mal eine Mutter mit fünf kleinen Kindern vor, die von morgens bis abends rennt und macht und tut und für ihre Kinder kocht und wäscht, die braucht dann doch mal Erholung, damit sie nicht zusammenbricht.«

Ich kann mir keine Mutter vorstellen, die den ganzen Tag kocht und wäscht, geschweige denn, dass sie von morgens bis abends macht und tut, was immer das heißen mag. Solche Mütter kenne ich nicht. Eigentlich kenne ich überhaupt nicht viele Mütter, nur meine, und die würde ich, um die Wahrheit zu sagen, lieber nicht kennen. »Halt den Mund«, schimpft Tante Lou, wenn ich so etwas sage. »Deine Mutter hat viel Schweres mitgemacht und es einfach nicht verkraftet.« Was

218

das Schwere ist, sagt sie aber nie. »Warum benimmt sie sich dann so gemein, wenn sie doch genau weiß, wie das ist?«, habe ich einmal gefragt. Tante Lou hat mich auf ihren Schoß gezogen und mich gestreichelt und geweint hat sie auch ein bisschen. Dann hat sie gesagt: »Deine Mutter hat eine kranke Seele. Schläge treffen nicht nur von außen, Halinkale, die gehen tiefer, die treffen auch die Seele. Wenn jemand Schlimmes und Grausames erlebt, dann wird er dadurch nicht automatisch ein besserer Mensch. Genauso gut kann es sein, dass er selbst schlimm und grausam wird.« Mehr hat sie aber nicht sagen wollen.

Ich habe lange darüber nachgedacht. Ich bin mir nicht sicher, ob Tante Lou Recht hat. Es könnte sein. Schließlich ist sie erwachsen und ich nicht. Trotzdem kann ich mir jetzt schon meine eigenen Gedanken machen. Und wenn ich es mir genau überlege, finde ich es umgekehrt richtiger: Wenn jemand selbst erlebt hat, dass Schläge auch die Seele treffen, dann darf er andere erst recht nicht schlagen. »Wer sich fünf Kinder anschafft, ist selber schuld«, sagt Inge giftig. »Ich will überhaupt keine Kinder.«

Ich weiß nicht, ob ich Kinder will, und wenn, dann nur zwei. Meine Mutter hat bloß mich und sie hat nie den ganzen Tag getan und gemacht. Was sie jetzt so tut, weiß ich nicht. Geht mich ja auch nichts an. Jetzt nicht mehr. Für mich gekocht hat sie jedenfalls selten, als ich noch bei ihr war. Das hat auch die Frau von der Fürsorge gesagt.

»Sie kümmert sich nicht um das Kind«, hat sie gesagt, »man muss ihr das Sorgerecht nehmen. Sie lässt das Kind verwahrlosen.«

Es gibt Wörter, bei denen ich Bauchweh kriege und fast weinen muss. Einfach so. Egal, um was es wirklich geht. Das Wort »verwahrlosen« gehört dazu. Ich hebe unauffällig die Hand zum Mund und beiße mir fest in den Daumenballen. Das hilft immer, wenn ich schnell an etwas anderes denken will.

Fräulein Urban redet weiter. »Es ist in der Tat ein gutes Werk«, sagt sie, »und es lohnt sich, wenn man sich dafür einsetzt. Deswegen sollten sich möglichst viele von euch freiwillig zum Sammeln melden. Also, wer will mitmachen?«

Tante Lou hat keine Kinder. Vielleicht kriegt sie noch welche, jetzt, wo sie Uncle Sam Silver hat. Nein, hoffentlich nicht. Ich will nicht, dass sie eigene Kinder hat. Es könnte ja sein, dass sie dann keine Zeit mehr hat, an mich zu denken, wenn sie den ganzen Tag tun und machen muss.

Es wird laut, alle reden durcheinander. »Meine Mutter braucht kein Müttergenesungswerk«, sagt Inge zu mir. »Die liegt jeden Tag bis mittags im Bett, jedenfalls hat sie das früher immer gemacht. Und deine?«

Ich kann mich nicht mehr erinnern, bis wann meine Mutter morgens im Bett gelegen hat. Ich weiß nur, dass ich abends immer lange warten musste, bis sie endlich eingeschlafen war. Dann konnte mir nichts mehr passieren. Aber das geht Inge nichts an. Das geht keinen was an.

Ich verstehe Inge nicht. Sie sagt immer, was ihr gerade einfällt. Einfach so, ohne jede Vorsicht. Und einmal, als Duro gesagt hat: »Deine Mutter ist eine Amihure«, da hat sie geantwortet: »Stimmt, aber was kann ich dafür? Glaubst du etwa, dass mir das gefällt?« Inge gehört wirklich zu den eigenartigsten Mädchen im Heim. Bei ihr weiß ich nie, ob ich sie gut finden soll oder blöd.

Ich gebe ihr jedenfalls keine Antwort.

Ich will nicht an meine Mutter denken, lieber an Tante Lou. Und falls die jemals fünf Kinder hat und viel arbeiten muss, dann möchte ich schon, dass sie sich erholt. Natürlich möchte ich das. Deswegen melde ich mich dann doch. Als Erste. »Ich will sammeln.«

»Klar«, flüstert Elisabeth so laut, dass alle es hören können. »Den Zigeunern liegt das Betteln im Blut, das weiß doch jeder.«

Ein paar Mädchen kichern. Fräulein Urban bekommt eine Falte zwischen den Augenbrauen, aber sie tut, als hätte sie nichts gehört. Ich lasse mir auch nicht anmerken, dass ich es gehört habe. Das ist das Beste. Soll ich etwa sagen, dass wir gar keine Zigeuner sind, sondern Juden? Lieber nicht. Ich glaube, Juden sind noch schlimmer als Zigeuner. Ich senke den Kopf und knote den abgerissenen Schnürsenkel wieder fest. Das ist gar nicht so einfach. Ich muss die beiden Enden eine Öse tiefer zusammenknoten, damit ich den Schuh später wieder ausziehen kann. Jetzt lässt sich allerdings keine Schleife mehr binden, es reicht nur noch zu einem Knoten.

»Wer hinterher am meisten Geld in der Büchse hat, bekommt einen Preis«, sagt Fräulein Urban.

»Was für einen Preis?«, fragt Inge.

»Eine Überraschung. Die Ortsvorsitzende des Müttergenesungswerks hat einen Preis gestiftet.«

Das wirkt. Jetzt melden sich auch andere Freiwillige.

Inge mag trotzdem nicht sammeln, auch nicht für einen

Preis. »Ich lass mich nicht zum Betteln schicken«, sagt sie mit bösem Gesicht. »Deswegen bin ich schließlich ins Heim gekommen, damit mich meine Mutter nicht mehr zum Betteln schicken kann.«

»Das hier ist kein Betteln«, sagt Fräulein Urban, »das ist Spendensammeln. Für einen guten Zweck. Und außerdem musst du ja nicht mitmachen. Es handelt sich um eine freiwillige Aktion. Aber wenn du nicht sammelst, kannst du natürlich auch keinen Preis gewinnen.«

Sie redet noch eine ganze Weile über Frau Heuss-Knapp und das Müttergenesungswerk und was für eine gute und löbliche Sache das sei, und dann sagt sie endlich: »Wer sich zum Sammeln gemeldet hat, bleibt bitte hier. Die anderen können in ihr Zimmer gehen. Aber nicht zu viel Lärm machen, schließlich ist noch Mittagsruhe.«

Fünfzehn Mädchen bleiben übrig. Aus unserem Zimmer nur ich und Elisabeth. Natürlich. Renate ist beinahe stumm und sagt nur das Allernötigste, Dorothea geht fast nie raus, weil sie sich nicht von fremden Leuten anstarren lassen will, Rosemarie ist zu faul für alles, Jutta hasst jede Art von Unternehmungen mit mehr als zwei Leuten, und Susanne würde »anderen« nie im Leben einen Gefallen tun, auch wenn sie was dafür bekäme. »Andere« sind für sie alle Erwachsenen und Nichtheimkinder. Auf die hat sie einen Hass, sagt sie. Uns tut sie allerdings auch nur selten einen Gefallen. Warum sie so ist, weiß ich nicht. Wahrscheinlich hat sie ihre Gründe dafür. Richtig gemein ist sie aber nicht. Wenn man sie in Ruhe lässt, lässt sie einen auch in Ruhe. Susanne war schon mit mir im Hildegardis, aber damals waren wir nicht im selben Zimmer. Sie hat noch eine kleine Schwester dort, die sie alle vier Wochen besuchen darf.

Jetzt macht Fräulein Urban die Pappkartons auf. Sammelbüchsen sind darin. Jede von uns bekommt eine. Weil sich weniger Mädchen gemeldet haben, als Fräulein Urban erwartet hat, bleibt einer der Kartons zu.

Die Büchsen sind aus Metall, haben einen Griff und im Deckel einen Schlitz, in den man das Geld werfen kann. Der gewölbte Deckel ist verplombt, damit man ihn nicht aufmachen kann. Klar, wer gibt schon Mädchen aus dem Heim offene Sammelbüchsen? Ich hätte die Dinger sogar mit einem Vorhängeschloss gesichert. Die Büchsen sind knallrot und mit schwarzen Buchstaben steht »Müttergenesungswerk« darauf.

»Gesammelt wird heute und morgen«, sagt Fräulein Urban. »Am Samstagmorgen werden die Büchsen abgeholt. Ihr habt für diese zwei Tage von halb drei bis fünf Ausgang, Herr Breitkopf weiß Bescheid. Übrigens, ihr könnt überall sammeln, in Häusern oder auf der Straße, wo ihr wollt. Ich wünsche euch viel Erfolg. Und dass ihr euch ordentlich benehmt! Dass mir keine Klagen kommen!«

2. Fünf Minuten im Garten Eden sind besser als ein ganzes Leben in der Hölle

Ich ziehe allein los, die anderen gehen zu zweit oder zu dritt. Ich wäre sowieso mit keiner gegangen, aber es hat mich auch niemand gefragt.

Herr Breitkopf, der Hausmeister, hat uns das Tor aufgeschlossen. Sein Name passt überhaupt nicht zu ihm. Er ist klein, jedenfalls für einen Mann, und sein Kopf ist so schmal, dass die Augen aus lauter Platzmangel ganz eng zusammenstehen. Aber seine Schultern sind breit. Er ist nicht nur der Hausmeister vom Heim und von der Schule, sondern auch der Sportwart des Hallenturnvereins.

Dienstags abends trainieren sie immer in unserer Halle, ein paar Mädchen aus dem Heim gehen regelmäßig hin. Ich war auch mal dort, weil Herr Sauer, unser Turnlehrer, gesagt hat, es würde mir vielleicht Spaß machen. Hat es aber nicht. Erstens mag ich Geräteturnen nicht so gern und zweitens war Herr Breitkopf viel zu zackig, mit Trillerpfeife und so. Herr Breitkopf und seine Frau haben eine Wohnung im Souterrain. Frau Breitkopf ist für den Spüldienst zuständig, deshalb können wir sie alle nicht leiden. Spüldienst ist der schlimmste Dienst im Heim.

Die Sonne scheint und zwei Häuser weiter bellt ein Hund. Ich habe ihn noch nie gesehen, immer nur gehört. Manchmal bellt er sogar noch spätabends, wenn wir schon im Bett liegen. Auch diesmal sehe ich ihn nicht, er kläfft hinter der verschlossenen Haustür. Groß und schwarz und ein bisschen unheimlich stelle ich mir den Hund vor, weil er eine laute, tiefe Stimme hat.

Ich hätte gerne einen Hund. Nicht so einen kleinen Kläffer wie der Hund von Tante Lous Hauswirtin, der jeden anbellt, der in die Wohnung kommt, sondern einen großen, wilden, schwarzen, unheimlichen Hund, der glühende Augen und ein gesträubtes Fell bekommt, wenn mich jemand schlagen will. Ich müsste nur »Fass!« sagen und schon würde er zubeißen. So einen Hund könnte es wirklich geben, jedenfalls eher als den Knüppel-aus-dem-Sack. Dieses Märchen gefällt mir trotzdem sehr gut. Einen Esel-streck-Dich kann ich mir zwar nicht vorstellen, alles andere aber sehr gut. Manchmal wünsche ich mir ein Tischlein-deck-Dich und manchmal den Knüppel-aus-dem-Sack. Ich wüsste viele, auf die ich meinen Knüppel loslassen würde. Auf Duro natürlich, aber vor allem gegen Elisabeth. Vielleicht müsste der Knüppel sie sogar so lange schlagen, bis sie tot wäre. Aber so was darf man noch nicht mal denken, sonst bekommt man eine schwarze Seele. Tante Lou sagt, man muss auf sein Herz und seine Seele aufpassen, weil die wichtiger sind als alles andere. Die hat gut reden.

Ein alter Mann kommt mir entgegen. Ich halte ihm meine Büchse hin.

»Was soll denn das?«, fragt er.

»Für das Müttergenesungswerk«, sage ich und erkläre ihm die Sache mit den armen Müttern, die sich unbedingt mal erholen müssen, und dass Frau Elly Heuss-Knapp, die Frau unseres Bundespräsidenten, ihnen dabei helfen wird. Allerdings nur, wenn genügend Menschen mit gutem Herzen etwas spenden. Die Mütter würden dann in spezielle Heime kommen, ohne die Sorge um ihre vielen Kinder. Ich spreche langsam und deutlich und stottere überhaupt nicht, obwohl ich das alles doch zum ersten Mal erzähle.

»Ich habe auch immer gearbeitet«, sagt der Mann mürrisch. »Und erholt habe ich mich nur ein einziges Mal, im Krankenhaus, als ich an meinem Leistenbruch operiert worden bin. Lass mich doch mit so was in Ruhe.«

Ich lasse ihn in Ruhe. Aber nach ein paar Schritten drehe ich mich um und schreie ihm nach: »Denken Sie doch mal an Ihre eigene Mutter! Was die immer für Sie gewaschen und gekocht hat! Und dabei waren Sie bestimmt ein ganz ekelhaftes Kind!«

Er hebt drohend die Faust. Ich drücke die Büchse fester an mich und renne die ganze Strecke bis zum Bahnhof. Atemlos komme ich an. Am Bahnhofsplatz sind nicht so viele Leute, wie ich gedacht habe. Aber im Moment ist mir das egal. Ich gehe in die Halle hinein und bleibe vor der Tafel mit den Abfahrtszeiten der Züge stehen. Dabei weiß ich auswendig, wann samstags Züge zu Tante Lou fahren. Um 14.27 Uhr und um 19.48 Uhr. Es gibt auch noch einen um 17.15 Uhr, aber der fährt nur werktags außer Samstag.

Als ich aus dem Bahnhofsgebäude komme, hat sich der Himmel plötzlich bezogen. Drüben biegen Claudia und die Neue aus der Fünften um die Ecke. Beide schlenkern ihre roten Sammelbüchsen. Neben ihnen geht Susanne, ohne Büchse. Wie hat sie es geschafft, aus dem Heim zu kommen, ohne dass sie sich zum Sammeln gemeldet hat? Und warum geht sie überhaupt mit? Vermutlich hat sie nur die günstige Gelegenheit für einen zusätzlichen Ausgang genutzt. Wenn sie erwischt wird, bekommt sie wieder Pfortendienst. Na ja, das geht mich alles nichts an.

Aber treffen möchte ich sie nicht. Deshalb laufe ich schnell die Wilhelmstraße hinauf bis zur großen Kreuzung. Dort gibt es ein paar Läden. Auf der einen Seite der Straße eine Bäckerei und eine Metzgerei und gegenüber, in einem halb zerbombten Haus, ein Kleidergeschäft. Vor der Metzgerei riecht es verlockend nach Wurst. Ich stelle mich neben den Eingang und halte den Leuten meine Büchse unter die Nase. »Für das Müttergenesungswerk«, sage ich. »Für die vielen Mütter, die dringend eine Erholung brauchen und einfach kein Geld haben. Die sich keine Ferien leisten können. Denken Sie doch nur an Ihre eigene Mutter.«

Eine Frau sagt: »Da brauche ich nur an mich selbst zu denken, ich kann mir auch keine Ferien leisten.« Trotzdem zieht sie ihr Portemonnaie heraus und steckt mir einen Groschen in die Büchse. Das Geldstück scheppert laut. Mein erstes Geld! Ich sage so freundlich »Danke«, wie ich kann. Sie hat nämlich bestimmt nichts mehr vom Müttergenesungswerk, sie ist zu alt für kleine Kinder.

Mir wird schlecht von dem Geruch nach Wurst. Schlecht vor Hunger. Warum muss immer Duro die letzten Kartoffeln kriegen? Die ist doch sowieso viel dicker als ich. Ich lehne mich an die Hauswand und versuche mir einzubilden, dass es hier nicht nach Wurst riecht, sondern nach gerösteter Grießsuppe. Die kann ich nämlich nicht ausstehen. Wenn ich geröstete Grießsuppe bloß rieche, vergeht mir sofort der

Appetit. Seltsamerweise fällt mir jetzt absolut nicht ein, wie geröstete Grießsuppe riecht. Zum Glück isst Inge geröstete Grießsuppe besonders gern und tauscht jedes Mal meinen Teller Suppe gegen eine halbe Portion Margarine vom nächsten Frühstück.

Eigentlich sollte ich weggehen und mir einen anderen Platz suchen, aber ich kann es nicht. Der Wurstgeruch hält mich fest, als hätte er Hände. In Büchern steht manchmal, jemand wäre gefesselt von etwas. Ich – ich bin gefesselt von dem Geruch der Wurst. Drinnen in der Metzgerei höre ich die Stimme der Verkäuferin: »Was darf's denn sein?« Sie hat eine unangenehme Stimme, ziemlich schrill und durchdringend. Jedenfalls ist nur sie zu hören, während ich die Antworten der Kunden nicht verstehe. Die sind nur ein Murmeln. »Was darf's denn sein?«

Ein Kasseler Rippchen, würde ich sagen, und zwar schön groß und dick. Kasseler Rippchen habe ich erst einmal in meinem Leben gegessen. Und damals konnte ich es noch nicht mal richtig genießen, das war nämlich auf der Fahrt vom Sanatorium zum Kinderheim Hildegardis, mit der Frau von der Fürsorge. Ich hatte solche Angst vor dem Heim, dass ich fast nichts runterbrachte. Aber den Namen habe ich mir gemerkt. Ob Nichtheimkinder oft Kasseler Rippchen bekommen? Keine Ahnung, ich weiß nicht, wie sie leben. »Das Kind kennt keine normalen Familienverhältnisse«, hat die Frau von der Fürsorge zum Richter gesagt.

Geldstücke fallen in meine Büchse. Allmählich klingt das Scheppern schon dumpfer, der Boden der Büchse muss jetzt bedeckt sein. Viele Leute geben mir was. Ich habe inzwischen den Trick raus. Ich ziehe meine Backen ein bisschen zwischen die Zähne, reiße die Augen weit auf und schiebe die Schultern etwas höher. Man muss richtig armselig und bedauernswert aussehen, damit die Leute Mitleid bekommen. Dann geben sie eher was. Besonders Mütter mit hübsch angezogenen Kindern werfen schnell eine oder zwei Münzen in meine Büchse, dann ziehen sie ihre Kinder von mir weg, als könnten die sich bei mir anstecken. Früher habe ich auch manchmal gebettelt, wenn ich Hunger hatte, aber da haben mich die Leute oft weggejagt. Jetzt kann mich keiner wegjagen, jetzt habe ich die Büchse in der Hand. Ich tue ein gutes Werk. Schaut nur her, ihr anderen! Ihr könntet euch ein Beispiel an mir nehmen!

Der Platz neben der Metzgerei ist gut, weil sehr viele Leute Fleisch und Wurst kaufen. Immer wieder höre ich die Frau hinter der Theke fragen: »Was darf's denn sein? Darf's sonst noch was sein?«

Wir im Heim bekommen nur sonntags Fleisch, meist Suppenfleisch, und ganz selten mal Braten mit Soße. Zwei- oder dreimal in der Woche gibt es irgendeinen Eintopf, Kohl, Linsen oder Bohnen mit ein paar Brocken Speck, wenn man Glück hat, mittwochs abends für jede drei Rädchen Wurst, meist Zervelatwurst; einmal gibt es zum Mittagessen harte Eier mit Senfsoße, oft donnerstags oder freitags, und ansonsten immer nur Kartoffelgemüse, Reisbrei, Grießbrei, Nudeln. Viele im Heim sagen, Frau Schmuck, unsere Köchin, würde das Fleisch selbst essen, das eigentlich für uns bestimmt ist. Kann sein, sie ist wirklich sehr dick und die meisten von uns sind ziemlich dünn. Aber ich glaube es trotzdem nicht, Frau

Schmuck ist nämlich ganz nett, und wenn man Küchendienst machen muss, weil man was angestellt hat, gibt sie einem jedes Mal etwas zu essen.

»Eine Spende für das Müttergenesungswerk«, rufe ich und halte die Büchse hoch.

Schon wieder wirft mir eine Frau Geld in den Schlitz, bevor sie in die Metzgerei geht. Trotzdem werde ich mir morgen einen anderen Platz suchen, weil mich der Geruch ganz verrückt macht.

Als das Haus auf der anderen Straßenseite schon einen langen Schatten wirft, so lang, dass er vor mir über die Bordsteinkante kriecht, frage ich einen Mann, der mir gerade etwas in die Büchse geworfen hat, wie viel Uhr es ist. »Kurz nach halb fünf«, sagt er.

Ich gehe in die Metzgerei hinein. Der Fußboden ist gekachelt, abwechselnd rot meliert und gelb meliert. Die Frau mit der lauten, schrillen Stimme ist dick und grauhaarig und hat eine kleine Warze am linken Nasenflügel. Ihre weiße Schürze über dem blau gestreiften Kleid hat rötliche Flecken an beiden Seiten, da, wo sie sich immer die Hände abwischt. Blutflecken vom Fleischschneiden. »Was darf's denn sein?«, fragt sie. Genau auf die Art, wie ich es mindestens hundertmal gehört habe. Aber diesmal meint sie mich.

Ich halte ihr die Büchse hin und sage mein Sprüchlein auf. Dabei kann ich die Augen nicht von der Glastheke lassen. Fleischwurst, Salami, Leber- und Blutwurst, Zervelat, Schwartenmagen und andere Würste, deren Namen ich noch nicht mal kenne. Würste, Würste, Würste. Und sogar Schinken.

Die Frau beugt sich über die Theke und steckt etwas in meine Büchse. »Möchtest du ein Stück Wurst?«, fragt sie.

Ich kann nur nicken, ich bekomme kein Wort heraus. »Von welcher möchtest du denn am liebsten?«, fragt sie. Ich erschrecke. Was soll das? Warum gibt sie mir nicht einfach ein Stück? Will sie mich auf den Arm nehmen? Meint sie es etwa nicht ernst, das mit der Wurst? Ich merke, wie mir die Tränen in die Augen steigen.

»Lass nur, Kind«, sagt sie und ihre Stimme ist auf einmal viel tiefer und sehr sanft. Sie hält mir ein großes Stück Fleischwurst hin. Mindestens zehn Zentimeter lang. »Hier«, sagt sie. »Woher bist du denn? Vom Heim?« Ihre Stimme wird immer sanfter.

Ich nicke und packe die Wurst. Plötzlich habe ich so viel Spucke im Mund, dass ich noch nicht mal »Danke« sagen kann. Die Frau schaut mich ganz freundlich an. »Komm doch morgen wieder vorbei«, sagt sie mit dieser anderen Stimme, ihrer zweiten. Und dann kann ich endlich »Danke« sagen und »Auf Wiedersehen«.

Auf dem Heimweg lutsche ich sehr langsam die Fleischwurst aus der Pelle. So langsam, dass ich noch einen Umweg machen muss, am Güterbahnhof vorbei, der nicht weit hinter unserm Sportplatz anfängt. »Fünf Minuten im Garten Eden sind besser als ein ganzes Leben in der Hölle«, sagt Tante Lou, wenn sie etwas besonders Gutes isst. Und dann, schon vor unserem Tor, stecke ich auch noch die Darmpelle in den Mund, kaue sie gründlich und schlucke sie runter, bevor ich auf die Klingel drücke.

Die Büchse stelle ich auf meinen Nachttisch, neben mein

Lieblingsbuch, »Huckleberry Finns Abenteuer«. Ich leihe es mir jedes Mal wieder aus, manchmal lese ich es dann gar nicht, aber ich mag es, wenn es neben meinem Bett liegt. Vielleicht sage ich mal zu der Frau von der Bücherei, ich hätte es verloren. Möglicherweise passiert ein Wunder und sie sagt: »Das ist nicht so schlimm, Kind, da kaufen wir einfach ein neues.« Und wenn ich das Buch bezahlen muss, dann kann ich ja immer noch so tun, als hätte ich es plötzlich wieder gefunden. Mal sehen.

Ich setze mich an den Tisch und fange mit den Hausaufgaben an.

Elisabeth geht an mir vorbei zu meinem Nachttisch und hebt, ohne zu fragen, meine Büchse hoch. Sie verzieht neidisch das Gesicht, als sie die Hand prüfend hin und her bewegt. »Deine ist schwerer«, sagt sie. »Kein Wunder.«

Diesmal sagt sie nichts von Zigeunern. Obwohl es mir jetzt nicht so viel ausmachen würde. Immerhin habe ich ein großes Stück Fleischwurst im Bauch. Davon sage ich natürlich kein Wort. Ich bin doch nicht blöd! Damit Elisabeth morgen ebenfalls zu meiner Metzgersfrau geht?

Eigentlich könnte ich es auch in der Bäckerei probieren. Wer weiß, ob ich nicht noch ein Brötchen zur Wurst bekomme. Könnte doch sein.

3. Wer arm ist, braucht keine Angst vor Dieben zu haben

Es hat schon längst zum Schlafengehen gegongt. Ich nehme meine Tagesdecke vom Bett. Sie gehört wirklich mir. Sonst gehört mir kaum etwas. Von früher habe ich nur noch meinen alten Schulranzen, der schon so abgewetzt ist, dass an vielen Stellen die nackte Pappe herausschaut, und das Taschenmesser, das mir Arnulf geschenkt hat. »Mach dir nichts draus«, würde Tante Lou sagen. »Wer arm ist, braucht keine Angst vor Dieben zu haben.« Das stimmt aber nicht, glaube ich. Gerade ein Armer muss doch Angst haben, dass ihm das Wenige, was er hat, gestohlen werden könnte. Einem Reichen kann es egal sein, ob man ihm etwas von dem klaut, was er sowieso im Überfluss hat. Ein Reicher braucht nur mit dem Finger zu schnippen, und schon hat er alles, was er möchte. Ich wäre todtraurig, wenn mir jemand meine Tagesdecke wegnehmen würde. Ein Reicher hat vielleicht auch nur eine einzige, aber er könnte sich jederzeit eine neue kaufen. Ich nicht. Ich habe kein Geld.

Auch für Tante Lou war es damals nicht einfach, meine Decke zu bezahlen. Damals, als ich gerade ins Heim gekommen bin, ins Hildegardis. Gleich beim ersten Mal, als ich sie besuchen durfte, hat sie gesagt: »Ich kaufe dir eine schöne Decke, damit dein Bett hübsch aussieht und du mich nicht vergisst.« Den zweiten Grund hat sie natürlich nicht ernst gemeint. Nie würde ich Tante Lou vergessen können oder vergessen wollen, das weiß sie genau.

Wir sind zum Laden von Herrlings gegangen, und die Verkäuferin hat gesagt, dass diese Decken Tagesdecken heißen. Meine ist rotbraun mit winzigen Blümchen. »Ein unempfindliches Muster«, hat Tante Lou gesagt, »da sieht man den Dreck nicht so.« Es gab auch noch eine gelbe, eine dotterblumengelbe, die hätte ich eigentlich lieber gehabt. Aber da war nichts zu machen, schließlich hat ja Tante Lou die Decke bezahlt. Der Stärkere hat immer Recht, das wusste ich schon damals, obwohl ich noch ziemlich dumm war.

Deshalb ist meine Tagesdecke rotbraun mit kleinen, ockerfarbenen Blumen und winzigen, grünen Blättchen, die aber so klein sind, dass man die grüne Farbe kaum erkennt. Das Muster ist wirklich unempfindlich. Aber ich passe auch auf und lege mich nie mit Schuhen aufs Bett. Wirklich nie. Am liebsten würde ich sogar den Rock ausziehen, damit nur ja kein Schmutz an meine Decke kommt, doch dafür ist es bei uns meist nicht warm genug. Und außerdem ist meine Turnhose oft dreckiger als mein Rock. Ich falte die Decke ordentlich zusammen und hänge sie über die Lehne meines Stuhls.

Dorothea, die im Bett neben meinem schläft, kramt in ihrer Schatzkiste. Das ist ein Holzkästchen, in dem sie ihre geheimen Sachen aufbewahrt. Niemand weiß genau, was da alles drin ist, höchstens vielleicht Elisabeth, ihre Freundin. Dorothea zeigt uns ab und zu mal was, zum Beispiel eine Bernsteinkugel oder eine Briefmarke oder einen Ring, dann legt sie das Ding aber sofort wieder zurück. Und heimlich nachschauen geht nicht. Die Schatzkiste hat ein Schloss und Dorothea trägt den Schlüssel immer an einer Kordel um den Hals.

»Meinst du, du gewinnst den Preis?«, fragt sie. »Ich wüsste gerne, was für ein Preis es ist.«

Ich zucke mit den Schultern. Ich hoffe, dass ich den Preis gewinne, ich gebe mir ja auch große Mühe. Aber das würde ich nie laut sagen. Ich kann mir gut vorstellen, wie sie mich verspotten, wenn es dann doch nichts wird. Nein, ich sage nichts. Aber den Preis will ich bekommen, auch wenn ich nicht weiß, was er ist. Vielleicht Schokolade? Ein Buch? Oder Wasserfarben? Vielleicht auch ein Wunderknäuel. Jutta hat eines von ihrer Oma zum Geburtstag bekommen. Es ist ein Wollknäuel mit Stricknadeln, und wenn man die ganze Wolle verstrickt hat, findet man innen ein Geschenk. Jutta hat aber nicht gestrickt, sie hat das Knäuel einfach abgewickelt. Ein Fünfmarkstück war drin. Sie hat sich sehr gefreut und ist am Sonntag drauf ins Kino gegangen, in »Das doppelte Lottchen«. Sie hat uns hinterher den ganzen Film erzählt. Die Mädchen, die die Hauptrollen gespielt haben, sind Zwillinge. »Und eine von ihnen heißt auch Jutta«, hat Jutta stolz gesagt.

Dorothea klappt ihre Schatzkiste zu und schließt sie ab. Dann hebt sie meine Büchse hoch und schüttelt sie. Es scheppert laut.

»Ruhe!«, ruft Elisabeth. Sie liegt in ihrem Bett am Fenster, ein Buch in der Hand und ihre blöde Puppe im Arm. Nie darf jemand anders diese Puppe anfassen, da passt sie genau auf. Ich glaube, ich habe noch nie eine Puppe gehabt, jedenfalls erinnere ich mich nicht, dass ich je eine gehabt hätte. Neben ihr, mitten auf dem Nachttisch, steht ihre rote Sammelbüchse.

Plötzlich fällt mir etwas ein. Ich will nicht misstrauisch sein, aber man weiß ja nie. Ich hole mein Taschenmesser aus dem Ranzen, nehme Dorothea meine Sammelbüchse aus der Hand und ritze sorgfältig ein »H« in die rote Farbe. Klein und ganz unten, aber sichtbar. »Damit sie nicht aus Versehen vertauscht wird«, sage ich sehr laut, so laut, dass Elisabeth es bestimmt hört. »Schließlich sehen alle Sammelbüchsen gleich aus.«

»Manchmal bist du ganz schön schlau«, sagt Susanne von ihrem Bett an der Tür aus und ich halte Dorothea die Büchse wieder hin.

Könnte sein, dass Tante Lou doch Recht hat mit den Reichen, die Angst vor Diebstahl haben. Aber die Büchse gehört ja nicht mir, die gehört dem Müttergenesungswerk.

Oder der Ortsvorsitzenden, die den Preis gestiftet hat. Ich glaube, der Preis ist Schokolade.

Dorothea stellt die Büchse wieder auf meinen Nachttisch und trägt ihre Schatzkiste zum Schrank. Bevor sie ins Bett zurücksteigt, schüttelt sie noch einmal meine Büchse.

»Ruhe!«, brüllt Elisabeth jetzt so laut, dass Jutta im Schlaf zusammenzuckt. »Seid doch still, ich will mein Kapitel noch fertig lesen!«

Jutta schläft schon, wie üblich. Sie geht immer als Erste ins Bett und schläft so schnell ein, dass wir längst keine Rücksicht mehr auf sie nehmen. Eigentlich nehmen wir sowieso nie Rücksicht und bei Jutta gibt es auch keinen Grund dafür. Sie ist alles andere als stark. Sie ist sogar noch kleiner als ich, nur nicht so dünn.

Ich ziehe mich aus und schlüpfe in mein Nachthemd.

Die Tür geht auf. »Ihr seid ja noch gar nicht alle im Bett«, sagt Fräulein Urban, »und dabei hat es schon vor zehn Minuten gegongt. Jetzt aber dalli, wenn ihr keinen Strafpunkt wollt.« Ich mache einen Satz und ziehe mir die Zudecke bis zum Kinn.

»Hast du dich gewaschen oder bist du schon wieder so ins Bett?«, fragt Fräulein Urban. »Ich kenne doch meine Pappenheimer.«

»Ich war vorhin im Waschraum«, murmele ich. Und ich werde nicht mal rot dabei.

»Dann ist es ja gut«, sagt sie. »Elisabeth, leg das Buch weg. Gute Nacht, Kinder.«

Das Licht geht aus. Erst ist es ganz schwarz im Zimmer, dann gewöhnen sich die Augen daran und das Schwarz wird zu einem dämmrigen Grau. Wir haben nämlich keine Fensterläden, sondern nur beigefarbene Gardinen, und wenn der Mond scheint, ist es sogar so hell im Zimmer, dass ich die anderen in ihren Betten deutlich erkennen kann.

»Immer an der spannendsten Stelle«, knurrt Elisabeth durch die Dunkelheit. »Ich verstehe wirklich nicht, warum wir keine Nachttischlampen bekommen.«

Keine sagt etwas. Was soll man auf diese blöde Bemerkung auch antworten? Warum sollte jemand Nachttischlampen für uns kaufen? Außerdem kostet Strom Geld. Ich liege im Bett und starre an die Zimmerdecke, wie jeden Abend. Ich kann nämlich erst dann einschlafen, wenn die anderen schlafen, ich weiß auch nicht, warum das so ist. Von Anfang an war das so und es hat sich nicht geändert.

Ich denke an den Film, den Jutta gesehen hat. Zwei Mädchen treffen sich in einem Ferienheim. Was ist das eigentlich? Wer geht freiwillig in den Ferien in ein Heim? Jutta hat gesagt, es wäre ganz anders als bei uns und alle Mädchen wären sehr schön angezogen. Kann sein, es ist ja auch nur ein Film. Die beiden Mädchen sehen völlig gleich aus, und dann stellt sich tatsächlich heraus, dass sie Zwillinge sind. Eine lebt beim Vater und die andere bei der Mutter und natürlich geht alles gut aus und sie sind am Schluss alle vier wieder zusammen, die Zwillinge und ihre Eltern. Ich stelle mir vor, ich hätte eine Zwillingsschwester, die genauso aussieht wie ich. Aber sie lebt nicht bei irgendeinem Vater, sondern bei ganz reichen, lieben Leuten. Plötzlich bekomme ich eine solche Wut auf sie, dass ich heulen könnte. Ich sehe sie genau vor mir, in einem dotterblumengelben Kleid und mit einer weißen Schleife im Haar. Sie lacht. Sie lacht mich aus. Wut steigt mir in den Kopf und drückt von innen gegen meine Augen. Ich hasse sie, meine Schwester, weil sie es so gut hat. Jutta hustet im Schlaf und plötzlich muss ich lachen. Ich habe ja gar keine Schwester!

Susanne ist am Einschlafen, sie wirft sich schon die ganze Zeit hin und her. Erst Kopf und Schultern, dann nur noch den Kopf. Manchmal dauert es ewig, aber manchmal geht es auch sehr schnell. Bald höre ich Elisabeth leise schnarchen. Ihr Schnarchen geht mir auf die Nerven. Dabei kann sie gar nichts dafür, sie hat Polypen. Von Rosemaries Bett ist nichts zu hören, noch nicht mal ein Rascheln.

Und dann fängt Renate an zu weinen. Das ist jeden Abend das Schlimmste, weil ich dann schnell an irgendetwas sehr Schönes denken muss, sonst muss ich auch weinen. Renate weint leise, fast unhörbar, aber je länger sie weint, umso lauter kommt es mir vor. Und umso schwerer fällt es mir, an etwas anderes zu denken. Am liebsten würde ich mich an die Wurst erinnern, aber dann kann ich erst recht nicht einschlafen, weil ich auch noch Hunger bekomme. Abends vor dem Einschlafen an Essen zu denken ist wirklich das Dümmste, was man machen kann, ich kenne mich da aus.

Also denke ich an Orchideen. Wie sie aussehen, weiß ich nicht, ich kenne sie nur aus Büchern. Aber sie müssen wunderschön sein, weil das Wort so schön klingt. Orchideen. Orchi-deeee-en. Ich stelle mir vor, dass jeder, der sie sieht, wie verzaubert ist. Bestimmt haben sie große, sanfte Blüten. Nicht glänzend und knallig wie die Blumen, die in manchen Vorgärten wachsen, zum Beispiel Tulpen. Nein, ganz sanft müssen sie sein. Violett, karminrot, purpurfarben. Ich habe Fräulein Urban gefragt, was karminrot ist, und sie hat mir die Farbe in einem Malereibuch mit vielen Bildern gezeigt. Karmin ist ein dunkles Rot, ein ganz warmes. Das Karminrot in dem Buch war glänzend, das kann aber am Papier gelegen haben. Orchideen sind bestimmt nicht glänzend. Sie sind sanft und weich und so empfindlich, dass sie sofort dunkle Stellen bekommen, wenn man sie berührt. Ein bisschen wie Herbstzeitlose, nur viel größer und märchenhafter. So stelle ich sie mir wenigstens vor. Sie wachsen in den Tropen. Wo genau die Tropen sind, weiß ich auch nicht, jedenfalls weit weg.

Elfriede war im letzten Sommer in Italien. Ihre Mutter hatte im vergangenen Jahr nämlich einen Freund mit einem Auto. In Italien wachsen Palmen, hat Elfriede erzählt. Ich habe noch nie eine Palme gesehen. Tante Lou hat gesagt, wenn sie irgendwann mal viel Geld verdient, fahren wir auch nach Italien, wir beide. Und dann hat sie mir genau beschrieben, wie es dort aussieht. Das Meer blaugrün bis zum Horizont, der

Strand aus feinem, fast weißem Sand und hohe, schlanke Palmen unter einem knallblauen Himmel. Und erst die Nächte! Millionen Sterne an einem Himmel wie aus schwarzem Samt. Sie hat alles beschrieben, als wäre sie in Italien aufgewachsen. Dabei war sie auch noch nie dort. Aber sie weiß genau, wie es da aussieht, hat sie gesagt, und irgendwann …

Renate hat aufgehört zu weinen, sie schläft. Nichts ist mehr zu hören im Zimmer, kein Rascheln, nur noch Atmen und Elisabeths leichtes Schnarchen. Wenn ich nur wüsste, ob Rosemarie schläft. Aber bei ihr kann man das nie sicher wissen. Sie hat das Bett mir gegenüber, deshalb kann ich sie auch nicht sehen. Ich halte die Luft an und versuche, ihre Atemzüge zu hören. Sie scheint zu schlafen. Aber vielleicht stellt sie sich auch nur schlafend? Ich warte lieber noch eine Weile.

Dann fange ich an zu zählen. Manchmal weiß ich am nächsten Morgen noch, wie weit ich abends mit dem Zählen gekommen bin, aber meistens habe ich es vergessen.

4. Wer von Palästen träumt, verliert seinen Platz in der Hütte

Ich zähle und zähle, aber es nützt nichts. Ich kann einfach nicht einschlafen. Die Abende und Nächte im Heim sind ganz besonders schlimm. Vor allem, wenn man Schwierigkeiten mit dem Einschlafen hat. Und je mehr ich mich anstrenge, umso wacher werde ich. Deshalb beschließe ich, noch ein bisschen zu meinem Geheimplatz zu gehen. Sofort fühle ich mich wohler. Aber ich warte noch ein paar Minuten, um sicher zu sein, dass wirklich alle schlafen.

An meinem Geheimplatz habe ich auch mein Gedankenbuch versteckt, in das ich alle wichtigen Sätze schreibe, die mir einfallen. Ich bin doch nicht blöd und lasse das Buch hier im Zimmer, damit eine andere es findet. Zum Beispiel Elisabeth. Ich kann mir genau vorstellen, was dann passieren würde. Laut würde sie meine Sätze vorlesen und sich halb kranklachen. »Hört euch das an: ›Die Maus braucht nur den Käse zu sehen, schon tappt sie in die Falle.‹ Hahaha, die Zigeunerin hält sich wohl für eine Dichterin! Die glaubt wohl, sie ist besonders gescheit! Hahaha!«

Natürlich würde Elisabeth sowieso kein Wort davon verstehen. Zum Glück, sonst würde sie nur noch lauter lachen. Den Satz habe ich nämlich damals aufgeschrieben, als sie absichtlich ein Fünfzigpfennigstück im Fach unter ihrem Tisch liegen gelassen hat. Sie ist wirklich gemein. Fräulein Urban hat das Geld in meinem Ranzen entdeckt. Es hat nichts genützt, dass ich gesagt habe, ich hätte es auf der Straße gefunden, Elisabeth hatte vorher eine Kerbe in den Rand gefeilt und Dorothea war dabei gewesen. Warum habe ich das nicht gemerkt? Die Kerbe hätte mir auffallen müssen, ich passe doch sonst immer auf. Ich habe zur Strafe zwei Wochen Küchendienst bekommen und Elisabeth hat laut gesagt: »Da sieht man's mal wieder, alle Zigeuner klauen.«

Seither bin ich vorsichtiger, viel vorsichtiger. Und deshalb bleibt mein Gedankenbuch, wo es ist, auch wenn ich es manchmal gerne bei mir hätte, um etwas hineinzuschreiben, oder auch nur, um ein wenig darin zu blättern.

Den Weg zu meinem Geheimplatz würde ich im Schlaf finden, so oft bin ich ihn schon gegangen. Manchmal nehme ich ein Buch mit oder auch Papier und einen Bleistift, um Tante Lou einen Brief zu schreiben. Ich schreibe ihr oft abends Briefe, nur wegschicken tue ich sie selten. Ich will nicht, dass sie sich meinetwegen noch mehr Sorgen macht. Es nützt ja nichts, sie kann ohnehin nichts ändern. Höchstens wenn sie heiratet. Aber daran sollte ich lieber nicht denken, damit bin ich schon einmal reingefallen. Im letzten Winter hatte Tante Lou einen Mann kennen gelernt, einen Ingenieur, und sie hat gesagt, der könnte vielleicht der Richtige sein. Aber nach dreimal Tanzengehen war's dann schon wieder aus. Warum, weiß ich nicht, das hat sie mir nicht erzählt und ich habe nicht gefragt.

Jetzt schlafen bestimmt alle, auch Rosemarie. Ich steige leise aus dem Bett. Vorsichtshalber nehme ich einen Bleistift und mein Rechenheft mit. Das habe ich erst vor kurzem angefangen, deshalb könnte ich leicht die beiden mittleren Blätter herausreißen, falls ich es mir doch noch überlege und Tante Lou schreibe. Im Flur gehe ich dicht an der Wand entlang, denn in der Mitte gibt es viele Stellen, an denen die Bretter knarren. Das hört sich nachts besonders laut an. Auf der großen Uhr ist es kurz vor zehn.

Vorn auf der Diele, die von unserem Flur durch eine Glastür getrennt ist, brennt die Lampe die ganze Nacht hindurch, damit wir kein Licht anmachen müssen, wenn wir zur Toilette gehen. Die paar Schritte über die beleuchtete Diele bis zu dem kurzen Gang, der zum Handarbeitssaal führt, sind der gefährlichste Teil des Weges, weil Fräulein Urban plötzlich aus ihrer Wohnung kommen könnte.

Fräulein Urban wohnt nämlich direkt bei uns im Heim. Sie hat keine Familie, nur eine Freundin, die öfter kommt. Diese Freundin ist immer grau und lila angezogen und hat die Haare zu einem strengen Dutt im Nacken zusammengebunden. Sie wird vom ganzen Heim nur »die lilagraue Ogottogott« genannt, und alle lachen über sie, weil sie eine seltsame Art zu sprechen hat. Als würde sie singen oder gerade ein Gedicht aufsagen. Duro macht oft beim Essen ihr »Ogottogott« nach, vor allem, wenn Inge ihren lila Pullover anhat. »Ogottogott, Inge, siehst du heute aber elegant aus.«

Da bin ich auch schon von der Diele in den Gang eingebogen und mache leise die Tür zum Handarbeitssaal auf. Geschafft. Oder wenigstens fast.

Die Vorhänge zum Handarbeitssaal werden nie zugezogen und durch die Fenster fällt etwas Licht herein von den Straßenlaternen hinter dem Schulhof. Deshalb brauche ich keine Angst zu haben, dass ich aus Versehen gegen einen Stuhl oder einen Tisch rumple. Jetzt kann eigentlich nichts mehr passieren. Ich durchquere den Saal und stehe vor der Tür zum Kofferspeicher. Sie ist abgeschlossen, wie immer, aber ich weiß, wo der Schlüssel ist. Ganz oben in dem Regal, in dem die Kartons mit Scheren, Stricknadeln und Nähzeug stehen, ist eine Pappschachtel, in der liegt der Schlüssel. Wenn man auf einen Stuhl steigt, kommt man leicht dran.

Weil das Schloss und die Türangeln so laut gequietscht haben, habe ich vor einigen Monaten Maschinenöl reingegossen. Das war in einer kleinen Flasche mit einer langen Tülle oben auf dem Verschluss. Auf der Spitze der Tülle war dann noch mal ein kleines Deckelchen zum Abnehmen. Die Flasche habe ich mir abends aus Herrn Breitkopfs Werkstatt geliehen und am nächsten Mittag wieder hingebracht. Er hat es gar nicht gemerkt, glaube ich, jedenfalls hat es keinen Ärger gegeben. Seit ich die Tür gründlich geölt habe, quietscht sie nicht mehr und geht sehr leicht auf und zu.

Ich schließe sie sofort hinter mir mit dem Schlüssel ab. Ich habe nämlich keine Lust, mich erwischen zu lassen. Dann wäre es aus mit meinem Geheimplatz.

Hier auf dem Kofferspeicher ist es dunkel, denn das riesige Dach hat lediglich zwei winzige Klappfensterchen. Die taugen bloß zum Lüften, aber das ist sowieso überflüssig, denn es zieht schon genug durch die Ritzen zwischen den Ziegeln. Tagsüber fällt ein bisschen Licht herein, trotzdem nimmt Fräulein Urban immer eine Taschenlampe mit, wenn sie für eine von uns einen Koffer herausholt. Das Problem mit der Dunkelheit habe ich gelöst. Ich taste mich mit den Händen rechts die Wand entlang, bis ich den Balken gefunden habe, hinter dem mein Schatz unter alten Zeitungen versteckt liegt. Viele Kerzen, genau siebenundzwanzig sind es noch, große und kleine, dünne und dicke, manche nur Stummel, und zwei Schachteln Streichhölzer.

Die Kerzen habe ich letzten Winter aus verschiedenen Adventskränzen und von Weihnachtsbäumen geklaut, aus den Klassenräumen, von Fräulein Urban und von unserem Heimweihnachtsbaum, und die Streichhölzer bei Frau Breitkopf, die immer welche in ihrer Schürzentasche hat, um den Gasherd in der Spülküche anzuzünden. Nach der Arbeit zieht sie immer ihre Schürze aus und hängt sie über einen Stuhl, während sie sich die Haare vor dem Spiegel über dem Waschbecken kämmt. Man muss nur wissen, was man will, dann findet man auch eine Möglichkeit, es zu bekommen. Manchmal jedenfalls. Ich habe sogar eine kleine Taschenlampe. Die lag mal in der Schule im Flur auf einem Fensterbrett und ich habe sie einfach eingesteckt. Aber leider sind die Batterien schon lange leer und für neue habe ich kein Geld, deswegen nützt sie mir jetzt nichts mehr.

Ich zünde eine Kerze an, eine von den dicken. Jetzt brauche ich nicht mehr leise zu sein, hier hört mich so leicht keiner. Höchstens die Mäuse, aber die tun mir nichts, ich höre sie nur manchmal rascheln.

Ganz hinten unter der Dachschräge habe ich mir ein Plätzchen hergerichtet. Ich habe ein paar Koffer aufeinandergestellt, ein bisschen unordentlich, damit das Ganze irgendwie zufällig aussieht und nicht wie extra aufgebaut, um etwas zu verbergen. Hinter der Kofferwand liegt eine alte graue Wolldecke mit zwei braunen Streifen am Rand. Tante Lou hat genauso eine, nur ohne Brandlöcher, und die nennt sie Koldere. Mit Tante Lous Koldere decke ich mich zu, wenn ich bei ihr schlafe. Meine Koldere habe ich im Wäschekeller gefunden. Vermutlich hat sie keiner mehr gewollt, weil sie wirklich alt ist und ein paar kleine Brandlöcher hat. Mir ist das egal. Wenn es warm ist, kann ich auf meiner Koldere sitzen, und wenn es kalt ist, kann ich mich in sie hineinwickeln. Es ist ein schöner Platz, vor allem, wenn eine Kerze brennt. Dann sitze ich wie in einer kleinen Höhle. Nur noch ein Holzpfeiler ist zu sehen und die Rückseite der Kofferwand.

Der Kofferspeicher ist wirklich ein wunderbares Versteck. Seit ich auf die Idee gekommen bin, mich hier einzurichten, geht es mir im Heim ein bisschen besser, wenigstens abends nach dem Lichtaus. Schade nur, dass ich tagsüber nicht herkommen kann, aber da würde es bestimmt irgendjemandem auffallen. Außerdem sieht der Kofferspeicher bei Tag doch eher aus wie eine Rumpelkammer.

Ich stelle die Kerze auf die Koldere und hole mein Gedankenbuch aus seinem Versteck unter ein paar alten Ziegelsteinen. Mein Gedankenbuch ist eigentlich ein Poesie-Album. Tante Lou hat es mir letztes Jahr zum Geburtstag geschenkt und gesagt: »Lass alle deine Freundinnen hineinschreiben, Halinka. Später, wenn du eine erwachsene Frau bist, wirst du dich freuen, wenn du darin blätterst und dich an sie erinnerst.«

Seltsam. Wie kommt sie auf die Idee, dass ich Freundinnen haben könnte? Ich habe noch nie eine Freundin gehabt. Ich will auch keine. Wenn man Elisabeth und Dorothea beobachtet, die ja angeblich Freundinnen sind, dann kann einem wirklich die Lust vergehen. Elisabeth lässt Dorothea immer für sich arbeiten, Zimmerdienst, Schrank aufräumen, Pfortendienst, alles. Nur Spüldienst nicht. Dorothea hat nämlich einen Buckel. Eigentlich sagt man Höcker dazu. Jedenfalls darf sie nicht spülen, denn beim Spülen muss man lange gebückt stehen, manchmal über eine Stunde, und sogar mir tut hinterher der Rücken weh. Einmal hat Elisabeth versucht, mich zum Spüldienst zu überreden. Sie hat mir Bonbons angeboten, aus den Päckchen, die sie alle zwei Wochen von zu Hause bekommt. Seither weiß ich, warum Dorothea alles für Elisabeth macht. Ich nicht, ich habe ihr vor die Füße gespuckt. Voller Verachtung, so habe ich das irgendwo gelesen.

Nein, ich will keine Freundin und mich später an alle erinnern will ich erst recht nicht. Ich will sie vergessen. Ich mag nicht viele Leute, und mich mögen, glaube ich, noch weniger. Renate finde ich ganz nett, obwohl sie nichts sagt außer so normale Sachen wie »Wie viel Uhr ist es?« oder »Was gibt es heute zum Mittagessen?« oder »Im Waschraum ist eine Birne durchgebrannt«. Seit Renate da ist, denke ich viel öfter an Orchideen. Ich weiß nicht, warum. Vielleicht, weil sie so bräunlich und sanft aussieht. Sie hat hellbraune Haare, hellbraune Augen und eine hellbraune Haut. Trotzdem verstehe ich es nicht ganz, denn Orchideen sind violett, purpurfarben und karminrot.

Ich greife nach meiner geheimen Riechdose, einer Dose Pelikanol. Der Klebstoff ist noch ziemlich neu, ich habe ihn erst vor zwei Wochen erwischt und dann die alte Dose, die fast nicht mehr gerochen hat, weggeworfen. Langsam schraube ich den Deckel ab und halte die Dose an meine Nase. Ich bin ganz wild darauf, Pelikanol zu riechen. Was für ein Geruch! Ein bisschen nach Marzipan und ein bisschen nach etwas Fremdem, Geheimnisvollem. Wenn ich Pelikanol rieche, vergesse ich das Heim und alles andere. Ich habe früher gar nicht gewusst, dass es so einen tollen Geruch gibt, bis Fräulein Urban vor Weihnachten mit uns gebastelt hat. Manchmal schmiere ich mir mit dem kleinen Pinsel, der in der Dose ist, noch ein bisschen Pelikanol auf die Handfläche, bevor ich wieder ins Bett gehe. Dann kann ich es noch beim Zählen riechen.

Nein, ich will nicht, dass Renate meine Freundin wird. Warum sollte ich mir unnötig das Leben schwer machen? Was nützt eine Freundin, die nicht stark ist? Ganz klar, so jemand kann einem nur schaden.

Als kleine Schwester würde ich sie allerdings sofort nehmen. Vielleicht könnte ich ihr dann beibringen, wie man nicht mehr weint? Ich habe viel mehr Erfahrung als sie, ich bin ja auch ein halbes Jahr älter als sie. Renate gehört zu den Jüngsten in unserer Klasse.

Jeden Abend im Bett weinen! Wer tut schon so etwas? Obwohl ich manchmal den Verdacht habe, dass sie erst weint, wenn sie glaubt, dass alle außer ihr schlafen. Das könnte gut sein, mir merkt nämlich niemand an, dass ich noch wach bin. Ich kann vollkommen ruhig liegen und gleichmäßig atmen, das habe ich lange genug geübt. Rosemarie kann es übrigens genauso gut wie ich.

Rosemarie wäre eine nützliche Freundin. Sie ist ziemlich groß und stark. Und sie lässt sich nichts gefallen. Sogar Elisabeth traut sich nicht, ihr was zu tun. Sie sieht auch schön aus.

Aber sie ist dumm, glaube ich. In der Schule ist sie jedenfalls sehr schlecht. Das macht ihr aber nichts aus, sie erbt sowieso später einmal das Café, dafür braucht sie kein gutes Zeugnis, sagt sie. Ihre Mutter hat ein Café, das die ganze Nacht offen ist, deswegen ist Rosemarie auch hier im Heim. Sie sagt, es wäre ein Café, und Elisabeth sagt, es wäre ein Bordell. Ein Bordell ist ein Haus, in das Männer kommen, weil sie Frauen lieben wollen. Elisabeth sagt dazu ficken. Ich weiß nicht, was das heißen soll. Oder wenigstens nicht genau, nur so ungefähr. Tante Lou hat gesagt, ficken wäre ein schlimmes Wort und das dürfte ich nicht benutzen. Ich sollte sagen, ein Mann und eine Frau lieben sich. Manchmal ist Tante Lou wie ein Kind, und es gibt Sachen, die versteht sie einfach nicht. Mir macht so schnell niemand was vor, und später, wenn ich erwachsen bin, werde ich auf Tante Lou aufpassen, damit ihr keiner wehtut.

Rosemarie hat rötliche Locken und eine sehr weiße Haut, sie wird auch im Sommer nicht braun. Ich finde, sie ist das schönste Mädchen vom ganzen Heim. Sie weiß, wie hübsch sie aussieht. Zu Hause, im Café ihrer Mutter, laufen ihr alle Männer nach, sagt sie. Sie hat schon Brüste. Ich noch nicht, obwohl meine Brustwarzen in der letzten Zeit etwas dicker geworden sind. Aber sie sind hellrosa und nicht größer als mein kleiner Fingernagel und ihre sind sehr groß und dunkelbraun.

Rosemarie ist für mich ein Problem. Ein viel größeres Problem als Elisabeth. Elisabeth ist einfach gemein, und von einem Wolf erwartet man nicht, dass er schnurrt. Rosemarie ist nicht gemein, nicht wirklich gemein. Sie ist gleichgültig.

249

Manchmal wartet sie abends, bis die anderen eingeschlafen sind, dann steht sie plötzlich neben meinem Bett. Ich fühle sie, noch bevor ich sie sehe. Ohne etwas zu sagen, setzt sie sich auf mein Bett, schiebt die Zudecke zur Seite und legt sich neben mich. Ich weiß genau, was sie will, auch wenn ich mich nicht daran erinnern kann, dass sie es mir je gesagt hätte. Ich weiß nicht mehr, wann es das erste Mal war. Aber ich weiß genau, was sie will.

Sie liegt auf dem Bauch, das Nachthemd hochgeschoben bis zum Hals, und ich streichle ihr den Rücken. Nicht mit der ganzen Hand, sondern mit den Fingerspitzen. Ganz weich und sanft. So hat sie es gerne. Sie sagt kein Wort, aber ich merke an der Art, wie sie sich unter meinen Fingerspitzen bewegt, dass ich es richtig mache. Dass es ihr gefällt. Ihre Haut fühlt sich weich und warm und wunderbar an. Sie ist nicht dick, eigentlich sogar schmal, aber nichts an ihr ist knochig, noch nicht mal ihre Knie. Und sogar ihre Schulterblätter sind weich. Wenn ich mich der Stelle unter ihren Achseln nähere, schiebt sie den Oberarm zur Seite. Ich weiß das, es ist jedes Mal so. Ich fahre mit den Fingerspitzen zu der Stelle zwischen Schulterblättern und Achseln, da, wo sie schon winzige, lockige Haare hat. Und dann noch ein bisschen tiefer. Genau dahin, wo ihre Brust anfängt rund zu werden. Sie sagt nichts. Sie liegt ganz still. Ich weiß nie, was sie denkt. Vielleicht denkt sie gar nichts. Rosemarie, die Dumme. Manchmal werde ich so wütend, dass ich sie am liebsten schlagen würde, aber das tue ich natürlich nicht. Vielleicht ist sie gar nicht so dumm, vielleicht ist das nur ihr Trick, wie sie die anderen in Schach hält.

Aber wenn sie von mir etwas will, warum sagt sie es nicht? Nie sagt sie etwas. Nie, nie, nie. Manchmal umarmt sie mich und drückt sich fest an mich. So liegen wir dann ganz lange. Aber am nächsten Morgen ist es immer so, als wäre nichts gewesen. Als hätte sie sich nicht neben mich gelegt. Und wenn Elisabeth eine blöde Bemerkung über Zigeuner macht, lacht Rosemarie mit.

Manchmal mag ich sie sehr, weil sie so schön ist, jedenfalls schaue ich sie gern an. Und vielleicht könnte sie meine Freundin sein, wenn sie nicht am nächsten Morgen alles vergessen hätte.

Mich streichelt sie übrigens nie. Das ist mir auch ganz recht. Ich habe Angst, sie könnte fragen, woher meine Narben sind. Aber sie tut es ja zum Glück nicht. Sie geht wieder in ihr Bett und ich bleibe allein zurück. An den Abenden, an denen sie zu mir unter die Decke gekrochen ist, fühle ich mich hinterher wirklich sehr allein. Dann wünsche ich mir eine Freundin. Aber nicht sehr lange. Morgens, beim Aufstehen, schaue ich nicht zu ihrem Bett hinüber, aber wenn ich ihre Stimme höre, fange ich an zu zittern. Das hält mindestens einen halben Tag an. Nie hat sie etwas Besonderes zu mir gesagt. Sie spricht überhaupt nicht viel. Aber wie hat sie gemerkt, dass ich eine bin, mit der man so etwas machen kann? »Zigeunerinnen«, sagt Elisabeth, »sind alle Huren. Jeder Mann kann sie kaufen, wenn er nur genug bezahlt.«

Noch nie hat Rosemarie mich am Tag angeschaut. Tagsüber bin ich Luft für sie. Manchmal, wenn sie eine ganze Woche oder zwei nicht zu mir gekommen ist, frage ich mich, zu wem sie stattdessen gegangen ist. Obwohl ich genau weiß, dass ich immer als Letzte einschlafe, schaue ich dann die anderen Mädchen im Zimmer an und denke: Zu ihnen nicht. Da bin ich ganz sicher. Zu denen geht sie nicht. Aber zu mir ist sie auch schon lange nicht mehr gekommen.

Gestern habe ich sie mit Duro gesehen. Sie haben zusammen auf der Wiese neben dem Sportplatz gesessen und eifrig miteinander geredet. Ausgerechnet Duro, die fette Kuh! Mir ist es egal.

Ich stelle die Pelikanol-Dose zur Seite, schlage mein Gedankenbuch auf und schreibe etwas Wichtiges hinein: »Man sollte sich nie etwas Unmögliches wünschen. Wer von Palästen träumt, verliert seinen Platz in der Hütte.« Dann greife ich wieder nach meiner Dose. Noch ein bisschen riechen, bevor ich ins Bett gehe.

5. Wer eine fette Gans schlachten will, muss sie erst mal gut füttern

Am nächsten Morgen in der Schule kann ich überhaupt nicht aufpassen, ich muss dauernd ans Sammeln denken. Ans Sammeln und an den Preis. Irgendwie muss ich die Leute dazu bringen, dass sie mir mehr Geld in die Büchse werfen als den anderen. »Wer eine fette Gans schlachten will, muss vorher gut füttern«, sagt Tante Lou. Und ich will eine fette Gans schlachten, ich will den Preis! Unbedingt! Vielleicht ist der Preis ein Buch? Vielleicht ein großer Wasserfarbkasten, wie Rosemarie einen hat? Vierundzwanzig verschiedene Farben sind drin.

Dann habe ich eine grandiose Idee.

In der Pause schleiche ich mich heimlich zum Werkraum und klaue mir aus der Schublade ein Stück Zeichenkohle. Damit werde ich mir schwarze Ringe unter die Augen malen, dann sehe ich noch bedauernswerter aus. Dann müssen die Mütter mit ihren hübsch angezogenen Kindern noch mehr Geld in meine Büchse werfen. Hach! Geschieht ihnen recht. Warum, weiß ich auch nicht, aber recht geschieht es ihnen! Mütter mit hübsch angezogenen Kindern kann ich nicht ausstehen.

In der fünften Stunde bekommen wir das Diktat zurück, das wir letzte Woche geschrieben haben. Ich habe eine Vier, schade. Aber das hätte ich mir denken können. Im Diktat bin ich schlecht. Vielleicht liegt es daran, dass ich zuerst in Polen in die Schule gegangen bin und erst später Deutsch gelernt habe. Vielleicht bin ich auch einfach zu blöd fürs Diktat. Sonst bin ich ganz gut in der Schule, besonders im Aufsatzschreiben und im Rechnen. Ich gebe mir aber auch Mühe, schon weil Tante Lou das will.

Vor dem Mittagessen wird bei uns die Post ausgeteilt. Fräulein Urban hat sie vor sich auf dem Tisch liegen und ruft die Einzelnen auf. Diesmal ist tatsächlich ein Brief für mich dabei, der Brief, auf den ich schon so lange gewartet habe. Von Tante Lou natürlich, von wem sonst? Ein brauner, länglicher Umschlag. Ich mache ein gleichgültiges Gesicht, als ich ihn in Empfang nehme, aber meine Hand zittert.

Die anderen reißen ihre Briefe sofort auf und fangen schon beim Gehen an zu lesen. Das würde ich nie tun. Mein Brief gehört mir, nur mir allein. Man soll mir noch nicht einmal ansehen, wie ich mich freue. Ich halte den Umschlag nur ganz kurz gegen das Fenster. Aber das Papier ist zu dick, ich kann nicht sehen, was drin ist.

»Na, Halinka, willst du deinen Brief denn nicht aufmachen und lesen?«, fragt Fräulein Urban.

Ich gebe ihr keine Antwort. Ich stopfe den Umschlag unter meine rote Bluse, die Tante Lou mir in den Osterferien gekauft hat, und setze mich schnell an meinen Platz. Ich tue so, als wäre nichts Besonderes, aber in mir singt es. Tante Lou, Tante Lou, Tante Lou! Ich habe schon so lange auf diesen Brief gewartet.

Inge hat ein Päckchen bekommen. »Von meiner Mutter«, sagt sie und legt es neben ihren Teller.

Duro fragt sie, warum sie es denn nicht gleich aufmacht,

aber so blöd ist Inge nicht. Damit sie Duro etwas abgeben muss? Sie schüttelt nur den Kopf.

Wer weiß, was alles drin ist in dem Päckchen. Bonbons natürlich, in allen Päckchen sind Bonbons. Manchmal auch Schokolade oder ein Buch oder was zum Anziehen. Elisabeth hat neulich einen braunen Nicki bekommen und dazu ein grünes Nickituch.

Der Brief von Tante Lou raschelt unter meiner Bluse, aber so leise, dass nur ich es höre. Briefe von Tante Lou sind schön. Nicht weil sie lange Briefe schreiben würde, in denen etwas Richtiges drinsteht, eine Geschichte oder so. Das tut sie nicht, weil sie nämlich nicht gut Deutsch schreiben kann, und ich habe mein Polnisch fast vergessen. Aber erstens ist Tante Lou die Einzige, die mir schreibt, ich habe sonst niemanden, und außerdem ist in ihren Briefen immer etwas drin. Fast immer jedenfalls. Manchmal ein Fünfmarkschein und manchmal ein Zehner, der ist dann für ein Zugbillett. Diesmal wird ein Zehnmarkschein drin sein, da bin ich sicher. Und dann fahre ich am Wochenende zu ihr. Es ist auch höchste Zeit, ich halte es hier kaum mehr aus.

Alle vier Wochen darf man vom Heim aus nach Hause fahren und ich war schon so lange nicht mehr bei Tante Lou. In den Pfingstferien ging es nicht, weil die Frau, bei der sie zur Untermiete wohnt, ihren Sohn und ihre Schwiegertochter mit den Kindern zu Besuch hatte. Die Wohnung war zu voll, deshalb hat sie nicht erlaubt, dass ich komme.

Tante Lou hat mich am Pfingstsonntag besucht und wir sind lange spazieren gegangen. Quer durch den Wald bis zum Aussichtslokal. Dort haben wir Limonade getrunken und dann sind wir wieder zurückgegangen. Gegen Abend ist Tante Lou weggefahren und ich bin ganz allein hiergeblieben. Seit fast neun Wochen bin ich jetzt ununterbrochen im Heim, das kommende Wochenende wäre das neunte.

Nach dem Mittagessen gehe ich sofort aufs Klo, verriegle sorgfältig die Tür und reiße den Umschlag auf. Kein Zehnmarkschein, noch nicht mal ein Fünfer. Überhaupt kein Geld, nur ein ziemlich kurzer Brief.

Sie hat zwei Wochen nicht arbeiten können, weil sie Grippe hatte, deshalb kann sie mir noch kein Geld schicken. Jetzt ist sie wieder gesund. »Du musst noch ein bisschen Geduld haben«, schreibt sie. Aber sie hat mich sehr lieb und schickt mir viele Küsse und Uncle Sam Silver lässt mich ebenfalls grüßen.

Ein schöner Brief, auch wenn er so kurz ist. Ich muss ein bisschen weinen. Aus Freude oder aus Enttäuschung, das weiß ich selber nicht. Ich wäre so gern zu Tante Lou gefahren.

Draußen klopft jemand an die Klotür. Ich kümmere mich eine Weile nicht darum, ich hasse es, wenn ich mich so beeilen muss. Und erst recht hasse ich es, wenn mir jemand ansieht, dass ich geweint habe. Langsam falte ich das Blatt zusammen, stecke es wieder in den Umschlag und dann den Umschlag in mein Unterhemd. Das ist ein sicherer Platz, mein Rockbund ist eng genug, damit der Umschlag nicht rausrutschen kann. Er fühlt sich kühl an und kratzt ein bisschen.

Wieder wird an die Tür geklopft, oder besser gesagt, gehämmert. So eine blöde Kuh, die da draußen. Sie könnte doch zum anderen Ende vom Flur gehen, dort gibt es zwei Toiletten nebeneinander.

256

»Ich hab dich sehr lieb«, hat Tante Lou geschrieben. Ganz am Anfang, als ich ins Heim gekommen bin, ins frühere, hat sie »lib« geschrieben, ohne »e«. »›Lieb‹ schreibt man mit ›ie‹«, habe ich geantwortet, und sie hat zurückgeschrieben, das würde sie sich gut merken. »Lieb« sei ein sehr wichtiges Wort, das dürfe man nicht falsch schreiben.

Wieder wird geklopft und jemand schreit: »Komm endlich raus!«

Natürlich erkenne ich die Stimme sofort. Es ist Elfriede.

Wenn ich das gewusst hätte! Mit der würde ich mich nie anlegen, dazu ist sie viel zu groß und zu stark und vor allem schlägt sie viel zu schnell zu. Warum hat sie denn nicht gleich gesagt, dass sie es ist? Manchmal vergesse ich immer noch, dass es hier sehr viele gibt, die größer und stärker sind als ich. Im Hildegardis war das was anderes, da war ich eine von den Großen.

Jetzt beeile ich mich wirklich. Als ich die Tür aufmache, ziehe ich den Kopf ein und halte die Hände vors Gesicht. Deshalb trifft mich Elfriede nur einmal auf die linke Backe, da aber richtig.

»Das nächste Mal gehst du sofort raus, wenn jemand anders muss, verstanden?« Da ist sie auch schon im Klo und schiebt noch nicht mal den Riegel vor, so eilig hat sie es. Zum Glück hat sie mich vor lauter Wut nicht richtig angeschaut. Bestimmt hat sie meine verweinten Augen nicht bemerkt.

Ich gehe in den Waschraum und betrachte mich im Spiegel. Meine Augen sind rot, aber das würde im Moment keinem auffallen, denn meine Backe ist noch viel röter und schwillt an. Die Finger zeichnen sich jetzt schon als weiße Streifen ab.

Spätestens in einer Stunde ist es wieder vorbei, ich kenne das. Bei mir sieht man jeden Schlag und jeden Kratzer doppelt so deutlich wie bei anderen.

»Das ist eine allergische Reaktion«, hat der Doktor im Sanatorium gesagt. »Deine Haut reagiert extrem empfindlich auf jede Reizung.«

Tante Lou, die dabei war, hat meine Hand gestreichelt und gesagt: »Ihre Seele auch.«

Der Arzt hat sie angeschaut, als wäre sie übergeschnappt. Mir war es peinlich. Mir ist es immer ein bisschen peinlich, wenn Tante Lou vor fremden Leuten so etwas sagt. Aber wenn wir alleine sind, höre ich ihr gerne zu. Sie sagt so schöne Sachen.

Manchmal ist so eine allergische Reaktion auch nützlich. Letztes Jahr hat mir ein Vertretungslehrer, der mich nicht kannte, eine Ohrfeige gegeben, ich weiß schon nicht mehr, warum. Jedenfalls ist meine Backe dick angeschwollen und rot geworden und bestimmt hat man auch alle Finger gesehen. Er hat mich ganz entsetzt angestarrt, dann hat er mich hinaufgebracht ins Heim, ins Krankenzimmer, und gesagt, ich soll mich hinlegen und ausruhen. Natürlich habe ich mich den ganzen Vormittag ausgeruht, ich wäre ja blöd, wenn ich es nicht getan hätte. Mittags hat mir der Krankendienst etwas zu essen gebracht, deshalb bin ich bis zum Abend im Bett liegen geblieben und habe gelesen. Vor dem Abendessen ist dann Fräulein Urban gekommen und hat mich hinuntergejagt in den Speisesaal. Sie kennt meine allergische Reaktion und nimmt sie nicht besonders ernst. Kann ich ja auch verstehen.

Ich wasche mir die Augen mit kaltem Wasser, bis man fast nichts mehr sieht vom Weinen, dann gehe ich in unser Zimmer. Nur Elisabeth, Susanne und Renate sind da. Elisabeth liegt auf dem Bett und zieht mal wieder ihre Puppe um. Renate schaut mich erschrocken an, und Susanne fragt, wer das getan hat. »Elfriede«, sage ich und lege mich auf mein Bett. Meine Backe brennt, meine Augen brennen und mein Bauch tut weh. Vielleicht werde ich krank.

Ich bin oft krank. Ich habe irgendeine Krankheit, für die Doktor Zuleger, unser Heimarzt, keinen Namen weiß. Das hat er jedenfalls gesagt. Ich muss dann brechen, der Bauch tut mir weh, der Kopf, einfach alles. Und ich bin so müde, dass ich dauernd schlafe. Ich schlafe und weine. Nach zwei, drei Tagen habe ich dann genug geschlafen und geweint und alles ist wieder normal. Früher, im Hildegardis, war es noch viel schlimmer als hier. »Du wirst älter«, hat Doktor Zuleger gesagt, »und irgendwann ist es dann vorbei.« Hoffentlich hat er Recht!

Ich drücke das Gesicht in meine Tagesdecke. Das nächste Mal, wenn ich bei Tante Lou bin, werde ich sie bitten, dass sie mir wieder ein bisschen von ihrem Parfüm mitgibt, und das tu ich dann auf meine Decke, damit sie nach ihr riecht. »Du hast eine Nase wie ein Fuchs und Augen wie ein Adler«, hat Tante Lou einmal zu mir gesagt. »Du wirst dich schon durchschlagen.« Ich war ein bisschen stolz, als sie das gesagt hat.

Aber es stimmt, ich habe wirklich eine gute Nase. Übrigens, etwas ist seltsam. Alles, was man sieht oder hört, kann man leicht behalten, aber Gerüche nicht. Nur wenn man etwas Bestimmtes wieder riecht, erinnert man sich plötzlich daran, dass man den Geruch kennt, und versteht gar nicht mehr, wie man ihn vergessen konnte.

Als ich höre, wie Elisabeth ihre Büchse nimmt und zur Tür geht, weiß ich, dass es kurz vor halb drei sein muss, Elisabeth hat nämlich eine eigene Armbanduhr. Ich warte, bis die Tür hinter ihr zugefallen ist, dann stehe ich auf. Mit der geklauten Zeichenkohle gehe ich wieder in den Waschraum, zum Spiegel. Von der Ohrfeige ist schon nichts mehr zu sehen. Ich male mir wunderschöne schwarze Ringe unter die Augen. Dann wische ich mit meinem Rockzipfel wieder ein bisschen Farbe weg, weil mir die Ringe doch etwas zu schwarz geraten sind. Jetzt habe ich schwarze Streifen auf der rechten Backe. Ich wische und male und male und wische, bis ich endlich zufrieden bin. Wenn ich das Gesicht ganz nah an den Spiegel halte, erkenne ich natürlich die beiden Kohlestriche, aber wenn ich zwei, drei Schritte zurücktrete, sieht es ganz echt aus. Ein armseliges Mädchen mit tiefen Ringen unter den Augen. Ich muss nur aufpassen und den Kopf senken, wenn jemand nah vor mir steht. Aber von weitem wirkt es prima.

Dann hole ich meine Büchse und renne los. Die Tür zum Aufenthaltsraum ist offen. Im Vorbeigehen sehe ich, dass Herr Sauer heute Aufsicht hat. Der kümmert sich nie um was. »Hauptsache, der Krach hält sich in Grenzen«, sagt er immer, »alles andere ist mir egal.« Und so benimmt er sich auch. Wenn eine von uns etwas vorhat – heimlich abhauen, wenn eigentlich kein Ausgang ist, oder so was –, dann wartet sie, bis Herr Sauer Dienst hat.

Alle Lehrer müssen abwechselnd nachmittags im Heim Aufsicht machen. Am schlimmsten ist Frau Knieser. Die schleicht, wenn sie da ist, ständig im Flur herum und lauert nur darauf, dass sie uns bei irgendwas Verbotenem ertappt. Aber Frau Knieser hat nur selten Aufsicht, weil sie eine kranke Mutter zu Hause hat, die sie pflegen muss. Vielleicht sagt sie das auch nur, weil sie nicht gerne bei uns Dienst macht. Man könne sich nicht auf uns verlassen, sagt sie. Lieber würde sie einen Sack voll Flöhe hüten.

Ich würde auch nicht gerne Dienst im Heim machen. Alles lieber als das. Ich würde freiwillig kein Heim betreten.

6. Wenn das Glück kommt, muss man ihm einen Stuhl hinstellen

Herr Breitkopf schließt mir die Tür auf. »Du bist spät«, sagt er, »die anderen sind schon alle weg.«

Was geht ihn das an? Soll er sich doch um seinen eigenen Kram kümmern. Immer muss hier jemand meckern, und nichts kann man machen, ohne dass jemand was dazu sagt. Ich ärgere mich so, dass ich drauf und dran bin, ihm eine freche Antwort zu geben. Gerade noch rechtzeitig fallen mir die Kohlestriche ein und ich schleiche wortlos und mit gesenktem Kopf an ihm vorbei. Ich muss wirklich aufpassen. Zum Glück ist der Himmel heute bedeckt, bei Sonne würde man meinen Trick viel leichter bemerken.

Zwei Häuser weiter bleibe ich verblüfft am Zaun stehen. Der Hund ist draußen, zum ersten Mal. Ich verstehe es nicht. Er ist überhaupt nicht groß und schwarz und ein bisschen unheimlich. Ganz im Gegenteil. Er geht mir höchstens bis zum Knie und ist hellbraun. So kann man sich irren. Nie könnte ich zu dem einfach »Fass!« sagen und schon würde er alle beißen. Vor dem da hätte niemand Angst. Vielleicht haben die Leute zwei Hunde?

Dieses Hündchen da und noch einen richtigen? Der da kommt sogar zum Zaun und wedelt freundlich mit dem Schwanz. Ich halte ihm meine Hand hin und er leckt sie mit seiner langen, feuchten Zunge. Ein nettes Schoßhündchen, da kann man nichts sagen. Trotzdem gehe ich enttäuscht weiter.

Mein Platz vor der Metzgerei ist frei. Aus dem Laden kommt die schrille Stimme: »Was darf's denn sein?« Ich lehne mich an die Wand neben dem Eingang.

Mein Trick mit dem bedauernswerten Aussehen klappt. Er klappt wirklich über Erwarten gut. Gleich die zweite Frau sagt »Wart mal« und wühlt in ihrer Einkaufstasche. Ich halte den Kopf gesenkt, damit sie die Zeichenkohle nicht erkennt. Sie drückt etwas zwischen meine Finger und die Sammelbüchse. Die ist nämlich inzwischen so schwer, dass ich sie nicht dauernd am Griff halten kann. Eine Tafel Schokolade. Eine ganze Tafel Vollmilchschokolade! Ich muss mir große Mühe geben, weiter ein gleichgültiges Gesicht zu machen. Am liebsten wäre ich in die Luft gesprungen vor Freude. Am liebsten hätte ich die Frau umarmt. Eine ganze Tafel Schokolade! Das ist doch schon so was wie ein Preis! Und dann wirft sie sogar noch Geld in meine Sammelbüchse.

Ich schaue der Frau nach. Sie ist richtig dick und hat einen braunen Rock und eine weiße Bluse an. Die Bluse spannt über dem Rücken, man sieht deutlich, wie ihr Büstenhalter einschneidet. Dicke Speckwülste hat sie. Da dreht sie sich noch einmal zu mir um. Jetzt ist sie so weit weg, dass sie die Kohlestriche unter meinen Augen bestimmt nicht mehr erkennen kann. Ich drücke mit der linken Hand die Büchse an den Bauch, mit der rechten, in der ich die Schokolade halte, winke ich ihr zu und rufe: »Vergelt's Gott«, wie die alten Frauen sagen. Sie lacht und winkt zurück.

Schnell schiebe ich die Tafel Schokolade in die Tasche meiner grünen Windjacke und schaue mich nach meinem nächsten Opfer um.

Die Leute sind selber schuld, wenn sie so blöd sind. Huckleberry Finn hätte die Idee mit der Zeichenkohle gut gefallen, da bin ich sicher, aber draufgekommen wäre er bestimmt nicht. Der hat ja auch nie sammeln müssen, der hat einen richtigen Schatz gefunden. Und wie gescheit er das Geld vor seinem Vater gerettet hat! Der hätte doch auf der Stelle alles versoffen.

Eine alte Frau kommt aus der Bäckerei, jetzt ist keine Kundin mehr drin. Eine gute Gelegenheit, sich ein Brötchen zu besorgen.

Schnell drücke ich die Tür auf. Eine ziemlich mollige, jüngere Frau sitzt auf einem Stuhl hinter der Theke. Sie sieht gemütlich aus. Sie hat die Arme aufgestützt, und vor ihr, gleich neben der Kasse, steht ein großes Glas mit Waffeln. Die Schaumfüllungen sind rosa, gelb und hellgrün, genau wie in der Bäckerei neben dem Haus, in dem meine Mutter wohnt. Oder gewohnt hat. Vielleicht ist sie ja umgezogen, ich weiß es nicht. Auf der anderen Seite der Theke steht eine große Schale mit aufgehäuften Kaffeestückchen, Schnecken und Hörnchen. Sie sind mit einem weißen Zuckerguss überzogen, und am Rand, wo der Zuckerguss ganz dünn wird, kann ich deutlich dunkle Hügelchen erkennen. Rosinen.

In dem Laden riecht es wunderbar nach Brot und Kuchen. Draußen habe ich das gar nicht gemerkt. Aber erstens ist die Ladentür immer zu, im Gegensatz zur Metzgerei nebenan, und zweitens überdeckt der starke Räuchergeruch von Wurst den viel sanfteren Brotgeruch. Wenigstens bei meiner Nase ist das so, für die riecht nichts stärker als Wurst.

»Was willst du?«, fragt die Frau hinter der Theke und steht auf.

Ich hebe meine Büchse und strecke sie ihr entgegen.

Sie winkt ab. »Bei uns hat gestern schon jemand an der Wohnungstür gesammelt und zweimal spenden tu ich nicht.«

An ihrer Stimme merke ich, dass ich mich geirrt habe. Sie ist nicht gemütlich. Aber so schnell gebe ich nicht auf. Ich bleibe stehen und starre an ihr vorbei zu den Regalen an der Rückwand des Ladens. Brote in allen Größen und ein Fach mit Brötchen. Wasserwecken und Milchbrötchen, die in der Mitte eingekerbt sind.

Die Frau folgt meinem Blick und verzieht ärgerlich das Gesicht. »Ist noch was?«, fragt sie. »Geh jetzt. Ich will nicht, dass du hier im Laden sammelst und meine Kunden belästigst.«

Innerlich murmele ich einen Fluch, laut traue ich mich nichts zu sagen. Dann gehe ich wieder hinaus. Ohne Brötchen und ohne Waffelbruch. Am liebsten hätte ich allerdings ein Kaffeestückchen gehabt, mit Rosinen und mit weißem Zuckerguss. Aber es hilft nichts. Wer ein kaltes Herz hat, ballt eher die Faust in der Tasche, als dass er etwas gibt. Soll sie doch an ihrem Geiz ersticken!

Meine Enttäuschung hält aber nicht lange vor. Wie könnte sie auch! Ich habe doch eine ganze Tafel Schokolade in der Tasche und außerdem stehe ich vor der Metzgerei von der Frau mit den zwei Stimmen. »Komm doch morgen wieder vorbei«, hat sie gesagt, und es hat sich angehört, als meine sie es ernst.

Mit Schokolade in der Tasche ist der Geruch nach Wurst fast erträglich. Trotzdem schaffe ich es nicht, so lange zu warten wie gestern, das wäre auch nicht sehr gescheit. »Wenn das Glück kommt, muss man ihm einen Stuhl hinstellen«, sagt Tante Lou immer. Als der Schatten vom Haus gegenüber gerade erst bis zur Straßenmitte reicht, warte ich ab, bis keine Kunden mehr im Laden sind, dann gehe ich hinein.

Ich halte der Frau meine Büchse hin, genau wie gestern, und senke dabei vorsichtshalber den Kopf. Die Theke ist nicht sehr breit, und ich weiß nicht, ob sie die Kohle unter meinen Augen erkennen kann oder nicht. Außerdem wirkt ein gesenkter Kopf bescheiden und alle Leute haben bescheidene Kinder lieber als unverschämte.

»Da bist du ja wieder«, sagt sie, diesmal sofort mit ihrer Zweitstimme, der sanften, und hält mir etwas hin. Ein Wiener Würstchen, stelle ich mit einem schrägen Blick nach oben fest. Nein, zwei. Ich schnappe sie so schnell, wie es mit gesenktem Kopf eben geht. Heute kann ich sofort »Danke« sagen. Man gewöhnt sich an alles, sogar an was Gutes. Noch einmal erscheint ihre Hand, diesmal mit einer Münze, einem Markstück, das sie in den Schlitz meiner Sammelbüchse steckt. Eine ganze Mark! Ich wünsche ihr aus vollem Herzen ein langes und gesundes Leben, sie muss wirklich ein guter Mensch sein.

Dann stehe ich wieder vor dem Laden. Zwischen einem gütigen Spender und dem nächsten nehme ich manchmal einen kleinen Bissen von einem Würstchen. Eines habe ich schon fast aufgegessen, das geht zu schnell, ich muss sparsamer damit umgehen. Ich werde zweimal Münzenklappern abwarten, bis ich mir wieder einen Bissen gönne. Es ist wie ein Spiel und macht mir Spaß. Was für ein schöner Tag.

Im Haus gegenüber, im Stockwerk über dem Kleidergeschäft, hat sich eine alte Frau ans offene Fenster gesetzt. Sie stützt sich mit den Ellenbogen aufs Fensterbrett und schaut zu mir herüber. Ihre Wangen sind eingefallen, bestimmt hat sie keine Zähne mehr. Das erinnert mich daran, dass ich meine Backen wieder einziehen muss. Noch ein Grund mehr, nicht so schnell in die Wurst zu beißen, ich werde jedes Mal vier Spender abwarten.

Die Erste ist eine Frau mit einem Hut auf dem Kopf, so einem kleinen, weißen Ding mit einer blaugrünen, schillernden Feder. Eine Dame. Ihre Nägel sind knallrot lackiert. Sie wirft drei Geldstücke in den Schlitz. Ich habe sie nicht gesehen, aber ich glaube, es waren nur Pfennige, weil sie nicht besonders laut geklimpert haben.

Der Nächste ist ein Mann mit einem dicken Bauch und Doppelkinn. Ihm muss ich erst die ganze Geschichte von Frau Heuss-Knapp erzählen, der lieben, gütigen, mildtätigen Frau unseres Bundespräsidenten, die das Müttergenesungswerk gegründet hat. Er hört sich alles an und stellt sogar noch Fragen.

»Sind die Amis beteiligt?«

Ich habe keine Ahnung, ob die Amerikaner beteiligt sind, aber so, wie er das Wort »Amis« ausgesprochen hat, sage ich schnell: »Nein.«

»Die Kommunisten?«, fragt er und sein Doppelkinn bibbert beim Sprechen. »Hat es was mit den Kommunisten zu tun?«

»Nein«, sage ich, obwohl ich keine Ahnung habe, wer außer Frau Heuss-Knapp sonst noch damit zu tun hat. »Es ist eine ganz und gar deutsche Sache.«

Jetzt wäre es gut, wenn ich lange, blonde Zöpfe hätte und nicht so schwarze Strähnen. Aber er scheint sich nicht daran zu stören. Er wirft zwei Geldstücke in die Büchse, und ich bilde mir ein, sie hätten silbrig geklungen. Große Geldstücke klingen anders als Pfennige, das weiß ich inzwischen genau, auch wenn die Leute das Geld oft so halten, dass ich nicht sehen kann, was sie reinschmeißen. Schade, dass die Büchse nicht aus Glas ist. Das wäre viel spannender. Außerdem könnte man sie auch mal aus Versehen fallen lassen. Natürlich nicht hier auf der Straße, wo sich dann jeder was von dem Geld aufheben könnte.

Die Dritte ist wieder eine Dame mit einem sehr ordentlich gekleideten Kind, einem Jungen. Obwohl der nicht viel kleiner ist als ich, führt sie ihn noch an der Hand. Das macht mich ganz verrückt. Ich will ja gar nicht, dass mich jemand an der Hand hält, auf offener Straße, meine ich, und trotzdem kommen mir jedes Mal die Tränen vor Wut, wenn ich so etwas sehe. Besonders schlimm ist es, wenn es sich um ein Kind handelt, das zwischen einer Mutter und einem Vater geht und von allen beiden an der Hand gehalten wird. Solche Kinder könnte ich umbringen. Oder die Mütter oder die Väter, da bin ich mir nicht sicher. Ich weiß nur, dass mich so etwas fuchsteufelswild macht.

Unauffällig streiche ich mit der Hand über meine Bluse. Der Brief raschelt leise, und wenn ich mich bewege, kann ich ihn auch auf der Haut spüren. Dann mache ich für einen Moment die Augen zu und stelle mir Tante Lous Gesicht vor. Meine Wut vergeht. Wenn ich an Tante Lou denke, kann ich einfach nicht wütend bleiben. Aber ich darf nicht zu lange an sie denken, sonst …

Ich mache die Augen wieder auf. Sie brennen noch ein bisschen, aber das kann auch an der Sonne liegen, die plötzlich zwischen zwei Wolken auftaucht und mich blendet.

Die nächste Spenderin ist zum Glück keine Frau mit Kind, sondern eine mit zwei Einkaufstaschen, die sie geduldig abstellt. Natürlich gibt sie mir was. Ich sehe heute so bedauernswert aus, dass mir niemand widerstehen kann. Ich bin nicht zu schlagen, heute kriege ich alles, was ich will. Nur keine zehn Mark, damit ich zu Tante Lou fahren kann.

Auf einmal ist die Tafel Schokolade nicht mehr so wichtig. »Wenn es im Herzen bitter ist, hilft im Mund kein Zucker.« Auch das ist ein Spruch von Tante Lou.

Ich zwinge mich, nicht mehr an sie zu denken, nur noch an das Sammeln. Dabei geht es mir nicht um das Müttergenesungswerk. Warum sollte ich für fremde Mütter sammeln? Mir geht es um den Preis, den will ich haben. Ich nehme einen großen Bissen von der zweiten Wurst. Aber auch die schmeckt mir nicht mehr so gut wie vorher. Und die Sonne ist auch wieder hinter den Wolken verschwunden.

Gegen fünf ist meine Büchse sehr, sehr schwer. Sie muss wirklich fast voll sein. Wenn ich sie schüttele, rasselt es nur dumpf, und wenn jemand ein Geldstück hineinwirft, ist der Aufprall sofort zu hören. Richtig scheppern tut es schon lange nicht mehr. Bestimmt ist sehr viel Geld drin. Ich darf gar nicht erst anfangen, mir vorzustellen, was man alles damit machen könnte. Ich sollte lieber an den Preis denken. Der ist mir, glaube ich, sicher.

Doch inzwischen frage ich mich, ob ich ihn wirklich will, auch wenn er vielleicht ein Buch ist. Bestimmt ist er ein Buch, was sollte er sonst sein? Bei uns kriegt immer das Mädchen, das in der Abschlussklasse das beste Zeugnis hat, ein Buch, hat Duro erzählt. Meistens ein Konversationslexikon oder die Sagen des klassischen Altertums. Ein Buch wäre kein schlechter Preis.

Aber mir geht Tante Lous Spruch von der fetten Gans einfach nicht aus dem Kopf. Immer wieder muss ich daran denken, auch wenn ich es eigentlich nicht will. Ich bin so versunken, dass ich vom Heimweg überhaupt nichts mitbekomme. Plötzlich stehe ich vor dem Tor.

Oben gehe ich zuerst in den Waschraum und wasche mir die Zeichenkohle weg. Ich will auf keinen Fall, dass eine andere meinen Trick mitbekommt. Das Sammeln ist jetzt zwar vorbei, aber wer weiß, ob ich ihn nicht irgendwann noch einmal brauchen kann.

7. Wenn die Gedanken dunkel sind, kann es im Herzen nicht hell sein

Ich nehme meine Decke vom Bett. Während ich sie ordentlich zusammenlege, versuche ich, nicht zu meinem Nachttisch mit der Sammelbüchse hinüberzuschauen. Es gelingt mir nicht. Immer wieder bleibt mein Blick an der Büchse hängen. Sie steht da, neben »Huckleberry Finn«, ist knallrot und lacht mich aus.

Huckleberry Finn würde nicht so viel nachdenken wie ich. Aber er ist ja auch nur aus einem Buch. Im richtigen Leben ist alles ein bisschen anders, glaube ich. Zum Beispiel hatte Huckleberry Finn einen Vater, der ihn geschlagen hat, wenn er nüchtern war. Das stimmt nicht, da kennt sich der Mann, der das Buch geschrieben hat, nicht aus. Im richtigen Leben schlagen Eltern ihre Kinder, wenn sie betrunken sind, und wenn sie nüchtern sind, schauen sie sie kaum an.

Und dann diese Sache, wie Huckleberry Finn vor seinem Vater ausgerissen ist, weil der ihn im Suff mit dem Messer hatte umbringen wollen. Das ist alles so witzig beschrieben, dass ich darüber lachen könnte, wenn ich nicht wüsste, wie so was in Wirklichkeit ist. Außerdem tut es mir jedes Mal, wenn ich an diese Stelle komme, um das schöne Schwein leid. Huckleberry Finn hat nämlich ein Schwein umgebracht, nur weil er eine Blutspur zum Fluss ziehen wollte, damit alle Leute glauben, er wäre ertrunken. Ein ganzes Schwein für eine Blutspur, das muss man sich mal vorstellen! So viel

Fleisch, wir hätten bestimmt wochenlang davon satt werden können. Er hätte doch auch etwas anderes nehmen können. Eine Ratte zum Beispiel oder zwei, falls das Blut nicht gereicht hätte. Na ja, Huckleberry Finn war eben nicht in einem Heim.

Er konnte auch immer in den Wald gehen, wann er wollte, zum Nachdenken oder um irgendwelche Abenteuer zu erleben. Davon träume ich oft. Von Wäldern und Höhlen und von geheimen Schätzen und Floßfahrten auf dem Fluss. Ich stelle mir vor, wie ich mit Huckleberry Finn Fische angle und wie wir dann ein Feuer machen, um sie zu braten. Über dem Fluss steht der Mond und darüber Millionen Sterne an einem Himmel wie aus schwarzem Samt. Huckleberry erzählt von Geistern und wie man sich gegen sie schützen kann, und ich lache ihn aus, weil er so ein Angsthase ist.

Wir gehen zwar auch manchmal sonntags im Wald spazieren, aber dann sind wir viele. Wir sind immer viele, egal was wir machen. Und unser Wald ist bestimmt nicht so groß und wild, wie Huckleberry Finns Wälder waren. Aber er hat ja auch nicht hier gelebt, sondern in Amerika, an einem großen Fluss, der Mississippi heißt. Damals, als wir von Polen gekommen sind, meine Mutter, Tante Lou und ich, sind wir auch mit einem Boot über einen großen Fluss gefahren. Ich kann mich zwar nicht mehr genau daran erinnern und außerdem war es Nacht, aber ich bin sicher, so schön wie dieser Mississippi war unser Fluss nicht. Vielleicht ist in Amerika alles anders. Ich muss mal mit Uncle Sam Silver darüber sprechen.

Dorothea stellt ihre Schatzkiste zur Seite, nimmt meine

Büchse in die Hand und wiegt sie. »Schwer«, sagt sie, »sehr schwer. Du hast viel gesammelt.«

Ich nicke und hänge meine zusammengefaltete Decke über die Stuhllehne.

»Ich glaube, du gewinnst den Preis«, sagt Dorothea. »Elisabeths Büchse ist lange nicht so schwer.«

»Es kommt nicht drauf an, wie schwer die Büchse ist«, sagt Elisabeth hochmütig. »Es kommt drauf an, was für Geldstücke drin sind.«

Drüben flüstert Susanne Rosemarie etwas zu und Rosemarie lacht. War es etwas über mich? Heute habe ich sie wieder mit Duro zusammen gesehen.

Dorothea sitzt auf dem Bett, in ihrem dünnen, weißen Nachthemd mit den hellblauen Kanten. Vor ihrer Brust baumelt die Kordel mit dem Schlüssel für ihre Schatzkiste. Sie hat ihre langen Haare für die Nacht schon zu Zöpfen geflochten. Tagsüber trägt sie die Haare offen, um ihren Buckel zu verstecken, glaube ich. Jetzt sieht man ihn genau.

Bestimmt hätte sie noch viel mehr gesammelt als ich, weil alle Leute Mitleid mit ihr gehabt hätten. Aber sie würde nie sammeln, schon weil man dazu auf die Straße gehen muss, und das tut sie nur, wenn es unbedingt sein muss. »Ich hasse es, wenn mich die Leute anstarren«, sagt sie oft. Dabei hat sie ein schönes Gesicht mit sehr hellen, grauen Augen. In ihrem weißen Nachthemd sieht sie fast aus wie ein Engel. Ein leicht kaputter Engel, dem die Flügel abgebrochen sind. Nur noch der Stumpf ist übrig.

Ich zucke mit den Schultern und versuche, nicht hinzuschauen. Ich will die Büchse nicht sehen. Ich will nicht über die Büchse nachdenken. Doch das Gerappel der Münzen ist nicht zu überhören, obwohl es sehr dumpf klingt. Die Gans ist gut gefüttert.

»Kein Wunder, dass sie so viel hat«, sagt Elisabeth vom Fenster herüber. »Den Zigeunern liegt das Betteln im Blut.«

Für einen Moment verschwimmt alles vor meinen Augen, aber ich sage nichts. Früher habe ich oft Heulanfälle gekriegt und mit Sachen geschmissen, aber das ist längst vorbei. Ich habe einen guten Trick gefunden, ich denke einfach an etwas ganz anderes. Zum Beispiel an die rote Bluse, die ich gerade ausziehe. Tante Lou hat sie mir in den Osterferien gekauft. Ich erinnere mich wieder daran, wie ich mich gefreut habe, und denke: Tante Lou hat mir eine rote Bluse gekauft, dafür kann ich doch leicht Elisabeths blödes Gerede überhören.

Außer dieser Bluse habe ich nur noch eine alte blaue vom Heim. Die rote müsste unbedingt gewaschen werden. Bis gestern, bis ich den Brief von Tante Lou aufgemacht habe, war ich fest davon überzeugt, dass ich am Wochenende zu ihr fahren würde. Dann hätte sie mein Zeug gewaschen. Das tut sie immer. Sie gibt mir etwas Altes von sich und wäscht alles, was ich mitgebracht habe. Hier im Heim haben wir eine eigene Heimwäscherei, aber keine von uns gibt ihre guten Sachen da hin, weil so oft etwas verschwindet. Nur Unterwäsche und Nachthemden oder solches Zeug. Meine rote Bluse lasse ich da jedenfalls nicht waschen. Wir können uns auch von Frau Breitkopf Waschpulver holen und selbst unsere Sachen waschen. Aber das traue ich mich nicht. Im Winter habe ich einen Pullover kaputtgemacht, den mir Tante Lou gestrickt hatte. Er war rosa mit einer Bordüre aus grauen Katzen.

Nachdem ich ihn gewaschen hatte, war er hart und viel zu eng. Ich habe wochenlang geheult, bis Tante Lou mir einen neuen geschenkt hat, aber der war lange nicht so schön. Einfach nur Streifen aus Wollresten.

Meine Unterwäsche habe ich vor drei Tagen zurückbekommen. Vorhin habe ich noch schnell die Tafel Schokolade unter den Stapel geschoben, da ist sie sicher. Ich teile meinen Schrank mit Renate, die geht garantiert nicht dran. Die wühlt nicht heimlich in fremden Sachen. Ich glaube, bei der könnte man die Schokolade sogar einfach auf den Tisch legen und aus dem Zimmer gehen, und wenn man zurückkäme, wäre sie noch da. Die Schokolade, meine ich.

Ich nehme unauffällig den Brief von Tante Lou aus meinem Unterhemd heraus und schiebe ihn unter das Kopfkissen. Morgen stecke ich ihn mir wieder ins Unterhemd. Erstens will ich nicht, dass er jemand anders in die Hände fällt, zum Beispiel Elisabeth, und zweitens finde ich es schön, ihn zu fühlen, wenn ich herumgehe. Sehr schön sogar. Es ist fast, als würde Tante Lou mich streicheln.

Dorothea stellt die Büchse wieder auf meinen Nachttisch. Ich höre es an dem scharfen Klack, mit dem das Metall auf das Holz stößt. Ich ziehe mein Nachthemd über den Kopf, das auch dringend gewaschen werden müsste, und schlüpfe unter meine Zudecke. Keine Minute später kommt Fräulein Urban und macht das Licht aus.

Dorothea hat ihre Schatzkiste nicht in den Schrank gebracht, sie behält sie mal wieder bei sich im Bett. Ich glaube, das tut sie immer dann, wenn sie sehr traurig ist. Vielleicht denkt sie jetzt an den Preis und bedauert, dass sie nicht mitgesammelt hat. Sie ist ein seltsames Mädchen, und ich weiß nicht, ob das nur an ihrem Buckel liegt. Sie hat noch nie ein Wort über zu Hause oder früher gesagt. Ich glaube, niemand weiß etwas über sie, noch nicht einmal, ob sie aus einem anderen Heim hierhergekommen ist oder von zu Hause.

Draußen bellt der Hund wieder. Sehr leise und sehr weit weg. Bestimmt haben die Leute noch einen anderen als diesen kleinen, den ich gesehen habe. Der kann unmöglich so laut bellen, dass man es bis hierher hört. Meiner ist groß und schwarz und zieht wie ein einsamer Wolf durch verschneite Wälder. In Polen gibt es Wölfe, hat Tante Lou gesagt. Sie kommen von Russland herüber. Ich hätte Angst vor Wölfen. Aber ein großer Hund würde mir gefallen. Einer, zu dem ich nur »Fass!« zu sagen brauchte. So ein Hund wäre noch besser als ein Knüppel-aus-dem-Sack.

Jetzt hat er aufgehört zu bellen.

Ich fühle mich seltsam, fast als würde ich schweben, und zugleich sind meine Arme und Beine steif und zittrig. Mein Kopf fühlt sich geschwollen an und mein Hals ist dick. Mir ist heiß. Besonders an der rechten Seite, da, wo mein Nachttisch steht. Die rote Büchse scheint zu glühen wie ein Ofen, ich merke die Hitze an meinem Gesicht. Vor meinen Augen tanzen rote Ringe.

Tante Lou sagt, die Menschen sind von Natur aus gut. Nur das Leben macht sie böse, die Umstände. Das glaube ich nicht. Die Umstände hier im Heim sind für uns alle gleich und trotzdem sind manche böse und manche nicht. Wer könnte schon Elisabeth und Renate miteinander vergleichen? Trotzdem sind sie beide hier, sogar im selben Zimmer. Über mich möchte ich lieber nicht nachdenken. Ich glaube, ich bin nicht so gut, wie Tante Lou meint.

Susanne hat sich schon eine ganze Weile hin und her geworfen, jetzt werden ihre Bewegungen langsamer und weniger heftig. Kurz darauf fängt Renate an zu weinen. Ich mache die Augen auf. Zuerst sehe ich gar nichts, doch dann gewöhnen sich meine Augen an die Dämmerung im Zimmer und ich kann deutlich die Umrisse der Büchse auf meinem Nachttisch erkennen. Die Farbe allerdings nicht mehr. Rot wird sehr schnell zu Schwarz, wenn es dunkel wird. Wie Blut, wenn es gerinnt.

Was das wohl für ein Preis ist, den diese Ortsvorsitzende gestiftet hat? Ich werde es ja sehen, falls eine von uns ihn bekommt. Aber vielleicht sammeln auch noch andere Kinder, aus anderen Schulen, solchen ohne Heim. Ich weiß es nicht. Fräulein Urban hat kein Wort davon gesagt. Doch selbst wenn es so ist, irgendwie bin ich sicher, dass nur eine von uns den Preis gewinnen kann, eines von uns Heimkindern. Es muss so sein, weil nämlich nur wir ihn wirklich brauchen. Die anderen haben doch alles. Vielleicht nicht alles, was sie wollen, aber sie haben Eltern und sie haben eigene Sachen. Das weiß ich nicht nur aus Büchern, wir können es auch oft genug sehen. Schließlich gehen auch viele Nichtheimkinder bei uns in die Schule. Sie werden, im Unterschied zu uns, Externe genannt. Oder wir sehen sie, wenn wir Ausgang haben und einen Spaziergang in die Stadt machen dürfen. Sie spielen auf der Straße oder auf den Trümmergrundstücken oder sie gehen mit ihren Müttern einkaufen. Ab und zu fahren auch irgendwelche Kinder auf ihren Fahrrädern an unserem Gelände vorbei und starren neugierig herein, wenn wir unten im Hof oder auf dem Sportplatz sind. Tolle neue Fahrräder haben sie. Gut, ich will nicht übertreiben, manche haben auch ganz alte Räder, aber viele haben neue, glänzende Räder in Rot, Blau oder Silber.

Ich zum Beispiel kann überhaupt nicht Rad fahren. Tante Lou hatte mal eine Weile ein Rad, ein ziemlich klappriges, und wollte es mir beibringen. Doch dann bin ich plötzlich ins Sanatorium gekommen, von einem Tag auf den anderen, und kurz darauf ist ihr Fahrrad endgültig zusammengebrochen. Wenn sie wieder mal eines auftreibt, dann darf ich darauf fahren lernen, das hat sie mir versprochen.

Tante Lou hat mir mal eine Geschichte erzählt, von früher, von Polen, als sie selbst noch ein Kind war.

Sie hat heimlich das Fahrrad von ihrem Vater genommen, hat ihre kleine Schwester vor sich auf die Stange gesetzt und ist losgefahren. Nicht weit von dem Haus, in dem sie gewohnt haben, führte die Straße steil bergab. »Sehr steil«, hat Tante Lou gesagt, »ein richtiger Abgrund.«

Sie ist also mit ihrer kleinen Schwester den Hang hinuntergefahren und merkte plötzlich, dass sie nicht bremsen konnte. Sie hat gesagt, die Bremse wäre kaputt gewesen. Ich weiß nicht, ob das stimmt, ich weiß überhaupt nicht, wie eine Bremse beim Fahrrad funktioniert. Immer schneller und schneller ist das Rad gefahren, hat Tante Lou gesagt, und sie hatte schreckliche Angst, weil das Ding nicht stehen geblieben ist. Ihrer kleinen Schwester hat es aber Spaß gemacht.

Ganz unten an der Straße hatte Tante Lou dann drei Möglichkeiten: Erstens einfach weiterzufahren, auf die Hauptstraße, aber da hätte ein Auto oder ein Fuhrwerk kommen können. Oder nur ein Fußgänger, was schlimm genug gewesen wäre. Zweitens hätte sie gegen den Baum fahren können, der zwischen der Hangstraße und der Hauptstraße stand, oder drittens in die dichten Büsche, die den Garten von Dr. Liepman umgaben. Natürlich hat sie sich für die Büsche entschieden, das hätte ich auch getan. Trotzdem war das Fahrrad verbogen und ihre kleine Schwester hatte ein Loch im Kopf und aufgescheuerte Knie und Ellenbogen. Was Tante Lou hatte, weiß ich nicht, das hat sie nicht erzählt. Nur dass ihr Vater sie verhauen hat.

»Nicht wegen dem Fahrrad«, hat sie gesagt, »sondern wegen meiner kleinen Schwester, weil ich sie in Lebensgefahr gebracht habe. Sie hätte tot sein können, hat er gesagt. Er war ein guter Mensch, mein Vater, aber er hatte eine harte Hand.«

Das ist etwas, was ich nicht verstehe. Ein Mensch, der eine harte Hand hat, kann doch kein guter Mensch sein. Tante Lou ist manchmal sehr leichtgläubig, sie findet für alles eine Entschuldigung. Ich bin da ganz anders. Ich glaube jedenfalls nicht, dass mein Großvater ein so guter Mensch war, wie Tante Lou meint. Er ist umgekommen, sagt sie. Wo und wie, weiß ich nicht, da weicht sie immer aus. Aber er sei ein guter Mensch gewesen. Jedes Mal, wenn sie von ihm spricht, muss sie weinen.

Von meiner Großmutter hat sie noch nie was gesagt. Ich frage allerdings auch nicht nach früher, ich warte, bis sie selbst davon anfängt. Irgendwie habe ich Hemmungen zu fragen. Vielleicht weil sie so leicht weint.

Übrigens ist Tante Lous kleine Schwester später meine Mutter geworden. Manchmal habe ich schon überlegt, was geschehen wäre, wenn Tante Lous Abenteuer mit dem Fahrrad anders geendet hätte. Ihr Vater, mein Großvater also, hat ja gesagt, meine Mutter hätte tot sein können. Und dann? Dann hätte es mich nicht gegeben. Das kann ich mir nicht vorstellen. Und außerdem hätte auch Tante Lou tot sein können. Und das kann ich mir erst recht nicht vorstellen. Eine Welt ohne Tante Lou? Ohne ihr Lachen? Ohne ihre Sprüche?

Allein bei dieser Vorstellung habe ich das Gefühl, als würde mir die Luft wegbleiben. Als würde mir jemand mit Gewalt den Kopf unter Wasser drücken.

Tante Lou, du hast Recht. Wenn die Gedanken dunkel sind, kann es im Herzen nicht hell sein. Hast du eigentlich nie dunkle Gedanken?

8. Nur wer sich nach dem Taler bückt, kann ihn auch in die Tasche stecken

Am Fenster schnarcht Elisabeth. Susanne schläft schon, auch Dorothea, Jutta sowieso, und sogar Renate hat inzwischen aufgehört zu weinen und atmet ganz ruhig. Nur Rosemarie könnte noch wach sein. Ich beschließe, ein bisschen länger zu warten. Plötzlich höre ich ein Bett knarren und luge vorsichtig unter halb geöffneten Lidern hervor. Rosemarie. Sie steht leise auf und schleicht sich aus dem Zimmer. Sie hat noch nicht mal zu meinem Bett herübergeschaut. Gut, jetzt weiß ich es, sie geht zu Duro. Soll sie doch, wenn ihr die fette Kuh besser gefällt. Mir macht das nichts aus. Ich kann sie beide nicht leiden.

Jetzt bin ich als Einzige noch wach. Ich glühe und meine Sammelbüchse glüht auch. Im Zimmer ist es heller geworden. Vielleicht ist der Mond hinter einer Wolke hervorgekommen. Jedenfalls kann ich in dem Dämmerlicht Renate genau sehen. Ihr Bett steht am Fenster, gegenüber von Elisabeths Bett. Renate liegt zusammengerollt auf der Seite. Mit der rechten Hand hat sie einen Zipfel ihrer Zudecke umklammert und presst ihn fest an den Mund. Sie sieht aus wie ein kleines Kind. Plötzlich fällt mir Püppi ein, so hat Püppi geschlafen. Püppi aus dem früheren Heim, mit der ich so oft gespielt habe. Ich weiß gar nicht mehr, wie sie wirklich hieß, alle haben sie Püppi genannt. Wie es ihr wohl geht? Seltsam, dass ich die ganze Zeit nicht mehr an sie gedacht habe. Nein, nicht seltsam, typisch. Ich bin einfach sehr vergesslich. Wenn Susanne das nächste Mal zu ihrer Schwester fährt, muss ich ihr irgendwas für Püppi mitgeben. Unbedingt.

Leise und vorsichtig stehe ich auf. Ich ziehe nur die Socken an, die Schuhe lasse ich stehen. Mein Ranzen knarzt, als ich ihn aufmache. Blöd, ich hätte das Taschenmesser auch schon vorhin herausnehmen können. Da ist es. Ich schlüpfe in meine grüne Windjacke, weil es abends doch kühl ist, stecke das Taschenmesser ein und nehme die Sammelbüchse. Natürlich glüht sie nicht wirklich, ich habe es ja gewusst. Sie fühlt sich sogar kalt an. Damit das Geld nicht klirrt, drücke ich sie unter der Jacke fest an die Brust und schleiche zur Tür, dann über den Flur zum Handarbeitssaal und auf den Kofferspeicher.

Schließlich sitze ich auf meiner Koldere, vor einer brennenden Kerze, und halte die Sammelbüchse dicht ans Licht. Die beiden Drähte über der Bleiplombe sieht man kaum, eigentlich nur ihre Schatten auf dem roten Metall. Das hat jetzt, im Kerzenlicht, die Farbe von blühendem Mohn.

Vielleicht ist der Preis ein Fahrrad?

Nein, das glaube ich nicht, ein Fahrrad ist viel zu teuer.

Außerdem ist mir der Preis egal oder fast egal. Ich will etwas anderes. Ich will zu Tante Lou.

Natürlich darf man das, was ich vorhabe, eigentlich nicht tun. Eigentlich. Aber was heißt das schon, man darf so vieles eigentlich nicht.

»Nur wer sich nach dem Taler bückt, kann ihn auch in die Tasche stecken«, sagt Tante Lou. So ist es. Ich habe vor, mich zu bücken.

Außerdem, wenn ich mir zehn Mark herausnehme, dann

ist das für mich sehr viel Geld, aber für das Müttergenesungs-werk nur ein Klacks. Vielleicht ein Millimeter Butter weniger aufs Brot. Das ist doch nicht so schlimm, wenn die Mütter dort nicht jeden Tag fingerdick geschmierte Butter haben, das lässt sich aushalten.

Im Heim wird viel geklaut. Zum Beispiel verschwinden Geld oder Bonbons und so was blitzschnell, wenn man nicht darauf aufpasst. Außerdem alle Sachen, bei denen man nicht sofort erkennt, wem sie gehören, wie Wasserfarben, Brief-papier oder so. Bei Bleistiften zum Beispiel ritzen wir alle ir-gendein Zeichen ein. Andere Dinge sind allerdings sicher. So würde zum Beispiel nie im Leben jemand Elisabeths Puppe klauen oder auch meine Tagesdecke. Was könnte man mit diesen Sachen auch anfangen? Es erkennt sie doch jeder.

Ich finde Klauen überhaupt nicht so schlimm. Aber Tante Lou sagt, es gibt einen Unterschied zwischen Mein und Dein. Nur wenn jemand sehr viel Hunger hat, ist es etwas anderes, dann ist Klauen zwar auch nicht richtig, sagt sie, doch man kann's verstehen. Aber, Tante Lou, wenn jemand Sehnsucht hat, dann ist es doch so etwas Ähnliches wie Hunger. Stimmt doch, oder? Würdest du nicht sagen, Sehnsucht – das ist, wenn die Seele Hunger hat?

Und außerdem werde ich es ihr einfach nicht erzählen, ich werde sagen, ich hätte zufällig einen Zehnmarkschein auf der Straße gefunden. Ich lüge sie zwar nicht gerne an, aber wenn die Wahrheit sie traurig macht, ist es besser, sie erfährt sie gar nicht erst.

Ich habe ganz andere Sorgen. Was passiert, wenn es raus-kommt? Was ist, wenn sie hinterher sehen, dass ich den

Draht kaputtgemacht habe? Gut, dann muss ich eben sagen, ich hätte nur dran rumgespielt. Der Draht wäre aus Versehen aufgegangen, er ist ja schließlich nur so dünn. Und wenn sie weiterfragen, warum ich das nicht gleich Fräulein Urban erzählt habe? Dann kann ich sagen, ich hätte Angst gehabt, dass sie glauben, ich hätte etwas genommen. Aber das würde nicht stimmen, genommen hätte ich nichts.

Wenn ich stur bleibe, können sie mir nichts tun. Wie wollen sie denn beweisen, dass ich was genommen habe? Es kann doch keiner wissen, wie viel die Leute wirklich in meine Büchse geworfen haben.

Ich lasse das Geld am besten hinter dem Balken, falls man danach sucht. Ja, das ist eine gute Idee. »Man muss nur stur bei seiner Aussage bleiben und aufpassen, dass ihnen keine Beweise in die Hände fallen«, hat Arnulf immer gesagt. Arnulf hat im Haus nebenan gewohnt, als ich noch bei meiner Mutter war. Er ist öfter von der Polizei geschnappt worden, er war von allen Kindern der beste Schwarzhändler. Niemand hat je erfahren, wo und wie er die amerikanischen Zigaretten organisiert hat, er hat es nie verraten. Die Polizei hat ihn immer wieder laufen lassen müssen. Arnulf war gescheit und gerissen, er hat alles hingekriegt. Übrigens war er es auch, der mir damals, als ich ins Sanatorium musste, das Taschenmesser geschenkt hat. »Zum Abschied und zur Erinnerung«, hat er gesagt. Dabei konnte er damals gar nicht wissen, dass wir uns nicht mehr sehen. Ich habe es doch selber nicht gewusst, dass ich nicht mehr zu meiner Mutter zurückkomme.

Aber im Sanatorium haben sie meinen Rücken und meine Beine gesehen und dann ist die Frau von der Fürsorge gekommen und hat alles in die Hand genommen. »Du brauchst keine Angst mehr zu haben«, hat sie gesagt. Sie hat nichts verstanden, aber sie hat sich Mühe gegeben. Tante Lou ist dann gleich geplatzt, als sie das Wort »Heim« gehört hat. Sie kann sich einfach nicht verstellen. Ich war früher auch so, aber inzwischen habe ich viel dazugelernt. Man darf sich nichts anmerken lassen, und man darf nie sagen, was man wirklich denkt. Und sogar beim Denken muss man vorsichtig sein. Es gibt Gedanken, vor denen man sich hüten muss.

Ich ziehe die Büchse ein bisschen von der Kerze weg, damit die Farbe nicht angesengt wird und kleine Bläschen bekommt, die dann später nicht mehr weggehen. Durch ein schmales Röhrchen im Deckelverschluss ist ein dünner Draht gezogen, dessen beide Enden durch eine Öse am oberen Büchsenrand führen und dann mit einer Bleiplombe zusammengeschweißt sind oder wie das heißt. Der Abstand zwischen dem Röhrchen und der Öse ist sehr klein, ich finde einfach keine Stelle, wo ich das Messer richtig ansetzen könnte, um eines der beiden Drahtteile durchzuschneiden. Ich fummle und fummle, wobei ich ständig aufpassen muss, dass ich nicht mit der Klinge abrutsche und, Gott behüte, einen Kratzer in den roten Lack mache.

Es geht einfach nicht. Der Draht ist zu dicht an der Büchse. Ein Taschenmesser ist nicht das geeignete Werkzeug für so eine Arbeit. Ich klappe es zusammen und stecke es in die Jackentasche. Mir sind die Scheren draußen im Regal eingefallen. Ich stehe auf und horche an der Tür, ob irgendwelche verdächtigen Geräusche zu hören sind, bevor ich sie aufschließe.

Obwohl nachts nie jemand in den Handarbeitssaal kommt,

werde ich die Angst nicht ganz los. Allerdings fürchte ich mich nicht vor Geistern und Gespenstern, wie Huckleberry Finn es bestimmt täte, nachts in dem stillen Heim, sondern ganz einfach vor Fräulein Urban. Ich stelle mir vor, dass sie plötzlich die Tür aufmacht und fragt: »Was treibst du denn hier um diese Zeit?« Besonders heute wäre das schlimm, aber auch sonst wüsste ich nicht, was ich antworten könnte. Dabei habe ich weniger Angst vor der Strafe, selbst wenn es Spüldienst wäre, sondern davor, dass sie den Schlüssel zum Kofferspeicher dann nicht mehr in den Karton legen würde.

Beim Licht der Kerze suche ich mir ein paar Scheren aus und nehme sie mit. Eine davon werde ich nachher hinter dem Balken lassen, man weiß ja nie, wozu man sie noch brauchen kann.

Es funktioniert gleich mit der ersten, einer schmalen, spitzen. Der Draht lässt sich ziemlich leicht durchschneiden, leichter, als ich gedacht habe. Einen kleinen Kratzer habe ich dabei allerdings in die Büchse gemacht, aber der wird niemandem auffallen. Ich schiebe den Draht durch das Röhrchen, dann klappe ich den Deckel zurück. Die Büchse ist fast bis zum Rand gefüllt. Bestimmt hätte ich den Preis gewonnen, viel mehr als in meiner kann in keiner anderen Büchse sein. Aber das ist mir jetzt ganz egal, ich brauche den blöden Preis nicht.

Ich wühle ein bisschen in dem Geld herum. Die Münzen fühlen sich stumpf an und klirren leise. Mir wird ganz komisch bei dem Anblick von so viel Geld. Natürlich sind eine Menge Pfennige und Zweipfennigstücke dabei, aber das meiste sind Groschen und Fünfer. Dazwischen auch ein biss-

chen Silbriges. Es reicht nicht nur für das Müttergenesungswerk, es reicht auch für mich. Ich fasse hinein und lege eine
Hand voll Münzen auf die Koldere, dann noch eine, immer
mehr. Schließlich liegt ein ganzer Berg Geld vor mir. So viel!
Was man damit alles machen könnte!

Und wenn ich sage, die Büchse wäre mir geklaut worden?
Irgendein fremder Mann hätte sie mir aus der Hand gerissen? Nein, das kann ich vergessen, das glauben sie mir nie.
Auch nicht, dass ich sie aus Versehen irgendwo stehen gelassen habe. Solche Gedanken kann ich mir gleich aus dem Kopf
schlagen.

Ein bisschen leid tut es mir aber doch um das viele Geld.
Zehn Fünfzigpfennigstücke sind darunter, drei Markstücke
und sogar ein Zweimarkstück. Das hat mir bestimmt die Frau
aus der Metzgerei gegeben, beim ersten Mal, als ich nur die
Wurst angeschaut habe. Ich nehme das Zweimarkstück, ein
Einmarkstück und sechs Fünfzigpfennigstücke. Dann zähle
ich noch vierzig Zehnpfennigstücke ab. Das ganze Häufchen
wickle ich in Zeitungspapier und verstecke es sofort hinter
dem Balken in der hintersten Ecke.

Dann lege ich die anderen Münzen wieder zurück in die
Büchse, vorsichtig, fast einzeln, weil mir plötzlich jedes kleinste
Klirren und Klimpern so laut wie Donner vorkommt.

Überhaupt ist mir jetzt schlecht. Nicht weil ich gestohlen
habe. Was heißt da gestohlen? Ich habe nicht gestohlen. Ich
habe mir etwas genommen, was im Überfluss in der Büchse
war. Und ich brauche das Geld, ich muss zu Tante Lou. Unbedingt. Sonst werde ich wieder krank. Mir ist ja jetzt schon
ganz übel. Morgen ist Samstag, morgen fahre ich zu Tante

Lou. Ich werde es Fräulein Urban erst im letzten Moment sagen, nach der Schule, kurz bevor ich zum Bahnhof muss, da kann sie nichts mehr machen. Samstags kann man ja auch Tante Lou nicht anrufen. Bestimmt lässt sie mich fahren. Morgen werde ich …

Aber dann denke ich: Wenn man sich nimmt, was einem zusteht, sollte man nicht zu unverschämt sein. Sonst geht die Sache vielleicht schlecht aus. Also gut. Ich werde nicht morgen zu Tante Lou fahren, sondern erst nächste Woche.

Nun fühle ich mich schon wohler. Dann fällt mir ein, dass ich die Schokolade Renate schenken könnte. Nicht als Strafe für mich, sondern als Ausgleich, damit ich nicht zu viel bekomme. Wer nie etwas gibt, dem sollen die Hände abfallen. Heute beim Abendessen hat mir Inge heimlich ein Bonbon in die Hand gedrückt, ein Karamellbonbon. Nur mir, den anderen nicht. Ich werde Renate die Schokolade schenken, damit sie auch etwas hat. Das ist ein guter Entschluss und ich fühle mich auf einmal ganz und gar wohl.

Jetzt muss ich nur noch den Draht durch das Röhrchen schieben und die beiden Enden sorgfältig zusammendrehen, damit man nicht sieht, dass ich dran rumgemacht habe.

Und plötzlich – plötzlich bleibt mir die Luft weg. Etwas habe ich nicht bedacht. Auch wenn ich noch so fest ziehe, berühren sich die beiden Drahtenden nur knapp, von Zusammendrehen kann nicht die Rede sein. Meine Hände fangen an zu zittern. Wie habe ich nur so dumm sein können? Warum ist mir das nicht vorher eingefallen? Das hätte ich doch wissen müssen, wo soll denn der überflüssige Draht zum Zusammendrehen herkommen?

Ruhig, ganz ruhig, sonst ist alles aus. Ich muss mich beherrschen und ganz ruhig überlegen, was ich jetzt machen könnte. Das sollte mir doch nicht schwerfallen, das habe ich doch schon oft tun müssen, darin bin ich doch geübt.

Trotzdem dauert es eine Weile, bis meine Hände aufhören zu zittern. Und dann fällt mir eine Lösung ein: Ich werde die Drahtenden mit einem Kügelchen Kerzenstearin zusammenfügen. Wenn das Stearin getrocknet ist, wird es schon einigermaßen halten. Es wird ja hoffentlich niemand an der Plombe ziehen.

So einfach ist es aber nicht. Eine richtige Fummelarbeit, bei der die Hände nicht zittern dürfen. Ich zwinge mich, an nichts zu denken, an gar nichts, noch nicht einmal an Tante Lou. Vor allem nicht an Tante Lou. Nur an das, was ich jetzt tun muss.

Ich halte die Büchse etwas schräg, schiebe einen Finger unter die Drahtenden und lasse Stearin drauftropfen. Es ist heiß, ich zucke und ein Tropfen fällt auf die Dose. Während das Stearin trocknet, kratze ich den inzwischen erstarrten Tropfen vorsichtig mit dem Fingernagel ab.

Das Zeug braucht ganz schön lange, bis es trocken und hart ist. Erst sieht es so aus, als hätte es geklappt, der Draht ist zusammen. Doch als ich versuche, das Stearinröllchen etwas schmaler zu bekommen, bröckelt es sofort und die Drahtenden rutschen heraus.

Also das Ganze noch einmal. Ich darf von vornherein nicht so viel Stearin nehmen und muss es gleich etwas dünner rollen.

Doch auch beim zweiten Mal gelingt es nicht.

Hätte ich mit der ganzen Sache doch nie angefangen! Aber jetzt ist es zu spät.

Ich gehe mit der Kerze in den Handarbeitssaal, lege die Scheren zurück und suche nach irgendetwas Brauchbarem. Ich habe Glück. In einer Schublade mit Bastelzeug liegt eine Tube Uhu. Das müsste doch gehen.

Diesmal bin ich vorsichtiger. Ich kippe die Sammelbüchse auf die Seite, klemme sie zwischen die Knie, damit der Deckel nicht von den Münzen aufgedrückt wird, schiebe zwei Finger unter die Drahtenden und halte sie zusammen. Dann drücke ich vorsichtig einen Tropfen Uhu darauf. So. Und jetzt langsam die Hand wegziehen, die Plombe von unten hochschieben, den Draht an das Röhrchen drücken und warten, bis das Uhu trocken ist.

Warten, warten, warten. Und an nichts denken, an gar nichts.

Ich weiß nicht, wie lange es dauert, ein paar Minuten oder eine Stunde. Ich sitze wie erstarrt. Dann probiere ich, ob es geklappt hat. Ja. Das Klümpchen lässt sich sogar noch ein bisschen in die Länge ziehen. Nur ist es zu hell und so durchsichtig, dass man sofort die beiden Drahtenden sieht, die sich nicht berühren. Aber das ist kein großes Problem. Mit etwas Spucke und Staub vom Fußboden färbe ich das Uhu-Röllchen hellgrau und verschmiere auch die Büchse neben der Plombe ein bisschen, so dass sie leicht verdreckt aussieht, jedoch nicht beschädigt.

Wenn man nicht genau hinschaut – und warum sollte jemand genau hinschauen –, wirkt alles ganz normal. Nur ein bisschen dreckig, aber sonst unauffällig.

Ich stelle die Büchse auf die Koldere. Die Kerze flackert in der Zugluft, die durch die Ritzen zwischen den Ziegeln hereindringt. Jetzt erst fange ich richtig an zu zittern. Und vor Erleichterung muss ich weinen.

Wenn ich erst einmal anfange zu weinen, kann ich so schnell nicht wieder aufhören, ich kenne das. Ich nehme meine Pelikanol-Dose und drehe den Deckel ab. Doch es hilft nichts, ich muss so lange weinen, bis mir der Kopf dröhnt und mein Hals wehtut beim Schlucken.

Aber irgendwann ist es dann vorbei. Noch ein bisschen riechen, zur Beruhigung. Mein Kopf wird ganz leer.

Dann trage ich die Büchse vorsichtig zurück und stelle sie so auf meinen Nachttisch, dass die verdreckte Stelle vom Zimmer aus nicht zu sehen ist. Rosemarie liegt wieder in ihrem Bett und schläft. Hat sie gesehen, dass ich nicht da war? Was hat sie sich wohl gedacht, wo ich bin? Aber das kann mir egal sein. Zu Fräulein Urban wird sie jedenfalls nicht sagen, dass ich nachts nicht im Zimmer war. Sonst könnte ich ja verraten, dass auch sie nach dem Lichtaus noch weggegangen ist. Ich glaube allerdings sowieso nicht, dass sie petzt, so eine ist sie nicht. Egal. Alles egal.

Dann liege ich endlich in meinem Bett und denke an Püppi.

Ich sehe ihr Gesicht vor mir, ihre dünnen Arme. Wie habe ich sie nur vergessen können? Damals habe ich mir so gewünscht, sie wäre meine kleine Schwester. Jemand zum Liebhaben. Wie geht es ihr jetzt? Hat sie wieder eine Große gefunden, die sie beschützt?

Püppi hat uns manchmal ein Lied vorgesungen, »O Kangasäro« oder so ähnlich, jedenfalls war es kein deutsches Lied. Und dabei hat sie sich im Kreis gedreht und das Röckchen so hoch gehoben, dass man ihre Unterhose gesehen hat. Ich fand es eigentlich süß, wie sie das gemacht hat. Aber einmal ist Frau Maurer dazugekommen und hat sich schrecklich aufgeregt und Püppi angeschrien, das dürfe sie nie, nie mehr machen. Ganz weiß war ihr Gesicht vor Wut und dabei hat sie sonst sehr selten geschrien. Püppi hat vor Schreck angefangen zu weinen. Und dann hat Frau Maurer sie in den Arm genommen und geküsst. Aber Püppi wollte nicht von Frau Maurer geküsst werden, sie hat weitergeweint, so lange, bis ich mich um sie gekümmert habe. Frau Maurer hat noch nicht mal was dagegen gehabt, dass Püppi nachher bei mir im Bett geschlafen hat. Ich weiß bis heute nicht, warum das alles so seltsam war. Püppi hatte Angst und ich hatte auch Angst.

Warum fällt mir jetzt nichts Lustigeres ein? Ich müsste doch froh sein, dass ich das Fahrgeld habe. Eigentlich könnte ich jetzt ganz ruhig einschlafen.

Ich fange an zu zählen. Ich zähle Fünf- und Zehnpfennigstücke und manchmal blitzt es silbern. Meine Fingerspitzen tun weh vom heißen Stearin. Und außerdem habe ich mich mit der Schere in die Kuppe meines rechten Zeigefingers gestochen.

Plötzlich weiß ich wieder, wie Püppi wirklich heißt. Sigrid.

9. Selbst im Garten Eden wäre es nicht gut, allein zu sein

Am nächsten Morgen beim Frühstück steht Fräulein Urban auf und schwingt ihre Messingglocke. Sie sagt, sie möchte gleich anschließend die Büchsen vom Müttergenesungswerk einsammeln. Alle Sammlerinnen sollen zum Handarbeitssaal kommen und ihre Büchsen abgeben, noch vor der Schule.

Ich habe auf einmal keinen Hunger mehr und lege die zweite Scheibe Brot, die ich schon in der Hand habe, wieder zurück in den Korb. Auf meinem Teller liegt noch die Hälfte meiner Margarineportion. Ich hebe sie mit dem Messer hoch und halte sie Renate hin. Die schüttelt aber nur den Kopf. Sie will meine Margarine nicht, offenbar hat sie keinen Hunger. »Gib her«, sagt Duro und streckt die Hand aus. Mir bleibt nichts anderes übrig, als ihr die Margarine zu geben, der fetten Kuh.

»Was ist mit dir, Halinka, wirst du wieder krank?«, fragt Inge vom anderen Ende des Tisches. Ich zucke mit den Schultern. Könnte gut sein, dass ich krank werde, mir ist jedenfalls ein bisschen übel.

»Ich habe ab morgen Krankendienst«, sagt Inge.

Mit weichen Knien steige ich die Treppe hinauf. Erst gehe ich zur Toilette, weil mir schlecht ist. Über die Kloschüssel gebeugt, stehe ich da. Ich muss würgen, aber außer ein bisschen Schleim kommt nichts raus.

Dann gehe ich ins Zimmer. Dort nimmt Elisabeth gerade

ihre Büchse und zieht los. Sie hat ihren neuen braunen Nicki an und das grüne Tuch um den Hals gebunden. Ich greife ebenfalls nach meiner Büchse. Alles verschwimmt mir vor den Augen, ich kann den Draht nicht mehr deutlich erkennen. Vorhin, vor dem Frühstück, hat er ganz gut ausgesehen, sogar im hellen Morgenlicht, aber jetzt kommen mir doch Zweifel. Was ist, wenn Fräulein Urban es sieht? Was sage ich dann?

Ich halte die Büchse so, dass ich um Gottes willen die Plombe nicht berühre. Meine Beine fühlen sich weich an, und mein Gesicht ist so heiß, als würde ich Fieber bekommen. Um mich abzukühlen, gehe ich erst noch in den Waschraum und wasche mir das Gesicht.

Im Handarbeitssaal steht Fräulein Urban am Zuschneidetisch, vor sich die Pappkartons für die Sammelbüchsen. Diesmal sind's nur zwei Kartons. Am Fenster lehnt Elfriede. Elfriede ist Fräulein Urbans Liebling, das weiß jedes Mädchen im Heim. Aber ich bin nicht neidisch auf sie. Immer wird sie gerufen, wenn Fräulein Urban Hilfe braucht. Zum Beispiel geht Fräulein Urban selten selbst mit dem Gong durch den Flur, meist macht das Elfriede. Und wenn es etwas Schweres zu tragen gibt, muss sie sowieso immer helfen, weil sie so groß und stark ist. Geschieht ihr recht. Ob Fräulein Urban überhaupt weiß, wie oft Elfriede zuschlägt?

Fräulein Urban hat vorbereitete Zettel mit Namen, die klebt sie auf die Deckel. Elisabeth hat ihre Büchse schon abgegeben, danach kommen Claudia und die Neue aus der Fünften. Wie heißt sie eigentlich? Ich muss Susanne mal fragen. Später, wenn ich das hier überstanden habe.

»Wann bekommt denn die Gewinnerin den Preis?«, fragt Claudia.

Fräulein Urban nimmt ihr die Büchse aus der Hand. »Den Preis gibt's wahrscheinlich nächsten Mittwoch. Und Frau Lehmann hat gesagt, dass sie versuchen wird, das ganze Geld übers Wochenende zu zählen. Wenn alles klappt, erfahrt ihr am Montag, wer die Glückliche ist.«

Die Ortsvorsitzende heißt also Frau Lehmann. Von mir aus kann sie heißen, wie sie will.

Jetzt bin ich dran. Ich drehe meine Büchse so, dass Fräulein Urban sie am Griff nehmen kann. Sie hält sie einen Moment in der Hand und plötzlich bekomme ich keine Luft. Sie stutzt und mein Herz klopft mir bis in die Augen. Da lächelt sie breit und stellt die Büchse in den Karton, in den zweiten, der nun auch schon fast voll ist. Oben auf den Deckel klebt sie den Zettel mit meinem Namen. »Deine Büchse ist sehr schwer, Halinka«, sagt sie zu mir. »Wirklich, sehr schwer.«

Ich kann wieder atmen und plötzlich spielt alles keine Rolle mehr. Ich zucke gleichgültig mit den Schultern. Ich habe meinen Preis schon, einen besseren kann ich mir nicht vorstellen. Am nächsten Wochenende fahre ich zu Tante Lou. Dann sind es zehn Wochen. Ich fahre zu ihr und alles andere geht mich nichts an. Niemand geht mich was an. Weder Elfriede noch Fräulein Urban. Auch nicht Rosemarie oder Renate, die dumme Kuh, die vorhin meine Margarine abgelehnt hat. Überhaupt ist Renate ein blöder Name, aber auch das ist mir egal.

Nach dem Mittagessen packen Jutta und Susanne ihre Taschen. Jutta fährt zu ihrer Oma und Susanne zum Hildegardis, zu ihrer kleinen Schwester. Da fällt mir ein: Ich wollte doch Susanne etwas für Püppi mitgeben. Aber ich habe nichts, nur die Schokolade, und die wollte ich eigentlich Renate geben. Außerdem würde Susanne eine Tafel Schokolade bestimmt unterwegs allein aufessen. Ich renne ins Nachbarzimmer, zu Inge, und frage sie, ob sie mir noch ein Bonbon geben kann. Sie schaut mich erstaunt an. »Susanne fährt zum Hildegardis, zu ihrer Schwester«, sage ich. »Ich möchte ihr was für Püppi mitgeben.«

Sie versteht sofort und holt aus ihrem Schrank drei Bonbons und einen roten Lutscher. »Hier«, sagt sie. »Nimm ruhig, ich habe genug.« Inge ist wirklich nicht geizig.

Ich renne zurück. Susanne ist noch da. Schnell reiße ich ein Blatt Papier aus meinem Zeichenblock, male ein Püppchen drauf, schreibe Grüße und wickle die drei Karamellen und den Lutscher in das Blatt. Susanne nimmt das kleine Päckchen und steckt es in ihre Tasche. »Und sag Püppi, sie soll mir auch was schreiben«, sage ich.

Susanne nickt, nimmt ihre Tasche und geht, zusammen mit Jutta. Sie fahren mit demselben Zug. Diesmal bin ich nicht neidisch, sollen sie doch fahren. Von mir aus alle! Ich habe etwas, auf das ich mich freuen kann.

Leider regnet es, sonst wäre ich auf den Sportplatz gegangen. Da sind samstags nachmittags oft welche von den Großen und spielen Völkerball, und manchmal, wenn ich Glück habe, lassen sie mich mitspielen. Wenn sie so viele sind, dass sie mich nicht brauchen, übe ich eben ein bisschen Weitsprung oder so. Aber bei Regen geht das alles nicht. Bei Regen muss ich im Haus bleiben.

Vielleicht ist es aber auch ganz gut so, ich fühle mich nämlich irgendwie schwach. Kein Wunder, ich habe letzte Nacht nicht viel geschlafen.

Ich schaue im Flur auf die große Uhr. Fünf Minuten nach halb drei. Wenn ich den Zug um 14.27 Uhr genommen hätte, wäre ich jetzt schon acht Minuten unterwegs. Stattdessen bin ich hier. Gut, werde ich eben ein bisschen lesen. Oder vor mich hin träumen. Jedenfalls ausruhen.

Rosemarie sitzt an ihrem Tisch, vor sich den Zeichenblock und ihren Wasserfarbkasten. Sie malt oft, entweder Blumenbilder oder schöne Frauen mit langen Locken. Ihre Frauen tragen Kleider mit tiefen Ausschnitten und Puffärmeln. Manchmal haben sie einen Fächer in der Hand und oft fliegen Schmetterlinge um sie herum. Gestern Abend war Rosemarie bei Duro, und vielleicht weiß sie, dass ich es weiß. Als sie gekommen ist, muss sie doch gesehen haben, dass mein Bett leer war. Es könnte natürlich auch sein, dass sie gar nicht zu meinem Bett hingeschaut hat, weil ich ihr so egal bin.

Elisabeth hockt mit übergeschlagenen Beinen auf ihrem Bett und kämmt ihre blöde Puppe. Dorothea sitzt auf ihrem eigenen Bett, den Rücken an das Kopfende gelehnt, die Arme im Nacken verschränkt. Man sieht nichts von ihrem Buckel, nur ihr Hals ist ein bisschen kurz. Sie spielt mit Elisabeth »Ich sehe was, was du nicht siehst«.

Ich bin wirklich sehr müde. Deshalb ziehe ich die Schuhe aus und lege mich aufs Bett. Überhaupt verbringe ich den größten Teil meiner Freizeit auf dem Bett. Nicht nur ich tue das, fast alle anderen auch. Irgendwie wissen wir so oft nicht, was wir tun sollen.

Ich lese nicht, ich stelle mich schlafend. Ich habe es nämlich sehr gern, wenn Elisabeth und Dorothea »Ich sehe was, was du nicht siehst« spielen. Ich spiele dann insgeheim mit, ohne dass sie es merken.

Meine Regeln sind allerdings anders als die normalen. Während Elisabeth und Dorothea nur Gegenstände nehmen dürfen, die im Zimmer sind, gilt bei meinem Spiel die Regel, dass ich nur Dinge nehmen darf, die nicht im Zimmer sind, sondern in meiner Erinnerung. Und ich muss sie ganz genau beschreiben. Das ist viel schwieriger, als man sich vorstellt, und vielleicht macht es mir gerade deshalb so viel Spaß.

»Ich sehe was, was du nicht siehst, und das ist gelb«, sagt Elisabeth.

Gelb. Gelb war das Kornfeld, damals im Spätsommer. Ich war mit Tante Lou aufs Land gefahren. Damals hat sie das Fahrrad gehabt. Sie war eigentlich nur zu uns gekommen, weil sie uns besuchen wollte, mich und meine Mutter, aber dann hat sie den fremden Mann gesehen und die blauen Flecken an meinen Armen, und da hat sie mich einfach mitgenommen auf einen Fahrradausflug. Ich habe auf dem harten Gepäckträger gesessen und die Beine weit zur Seite gestreckt, damit sie nicht in die Speichen geraten. Als wir an das Kornfeld kamen, sind wir abgestiegen, weil es so schön war. Ganz und gar gelb. Oder nein, es war nicht nur gelb, auch ein bisschen Braun war in dem Gelb. Und ein Stich Grün. Und überall waren bunte Flecken von Blumen. Rote Flecken vom Klatschmohn und blaue von Kornblumen.

Am Rand des Feldes standen noch andere blaue Blumen, ihr Blau war heller als das der Kornblumen und ihre Blätter waren heller grün, irgendwie sandiger. Die Blüten wuchsen dicht am Stängel und waren tief eingeschnitten. Wie aus Papier. Als hätte jemand einen Kreis aus Papier vom Rand her in schmale Streifen geschnitten. Diese Blumen haben mir sehr gut gefallen. Ich habe Tante Lou gefragt, wie sie heißen. Sie hat aber nur den polnischen Namen gewusst, den ich inzwischen wieder vergessen habe. Ich wollte welche pflücken, doch sie gingen sehr schwer ab und der Stängel schnitt in meine Handkante, als ich ihn abriss. Damals hatte ich noch nicht das Messer, das Arnulf mir bald darauf zum Abschied geschenkt hat.

Ich glaube, es war nur ein paar Tage später, dass der Arzt mit dem Röntgenwagen auf dem Schulhof stand und uns alle untersucht hat. Ich erinnere mich nicht mehr genau. Am Tag nach dem Ausflug habe ich jedenfalls die Blume meiner Lehrerin gezeigt und sie gefragt, wie sie heißt. Sie hat gesagt, das sei eine Wegwarte. Ein schöner Name. Eine Blume, die am Weg steht und wartet. Auf wen? Auf mich natürlich. Im Sanatorium habe ich oft an diese Blumen gedacht und mir eingebildet, sie stehen dort und warten darauf, dass ich zurückkomme. Das bin ich aber nicht, ich habe sie nie mehr gesehen.

»Der Heftumschlag auf Renates Platz«, sagt Dorothea. »Nein«, sagt Elisabeth triumphierend. »Schon viermal falsch. Du darfst nur noch einmal.«

»Ich geb's auf«, sagt Dorothea.

Elisabeth lacht laut. »Rosemaries Socken.«

»Aber die liegen doch in ihrem Schrank«, protestiert Dorothea. »Die kann man doch gar nicht sehen.«

299

Elisabeths Stimme ist hochmütig. »Die Regel ist, dass man alles im Zimmer nehmen kann. Und du weißt genauso gut wie ich, dass Rosemarie gelbe Socken hat.«

Rosemarie grinst. Ich blinzle zu Dorothea hinüber. Sie ist wütend, aber gegen Elisabeth kann man nichts machen. Gegen Elisabeth kommt niemand an. Dorothea presst die Lippen so fest zusammen, dass sie weiß und wulstig aussehen wie eine alte, schlecht verheilte Narbe. »Gut«, sagt sie, »aber jetzt bin ich dran. Ich sehe was, was du nicht siehst, und das ist braun.«

»Mein Nicki«, sagt Elisabeth.

»Nein.« Dorothea kichert.

»Einer von den Tischen«, sagt Elisabeth. »Braun ist eine blöde Farbe. Braun gibt es so viel.«

»Trotzdem«, sagt Dorothea. »Außerdem darfst du jedes Mal nur einen Tisch nennen. Aber von mir aus, ich helfe dir: Tische stimmt überhaupt nicht.«

Braun. Braun war das Kleid, das meine Mutter anhatte, als wir beim Gericht waren. Die Frau von der Fürsorge hat mich fest an der Hand gehalten. Meine Mutter hat nicht zu mir hergeschaut. Jedenfalls ganz am Anfang nicht, als ich ihr braunes Kleid gesehen habe. Ob sie mich später mal angeschaut hat, weiß ich nicht, da habe ich nämlich nur noch auf den Boden gestarrt. Der Fußboden war auch braun, aus Holz, mit dunklen Ritzen und dunklen Schlieren in der Maserung. Ich weiß noch genau, dass eine von den Schlieren ausgesehen hat wie eine Eidechse.

»In Polen gibt es viele Eidechsen«, hat Tante Lou gesagt, als ich es ihr erzählt habe. »Im Sommer liegen sie auf heißen

Steinen, und wenn man sie fängt und am Schwanz festhält, dann fällt ihr Schwanz einfach ab.«

Mir haben die Eidechsen zuerst leid getan, aber dann hat Tante Lou gesagt, es wächst ihnen ein neuer Schwanz nach. Praktisch. Bei Menschen ist das nicht so. Wenn man Menschen zu fest anpackt, bekommen sie blaue Flecken und Blutergüsse und alles tut ihnen weh. Aber nie fällt ihnen der Arm einfach ab und wächst nach. Schade. Ich wäre gerne eine Eidechse und würde auf einem heißen Stein in der Sonne liegen. Am liebsten im Wald, auf einer Lichtung. Die Baumstämme im Wald sind ebenfalls braun, genau wie die alten Blätter, die auf der Erde liegen. Und das Unterholz, das immer ein bisschen unheimlich aussieht.

»Meine Halbschuhe«, sagt Elisabeth.

»Nein.«

Dorotheas Stimme klingt zufrieden und ein bisschen gehässig. Es muss ihr etwas ganz Besonderes eingefallen sein. Braun ist wirklich eine gute Farbe, Elisabeth hat keine Chance. Wir sind zu siebt im Zimmer und alle haben wir braune Halbschuhe.

»Deine Halbschuhe?«

»Nein.« Dorothea kichert. »Das rätst du nie.«

»Die Augen von der Zigeunerin?«

»Nein! Der Punkt geht an mich!« Dorothea springt vom Bett und deutet auf ein winziges Fleckchen an der Wand über ihrem Nachttisch. »Hier, die Fliegenkacke!«

»Das ist unfair«, sagt Elisabeth. »Von hier aus sieht sie schwarz aus.«

»Aber sie ist braun«, ruft Dorothea triumphierend.

»Braun, braun, braun. So braun wie braune Scheiße, wenn es zum Mittagessen braune Bohnen gegeben hat.«

Und so braun wie die Schokolade, die im Schrank unter meiner Unterwäsche liegt. Und wie die Schokolade, die ich vor fast neun Wochen von Uncle Sam Silver bekommen habe.

»Uncle« ist englisch und heißt auf Deutsch Onkel. Natürlich ist er nicht mein Onkel, aber ich kann Uncle zu ihm sagen. Er ist der Liebhaber von Tante Lou. Jedenfalls glaube ich das. Gefragt habe ich sie nicht danach, das habe ich mich nicht getraut. Ich weiß, dass Tante Lou gerne heiraten möchte, und nicht nur wegen mir. »Selbst im Garten Eden wäre es nicht gut, allein zu sein«, hat sie mal gesagt.

Das mit dem Nicht-allein-sein-Wollen verstehe ich. Auch Huckleberry Finn hat sich sehr gefreut, als er Miss Watsons Neger Jim getroffen hat, mit dem er dann weiterziehen konnte. Und vielleicht sieht es dort am Mississippi ja auch so aus wie im Garten Eden. Aber bestimmt nicht in Tante Lous möbliertem Zimmer. Das ist ziemlich klein. Außer einem Schrank und einem Bett haben nur noch ein Tisch und ein Stuhl Platz. Und ein Sofa. Auf dem schlafe ich, wenn ich zu Besuch bin. Nein, den Garten Eden stelle ich mir wirklich anders vor.

Tante Lou arbeitet in einer amerikanischen Kantine, von mittags bis spät in die Nacht. Deshalb bekommt sie mich ja nicht. Mein Vormund – das ist irgendjemand bei irgendeinem Amt, den ich überhaupt nicht kenne – hat auch ihren zweiten Antrag abgelehnt. Beim ersten Mal hat er gesagt, ich dürfe nicht bei ihr leben, weil sie keine regelmäßige Arbeit hat, beim zweiten Mal, dass sie nicht für mich sorgen kann, weil sie bis spät nachts arbeitet. »Da kann man nichts machen«, hat Tante Lou damals gesagt, nachdem sie erst ein bisschen geweint hatte. »Er darf bestimmen, wo du sein sollst, so hat es das Gericht entschieden. Aber wenn ich einen Mann finde und heirate, gehe ich wieder hin, da kannst du dich drauf verlassen, und dann kann er nichts mehr sagen.«

Seither hoffe ich, dass sie einen Mann findet. Deshalb habe ich mir diesen Uncle Sam Silver genau angesehen. Er ist in der Armee. Er gefällt mir ganz gut. Aber ob er Geld hat und ob er überhaupt heiraten will, das weiß ich natürlich nicht. Tante Lou kennt ihn ja erst seit drei oder vier Monaten und so schnell geht das mit dem Heiraten vermutlich auch nicht.

Meine Mutter hat nie geheiratet, glaube ich. Jedenfalls steht bei mir im Klassenbuch unter dem Namen des Vaters ein Strich. Verdammt, ich will nicht an meine Mutter denken. Manchmal tue ich es wirklich tage- oder sogar wochenlang nicht. Nur seit diesem Sammeln für das Müttergenesungswerk passiert es mir so häufig.

Tante Lou. Tante Lou und Uncle Sam Silver. Ich darf nicht auf ein Wunder hoffen, damit ich hinterher nicht enttäuscht bin. Aber trotzdem denke ich oft an eine kleine, eine winzige Möglichkeit, seit ich Uncle Sam Silver in den Osterferien kennen gelernt habe. Aber nur manchmal. Es gibt auch Tage, da glaube ich, dass ich nie hier rauskomme. Einfach nie, nie, nie. Dann stelle ich mir vor, wie jedes Jahr welche gehen und jedes Jahr Neue kommen und ich bin immer noch da. Ich werde alt und immer älter, und am Schluss sterbe ich hier in diesem Zimmer, auf diesem Bett, ohne dass ich je eine einzige Orchidee gesehen habe.

10. Hat man erst Brot,
findet man auch ein Messer

Ich kann mich nicht aufs Zählen konzentrieren. Ich bin ganz durcheinander. Das langweilige, verregnete Wochenende ist gar nicht langweilig. Ganz im Gegenteil. Nicht nur ein Unglück kommt selten allein, beim Glück ist es genauso. Oder, wie Tante Lou sagt: »Hat man erst Brot, findet man auch ein Messer.«

Aber der Reihe nach. Mein alter Trick: Man legt sich auf den Rücken, macht die Augen zu und erlebt etwas Schönes in Gedanken noch einmal. Man stellt sich vor, wie alles ausgesehen hat und was der Reihe nach passiert ist. Jedes Wort, jede Bewegung, jede Farbe. Auf diese Art vergisst man etwas Schönes nicht so schnell und man hat zweimal, dreimal, viermal oder fünfmal was davon. Beim sechsten Mal wird es dann meistens ein bisschen langweilig, weil man sich wirklich an alles gewöhnt, auch an was Schönes.

Ich liege auf dem Rücken, schaue hinauf an die Zimmerdecke, die jetzt, mitten in der Nacht, wie eine dunkelgraue Wolke aussieht, dann mache ich die Augen zu und stelle mir alles der Reihe nach vor …

Es ist Samstagabend, vor ein paar Stunden. Elisabeth und Dorothea schlafen schon, Jutta und Susanne sind nicht da und Rosemarie ist zu ihrer neuen Freundin Duro gegangen. Da fängt Renate an zu weinen. Ich versuche an etwas anderes zu denken, zum Beispiel an Orchideen, und plötzlich fällt mir wieder die Schokolade ein. Ich wollte sie Renate heute Nachmittag unters Kopfkissen legen, aber da hat es mir auf einmal irgendwie leid getan um die schöne Schokolade. Jetzt hingegen tut es mir leid, dass ich sie Renate nicht gegeben habe. Es ist fast, als hätte ich ein Versprechen nicht gehalten. Obwohl ich es doch gar nicht laut gesagt habe.

Ich stehe auf, hole die Schokolade aus dem Schrank und setze mich auf Renates Bettkante. Ich kann ihren Kopf mit den braunen Haaren deutlich erkennen, so hell ist es. Heute Abend habe ich aufgepasst, der Mond ist wirklich fast voll und am Himmel ist keine einzige Wolke mehr, der Regen hat aufgehört.

Renate hat natürlich gemerkt, dass sich jemand neben sie gesetzt hat, aber sie kann nicht wissen, dass ich es bin. Sie hebt den Kopf nicht, versucht nur, mich mit dem Ellenbogen wegzustoßen. Dabei murmelt sie etwas Unverständliches. Aber ich bin stur. Sie wird die Schokolade essen, verdammt noch mal. Und ob sie sie essen wird! Sie kann mich doch nicht davon abhalten, etwas Gutes zu tun!

Ich reiße vorsichtig das Papier auf, obwohl ich gar nicht so leise zu sein bräuchte. Elisabeth und Dorothea haben wirklich einen festen Schlaf, das weiß ich genau. Ich breche einen Riegel Schokolade ab und versuche ihn Renate in den Mund zu schieben. Sie hebt den rechten Arm etwas höher, um mich abzuwehren, aber ich drücke meine Hand fest zwischen ihren Kopf und ihren Arm. Es ist schwierig, ihren Mund zu finden, weil sie das Gesicht in den Händen vergraben hat. Alles ist nass von Tränen und Rotze, deshalb fühlt sich alles gleich glitschig an, da ist es noch schwerer, den Mund zu erwischen.

Schließlich habe ich ihn und der Riegel Schokolade ist drin. Jedenfalls glaube ich das, denn meinen Finger schiebe ich vorsichtshalber nicht nach.

Sie hört auf zu weinen. Schlagartig, wie ein kleines Kind, dem man den Schnuller in die Schnute schiebt. Ich habe das mal gesehen, als ich zu Tante Lou gefahren bin, da saß mir im Zug eine Frau mit einem Baby gegenüber. Es war wirklich zum Lachen. Von einer Sekunde auf die andere hat es aufgehört zu weinen.

Wie Renate jetzt. Sie dreht sich um, setzt sich auf und schaut mich an. Ich gebe mir Mühe, ganz freundlich zu lachen, und schiebe ihr den Riegel Schokolade, der ihr vor Staunen halb herausgerutscht ist, wieder in den Mund zurück. Sogar ohne Licht kann ich sehen, wie verschmiert ihr Gesicht ist. Sehr geschickt habe ich mich beim Reinschieben wirklich nicht angestellt.

Als jüngere Schwester wäre Renate wirklich nett.

Ich stehe auf, ziehe sie aus dem Bett und hinter mir her in den Waschraum. Dort darf man abends ruhig Licht anmachen, denn wenn man auf dem Klo war, soll man sich ja die Hände waschen. Fräulein Urban hat einen Tick mit Händewaschen. Ich mache also Licht und schiebe Renate vor den Spiegel. Sie starrt hinein. Zwei Gesichter sind zu sehen, ihres und meines. Ich muss lachen, weil sie so komisch aussieht, und dann fängt sie auch an zu lachen. Ihre Zähne leuchten sehr weiß gegen den schokoladenverschmierten Mund. Sie wäscht sich das Gesicht und ich schaue ihr dabei zu.

Und dann habe ich plötzlich eine Idee.

»Los«, sage ich, »zieh ganz leise deine Socken an und deine

Strickjacke übers Nachthemd und komm mit. Ich zeig dir was.«

Wir holen unsere Socken und unsere Jacken und ich nehme auch noch die angebrochene Tafel Schokolade von ihrer Bettdecke. Ohne etwas zu fragen, schleicht Renate hinter mir her die Wand entlang. Als ich den Schlüssel zum Kofferspeicher vom Regal herunterhole, bekommt sie große Augen. Aber sie bleibt ganz still, bis wir auf der Koldere hinter der Wand aus Koffern sitzen, dann sagt sie das erste Wort: »Schön.«

Die Kerze brennt und wir sitzen da und schauen uns an. Ich hatte ganz vergessen, wie ein Gesicht sich dauernd verändert, wenn eine Kerze flackert.

Mir fällt nichts ein, was ich sagen könnte, Renate offenbar auch nicht. Deshalb breche ich ein Stück Schokolade ab und stecke es ihr in den Mund. Sie nimmt mir die Tafel aus der Hand, bricht ebenfalls ein Stück ab und steckt es mir in den Mund. So sitzen wir lange und lutschen gemütlich Schokolade.

»Woher hast du die Schokolade?«, fragt Renate plötzlich. Ich erzähle ihr von der Frau mit dem braunen Rock und der weißen Bluse.

»Du hast viel gesammelt«, sagt sie. »Dorothea sagt, dass du bestimmt den Preis gewinnst. Und Elisabeth ist schrecklich wütend und schimpft auf dich.«

»Ich glaube nicht, dass ich den Preis gewinne«, sage ich. Kein Wort davon, warum ich ihn nicht gewinne.

»Wenn ich diese Frau mit dem braunen Rock und der weißen Bluse gewesen wäre, hätte ich auch lieber dir was gegeben als Elisabeth.«

Ich lache.

Renate lacht auch.

»In dem Heim, in dem ich früher war, gab es eine Kleine«, sage ich, »die hat genauso geschlafen wie du, mit dem Zipfel der Bettdecke vor dem Gesicht. Sie hieß Püppi, und ich habe mir oft gewünscht, sie wäre meine kleine Schwester.«

»Komisch«, sagt Renate. »Ich habe mir nie eine kleine Schwester gewünscht, immer nur eine große. Eine große Schwester, die alles weiß und mir hilft.«

Wir schauen uns an. Plötzlich ist etwas zwischen uns, etwas Angespanntes. Die Kerze flackert und draußen bellt ein Hund. Es ist ein anderer, mit einer helleren Stimme, und das Bellen kommt aus der entgegengesetzten Richtung.

»Ich hatte daheim eine Freundin«, sagt Renate langsam. »Wir haben uns als Beweis unserer Freundschaft das Schlimmste erzählt, was wir in der letzten Zeit erlebt haben. Etwas, wofür wir uns geschämt haben.«

Ich starre sie an. Ich habe noch nie jemandem etwas Schlimmes erzählt, noch nicht mal Tante Lou. Nein, erst recht nicht Tante Lou, ich will sie doch nicht traurig machen.

»Meinst du das im Ernst?«, frage ich.

Sie nickt und schiebt mir das letzte Stück Schokolade in den Mund. Das Papier faltet sie ordentlich zusammen und steckt es in ihre Jackentasche. Das gefällt mir. Offenbar weiß sie, dass man vorsichtig sein muss, wenn man nicht erwischt werden will. Schokoladenpapier auf dem Kofferspeicher würde Fräulein Urban sofort misstrauisch machen.

»Wenn man einer Freundin etwas erzählt hat, wofür man sich schämt, kann man nie mehr gemein zu ihr sein oder sie verraten«, sagt sie. »Weil sie einen dann ja auch verraten könnte.«

Das sehe ich ein. Trotzdem stört mich was an dieser Vorstellung. Zögernd stehe ich auf und hole mein Gedankenbuch. Der Kerzenschein reicht nicht bis zu der Ecke mit den Ziegelsteinen, aber ich finde es auch im Dunkeln.

Schließlich muss Renate ja nicht gleich alle meine Verstecke kennen.

Ich setze mich neben sie, schlage mein Gedankenbuch auf und lese ihr etwas vor, was ich vor ein paar Wochen geschrieben habe: »Man muss mit Wünschen sehr vorsichtig umgehen. Wenn man etwas unbedingt will, kann leicht etwas ganz anderes herauskommen.«

»Das verstehe ich nicht«, sagt Renate. »Warum hast du das aufgeschrieben?«

Sie sieht aus, als wolle sie es wirklich wissen. »Ich war krank«, fange ich an, »ich bin oft krank.«

Dann stocke ich. Ich hab es nicht so mit dem Erzählen, keiner soll etwas von mir wissen. Deshalb schreibe ich in mein Gedankenbuch auch nur Merksätze, nicht das, was wirklich passiert ist. Wenn ich dann die Sätze lese, erinnere ich mich an alles, aber andere können es nicht verstehen. Nein, ich erzähle nie etwas. Warum sollte ich diesmal eine Ausnahme machen? Renate schaut mich mit großen Augen an. Sie sehen viel dunkler aus als sonst. Renate sieht Püppi wirklich nicht ähnlich. Ich senke den Kopf.

»Ich war krank«, fange ich noch einmal an. »Ich habe also im Krankenzimmer gelegen und genau gewusst, dass den ganzen Vormittag keiner kommen würde. Es war nämlich ein

Montag und montags hat Fräulein Urban doch sechs Stunden Unterricht. Mir war langweilig, ich hatte zufällig kein Buch. Das Krankenzimmer ist hässlich und es sieht auch bei Sonne nicht schöner aus. Die drei anderen Betten waren leer und genauso weiß bezogen wie meines. Ich habe die gelben Flecken auf den weißen Metallgestellen betrachtet und gedacht, dass sie aussehen wie angepisst. Ekelhaft. Und unter meinem Hintern habe ich durch das Betttuch die Gummiunterlage gespürt, falls ich ins Bett pinkle. Dabei habe ich schon lange nicht mehr ins Bett gepinkelt.

Ich habe überlegt, was ich tun könnte. Und da hatte ich auf einmal eine Idee. Elisabeths Puppe. Ich könnte doch mal in aller Ruhe mit Elisabeths Puppe spielen. Ich habe, glaube ich, noch nie eine Puppe gehabt und inzwischen bin ich ja auch zu alt dafür. Aber ich hätte gerne mal mit einer gespielt.

Deshalb bin ich in unser Zimmer geschlichen. Zum Glück habe ich im Flur niemanden getroffen. Das Zimmer war leer – klar, die anderen waren in der Schule – und auf Elisabeths Bett saß die Puppe. Ich habe sie genommen und ganz genau betrachtet und die blonden Haare angefühlt. Die sind übrigens lange nicht so weich, wie sie aussehen.

Ich weiß noch, dass ich überlegt habe, ob alle Puppen blonde Haare haben. Die von Claudia hat auch blonde Haare. Ganz lange, blonde Locken. Claudia macht ihr manchmal Zöpfe und manchmal bindet sie ihr eine blaue Schleife ins Haar. Blaue Schleifen in blonden Haaren sind sehr schön. In schwarzen sind rote schöner, hat meine Tante Lou gesagt, als sie mir mal eine rote Schleife geschenkt hat, aber die habe ich bald verloren. Na ja, das gehört nicht dazu.

Ich saß also da, auf Elisabeths Bett, mit der Puppe in der Hand, und wollte mit ihr spielen. Aber ich habe nicht gewusst, was. Die Puppe hat mich mit ihren dummen, blauen Augen angeglotzt.

›Du hast genauso gemeine Augen wie Elisabeth‹, habe ich zu ihr gesagt.

Sie hat mir keine Antwort gegeben. Aber wenn Elisabeth mit ihr spielt, antwortet sie doch mit einer ganz hohen, gequetschten Stimme. Also habe ich es noch mal gesagt, das mit den gemeinen Augen.

›Du bist ja nur neidisch, weil du selber keine schönen blauen Augen hast‹, hat sie auf einmal gequietscht. Es ist gar nicht leicht, so hoch zu sprechen, das kitzelt unangenehm im Hals.

›Blaue Augen sind überhaupt nicht schön‹, sagte ich zu der blöden Puppe. ›Meine Tante Lou hat ganz dunkle Augen, fast schwarze. Und meine Tante Lou ist die schönste Frau der Welt. Das hat auch Uncle Sam Silver gesagt.‹ Die Puppe hat genauso ein hochmütiges Gesicht gemacht wie Elisabeth. ›Dein Uncle Sam Silver ist nur ein Amisoldat‹, hat sie gesagt, ›und deine Tante Lou ein Amiflittchen.‹

Und da habe ich auf einmal gewusst, wie man mit Puppen spielt. Ich habe sie übers Knie gelegt, ihr die Unterhose runtergezogen und sie geschlagen, bis mir die Hand wehgetan hat.

Und dann musste ich plötzlich weinen. Ich habe der blöden Puppe die Hose wieder hochgezogen, ihr den Rock glatt gestrichen und sie genau so auf Elisabeths Bett gesetzt, wie sie vorher gesessen hatte. Und dabei habe ich immer nur gedacht: Gut, dass ich sie nicht totgeschlagen habe. Und dann bin ich wieder ins Krankenzimmer gegangen und habe mich geschämt.

Ich weiß noch, was ich gedacht habe, was ganz Albernes, nämlich: Zum Glück kriegen Puppen keine Blutergüsse und keine blauen Flecken und zum Glück müssen Puppen auch nicht weinen.«

Ich höre auf. Plötzlich finde ich die Geschichte gar nicht mehr schlimm, sondern eher albern. Dabei habe ich bisher immer Bauchweh gekriegt, wenn mir einfiel, wie ich die Puppe verhauen habe. Vielleicht ist es jetzt anders, weil ich es jemandem erzählt habe. Aber plötzlich habe ich doch wieder Angst, weil jetzt jemand davon weiß.

Warum habe ich Renate überhaupt etwas erzählt? Warum ich? Sie wäre als Erste dran gewesen. Schließlich habe ich ihr ja mein Versteck gezeigt.

»Ich will deine Geschichte heute nicht mehr hören«, sage ich zu ihr. »Ich will ins Bett.«

Renate steht sofort auf. Sie rollt die Koldere zusammen und schiebt sie tief unter die Dachschräge. Ich trage die Kerze bis zur Tür, puste sie aus und verstecke sie wieder hinter dem Balken. Wir kommen ungesehen zu unserem Zimmer.

Jetzt liege ich da und kann wieder mal nicht einschlafen. Ich glaube, sie schläft ebenfalls nicht. Deshalb kann ich auch noch nicht anfangen zu zählen. Ich weiß nicht, ob ich glücklich bin oder nicht. Eigentlich bin ich glücklich, aber ich hätte ein bisschen vorsichtiger sein können. Man darf nie zu viel von sich zeigen.

Ich muss Püppi unbedingt einen Brief schreiben. Ich muss

ihr sagen, dass sie nie mehr »O Kangasäro« singen und dabei ihren Rock so hoch heben darf, dass man die Unterhose sieht. Ich verstehe zwar nicht ganz, warum Frau Maurer sich so darüber aufgeregt hat, aber ich glaube, sie hat Recht. Ich muss Püppi schreiben. Sie ist zu klein, sie versteht das noch nicht, jemand muss ihr beibringen, vorsichtig zu sein.

Da steht Renate plötzlich neben meinem Bett, bückt sich und gibt mir einen Kuss. »Gute Nacht«, flüstert sie.

Vor lauter Schreck gebe ich ihr keine Antwort. Und dann fällt mir ein, dass ich heute zum ersten Mal nicht an meiner Pelikanol-Dose gerochen habe. Ich habe sie einfach vergessen.

11. Kuh geschoren,
Schafbock gemolken

Sonntags dürfen wir länger schlafen, da frühstücken wir erst um acht. Ich sitze da und starre auf meinen Teller. Renate sitzt neben mir, aber ich habe noch nichts zu ihr gesagt.

Ich weiß auch nicht, warum heute Morgen alles anders ist. Ich bin mit einem ganz blöden Gefühl im Bauch aufgewacht und habe mich nicht getraut, Renate anzuschauen. Und als sie mich gefragt hat, ob wir zusammen zum Speisesaal gehen, habe ich ihr keine Antwort gegeben. Es ist wirklich blöd, dass wir auch noch am selben Tisch sitzen. Ich kriege kein Wort heraus und habe das Gefühl, gestern Nacht alles falsch gemacht zu haben. Renate sagt auch nichts mehr, sie schaut mich nur manchmal von der Seite an. Hoffentlich weiß sie, dass heute ein anderer Tag ist. Gestern ist vorbei. Gestern war einmal. Sie soll es vergessen.

Sonntags gibt es bei uns Butter. Eigentlich freue ich mich die ganze Woche darauf. Die Portion ist nur halb so groß wie die Portion Margarine, die wir werktags bekommen, obwohl man auch die schon sparsam kratzen muss, wenn sie für zwei Scheiben Brot reichen soll. Aber Butter ist Butter. Schon das Wort klingt angenehm. Vielleicht, weil es sich auf Futter reimt. Auf Mutter allerdings auch. Nein, am Reim liegt es nicht. Das Wort klingt angenehm, weil Butter gut schmeckt und weil wir sie so selten bekommen. Nur darum.

Ich habe keinen richtigen Hunger heute, deshalb schmiere

ich die ganze Butter auf eine Scheibe Brot. Wäre ja noch schöner, wenn Duro meine Sonntagsbutter bekäme.

Ich starre auf meinen Teller. Ein verrückter Tag. Ich bin ganz durcheinander. Renate wirft mir von der Seite einen Blick zu, und ich tue, als würde ich es nicht merken. Es ist mir peinlich. Alles ist mir peinlich. Ich bin eine blöde Kuh, so etwas hätte mir nie passieren dürfen. Alles habe ich falsch gemacht.

Genau mit diesem Gefühl bin ich aufgewacht. Irgendetwas stimmt nicht. Alles ist falsch. »Kuh geschoren, Schafbock gemolken«, sagt Tante Lou, wenn ich mich tappig anstelle und alles schiefgeht, was ich anfange. Tante Lou. Ich habe ihren Brief wieder in meinem Unterhemd. Was für ein Glück, dass ich Renate wenigstens nichts von den zehn Mark erzählt habe! Ein bisschen Hirn habe ich doch noch gehabt, nur leider nicht genug. Wie eine vertrauensselige Gans habe ich mich aufgeführt, wie jemand, der nicht weiß, dass man vorsichtig sein muss. Geschichten erzählen! Was für eine verrückte Idee! Warum habe ich mich nur darauf eingelassen? Es ist mir egal, was sie von mir denkt. Und ihre Geschichte will ich nicht hören.

Wirklich ein blöder Tag. Nach dem Frühstück gehe ich alleine hinauf und setze mich an meinen Tisch. Ich versuche, Tante Lou einen Brief zu schreiben. Es gelingt mir nicht, obwohl nur Renate im Zimmer ist. Oder gerade weil sie im Zimmer ist. Allerdings schaut sie mich jetzt nicht mehr an, sie weicht mir aus, wie ich ihr ausweiche. Warum sagt sie nichts? Eigentlich müsste sie doch fragen, was ich habe. Aber ich bin froh, dass sie es nicht fragt, weil ich nämlich nicht wüsste, was ich antworten soll.

Wenn man auch schon Renate heißt! Renate ist ein blöder Name, er gefällt mir überhaupt nicht. In meiner ersten Schule in Deutschland war ein Mädchen in meiner Klasse, das Renate hieß. Sie war gemein und hinterhältig und hat immer am lautesten gelacht, wenn ich ein Wort falsch gesagt habe. Warum ist mir das gestern Abend nicht eingefallen?

Ich packe mein Schreibzeug wieder in den Ranzen. Das Rechenheft mit dem angefangenen Brief brauche ich nicht großartig zu verstecken, mehr als die Überschrift steht sowieso nicht drin. »Liebe Tante Lou.« Das kann jeder lesen. Außerdem würde Renate nicht heimlich an meinen Ranzen gehen, mein Rechenheft herausnehmen und nachschauen, was ich auf das mittlere Blatt geschrieben habe. So etwas tut sie nicht, da bin ich mir ganz sicher. Und gemein und hinterhältig ist sie auch nicht.

Es ist mir nur alles so peinlich. Ich habe Sachen erzählt, die niemanden etwas angehen. Wie ein unwissendes Nichtheimkind habe ich mich angestellt, als hätte ich keine Ahnung vom richtigen Leben.

Ich stehe auf, gehe zu meinem Schrank, zu unserem Schrank, hole meine Turnhose heraus, ziehe sie unter dem Rock an und verlasse das Zimmer. Die ganze Zeit habe ich nicht zu Renate hingeschaut, aber aus den Augenwinkeln habe ich gesehen, dass sie auf dem Bett liegt, auf der Seite, und zum Fenster hinausschaut in den Himmel. Was sie wohl denkt? Das wüsste ich schon gerne.

Ich gehe hinunter auf den Sportplatz. Doktor Zuleger hat gesagt, Sport würde mir guttun, dann würde ich ein bisschen kräftiger. Schon von weitem höre ich Elfriede schreien:

»Los, wirf endlich.« Ja, sie spielen Völkerball. Aber sie sind so viele, dass ein paar Mädchen am Rand sitzen, in Turnhosen, und darauf warten, dass eine der Spielerinnen keine Lust mehr hat. Ich habe also keine Aussichten, dass sie mich mitspielen lassen. Deshalb gehe ich hinüber zur Weitsprunggrube und ziehe meinen Rock aus, dann auch die Schuhe und die Socken. Der blaue Fleck an meinem Schienbein ist blass geworden und zeigt schon einen gelblichen Rand. Blöde Duro!

Die Sonne scheint, aber der Sand ist vom gestrigen Regen noch etwas feucht und quillt dunkel zwischen meinen nackten Zehen hindurch. Mir ist das egal. Ich nehme Anlauf und springe. Immer wieder. Diesmal zähle ich nicht, wie oft ich springe, ich lege mir auch keine Stöckchen an den Rand, um zu sehen, wie weit ich gekommen bin. Ich streiche nach jedem Sprung einfach den feuchten Sand glatt, auch wenn ich heute nicht gegen mich selbst kämpfe, und renne wieder los. Und jedes Mal, wenn ich abspringe, sage ich laut: »Verdammter Mist«, obwohl ich selber nicht weiß, was ich damit meine. Ist mir auch egal.

Tante Lou. Wäre ich doch gestern zu Tante Lou gefahren. Was für eine blödsinnige Idee das war, die Fahrt um eine Woche zu verschieben. Warum eigentlich? Um mich selbst zu bestrafen? Es ist doch ganz in Ordnung, wenn man sich nimmt, was man unbedingt braucht. Ich brauche Tante Lou. Wenn ich sie zu lange nicht sehe, mache ich nur dummes Zeug. Das habe ich ja gestern bewiesen.

Ich springe so lange, bis ich Seitenstechen habe und fast keine Luft mehr bekomme und die Muskeln an meinen Beinen schon anfangen wehzutun. Mein Fluchen klingt auch schon leiser und nicht mehr so wütend. Wiederholen, alles muss man so lange wiederholen, bis es nicht mehr wehtut. Nicht nur angenehme Vorstellungen nutzen sich ab, wenn man häufig an sie denkt, sondern auch unangenehme. Das muss ich mir merken. Heute Abend werde ich es in mein Gedankenbuch schreiben.

Beim Mittagessen bietet sich mir plötzlich eine wunderbare Gelegenheit. Ich wäre blöd, wenn ich sie nicht nutzen würde.

Elisabeth hat Tischdienst. Sie kommt aus der Küche und trägt das Tablett mit den Schüsseln für ihren Tisch. Dabei geht sie ganz nah an uns vorbei. Wir haben schon angefangen zu essen, unser Tisch steht ja direkt neben der Küchentür. Ich sehe Elisabeth kommen und strecke blitzschnell meinen linken Fuß zur Seite. Elisabeth stolpert, und als sie auf den Boden knallt und das Porzellan laut scheppernd zerbricht, habe ich meinen Fuß schon wieder unter dem Tisch und schaue genauso erschrocken hoch wie alle anderen. Elisabeth fängt laut an zu weinen, als wäre ihr etwas passiert. Aber es ist ihr nichts passiert. Sie steht auf, starrt auf den Boden, auf die zerbrochenen Schüsseln, und weint. Du lieber Himmel, so schlimm ist das nun auch wieder nicht!

Viele lachen. Ich lache auch, aber nur innen drin. Von außen merkt man mir nichts an. Dumm aussehen kann ich prima, das habe ich lange genug geübt. Sogar vor dem Spiegel.

Auf dem braunen Fußboden vermischen sich Kartoffeln, Leipziger Allerlei und Rinderbraten mit der Soße zu einem ekelhaften Matsch. Jetzt weiß ich auch, warum Teller immer weiß sind, nie braun. Auf Weiß sieht das Essen einfach appetitlicher aus.

Niemand hat meinen Fuß bemerkt, noch nicht einmal Elisabeth. Die steht noch immer dumm da, aber sie hat aufgehört zu weinen. Zwei Mädchen von ihrem Tisch holen Schippe und Handfeger aus der Küche und kehren die Scherben samt Kartoffeln, Gemüse und Fleisch vom Boden auf. Fräulein Urban schimpft und Elisabeth bückt sich, hebt das Tablett auf und geht zurück in die Küche. Fräulein Urban geht ihr nach. Jetzt wird sie wohl von allen Schüsseln, die noch nicht ausgeteilt sind, etwas herausnehmen, damit Elisabeths Tisch auch was zu essen bekommt.

Ich greife wieder nach meiner Gabel. Der Rinderbraten schmeckt mir jetzt besonders gut, wirklich viel besser als vorher. Auch das Leipziger Allerlei, das ich sonst nicht so gerne mag. Duro schiebt mir wortlos die Schüssel mit den Kartoffeln hin. Sonntags gibt es ein paar mehr, da kann sie leicht großzügig sein.

Auf dem Weg nach oben, zum Zimmer, flüstert plötzlich jemand hinter meinem Rücken: »Das hast du prima hingekriegt.«

Ich drehe mich erschrocken um. Rosemarie und Duro. Ich weiß nicht, welche von beiden es gesagt hat. Wenn Leute flüstern, kann man ihre Stimmen schlecht unterscheiden. »Was denn?«, frage ich. Aber beide machen ein Gesicht, als hätten sie keine Ahnung, was ich meine.

Duro rempelt mich an und sagt: »Geh endlich weiter oder willst du hier auf der Treppe einschlafen?«

Wahrscheinlich hat eine von ihnen mitgekriegt, wie ich den

Fuß zur Seite geschoben habe. Von mir aus. Sie sind beide keine Petzliesen, sie werden mich nicht verraten. Und selbst wenn, ist es mir auch egal. Dann mache ich eben Strafdienst. Sie können mir alle den Buckel runterrutschen.

Im Zimmer setze ich mich an den Tisch und fange mit den Hausaufgaben an. Diese Woche habe ich wirklich zu wenig getan. Nicht nur wegen des Sammelns, es war überhaupt eine eigenartige Woche.

Rosemarie ist nicht ins Zimmer zurückgekommen, Renate liegt wieder auf dem Bett, aber diesmal liest sie. Ich kann nicht erkennen, welches Buch. Elisabeth näht an einem Kleid für ihre blöde Puppe – wo hat sie nur diesen bunten, glänzenden Stoff her? – und Dorothea sitzt mit gekreuzten Beinen auf ihrem Bett und kramt in ihrer Schatzkiste. Sie hält die Bernsteinkugel in der Hand.

Die hat sie mir schon mal gezeigt, sie ist so groß wie ein Vogelei. Und erst die Farbe! Wie versteinerter Honig, mit winzigen Bläschen und kleinen Unreinheiten unter der glatten Oberfläche. Ich hätte sie damals gerne ein bisschen in die Hand genommen, aber Dorothea hat sie schnell wieder in ihre Schatzkiste gelegt, den Deckel zugeschlagen und abgeschlossen. Muss sich wunderbar anfühlen, diese Kugel, sehr glatt und warm.

Dorothea hat meinen neugierigen Blick bemerkt. Sie klappt den Deckel so hoch, dass ich nichts mehr sehen kann. Blöde Gans! Trotzdem wüsste ich gerne, was sie alles in ihrer Schatzkiste hat.

Plötzlich sagt Elisabeth: »Dorothea, vielleicht solltest du auf deine Schatzkiste jetzt noch besser aufpassen.«

Dorothea hebt den Kopf. »Warum? Es weiß doch jede, dass die Kiste mir gehört. Und auch, dass ich diejenige, die sich an meiner Kiste vergreift, glatt umbringen würde.«

Das stimmt. Alle kennen Dorotheas Schatzkiste, nicht nur die Mädchen aus unserem Zimmer, sondern vermutlich die vom ganzen Heim. Und selbst wenn das mit dem Umbringen ein bisschen übertrieben klingt, ich traue es ihr zu. Ich traue Dorothea viel zu.

»Ich meine ja nur«, sagt Elisabeth.

Ich sitze mit dem Rücken zu ihr, jetzt drehe ich mich um.

Sie hockt auf ihrem Bett, fädelt gerade einen neuen Faden ein und schaut nicht hoch, als sie weiterspricht, aber ihre Stimme klingt sehr gehässig. »Wenn man die Tochter von einer Zuchthäuslerin im Zimmer hat, muss man auf sein Zeug wirklich gut aufpassen.«

»Wieso die Tochter von einer Zuchthäuslerin?«, fragt Dorothea erstaunt.

Auch ich verstehe nicht, was Elisabeth meint. Doch da fängt Renate an zu weinen. So leise, wie sie sonst nur abends weint, wenn die anderen schlafen. Jetzt schaue ich zu ihr hinüber. Sie hat sich auf den Bauch gedreht, das Gesicht in den Armen vergraben und ihr Rücken zuckt.

Es stimmt also. Aber wie hat Elisabeth das rausgekriegt? Und warum hat sie es plötzlich auf Renate abgesehen? Die Ärmste. Wenn Elisabeth erst einmal ein Opfer gefunden hat, lässt sie so schnell nicht locker. Sie stichelt und stänkert und man kann nichts dagegen machen. Man kann ihre Schikanen nur ertragen und versuchen sich nichts anmerken zu lassen, sonst treibt sie es nämlich nur noch schlimmer. Mich hat sie von Anfang an nicht leiden können. Ich sie allerdings auch nicht.

Plötzlich packt mich Wut. Wut auf alles, auf dieses Zimmer, auf das Heim, und vor allem auf Elisabeth. Und auch auf mich, weil ich mir immer alles von ihr gefallen lasse. Was bildet die sich überhaupt ein? Nur weil sie Eltern hat und Päckchen kriegt? Nur weil sie einen halben Kopf größer ist als ich?

Ich springe so unvorsichtig auf, dass mein Tintenfass umkippt und mein Stuhl gegen Rosemaries Bett kracht. Die Tinte fließt über den Tisch und tropft auf den Boden. Aber das ist mir egal. Ich bleibe nur einen Moment am Tisch stehen, dann mache ich einen Satz zu Elisabeths Bett hinüber, packe sie an der Schulter und schüttle sie. »Hör auf!«, schreie ich. »Halt endlich mal dein dreckiges Maul!«

Sie starrt mich verblüfft an. Aber ihre Verblüffung dauert nicht lange. Sie lässt ihr Nähzeug fallen, springt vom Bett und schlägt auf mich ein. Und ich, Wunder über Wunder, ich zögere nur einen Moment, dann schlage ich zurück.

Verbissen und leidenschaftlich prügeln wir uns. Ich habe gar nicht gewusst, wie sehr ich sie hasse. Sie trifft mich im Gesicht, dafür gelingt es mir, einen ihrer Zöpfe zu erwischen und mit aller Kraft daran zu reißen. Sie ist stark, stärker als ich, aber ich habe nicht geahnt, dass ich auch ganz schön stark sein kann. Sie schafft mich nicht. Und nach den ersten Schlägen, die ich abbekomme, spüre ich auch keinen Schmerz mehr. Ich stolpere über ihre Beine und stürze, aber ich ziehe sie mit, wir fallen beide zu Boden. Mal bin ich oben, mal sie, ich weiß schon gar nicht mehr, wem der erhobene Arm gehört, merke es erst, als sie wieder meinen Kopf trifft. Aber es tut mir nicht mehr weh. Ich trete, schlage, kratze, beiße. Jemand schreit laut und durchdringend. Mir wird schwarz vor den Augen, doch dann merke ich, dass sie es ist, die schreit. Sie, nicht ich! Mit doppelter Kraft schlage ich weiter. Etwas Warmes läuft mir über das Gesicht, doch ich achte nicht darauf. Ich schlage. Für jede Bemerkung einen Schlag, für jede Gehässigkeit einen Schlag. Für jeden scheelen Blick einen Schlag. Ich kratze ihr mit beiden Händen über das Gesicht. Sie soll büßen, sie soll für alles büßen.

Und dann reißt mich jemand von ihr weg. Fräulein Urban steht vor uns und starrt uns entsetzt und ungläubig an. Erst jetzt hebe ich die Hand und berühre das Warme, das mir über die Backe rinnt. Meine Finger sind rot. Aber auch Elisabeth sieht nicht mehr so schön aus wie sonst. Keuchend steht sie da und Tränen und Rotze laufen ihr über das zerkratzte Gesicht. Am Ärmel ihres braunen Nickis ist ein großer Tintenfleck. Ich keuche auch, aber ich weine nicht. Wenn Fräulein Urban nicht so wütend aussehen würde, könnte ich sogar lachen. Sie packt uns beide am Arm und zerrt uns hinter sich her zum Krankenzimmer. Elisabeth lässt sich auf das erste Bett fallen und heult. Ich stelle mich ans Fenster, mit dem Rücken zu ihr, und tue, als schaue ich hinaus. Fräulein Urban geht zum Telefon.

Kurze Zeit später ist Doktor Zuleger da. Er nimmt sich erst Elisabeth vor. Ihr rechtes Auge schwillt immer mehr zu. Er drückt vorsichtig daran herum, zieht das Unterlid herunter und sagt, Elisabeth solle das Auge verdrehen. Dann nuschelt er etwas Unverständliches und macht sich an die Kratzer in ihrem Gesicht. Er tupft sie mit Jod ab, zum Desinfizieren. Ich weiß, wie das brennt. Elisabeth verzieht das Gesicht, gibt aber keinen Ton von sich. Dann klebt er ihr Pflaster auf die größten Kratzer. »Das mit dem Auge wird schon wieder, aber es dauert seine Zeit«, sagt er.

Dann bin ich dran. Ich habe eine Platzwunde an der linken Schläfe. Inzwischen tut sie mir auch ziemlich weh. »Wo hast du dich denn angehauen?«, fragt er. »Das kann die andere doch gar nicht geschafft haben.« Auch meine Wunde reinigt er mit Jod. Es brennt schlimmer, als ich gedacht habe. Aber auch ich gebe keinen Ton von mir, ich verziehe noch nicht mal das Gesicht.

»Vermutlich am Tischbein«, murmelt Fräulein Urban. »Sie haben sich auf dem Boden gewälzt wie betrunkene Matrosen. Ich weiß wirklich nicht, was ich mit den beiden jetzt anfangen soll.«

»Ach«, sagt er, »so was kann doch mal vorkommen und so schlimm ist es auch wieder nicht, da müssen Sie sich keine Sorgen machen. Die junge Dame hier wird schon in einer Stunde wieder viel besser aussehen, wenn die allergische Reaktion abklingt. Trotzdem muss ich sie mitnehmen ins Krankenhaus, der Riss muss genäht werden.«

Ich schnappe noch immer nach Luft, und mein Kopf ist so leer, dass ich noch nicht mal richtig erschrecke.

Während er sein Zeug wieder in die große, schwarze Tasche packt, sagt er: »Man muss sich doch nicht immer gleich prügeln. Kommt, Kinder, versöhnt euch wieder.«

Typisch Erwachsener. Ich starre auf den Boden.

»Los, gebt euch die Hand«, sagt er.

Ich betrachte meine Hände. Erst jetzt sehe ich, dass ich auch wunde Knöchel habe. Und der Nagel am Mittelfinger meiner rechten Hand ist eingerissen.

Ich werde Elisabeth nicht die Hand geben. Nie. Ich verstecke meine Hände hinter dem Rücken. Elisabeth rührt sich ebenfalls nicht.

»Lassen Sie nur«, sagt Fräulein Urban zu Doktor Zuleger, »so schnell geht das nicht.« Dann wendet sie sich an uns: »Wehe, wenn so etwas noch einmal passiert! Ich schwöre euch, dann könnt ihr was erleben! Und was für eine Strafe ihr bekommt, muss ich mir noch gut überlegen.«

Elisabeth schaut zur Seite, aus dem Fenster hinaus, und sagt kein Wort, als Doktor Zuleger und ich das Krankenzimmer verlassen.

12. Lieber einen Armen zum Freund als einen Reichen zum Feind

Ich sitze im Behandlungszimmer auf einem Stuhl. Es riecht nach Desinfektionsmitteln und Medikamenten. Ich kenne Krankenhäuser, auch dieses hier. Letztes Jahr hatte ich Scharlach.

Eine Schwester schneidet mir neben der Wunde ein paar Haare ab, dann zieht sie eine Spritze auf. Ich zeige nicht, dass ich Angst habe. Ich zeige auch nicht, dass die Spritze in die Kopfhaut verdammt wehtut, ich beiße mir auf die Lippe.

»Tapfer, tapfer«, lobt Doktor Zuleger. »Vier Fäden werde ich brauchen und ein bisschen wirst du die Stiche schon spüren.«

Ich spüre die Stiche. Und wie. Aber ich weine nicht. Dann wird die Naht verpflastert und ich bin fertig. »Ich bringe dich noch zurück«, sagt Doktor Zuleger. »Und morgen Nachmittag um vier kommst du zu mir und zeigst mir die Wunde.«

Ich nicke. Die Schwester drückt mir ein Bonbon in die Hand. »Hier, du Armes«, sagt sie und streicht mir über den Kopf.

»Das wäre nicht nötig gewesen«, sagt Doktor Zuleger und legt mir den Arm um die Schulter. »Sie hätten mal die andere sehen sollen.«

Wir gehen. Im Auto fragt er: »Wer hat denn angefangen mit der Prügelei? Du oder sie?«

»Mit Prügeln ich«, sage ich. »Aber sie hat vorher etwas Gemeines gesagt.«

»Ach so«, murmelt er. Dann nimmt er die eine Hand vom Lenkrad, streicht mir über den Arm und legt die Hand sofort wieder zurück. »Was macht eigentlich dein Bauch? Du hast schon lange nichts mehr gehabt.«

»Stimmt«, sage ich. »Ich war wirklich lange nicht mehr krank. Seltsam, es ist mir gar nicht aufgefallen.«

»Sei doch froh.« Er lacht. »Vielleicht hat es dir ganz gutgetan, dass du dich mal gewehrt hast.«

Dann ist er still.

Ich auch, ich habe keine Lust zu sprechen. Und außerdem tut mir das Genähte weh, wenn ich den Mund bewege.

Erst als wir vor dem Heim halten und aussteigen, sagt er noch: »Aber das mit dem Prügeln sollte nicht zur Gewohnheit werden, hörst du?«

Ich nicke und gehe auf das Haus zu.

Dann sind wir da. Vor der Treppe bleibe ich stehen. Ich will nicht hinauf. Ich kann nicht hinauf. Am liebsten würde ich mich jetzt einfach fallen lassen, damit ich nicht die Treppe hochzugehen brauche. Ich will nicht hinauf, ich will niemanden sehen. Am wenigsten Fräulein Urban oder Elisabeth. Mir dröhnt der Kopf. Vielleicht geht es mir schlechter, als Doktor Zuleger meint.

Er betrachtet mich prüfend und hält mir seinen Arm hin. »Komm, ich helf dir.«

Wenn er mir wirklich hätte helfen wollen, hätte er mich im Krankenhaus behalten. Als ich Scharlach hatte, hat es mir dort ganz gut gefallen. Susanne war auch da, wir hatten uns bei einer Externen aus unserer Klasse angesteckt.

Oben am Treppenabsatz steht Fräulein Urban und wartet

schon auf uns. Vermutlich hat sie von ihrem Zimmer aus das Auto kommen sehen. Sie hat eine frische Bluse angezogen, eine weiße, und sieht noch immer sehr wütend aus. Doktor Zuleger lässt mich los. »Die Sache ist erledigt«, sagt er. »Halinka hat sich großartig gehalten. Ich wünschte, alle meine Patienten wären so tapfer wie sie.«

Er meint es gut, aber es nützt nichts. Fräulein Urban nimmt mich am Oberarm. »Du bleibst heute Nacht im Krankenzimmer«, sagt sie. »Dein Nachthemd und dein Waschzeug sind schon dort, du brauchst also gar nicht erst ins Zimmer zu gehen.«

»Na ja«, meint Doktor Zuleger, »hinlegen sollte sie sich jetzt schon. Aber das Krankenzimmer wäre nicht unbedingt nötig, so schlimm ist es nicht.«

Fräulein Urban sagt, ihr sei es einfach lieber, die beiden Kampfhähne erst einmal zu trennen. Wir folgen ihr über die Diele, vorbei an der offenen Glastür zu unserem Flur. Sie macht die Tür zum Krankenzimmer auf. »Leg dich gleich ins Bett, ich sage dem Krankendienst Bescheid, dass du was zu essen bekommst. Und später schaue ich noch einmal nach dir.«

Dann öffnet sie die Tür zu ihrer Wohnung. »Bitte, Herr Doktor, kommen Sie doch noch einen Moment herein. Ich würde Ihnen gern die neue Medikamentenliste zeigen.« Mehr kann ich nicht mehr verstehen, die Tür klappt hinter ihnen zu.

Das Krankenzimmer liegt direkt neben Fräulein Urbans Wohnung. Das ist natürlich ein bisschen unangenehm, weil sie alles mitkriegt, zum Beispiel wie lange man wegbleibt, wenn man gesagt hat, dass man nur zur Toilette geht. Wenn man aber wirklich krank ist, hat es große Vorteile. Sie lässt dann nämlich nachts beide Türen offen, die vom Krankenzimmer und die von ihrer Wohnung, und man kann sie einfach rufen, wenn man sich schlecht fühlt. Als ich Grippe hatte, ist sie mitten in der Nacht gekommen und hat mir Tee gebracht. Überhaupt ist sie sehr freundlich, wenn man krank ist. Richtig krank, meine ich. Ich sehe sofort, dass das Bett am Fenster für mich bestimmt ist, denn auf der Decke liegt mein Nachthemd und auf dem Kopfkissen »Huckleberry Finn«. Am Haken neben dem Waschbecken hängt mein Handtuch. Das Bett am Fenster ist das schönste, das hätte ich mir auch ausgesucht.

Ich ziehe mich aus und schlüpfe in mein Nachthemd. Es ist ein frisches, das blaue aus meinem Schrank. Plötzlich fühle ich mich entsetzlich müde und alles tut mir weh. Ich möchte schlafen, nur schlafen. Wolken schweben vor meinen Augen, graue und rote Wolken, und mir ist übel. Die Welt fängt an, sich zu drehen, langsam, dann immer schneller, das Bettgestell, die Zimmerdecke, die viereckige Lampe.

Da höre ich die Tür gehen. Ich stütze mich auf die Arme und hebe den Kopf. Auf einmal ist die Zimmerdecke wieder oben, wo sie hingehört, und die Lampe rutscht auf ihren Platz zurück.

Renate kommt herein. Sie geht quer durch das Zimmer und steht dann neben meinem Bett. Sie hat eine Hand unter ihre Strickjacke geschoben, als hätte sie da etwas versteckt.

»Danke«, sagt sie.

Ein bisschen steif steht sie da. Ich kann wieder klar sehen, mir ist auch nicht mehr schlecht. Und das blöde Gefühl von heute Morgen beim Aufwachen ist auch verschwunden. Vielleicht habe ich doch die Kuh gemolken und den Schafbock geschoren?

Ich versuche zu lachen, aber obwohl die Schläfe ziemlich weit vom Mund entfernt ist, tut mir das Lachen weh. »Wie nennt dich eigentlich deine Mutter?«, frage ich. »Sagt die Renate zu dir?«

Sie wird rot. »Nein, Rena.«

Wir schauen uns an. Da zieht sie plötzlich die Hand unter der Strickjacke hervor und schiebt etwas unter meine Zudecke. »Ich komme nach dem Essen noch mal zu dir, wenn Fräulein Urban es erlaubt«, sagt sie mit einem verlegenen Gesicht und dreht sich schnell um. An der Tür bleibt sie kurz stehen. »Dorothea und ich haben übrigens die Tinte weggeputzt. Man sieht fast nichts mehr.« Dann ist sie weg. Ich hebe den Deckenzipfel hoch. Eine Puppe ist es, eine ziemlich kleine Puppe, vielleicht zehn Zentimeter groß. Sie hat ein rotes Kleid an und ihre Zelluloidhaare sind schwarz. Doch sogar in der Dämmerung unter der Decke kann ich sehen, dass sie nur mit Wasserfarbe schwarz angemalt sind. Ich lege mich wieder hin und ziehe mir die Decke über den Kopf.

Noch nie habe ich mich geprügelt. Ich habe immer gedacht, ich könnte es nicht, weil ich nicht besonders groß und stark bin. Jetzt bin ich fast ein bisschen stolz. Elisabeth ist älter und größer und sie hat mich nicht geschafft. Ich sie allerdings auch nicht, aber das war zu erwarten. Du brauchst dir keine Sorgen zu machen, Tante Lou, ich habe nicht vor, mich jetzt mit allen zu schlagen, die ich nicht leiden kann, wirklich nicht.

Aber ich bin schon froh, dass ich es notfalls kann. Sprüche kann man auch umdrehen, Tante Lou, was hältst du von dem: »Wenn man beißen kann, darf man ruhig mal die Zähne zeigen«? Ich werde mir jedenfalls nicht mehr alles von Elisabeth gefallen lassen, das ist vorbei.

Ich nehme die kleine Puppe in die Hand und streichle sie. Sie hat sogar eine wollene Unterhose an. Wie kann man eine so kleine Unterhose stricken?

Und dann fällt mir ein, welchen Satz ich heute Abend in mein Gedankenbuch schreiben werde: »Man soll andere nie unterschätzen, aber noch weniger sich selbst.«

Doch sofort fällt mir noch etwas ein, nämlich dass ich heute Abend unmöglich zum Kofferspeicher gehen kann, nicht vom Krankenzimmer neben Fräulein Urbans Wohnung aus. Schade, aber leider nicht zu ändern.

Ich bin müde, ich bin furchtbar müde.

Die ersten Schläge tun am meisten weh, Tante Lou, weil man da so erschrickt. Danach ist es gar nicht mehr schlimm, fast als würde man sich an die Schmerzen gewöhnen. Man kann dann einfach an was anderes denken. Schlimm ist es wirklich nur am Anfang. Eigentlich hätte ich das ja wissen müssen, ich hatte es bloß vergessen. Jetzt weiß ich es wieder. Aber wenn alles vorbei ist, Tante Lou, ist man müde, so müde …

»He, wach auf! Du kannst doch nicht den ganzen Abend pennen!«

Ich fahre hoch. Inge. Sie steht vor mir, das Tablett mit meinem Essen in der Hand. Ich setze mich auf und sie stellt das Tablett vor mich auf das Bett. Es gibt Kartoffelsalat mit Rührei.

»Duro hat dir besonders viel Rührei zugeteilt«, sagt Inge. »Tut dein Kopf weh?«

»Halb so schlimm«, sage ich. Während sie die Tasse mit Tee auf den Nachttisch stellt, schiebe ich meine kleine Puppe unauffällig unter die Zudecke.

»Schade, dass du ein Pflaster auf der Wunde hast«, sagt Inge enttäuscht. »Ich hätte das Genähte gerne gesehen. Er hat doch genäht, oder?«

Ich nicke. »Vier Fäden.«

»Hat es sehr wehgetan?«

»Es geht.« Ich schiebe das Tablett mit meinem Abendessen bis zum Fußende des Bettes und stehe auf. Ich möchte das Genähte auch gerne sehen. Über dem Waschbecken neben der Tür hängt ein Spiegel. Er ist alt und hat einen Sprung an der linken oberen Ecke. Darunter, auf dem Ablagebrett, liegt meine Zahnbürste und ein abgebrochenes Stück Zahnputzstein. Ich stelle mich vor den Spiegel, löse vorsichtig den unteren Teil des Pflasters und ziehe es hoch.

Ein langer, roter Strich mit Spuren von schwarzem, geronnenem Blut und vier verknotete Fäden. Um die Wunde herum ist die Haut rotbraun verfärbt vom Desinfektionsmittel.

Inge steht neben mir. »Toll!«, sagt sie bewundernd. »Du siehst richtig verwegen aus. Da bleibt bestimmt eine Narbe zurück.«

Ich nicke. »An der Schläfe ist eine Narbe nicht so schlimm«, sage ich. »Wenn ich mir die Haare wachsen lasse, wird man sie kaum sehen.«

Inge sieht so aus, als wolle sie sagen: Da wärst du schön blöd, so eine hübsche Narbe. Dann geht sie zur Tür. »Ich muss jetzt wieder runter, sonst meckert Fräulein Urban«, sagt sie. »Bis nachher.«

Ich drücke das Pflaster wieder einigermaßen fest und schlüpfe zurück ins Bett. Als ich nach der Gabel greife, um zu essen, entdecke ich unter dem Tellerrand ein Bonbon. Noch ein Karamellbonbon von Inge. Ich lege es auf den Nachttisch, für später. Duro hat mir wirklich besonders viel Rührei zugeteilt und dabei habe ich keinen richtigen Hunger. Fast muss ich mich dazu zwingen, den Teller leer zu essen. Ich stelle das Tablett mit dem Teller und der Gabel auf den Tisch und die Tasse mit dem Tee auf meinen Nachttisch. Dann wickle ich das Bonbon aus, stecke es in den Mund, nehme die kleine Puppe zu mir auf den Schoß und schlage »Huckleberry Finn« auf.

Ich bin gerade an der Stelle, als Huckleberry Finn dem Neger Jim die tote Klapperschlange ins Bett legt, da geht die Tür auf. Fräulein Urban kommt herein und hinter ihr Rena.

»Tut die Naht noch weh?«, fragt Fräulein Urban. »Soll ich dir eine Schmerztablette geben?«

Ich schüttle den Kopf. »Nein, das ist nicht nötig.«

»Gut«, sagt sie. »Ich gehe jetzt rüber. Wenn etwas ist, kannst du bei mir klopfen.« Sie schiebt Rena vor. »Renate darf noch ein bisschen bei dir bleiben. Obwohl du ja eigentlich keinerlei Vergünstigung verdient hast, Halinka, das weißt du auch. Und höchstens eine halbe Stunde, habt ihr verstanden?«

Wir nicken beide, sie sagt »Gute Nacht« und geht.

Rena holt sich einen Stuhl und stellt ihn neben mein Bett. Auf dem Kofferspeicher wäre es schöner als hier im Krankenzimmer, obwohl es hier sehr hell ist. Aber vielleicht gerade deswegen. Ich halte das Püppchen in der Hand und streichle es und Rena erzählt mir von ihrer Mutter. Sie ist wirklich im Gefängnis.

Während Rena spricht, spielt sie mit einem schmalen, hellblauen Band herum, das sie aus ihrer Rocktasche gezogen hat. Ich glaube, sie schämt sich und will mich nicht anschauen.

»Es ist nicht das erste Mal«, sagt sie. »Als ich sieben war, war sie schon mal im Gefängnis. Damals war ich ein halbes Jahr in einem ganz schrecklichen Heim, ich habe die meiste Zeit nur geweint. Diesmal ist es noch schlimmer, diesmal hat sie zwei Jahre und drei Monate bekommen.«

»Was hat sie gemacht?«, frage ich.

Rena zuckt mit den Schultern. »Genau weiß ich das nicht«, sagt sie. »Sie ist von der Polizei geholt worden, und die Frau von der Fürsorge hat mir nur gesagt, wie lange sie wegbleibt. Ich nehme an, sie hat gestohlen.«

»Was denn? Etwa Geld?«

Rena zuckt mit den Schultern. »Keine Ahnung.«

»Und nur für Stehlen über zwei Jahre Gefängnis?« Ich lasse mir nicht anmerken, dass ich erschrocken bin.

»Sie war vorbestraft«, sagt Rena. »Da wird es mehr als beim ersten Mal.«

Eine ganze Weile schweigen wir. Ich weiß nicht, was ich sagen soll. Bei manchen Sachen kann man nicht trösten. Zwei Jahre und drei Monate sind lang. Eine Ewigkeit. Trotzdem müsste ich jetzt etwas sagen, irgendwas, egal was.

In diesem Moment kommt Inge herein, um das Tablett mit dem dreckigen Geschirr zu holen. »Soll ich dir morgen das Frühstück bringen oder bist du dann wieder gesund?«, fragt sie.

Ich zucke mit den Schultern. »Keine Ahnung. Ich bin doch gar nicht krank.«

Sie geht zur Tür. »Vielleicht hast du Glück und brauchst morgen nicht in die Schule. Schlaf gut.«

Wir sind wieder allein.

»Und du?«, fragt Rena plötzlich.

Ich werde ganz steif. »Was meinst du?«

Sie schaut mich nicht an, zieht nur das hellblaue Band zwischen Daumen und Zeigefinger hindurch, als wolle sie es glätten. Dabei ist es glatt. Glatt und glänzend.

»Warum bist du hier im Heim?«, fragt sie.

»Meine Mutter hat mich verwahrlosen lassen«, sage ich.

Rena schweigt und wickelt sich das blaue Band um die Finger. Ich atme schon erleichtert auf, da fragt sie weiter: »Was heißt das, verwahrlosen lassen? Hat sie dir nur nichts zu essen gegeben und so oder hat sie dich auch geschlagen?«

»Beides«, sage ich. »Meine Mutter ist nicht besonders nett.«

Rena starrt mich erschrocken an. »Warum sagst du so etwas?«

»Weil es stimmt.«

»Du meinst, sie ist nie lieb zu dir?«, fragt Rena.

Ich schüttle den Kopf. »Nein.«

»Und früher«, fragt Rena, »als du noch klein warst? Wie war sie früher?«

»An ganz früher erinnere ich mich nicht«, sage ich. »Und dazwischen war ich bei Frau Kowalski. Wie die war, weiß ich auch nicht mehr, ich habe alles vergessen. Ich kann auch nicht mehr richtig Polnisch, weißt du. Wenn Tante Lou Polnisch spricht, verstehe ich sie oft nicht. Tante Lou sagt, sie findet es ja prima, dass ich so gut Deutsch spreche, aber es wäre doch schade, dass ich nicht mehr richtig Polnisch kann. Ich vergesse alles, ich bin eben sehr vergesslich, da kann man nichts machen.«

»Und deine Mutter ist wirklich nie lieb zu dir?«, fragt Rena mit einem ungläubigen Ton in der Stimme. Warum hört sie nicht endlich auf zu fragen?

»Nein«, sage ich wütend. »Wirklich nicht. Sie ist zu keinem lieb. Ich glaube, sie kann niemanden leiden, noch nicht einmal meine Tante Lou, und dabei ist die ihre eigene Schwester. Zu der ist sie auch eklig. Und jetzt will ich nicht mehr darüber sprechen.«

»Vielleicht kann sie sich selber nicht leiden«, sagt Rena.

Sie hebt das Band hoch. »Komm, ich mache dir eine Schleife ins Haar.«

»Blau sieht nur bei blonden Mädchen gut aus«, sage ich. »Schwarzhaarigen steht Rot besser.«

Und plötzlich klopft es in meiner Schläfe, klopft es in meiner Kehle, klopft es hinter meinen Augen.

Rena setzt sich zu mir aufs Bett und nimmt meinen Kopf auf ihren Schoß. Sie streichelt mir die Haare und das Gesicht. Ich weine und weine.

Später, als sie weggegangen ist, fällt mir noch etwas ein, was ich unbedingt in mein Gedankenbuch schreiben muss, wenn ich wieder auf den Kofferspeicher kann: »Weinen ist ganz anders, wenn man nicht allein ist. Wenn man allein weint, ist es schrecklich.«

Ich habe eine Freundin. Sie ist nicht stark und sie nützt

einem nicht viel. Aber das macht nichts, da muss eben ich stärker sein. Ich weiß ja jetzt, dass ich das kann. »Lieber einen Armen zum Freund als einen Reichen zum Feind«, würde Tante Lou sagen.

Ich lege mich bequemer hin. Meine Schläfe klopft und meine Augen sind dick. Zum Glück sieht mich hier niemand.

Meine kleine Puppe hat jetzt eine hellblaue Schärpe über ihrem roten Kleid und ihre schwarzen Zelluloidhaare haben von meinen Tränen helle Flecken bekommen.

13. Ein geprügelter Hund leckt nicht die Hand, die den Stecken hält

Ich habe heute Morgen gemütlich im Bett bleiben dürfen. »Du siehst noch sehr mitgenommen aus«, hat Fräulein Urban gesagt, als sie vor dem Frühstück bei mir reinschaute, um mich zu wecken. »Vielleicht solltest du heute lieber nicht in die Schule gehen. Schlaf dich einfach noch ein bisschen aus. Mittags stehst du dann aber auf, ja?«

Inge hat mir das Frühstück gebracht. Was für ein Glück, dachte ich, dass sie diese Woche Krankendienst hat und nicht Elfriede oder Rosemarie. Auch Rena war vor der Schule kurz da. Sie hat mir einen Brief von Püppi gegeben. Susanne hat ihn gestern Abend mitgebracht.

Püppi erzählt in dem Brief vom Heim, von ihrem Zimmer, von ihrer neuen Freundin und von Frau Maurer. Alles ganz normal. Unterschrieben hat sie: »Viele liebe Grüße von deiner Sigrid.« Püppi ist also eine Sigrid geworden. Ich brauche mir keine Sorgen um sie zu machen. Wenn Susanne das nächste Mal zu ihrer Schwester fährt, werde ich ihr einen richtigen Brief für Püppi-Sigrid mitgeben.

Dann hatte ich einen sehr gemütlichen Vormittag im Krankenzimmer, mit Huckleberry Finn und Jim, Miss Watsons Neger. Wir haben uns faul auf unserem Floß den Mississippi hinuntertreiben lassen und uns unterhalten. Huckleberry hat erzählt, dass sein Vater sagt, es schade nichts, wenn man sich Sachen borgt, man müsse nur die Absicht haben, sie später zurückzugeben. Miss Watson habe allerdings gesagt, dieses Borgen sei nur ein anderes Wort für Stehlen. Ich habe ihr Recht gegeben, aber Jim hat gemeint, vermutlich hätten beide ein bisschen Recht, Huckleberrys Vater und Miss Watson.

Es war eine wirklich schöne Floßfahrt. In der Nacht haben wir die Sterne am Himmel gesehen und am Ufer die Lichter von St. Louis. Es war richtig feierlich. Doch am nächsten Tag wurde unser Floß von einem Dampfer gerammt und wir wurden ins Wasser geworfen. Ich wollte nicht mit Huckleberry Finn zum Haus der Grangerfords, weil ich ja schon wusste, was dort passieren würde. Deshalb bin ich, als ich wieder aufgetaucht war, Jim nachgeschwommen. Wir haben uns im Schilf einen schönen Platz gesucht, uns von der Sonne trocknen lassen und lange Gespräche geführt, über Neger und Sklaverei und so. Dann habe ich ihm von »Onkel Toms Hütte« erzählt und wir haben beide ein bisschen geweint.

Jetzt muss ich aber aufstehen, es hat gerade zum Mittagessen gegongt. Um eins habe ich mich bei Fräulein Urban einzufinden, hat sie vorhin gesagt. Ich ziehe mich schnell an. Als ich an unserem Zimmer vorbeikomme, mache ich die Tür auf und schaue hinein. Es ist leer, sie sind schon alle unten. Nur Elisabeths blöde Puppe sitzt auf dem Bett. Sie hat ein neues, bunt glänzendes Kleid an. Ich werfe ihr einen gleichgültigen Blick zu. Ich habe eine eigene Puppe, eine mit schwarzen Haaren, selbst wenn die Farbe ein bisschen verschmiert ist. Im Flur und auf der Treppe ist auch niemand mehr zu sehen. Ich bin zu spät und betrete als Letzte den Speisesaal.

Die anderen heben die Köpfe und starren mich an, als ich zu meinem Tisch gehe. Rena lacht mir entgegen und Inge nimmt einen mit Suppe gefüllten Teller vom Tablett und stellt ihn auf meinen Platz. »Ich wollte dir gerade das Essen bringen«, sagt sie. »Jetzt brauche ich wenigstens nicht die schwappende Linsensuppe die ganzen Treppen hinaufzubalancieren.«

Duro schaut von ihrem Teller hoch und fasst sich mit der Hand an die linke Schläfe. »Tut's arg weh?«, fragt sie.

Ich schüttle den Kopf. »Nein, nein. So schlimm ist es wirklich nicht.«

Vorsichtig werfe ich einen Blick zu Elisabeths Tisch hinüber. Sie hat nur noch zwei Pflaster im Gesicht, auf der linken Wange und an der Stirn, aber ihr blaues Auge ist sogar auf diese Entfernung deutlich zu sehen.

»Vier Stiche!«, sagt Inge so stolz, als wäre sie selbst genäht worden.

»Und der Doktor hat gesagt, sie hat keinen Pieps von sich gegeben beim Nähen«, fügt Rena hinzu.

Woher weiß sie das? Bevor ich fragen kann, spricht sie weiter: »Das hat Fräulein Urban selbst gesagt, als sie es uns erzählt hat.«

Der Kampf hat sich offenbar im ganzen Heim herumgesprochen. Immer wieder schauen sie von den anderen Tischen zu mir herüber. Ich weiß nicht genau, was die Blicke bedeuten. Fast habe ich das Gefühl, die Heldin des Tages zu sein. Ganz sicher bin ich mir aber nicht. Zum Glück sitzt Rena neben mir. Was für ein toller Zufall, dass wir am gleichen Tisch sitzen.

»Jedenfalls ist es gut, dass du's ihr mal gezeigt hast«, sagt Duro. »Jetzt wird sie dich in Ruhe lassen.« Sie fischt ein Stückchen Speck aus der Suppe. »Um was ist es eigentlich gegangen? Warum habt ihr euch geschlagen?«

Das hat sich offenbar noch nicht herumgesprochen, da haben die anderen den Mund gehalten. Ich schiele zu Rena hinüber. Sie setzt sich aufrecht hin und räuspert sich, als wolle sie etwas sagen, aber erst mal bekommt sie kein Wort heraus. Sie hustet und dann sagt sie es doch.

»Meine Mutter«, sagt sie, »sitzt im Gefängnis. Deshalb bin ich hier. Elisabeth wollte mich damit ärgern und Halinka hat mir geholfen. Deswegen haben sie sich geprügelt.«

Ich senke den Kopf über meinen Teller und wage nicht hochzuschauen. Warum hat sie das gesagt? Das tut man doch nicht. Jetzt wissen alle am Tisch, dass ihre Mutter im Gefängnis sitzt, und spätestens morgen früh weiß es das ganze Heim. Böse Worte haben Flügel, und sind sie erst einmal ausgesprochen, lassen sie sich nicht mehr einfangen, auch wenn man das möchte.

Inge stößt einen bewundernden Pfiff aus. Warum? Ist das etwa was Tolles, wenn die Mutter im Gefängnis sitzt?

»Klasse«, sagt Inge. »Ich finde es klasse, dass du's gesagt hast. Jetzt brauchst du wenigstens keine Angst mehr davor zu haben, dass die anderen es rauskriegen.«

Rena sagt nichts, sie wird nur ein bisschen rot und senkt den Kopf. Ich sage auch nichts. Was für eine seltsame Idee! Sich selber blamieren, damit man keine Angst mehr vor der Blamage zu haben braucht? Ich muss wirklich noch einmal über Inge nachdenken. Irgendwann später, denn jetzt kann ich nur an Fräulein Urban denken. Das letzte Mal, als ich bei ihr war, war es nicht besonders angenehm. Ganz im Gegenteil.

»Wie ist das eigentlich, wenn jemand zu Fräulein Urban

bestellt wird?«, fragt Rena, als wir die Treppe hinaufsteigen. »Was tut sie dann?«

Ich zucke gleichgültiger mit den Schultern, als ich mich fühle. »Erst eine Predigt und dann die Verkündigung der Strafe. Nichts Besonderes, mach dir keine Sorgen. Sie schlägt nie, auch nicht, wenn man zu ihr bestellt wird.«

Das letzte Mal, das war die Sache mit dem Fünfzigpfennigstück und Fräulein Urban war ziemlich wütend damals. Vier Sonntage Ausgangssperre, zwei Wochen Küchendienst. Elisabeth hat natürlich nichts gekriegt, die war ja das arme Opfer, das von mir bestohlen worden war. Fräulein Urban ist überhaupt nicht auf die Idee gekommen, sie zu fragen, warum sie eigentlich die Kerbe in den Rand der Münze gefeilt hat.

Ich gehe schnell noch in den Waschraum, mache mir das Gesicht nass und fahre mir mit den nassen Händen durch die Haare. Rena steht neben mir und beobachtet mich. »Ich halte dir die Daumen«, sagt sie.

Sie meint es gut, aber nützen wird es wohl nichts. Ich hole meine kleine Puppe von ihrem Platz in meinem Schrank und schiebe sie in meine Rocktasche. Gut, dass meine Rocktasche so groß ist und die Puppe ziemlich klein. Dann ist es zwei Minuten vor eins und ich gehe los.

Als ich bei Fräulein Urban an die Tür klopfe, sagt sie sofort »Herein«.

Sie sitzt in ihrem Wohnzimmer auf dem Sofa und macht eine Handbewegung zu dem Sessel auf ihrer linken Seite, neben der geschlossenen Tür zu ihrem Schlafzimmer. Das hat noch nie jemand gesehen, die Tür ist immer zu.

In dem rechten Sessel sitzt Elisabeth. Der nicht verpflasterte Kratzer an ihrer Nase ist deutlich zu sehen und ihr Auge leuchtet purpur, karmin und violett. Orchideenfarben. In dem großen Sessel sieht sie kleiner aus als sonst, irgendwie geduckter.

»Also«, sagt Fräulein Urban, als ich mich gesetzt habe. »Wollt ihr darüber sprechen, warum ihr euch geprügelt habt?«

Ich schüttle den Kopf, Elisabeth auch.

»Das habe ich mir gedacht. Nun, ihr werdet wohl einen Grund gehabt haben, aber lassen wir das. Ich gehe davon aus, dass ihr beide gleichermaßen Schuld an dieser unerfreulichen Sache habt. Gibt es irgendeine Möglichkeit, dass ihr euch versöhnt?«

Wieder schüttle ich den Kopf. Was für eine Idee, sich mit Elisabeth zu versöhnen. Ein geprügelter Hund leckt nicht die Hand, die den Stecken hält. Das werde ich bei Gelegenheit in mein Gedankenbuch schreiben. Und vielleicht auch den Satz: »Auf Hiebe folgt keine Liebe.« Das reimt sich nicht nur, das stimmt auch.

Fast muss ich lachen. Deshalb starre ich krampfhaft auf den Radioapparat, der auf einem Tischchen neben dem Sofa steht. Ein großer, brauner Kasten. Auf der Vorderseite, über dem langen Streifen mit den vielen Städtenamen und den Knöpfen auf jeder Seite, befindet sich ein kreisrundes Loch, dahinter ist ein hellbrauner Stoff mit dunkelbraunen Noppen gespannt. Tante Lou hat fast genau den gleichen Apparat.

Fräulein Urban redet und redet. Wenn so viele Menschen zusammenleben wie hier im Heim, müsse man einen Weg finden, miteinander auszukommen. Später im Leben könnten wir auch nicht einfach zuschlagen, wenn uns was nicht passt. Und so weiter und so weiter.

Wenn ich am Samstag zu Tante Lou fahre, wird sie einen Schreck bekommen und fragen, warum ich das Pflaster an der Schläfe habe. Was sage ich dann? Vielleicht fahre ich lieber erst eine Woche später, wenn ich bestimmt kein Pflaster mehr habe? Aber das hilft auch nichts, ich behalte ja eine Narbe, hat Doktor Zuleger gesagt. »An der Schläfe ist das nicht so schlimm. Wenn du dir die Haare ein bisschen länger wachsen lässt, wird man sie kaum sehen.« Aber so schnell wachsen Haare nicht, vor allem nicht der Streifen, den die Schwester vor dem Nähen abgeschnitten hat. Tante Lou wird also auf alle Fälle fragen. Ich könnte natürlich auch einfach sagen, ich wäre hingefallen. Mal sehen.

»Bis zum Schuljahresende müsst ihr zusammenbleiben«, sagt Fräulein Urban gerade. »Bei der Neuverteilung der Zimmer werde ich euch getrennt unterbringen. Schafft ihr beide das bis dahin, ohne dass ihr euch gegenseitig die Köpfe einschlagt?«

»Wenn die da ihre Krallen bei sich behält«, murmelt Elisabeth und streicht vorsichtig mit der Fingerspitze von ihrem blauen Auge zu der Schramme an der Nase.

Fräulein Urban lacht, aber es ist kein fröhliches Lachen. »Hör ja auf, hier das Unschuldslamm zu spielen, Elisabeth. Ich kenne doch meine Pappenheimer. Also, wie ist es? Ich verlange eine klare Antwort.«

»Wenn sie nicht mehr dauernd solche Bemerkungen macht«, sage ich und lege unauffällig die Hand auf meine Rocktasche, in der die kleine Puppe steckt.

»Gut.« Fräulein Urban nickt. »Ihr lasst euch also gegenseitig in Ruhe. Freundinnen müsst ihr nicht unbedingt werden, aber dass ihr euch in Ruhe lasst, kann man verlangen. Versprecht ihr mir, dass so etwas nicht mehr vorkommt?«

Elisabeth nickt, ohne aufzuschauen.

Ich nicke auch.

»Und außerdem«, fährt Fräulein Urban fort, »bekommt ihr folgende Strafen: Du, Elisabeth, machst ab morgen zwei Wochen Spüldienst. Und du, Halinka, zwei Wochen lang Küchendienst. Ich sage Frau Breitkopf und Frau Schmuck heute noch Bescheid. Seid ihr mit der Strafe einverstanden?«

Beide sagen wir: »Ja.«

Fräulein Urban fragt jedes Mal, ob wir mit einer bestimmten Strafe einverstanden sind. Als hätten wir eine Wahl. Ich habe jedenfalls noch nie gehört, dass eine sich geweigert hätte, ihre Strafe anzunehmen. Eigentlich sollte man es mal probieren.

Dann sind wir entlassen. Ich will gerade die Tür zum Krankenzimmer aufmachen, da ruft mir Fräulein Urban hinterher: »Du bist ab sofort wieder im Zimmer, Halinka. Schluss mit dem Kranksein.«

Ich ziehe die Zudecke vom Bett gerade und suche meine Sachen zusammen. Viel ist es nicht. »Huckleberry Finn«, Zahnbürste, Zahnputzstein, Nachthemd und Handtuch. Dann gehe ich zu unserem Zimmer. Mit dem Ellenbogen drücke ich die Klinke auf.

Elisabeth ist nicht im Zimmer, das sehe ich sofort. Dorothea liegt auf dem Bett. »Und?«, fragt sie neugierig. »Was für eine Strafe habt ihr gekriegt?«

Ich gebe keine Antwort, zucke nur mit den Schultern.

Rena sitzt am Tisch und macht Hausaufgaben. Jetzt steht sie auf und nimmt mich an der Hand. »Komm«, sagt sie.

Wir setzen uns auf die Treppe zum Speisesaal, und ich erzähle ihr, wie es bei Fräulein Urban war. Als ich ihr die Strafen sage, fängt sie an zu lachen.

»Was ist daran so komisch?«, sage ich böse. »Zwei Wochen Küchendienst. Zwei Wochen lang Montag bis Freitag zwei Stunden in der Küche hocken und Kartoffeln schälen. Ich finde das nicht zum Lachen.«

Sie legt mir die Arme um den Hals und gibt mir einen Kuss. Auf der Treppe, wo es jeder sehen kann. Ein komisches Mädchen, sie küsst einfach, wenn sie Lust dazu hat. Ich werde mich daran gewöhnen müssen. Ich kann ihr ja schlecht sagen, dass es mir peinlich ist, das wäre nämlich noch peinlicher.

»Immer noch besser als Spüldienst«, sagt Rena. »Eine passende Strafe für dich. Fräulein Urban sucht immer das Richtige aus. Ich habe mir das schon neulich gedacht, als sie Susanne zwei Wochen Pfortendienst aufgebrummt hat, weißt du noch?«

Natürlich weiß ich das noch, es ist ja erst ein paar Wochen her. Susanne war nachmittags einfach aus dem Heim verschwunden. Ich habe keine Ahnung, wie sie das geschafft hat und was sie Herrn Breitkopf erzählt hat, jedenfalls war sie weg. Rausgekommen ist es, weil sie ein paar Tulpen klauen wollte und erwischt worden ist. Na ja, das kann passieren. Eigentlich ist Blumenklauen nicht so schlimm, wenn man nicht erwischt wird, aber dass Susanne an diesem Tag keinen Ausgang hatte, das war schlimm. Sie hat als Strafe zwei Wochen lang im Empfangsraum sitzen müssen, von zwei bis sieben.

Wer Pfortendienst hat, muss Telefonanrufe entgegennehmen und die Betreffenden rufen. Viele Anrufe bekommen wir allerdings nicht, doch man muss außerdem alle Mädchen, die weggehen, in eine Liste eintragen, natürlich auch, wann sie wiederkommen. Und an Tagen, an denen kein Ausgang ist, muss genau kontrolliert werden, ob sie einen Schein von Fräulein Urban haben. Es ist ein blöder Dienst. Man muss zwar nicht wirklich arbeiten, wie beim Spüldienst oder beim Küchendienst, dafür dauert der Pfortendienst aber fünf Stunden. In dieser Zeit muss man auch seine Hausaufgaben machen, weil um sieben gegessen wird, und danach reicht die Zeit nicht mehr. Fünf Stunden sind lang und eigentlich kommt man zu nichts. Sogar lesen ist fast nicht möglich, weil man höchstens mal eine Viertelstunde zusammenhängend Zeit hat. Ein Tag Pfortendienst ist ein verlorener Tag.

»Das war doch gut von Fräulein Urban, dass sie Susanne als Strafe Pfortendienst gegeben hat«, sagt Rena. »Und dass sie dich zu Küchendienst verdonnert, ist auch gut. Beim Küchendienst bekommt man immer etwas zu essen, das sagen alle, und du bist wirklich ziemlich dünn. Jetzt wirst du zwei Wochen lang jeden Tag gefüttert, das ist doch klar.«

Stimmt. Das einzig Gute am Küchendienst ist das Zusatzessen. Frau Schmuck ist so dick, dass sie jedes Mädchen im Heim für unterernährt hält. Aber Küchendienst bedeutet eigentlich immer Kartoffeln schälen. Kartoffeln für ein ganzes Heim. Ich mag diese Arbeit nicht.

Plötzlich fällt mir etwas ein. Ich springe die paar Stufen hinauf und schaue auf die große Uhr. Halb vier.

»Was ist?«, fragt Rena.

»Ich muss um vier bei Doktor Zuleger sein.«

»Ich gehe mit dir«, schlägt sie vor.

Fräulein Urban erlaubt es sogar. »Da macht Halinka wenigstens unterwegs keine Dummheiten«, sagt sie, als sie die beiden Ausgangsscheine unterschreibt. »Und, Halinka, zieh eine andere Bluse an. Diese da hat Blutflecken von gestern.«

Das stimmt. Ich ziehe die alte blaue an, die vom Heim, darüber meine grüne Windjacke. Dann machen wir uns auf den Weg. Ein geschenkter Ausgang! Noch dazu mit einer Freundin. Als wir weit genug vom Heim entfernt sind und uns niemand mehr sehen kann, nehmen wir uns an den Händen.

14. Von was träumt das Huhn?
Von Hirse, immer nur von Hirse

Alle sind da, alle fünfzehn Mädchen, die fürs Müttergenesungswerk gesammelt haben. Die Sechzehnte ist Susanne, die mit ihrer Freundin Claudia und der Neuen aus der Fünften gekommen ist. »Um Viertel vor acht kommt Frau Lehmann«, hat Fräulein Urban beim Abendessen verkündet. »Bitte seid pünktlich.«

Wir sind pünktlich, natürlich. Alle reden durcheinander, und Susanne, die neben mir sitzt, wettet mit der Neuen, wer den Preis gewinnt. Die Neue tippt auf Claudia, und Susanne wettet auf mich, um einmal Spüldienst. Wenn die wüsste! Ich habe plötzlich wieder Angst, die könnten vielleicht doch gemerkt haben, dass ich an der Büchse war. Was soll ich dann sagen? Hier, vor allen anderen! Vielleicht gehe ich lieber weg und verstecke mich.

Ich bin noch am Grübeln, als Fräulein Urban hereinkommt. Neben ihr geht die Ortsvorsitzende. Ein paar Mädchen fangen an zu kichern. Es ist die lilagraue Ogottogott, Fräulein Urbans Busenfreundin. Wir haben nur nicht gewusst, dass sie Lehmann heißt und die Ortsvorsitzende des Müttergenesungswerks ist. Susanne tritt mich unter dem Tisch ans Bein. Aber nur leicht. Ich drehe den Kopf zu ihr. Sie zwinkert mir zu, ich zwinkere zurück. Die lilagraue Ogottogott hat eine schwarze Tasche, die sie jetzt vor sich auf den Zuschneidetisch stellt.

»Also, liebe Kinder«, fängt sie an zu singen, »ich möchte mich im Namen des Müttergenesungswerks bei euch bedanken, dass ihr alle so fleißig gesammelt habt.«

»Der Preis«, ruft die Neue dazwischen. »Wer hat den Preis?«

»Ogottogott, das hätte ich ja fast vergessen«, trällert die Ortsvorsitzende. Das Kichern wird lauter. Fräulein Urban macht ein böses Gesicht und alle sind ruhig.

Die lilagraue Ogottogott zieht einen zusammengefalteten Zettel aus der Tasche ihres lilafarbenen Rocks und klappt ihn auf. »Also: Die Sammelkönigin ist mit einundsiebzig Mark siebenundsechzig eure Freundin Halinka. Halinka, steh auf.«

Enttäuschte Seufzer sind zu hören. Susanne klatscht laut, ein paar andere machen mit.

Das kann nicht wahr sein, ich kann's einfach nicht glauben. Die zehn Mark liegen doch, sorgfältig in Zeitungspapier gewickelt, hinter meinem Balken. Oder habe ich das nur geträumt? Nein, so was Kompliziertes kann man nicht träumen. Und diese Angst wegen dem Draht und der blöden Plombe erst recht nicht.

Susanne tritt mich wieder ans Bein, diesmal fester. »Hast du nicht gehört«, zischt sie, »du sollst aufstehen.«

Da ist die Ortsvorsitzende auch schon bei mir und hält mir die Hand hin. Ich springe auf.

»Herzlichen Glückwunsch«, sagt sie lächelnd und schüttelt mir die Hand. Ihre Hand ist ganz weich und sie schüttelt auch sehr sanft. Sie hat Knoblauch gegessen, ich kann es genau riechen. Auf einmal kommt sie mir viel vertrauter vor. Tante Lou isst auch gerne Knoblauch.

»Und was ist er, der Preis?«, fragt Claudia.

Zwei Tische weiter steht Elisabeth auf. Man sieht ihr an, wie wütend sie ist, sie gibt sich auch gar keine Mühe, leise zu sein. Ohne ein Wort zu sagen, geht sie an der Ortsvorsitzenden vorbei und verlässt den Handarbeitssaal. Die Tür knallt sie ziemlich laut hinter sich zu. Die Ortsvorsitzende starrt ihr erschrocken nach.

»Wie sie sich ärgert, die dumme Gans«, flüstert Susanne ziemlich laut.

Die Ortsvorsitzende schaut immer noch zur Tür hinüber und will etwas sagen, aber Fräulein Urban ist neben sie getreten und legt ihr die Hand auf den Arm. Die Ortsvorsitzende schweigt.

»Der Preis«, sagt Fräulein Urban laut, »ist ein ganz toller Ausflug zum Schwetzinger Schlosspark mit dem Auto. Zu dem Ausflug gehören auch ein Eis und ein Essen im Restaurant.«

Kein Fahrrad, natürlich nicht, ich hab's ja gewusst. Wenn es wenigstens ein Buch gewesen wäre. Oder ein Malkasten mit vierundzwanzig Farben.

»Und zwar am kommenden Mittwoch, wenn das Wetter schön genug ist«, fährt Fräulein Urban fort und schaut mich dabei an. »Wenn nicht, wird der Ausflug um eine Woche verschoben. Es geht nämlich nur mittwochs, weil das der einzige Tag ist, an dem Herr Lehmann das Auto nicht selbst braucht.«

Nicht dass ich etwas gegen Ausflüge hätte! Mit Tante Lou mache ich sehr gerne Ausflüge. Wir packen uns dann etwas zu essen ein, fahren mit irgendeiner Straßenbahnlinie zur Endhaltestelle und wandern durch die Landschaft. Wir steigen auf Berge und klettern in Burgruinen herum. Aber mit der Ortsvorsitzenden des Müttergenesungswerks in den Schwetzinger Schlosspark fahren? Was kann da schon Großartiges dran sein! Warum fährt sie nicht alleine, wenn sie unbedingt hinwill, und gibt mir das Geld, das sie für das Essen und das Eis ausgeben würde? Was habe ich mit dem Schwetzinger Schlosspark zu tun? Ich hätte wirklich lieber ein Buch gehabt, zum Beispiel einen eigenen »Huckleberry Finn«. Mir wären bestimmt auch noch andere Sachen eingefallen, die ich gerne gehabt hätte. Jedenfalls irgendetwas, was man in die Hand nehmen kann. Tante Lou würde sagen: »Von was träumt das Huhn? Von Hirse, immer nur von Hirse.« Meine Hirse ist nun mal nicht der Schwetzinger Schlosspark.

Die Ortsvorsitzende ist inzwischen zum Zuschneidetisch zurückgegangen, klappt nun ihre schwarze Tasche auf und holt eine sehr große Tüte aus braunem Packpapier heraus. »Und für alle, die gesammelt haben, gibt es jetzt noch Bonbons«, sagt sie. »Kommt bitte zum Tisch.«

»Der Reihe nach!«, ruft Fräulein Urban, aber es hört schon keine mehr auf sie. Alle drängen sich um die Ortsvorsitzende, von der nichts mehr zu sehen ist. Nur ich bleibe sitzen.

Susanne grinst mich an, als sie lutschend zurückkommt. Die Ortsvorsitzende hat überhaupt nicht gemerkt, dass Susanne nicht gesammelt hat. Fräulein Urban anscheinend auch nicht. Oder sie hat nichts sagen wollen. »Prima«, nuschelt Susanne und schiebt das Bonbon in die rechte Backentasche, so dass sie aussieht, als hätte sie Mumps. »Du hast mir Glück gebracht. Elke muss einmal Spüldienst für mich machen, wenn's mal wieder so weit ist.« Die Neue aus der Fünften heißt also Elke.

Dann kommt die Ortsvorsitzende auf mich zu und drückt mir fünf Bonbons in die Hand. Zitronendrops, in gelbes Papier gewickelt. Ich schiebe sie in meine Rocktasche.

Die anderen reden alle durcheinander, bis Fräulein Urban ein paar Mal laut in die Hände klatscht. »So, und jetzt geht ihr in eure Zimmer und macht euch langsam zum Schlafengehen fertig. Und dass ihr ja nicht das Waschen vergesst. Ich kenne doch meine Pappenheimer.«

Ich will auch aufstehen, aber sie hält mich zurück. Ich lasse mich wieder auf den Stuhl fallen und auch Fräulein Urban und die Ortsvorsitzende setzen sich.

Fräulein Urbans Stimme klingt aufgeregt, als sie anfängt zu sprechen. Am Mittwoch werden wir losfahren, und zwar schon nach der vierten Stunde, weil ich ja vom Religionsunterricht befreit bin. Sie selbst kommt auch mit, Herr Sauer hat sich nämlich bereit erklärt, sie zu vertreten. »Ich freu mich ja so auf die Fahrt«, sagt sie.

Ich schaue sie an. Zum ersten Mal fällt mir ein, dass auch sie immer im Heim ist. Sie ist schon lange vor mir gekommen und wird noch da sein, wenn ich – hoffentlich, hoffentlich – längst weg bin. Nie kommt sie raus, einfach nie. Jedes Jahr gehen Kinder weg und jedes Jahr kommen neue dazu und sie ist immer noch da. Sie wird älter und immer älter, und am Schluss stirbt sie nebenan, in ihrem Schlafzimmer, ohne dass sie …

»Haben Sie eigentlich schon mal Orchideen gesehen, Fräulein Urban?«, frage ich.

Sie schaut mich erstaunt an. Dann schüttelt sie den Kopf. »Nein, noch nie, ich kenne sie nur aus Büchern. Wie kommst du denn darauf?«

»Nur so«, sage ich, »ist mir gerade eingefallen. Ich habe auch noch nie welche gesehen. Aber ich würde gerne.«

»Ich habe schon einmal Orchideen gesehen«, sagt die Ortsvorsitzende. »Wunderschöne weiße Orchideen mit roten und gelben Flecken ganz unten im Kelch und mit großen, seltsam geformten und unregelmäßigen Blütenblättern. Prachtvoll haben sie ausgesehen, richtig bizarr.«

»Ich dachte, Orchideen wären violett, purpur und karminrot«, sage ich enttäuscht. »Und was heißt bizarr?«

»Phantastisch, eigenartig«, sagt Fräulein Urban.

»Violette Orchideen gibt es natürlich auch«, sagt die Ortsvorsitzende. Es hört sich fast entschuldigend an. Dabei kann sie doch nichts dafür, dass sie weiße Orchideen gesehen hat. Aber es scheint ihr leid zu tun. »Ich weiß genau, dass es auch violette Orchideen gibt«, fährt sie fort. »Ich persönlich habe allerdings weiße gesehen.«

Sie schaut mich forschend und besorgt an. Irgendwie aufmerksam; als wolle sie unbedingt herausfinden, was ich hören will.

Fräulein Urban legt den Arm um meine Schulter. »Was ist mit dir, Halinka?«

Ich mache mich schnell frei. »Nichts«, sage ich. »Ich habe mir nur was vorgestellt.« Ich drehe mich zur Seite, zur Ortsvorsitzenden. »Wie groß waren die Blüten der Orchideen, die Sie gesehen haben?«

Mit gewölbten Händen zeigt sie etwa die Größe eines

Puppenkopfs. Ich meine natürlich den Kopf von Elisabeths Puppe, nicht von meiner.

»Und wie waren sie?«, frage ich weiter. »Waren sie glänzend oder glühend oder sanft, fast matt?«

Die Ortsvorsitzende denkt nach. »Ich glaube, sie waren eher sanft«, sagt sie. »Hast du sie dir so vorgestellt?«

Ich nicke. Es wird nichts. Sie will mir wirklich einen Gefallen tun, auch wenn ich nicht verstehe, warum. Außerdem hilft es, glaube ich, sowieso nichts, ich muss warten, bis ich selbst irgendwann eine Orchidee sehe. Ich gehöre nicht zu den Leuten, die anderen alles glauben. Ich glaube höchstens dir, Tante Lou. Aber in diesem Fall würde ich auch dir nicht glauben, denn du würdest von vornherein wissen, wie ich mir Orchideen vorstelle, und sie mir haargenau so beschreiben, weil du mich nicht enttäuschen willst. Ich bin dir nicht böse deswegen. Aber trotzdem. Eine halbe Wahrheit ist eine ganze Lüge, Tante Lou, das sagst du doch selbst immer.

Ich fühle mich seltsam bedrückt und traurig. Am liebsten würde ich im Bett liegen und unter der Decke meine kleine Puppe streicheln.

Ich stehe auf. »Ich bin müde, ich muss schlafen.«

»Hast du Schmerzen?«, fragt Fräulein Urban.

Ich nicke. Sie bietet mir wieder eine Schmerztablette an, aber ich lehne ab. Es tut mir was weh, aber nicht die Wunde an meiner Schläfe, die spannt nur. Eine halbe Wahrheit ist eine ganze Lüge. Und außerdem möchte ich nicht, dass sie merken, wie enttäuscht ich bin. Ich will ihnen den Spaß nicht verderben. Die Ortsvorsitzende ist nett und Fräulein Urban scheint sich sehr auf den Ausflug zu freuen.

»Also bis Mittwoch«, sagt die Ortsvorsitzende und hält mir die Hand hin. »Hoffentlich spielt das Wetter mit.«

»Ja, hoffentlich«, sage ich, gebe ihr auch die Hand und ziehe sie schnell wieder zurück.

Später, als die anderen endlich schlafen, schleichen Rena und ich zum Kofferspeicher.

»Und?«, fragt sie, als wir auf der Koldere sitzen. »Freust du dich auf den Ausflug?«

»Ich hätte lieber ein Buch gehabt«, sage ich. »Na ja, da kann man nichts machen. Die lilagraue Ogottogott ist eine eigenartige Frau. Ich glaube, sie hält das wirklich für einen wunderbaren Preis. Aber was habe ich mit dem blöden Schwetzinger Schlosspark zu tun?«

Rena schaut mich aufmerksam an. »Ich verstehe dich nicht. Ich würde mich freuen.«

»Willst du meinen Preis haben? Soll ich ihn dir schenken?« Sie schüttelt den Kopf. »Nein, er gehört dir. Freu dich doch, besser als das Heim ist ein Ausflug allemal, oder etwa nicht? Und außerdem bekommst du Eis.«

Auf einmal geht es mir besser. Sie hat Recht. Ein Ausflug mit Essengehen und Eis ist nicht zu verachten, sogar mit Fräulein Urban und Frau Lehmann. Und meinen wirklichen Preis, den einzigen, der für mich eine Rolle spielt, den habe ich ja schon.

Rena sieht auf einmal ganz seltsam aus, die Kerze wirft zittrige Schatten über ihr Gesicht. Sie schaut mich fast ängstlich an, als warte sie darauf, dass ich ihr helfe. So wie Püppi mich nach dem Tanzen angeschaut hat, als Frau Maurer so wütend war.

»Was ist?«, frage ich. »Ist was passiert?«

Rena senkt den Kopf. »Ich muss dir doch noch meine Geschichte erzählen«, sagt sie. »Eine, für die ich mich schäme.«

»Das ist ein blödes Spiel«, sage ich. »Wir hätten lieber gar nicht damit anfangen sollen. War das eigentlich deine Idee oder die von deiner Freundin?«

Sie hebt den Kopf und jetzt ist ihr Gesicht wieder normal. »Ihre. Trotzdem muss ich dir die Geschichte erzählen, so ist das nun mal. Eine Geschichte gegen die andere, Schämen gegen Schämen. Erst dann können sich beide darauf verlassen, dass keine der anderen was tun kann.«

Von mir aus wäre das nicht nötig, aber wenn sie unbedingt will … »Gut«, sage ich, »aber das ist die letzte Geschichte, dann hören wir damit auf.«

Sie nickt. Und dann fängt sie an zu erzählen.

Sie hat auf der Straße gespielt, Verstecken, mit ihrer Freundin und anderen Kindern aus der Nachbarschaft. Sie hat das Polizeiauto gesehen, das vor dem Haus gehalten hat, und hat sofort Angst bekommen. Es war ja nicht das erste Mal, obwohl sie sich an das Mal davor nicht mehr richtig erinnern konnte, das war, als sie in der zweiten Klasse war. Sie blieb wie gelähmt stehen und schaute zu, wie zwei Polizisten aus dem Auto stiegen und in das Haus gingen. Sie stand neben dem Auto, wirklich direkt daneben, und konnte sich nicht mehr rühren. Als die Polizisten wieder aus dem Haus kamen, hatten sie Renas Mutter zwischen sich und führten sie zum Auto. Die Mutter hat Rena angeschaut, aber Rena ist ihrem Blick ausgewichen. Sie ist nicht zu ihr gegangen und hat ihr »Auf Wiedersehen« gesagt, sie hat sich umgedreht und ist weggelaufen. Später ist dann eine Frau von der Fürsorge gekommen und hat sie hierher ins Heim gebracht.

»Ich habe mich geschämt«, sagt Rena. »Ich bin weggelaufen, damit die Polizisten nicht merken, dass ich ihre Tochter bin. Jetzt tut es mir so leid. Ich hätte zu ihr halten sollen. Ich hätte ihr sagen müssen, dass ich sie lieb habe. Wenn ich daran denke, muss ich weinen.«

Ich weiß nicht, was ich sagen soll. Ich verstehe es und ich verstehe es auch nicht. Wenn meine Mutter von Polizisten abgeholt worden wäre, hätte ich mich wahrscheinlich nicht geschämt, sondern gefreut. Vielleicht sollte ich mir lieber vorstellen, wie Tante Lou von Polizisten abgeholt wird. Doch so etwas würde nie passieren. Jedenfalls glaube ich das. Aber man weiß ja nie.

Rena weint. Ich würde gerne ihren Kopf auf meinen Schoß nehmen, wie sie es bei mir gemacht hat, aber ich kann das nicht. Ich kann auch nicht einfach jemandem einen Kuss geben, wie sie das macht. Schon bei der Vorstellung werde ich ganz steif. Ich streichle meine kleine Puppe.

»Hast du deine Mutter seither gesehen?«, frage ich.

Sie schüttelt den Kopf. »Nein.«

»Hast du ihr geschrieben?«

Wieder schüttelt sie den Kopf. »Ich weiß nicht, was ich ihr schreiben soll. Ich schäme mich doch so.«

»Wenn deine Mutter dich wirklich lieb hat«, sage ich und denke an Tante Lou, »dann kannst du es ihr ruhig erklären, dann versteht sie dich auch.«

Rena wischt sich die Tränen ab. »Glaubst du das im Ernst?«

»Ja«, sage ich fest, »das glaube ich.«

In Wirklichkeit bin ich mir nicht so sicher, aber das kann ich Rena nicht sagen. Sie sieht getröstet aus. Manchmal ist es nicht gut, wenn man die Wahrheit sagt.

Weil uns beiden jetzt nicht einfällt, was wir sagen sollen, stehe ich auf, hole mein Gedankenbuch aus seinem Versteck und schlage es auf. Beim letzten Eintrag liegt noch ein Bleistiftstummel.

Ich halte Rena das Buch hin. »Hier. Willst du auch was reinschreiben?«

Rena legt es auf ihre Knie. Sie starrt lange auf das Papier und rührt sich nicht. »Mir fällt kein Satz ein«, sagt sie schließlich.

Ich setze mich neben sie und nehme ihr das Buch aus der Hand. Erst fällt auch mir kein Satz ein, doch dann schreibe ich langsam und sorgfältig: »Eine halbe Wahrheit ist eine ganze Lüge. Aber vielleicht stimmt das nicht. Vielleicht ist eine halbe Wahrheit ganz einfach nur eine halbe Wahrheit.«

Jetzt lacht Rena und das Kerzenlicht ist nicht mehr unheimlich, sondern macht ihr Gesicht hübsch und fast fröhlich. Sie nimmt mir das Buch aus der Hand und schreibt darunter: »Und wenn man eine Freundin hat, sind halbe oder ganze Wahrheiten überhaupt nicht mehr wichtig.«

15. Wenn einer die Kuh bei den Hörnern hält, kann ein andrer sie melken

Frau Schmuck sitzt an dem großen Küchentisch. Vor ihr liegen ein Brett und ein Haufen trockenes Brot. Sie säbelt es mit einem Messer in kleine Stücke, die sie dann in eine Wanne kippt. Geschnittenes Brot bedeutet, dass wir entweder heute zum Abendessen oder morgen Mittag »Arme Ritter« bekommen. Ich esse »Arme Ritter« sehr gern, besonders wenn Frau Schmuck ein bisschen mehr Zucker draufstreut.

Als wir hereinkommen, hebt sie den Kopf und mustert uns erstaunt. »Wieso seid ihr zu zweit?«, fragt sie. »Fräulein Urban hat nur was von Halinka gesagt.«

»Sie hat es erlaubt«, sagt Rena schnell. »Sie hat sogar gesagt, wir brauchen nur eine Stunde zu arbeiten, weil wir zu zweit sind.«

»Stimmt das auch?«, fragt Frau Schmuck misstrauisch.

»Ehrenwort. Sie können sie ja fragen.«

Natürlich würde Frau Schmuck deswegen nie in den dritten Stock hinaufsteigen, das weiß Rena genau. Aber Fräulein Urban hat es wirklich erlaubt, ich habe mich auch gewundert. Rena hat zu ihr gesagt, schließlich sei sie ja der Anlass für die Prügelei gewesen, da wäre es nur recht und billig, dass sie sich auch an der Strafe beteiligt.

»Aber Elisabeth beim Spüldienst helfen willst du wohl nicht, oder?«, hat Fräulein Urban gefragt und gelacht. Frau Schmuck mault, dass man ihr nie etwas richtig sagt, sie ist ja nur das Dienstmädchen für alle, mit ihr muss man ja nichts besprechen und keiner nimmt sie ernst. Sie mault immer leiser, bis wir nichts mehr verstehen.

Warum regt sie sich denn so auf? Sie bekommt doch die gleiche Hilfe. Zweimal eine Stunde statt einmal zwei Stunden. Das kann ihr doch egal sein. Wir stehen da und warten, bis sie sich endlich beruhigt hat. Dann deutet sie auf zwei große Eimer mit gewaschenen Kartoffeln, die schon bereitstehen.

»Heute Abend gibt's Kartoffelsuppe«, sagt sie. »Macht euch an die Arbeit.« Sie schaut Rena an. »Wie heißt du eigentlich? Du warst noch nie hier.«

»Renate«, sagt Rena. »Ich bin noch nicht so lange im Heim.«

Also gibt es erst morgen »Arme Ritter«. Schade. Rena nimmt gleich eine Schüssel für die Schalen und ein kleines Messerchen, setzt sich auf einen Hocker vor einen der Kartoffeleimer und fängt an zu arbeiten. Ich hole erst noch den großen Topf für die geschälten Kartoffeln und fülle ihn mit Wasser, weil Kartoffeln an der Luft schnell braun und unansehnlich werden. Ansehnlich sind sie allerdings sowieso nicht, sie sind vom letzten Herbst und haben schon schwärzliche Stellen und viele kleine Augen, die man gar nicht alle rausstechen kann. Neue Kartoffeln gibt es erst im September oder Oktober. Die alten sind weich und runzlig und haben lange, weiße Triebe, die man abschneiden muss, und sie lassen sich sehr schlecht schälen. Bei neuen Kartoffeln dagegen macht es fast Spaß.

Ich nehme mir ebenfalls eine Schüssel und ein Messer und setze mich Rena gegenüber.

Frau Schmuck hat sich offenbar vollkommen beruhigt. »Warum hast du überhaupt Küchendienst bekommen, Halinka?«, fragt sie neugierig. »Hat es was mit deinem Verband zu tun? Was ist passiert?«

»Nichts«, sage ich schnell. »Ich bin nur hingefallen.«

Wenn die Dinger bloß nicht so weich wären. Ich kann Kartoffelschälen nicht ausstehen. Frau Schmuck, glaube ich, auch nicht, denn ich habe beim Küchendienst noch nie etwas anderes gemacht als Kartoffeln geschält.

»Wie oft hat eigentlich jemand Küchendienst?«, fragt Rena, die offenbar ähnliche Gedanken hat wie ich.

Frau Schmuck lacht. »Fast jeden Tag ist eine da, manchmal sogar zwei oder drei. Ihr seid keine besonders braven Mädchen, da passiert leicht mal was und schon sitzt ihr hier.«

Keine besonders braven Mädchen! Was weiß Frau Schmuck schon davon? Rauf ins Heim kommt sie nie. »Ihnen kann das doch nur recht sein«, sage ich, »da brauchen Sie die Kartoffeln nie selbst zu schälen.«

Nun ärgert sie sich wieder, obwohl ich es doch gar nicht so böse gemeint habe. Na ja, ein bisschen schon. »Du glaubst wohl, ihr müsst die Arbeit machen und ich werde dafür bezahlt«, schimpft sie. »Ich weiß ja, was ihr über mich denkt: die dumme, dicke Alte aus der Küche. Ja, das denkt ihr, ich weiß es genau.«

Das stimmt zwar, aber natürlich sage ich das nicht. Und nicht nur, weil Rena mich so heftig anrempelt, dass ich mir fast in den Finger schneide. Nein, ich will es mir mit Frau Schmuck nicht verderben, das lohnt sich nicht. Vor allem jetzt nicht, wo mein Strafdienst doch gerade erst anfängt.

»Nein«, sagt Rena, »das denken wir wirklich nicht. Sie sind sehr gut zu uns, Frau Schmuck, alle sagen das.«

Frau Schmuck grummelt noch eine Weile, dann hört sie mit dem Brotschneiden auf. »Zeig mir mal, was du da unter dem Pflaster hast«, sagt sie.

Ich stehe bereitwillig auf, gehe zu ihr und bücke mich. Das Pflaster lässt sich leicht lösen, weil ich selbst ständig nachschaue, wie die Wunde aussieht. Am Freitag kommen die Fäden raus.

Frau Schmuck betrachtet meine Naht lange. »Armes Kind«, sagt sie dann und legt das Messer aus der Hand. »Ich glaube, ich mache euch erst mal eine heiße Milch.« Sie geht zum Herd. »Oder mögt ihr etwa keine heiße Milch?«

Gibt es irgendjemanden, der keine heiße Milch mag? »Doch«, sagen wir gleichzeitig. »Sehr gern.«

Während die Milch kocht, wühlt Frau Schmuck in einer großen, schwarzen Einkaufstasche, die in der Ecke neben dem Küchenschrank steht. »Ich habe heute Bananen gekauft«, sagt sie. »Für mich ganz privat, fürs Abendessen. Ich werde sie mit euch teilen. Wir machen uns einen ganz besonders feinen Imbiss.«

Fünf Bananen holt sie heraus und legt sie auf den Tisch. Hat sie die etwa ganz alleine essen wollen? Kein Wunder, dass sie so dick ist. Mir läuft das Wasser im Mund zusammen. Ich habe noch nicht oft Bananen gegessen, aber ich erinnere mich genau, wie sie schmecken.

Rena grinst mir verstohlen zu. »Hab ich's dir nicht gesagt?«, flüstert sie.

Zu zweit klappt es viel besser mit Frau Schmuck, als wenn

man allein mit ihr ist. Schon wieder fällt mir ein Spruch von Tante Lou ein: »Wenn einer die Kuh bei den Hörnern hält, kann ein andrer sie melken.« Nicht dass ich Frau Schmuck für eine Kuh halte, es ist nur so ein Sprichwort.

Frau Schmuck schmiert ein paar Brote. Mit Butter, nicht mit Margarine, ich hab's genau gesehen. Sie schmiert die Butter zwar nicht fingerdick, wie damals im Sanatorium, aber sie kratzt sie auch nicht aufs Brot. Dann nimmt sie den Topf vom Herd und gießt die Milch in drei Tassen.

»So, jetzt kommt, meine Täubchen.«

Die beiden Täubchen lassen geschwind die Messer fallen und flattern zum Tisch. Eine Scheibe Brot bekommt man eigentlich immer, wenn man Küchendienst hat, aber heiße Milch nur selten. Und von Bananen habe ich überhaupt noch nie etwas gehört.

Es ist wirklich ein besonders feiner Imbiss. Ich esse das Brot vom Rand aus, erst die Rinde, dann immer rundherum. Dabei schiebe ich mit den Zähnen die Butter weiter in die Mitte.

Am Schluss bleibt ein Bissen Brot mit einem ganzen Butterberg übrig. Den stecke ich dann auf einmal in den Mund. Aber ich kaue ihn nicht, ich drücke ihn langsam mit der Zunge an den Gaumen, bis sich die Butter im ganzen Mund verteilt hat. Was für ein schönes Gefühl! Bei Tante Lou esse ich Butterbrot immer so. Hier im Heim natürlich nicht, weil es mit gekratzter Butter nämlich nicht geht.

Während wir ganz verzückt kauen, sagt Frau Schmuck: »Die Bananen haben wir den Amerikanern zu verdanken, die haben sie aus Amerika mitgebracht. Vor dem Krieg habe ich nie eine Banane gesehen.«

»In Amerika gibt es alles«, sagt Rena. »Bananen und Orangen und Kakao und alles. Und in New York gibt es Wolkenkratzer. Das sind Häuser mit fünfzig oder hundert Stockwerken.«

Frau Schmuck nickt. Wir haben jede eine Banane gegessen, zwei sind noch da. Sie greift nach einer. Doch dann siegt offenbar ihr gutes Herz, sie schiebt uns beide Bananen hin. »Hier, esst«, sagt sie. »Ihr beiden habt es nötiger als ich.«

Ich schäle meine zweite Banane. Die Schale ist gelb, mit braunen Sprenkeln an den Enden, die Frucht selbst fast weiß und stark duftend. Es ist ein ganz besonderer Geruch, der keinem anderen gleicht. So riechen wirklich nur Bananen. Ich atme noch einmal tief ein. Vielleicht schaffe ich es, mir den Geruch zu merken. Vielleicht kann ich ihn heute Abend im Bett noch einmal riechen.

»In New York gibt es keine Sonnenuntergänge«, sage ich.

»Warum nicht?«, fragt Frau Schmuck erstaunt.

»Weil man den Horizont nicht sieht. Es gibt viel zu viele Häuser, und man kann den Horizont nicht sehen, weil die Häuser so hoch sind. Da müsste es schon ein ganz besonderer Sonnenuntergang sein, dass man den noch sieht.«

»Was du alles weißt«, sagt Frau Schmuck.

»Woher eigentlich?«, fragt Rena. »Du warst doch noch nie in New York. Hast du das gelesen? Steht das im ›Huckleberry Finn‹?«

Ich schüttle den Kopf. »Nein, natürlich nicht. Huckleberry Finn hat an einem Fluss gelebt, am Mississippi. Und ich war nur in Polen. Aber meine Tante Lou weiß es, die hat es mir erzählt.«

»War deine Tante Lou schon mal in Amerika?«, fragt Frau Schmuck mit vollem Mund.

»Nein.« Ich nehme das zweite Butterbrot, das sie mir hinhält, und beiße noch einmal in die Banane, dann in das Brot. »Nein, sie war noch nie in Amerika. Aber sie hat gesagt, das kann man sich denken. Sie sagt, dass man sich fast alles vorstellen kann, wenn man nur richtig nachdenkt.«

Die Banane schmeckt großartig, das Butterbrot auch. Ich kaue jetzt ganz langsam, um möglichst lange etwas davon zu haben, und nehme mir vor, nie wieder schlecht über den Küchendienst zu sprechen. Und über Frau Schmuck erst recht nicht.

Plötzlich fragt Rena: »Und wie waren die Sonnenuntergänge in Polen?«

Ich muss lange überlegen. Ich weiß es nicht mehr, ich kann mich an keinen einzigen Sonnenuntergang in Polen erinnern. Ich weiß fast nichts mehr von Polen.

»Normal«, sage ich. »So mittel. Weder besonders schön noch besonders schlecht. In Polen ist alles eher mittel, glaube ich.«

Eine Weile essen wir schweigend. Dann sagt Frau Schmuck: »Da, wo ich herkomme, gab es großartige Sonnenuntergänge. Der ganze Himmel war rot, als würde die Welt brennen. Bis die Sonne hinter dem Meer untergegangen ist.«

»Haben Sie am Meer gewohnt?«, fragt Rena.

Und ich frage: »Gibt es dort Palmen und weißen Sand?« Sie lacht laut. »Wie kommst du denn auf so was? Nein, in Ostpreußen gibt es keine Palmen. Weißen Sand schon eher, aber nur im Sommer. Im Winter regnet es viel und da wird der Sand graubraun. Er sieht dann grau und geriffelt aus, wie ein Waschbrett, von den Gezeiten und den Wellen.« Plötzlich sieht sie sehr traurig aus. »Und statt Palmen gibt es bei uns Birken. Und Strandhafer und Ginster.«

Sie legt das angebissene Brot auf den Tisch zurück.

»So schön war es bei Ihnen daheim?«, fragt Rena. »Haben Sie manchmal Heimweh?«

»Was versteht ihr schon davon«, sagt sie, »dafür seid ihr noch viel zu jung. Was versteht ihr schon von Heimweh!« Sie wendet sich an Rena. »Was heißt für dich Heimat?«

»Da, wo meine Mutter ist«, sagt Rena.

»Und für dich?« Jetzt schaut sie mich an.

»Ich habe keine Heimat«, sage ich. Mehr kriege ich nicht raus. Obwohl auch das nur eine halbe Wahrheit ist. Ich hätte nämlich sagen können: Da, wo meine Tante Lou ist. Doch dann hätte Frau Schmuck gefragt, wieso meine Tante und ob ich keine Mutter hätte. »Ich bin in Polen geboren«, sage ich schnell, »aber ich glaube nicht, dass Polen meine Heimat ist.«

Die Stimmung in der Küche ist auf einmal ganz anders. Traurig und bedrückt. Ich merke, wie mir die Tränen von hinten gegen die Augen drücken.

Frau Schmuck sieht übrigens auch so aus, als würde sie gerne weinen. Sie fährt sich mit den Handrücken über die Augen, erst mit dem rechten über das rechte, dann mit dem linken über das linke.

Plötzlich gibt sie sich einen Ruck. »Blödsinn«, sagt sie laut. »Alles Blödsinn. Heimat, das sind nur ein paar Bilder, die man im Kopf hat. Nein, ich habe kein Heimweh, obwohl ich gerne wieder mal das Meer sehen würde. Wenn ich könnte, würde ich am Meer leben. Aber wenn es nicht geht, dann geht es eben nicht. Falls du mit Heimweh meinst, Renate, dass ich mich nach früher zurücksehne, dann kann ich nur sagen: Nein. Bei uns war es nicht so, dass ich mich danach sehnen würde. Mein Vater war streng, meine Mutter noch strenger. Wir hatten nichts zu lachen. Nichts zu lachen und nichts zu beißen. Nein, ich habe kein Heimweh. Nur ein paar Bilder im Kopf. Die Sonnenuntergänge zum Beispiel. Birken unter einem grauen Himmel. Und das Meer und die Dünen.«

»Was sind Dünen?«, fragt Rena.

Frau Schmuck schüttelt den Kopf. »Manchmal seid ihr so gescheit und manchmal wisst ihr ganz wenig. Dünen sind Sandberge, Hügel, die sich den Strand entlangziehen. Wie Wellen aus Sand vor den Wellen aus Wasser.«

Sie steht auf, stellt die leeren Tassen in den Spülstein und greift nach ihrem Messer. Auch wir machen uns wieder an die Arbeit. Die seltsame Stimmung ist vorbei, und auf einmal ist der Küchendienst haargenau so, wie er immer ist. Kartoffeln schälen. Aber im Mund habe ich noch den Geschmack von Bananen.

Ich gebe mir Mühe, gut zu arbeiten und die Kartoffeln so dünn zu schälen, wie Frau Schmuck es haben will, obwohl das bei so alten und schon weich gewordenen Kartoffeln alles andere als leicht ist. Als wir fertig sind, lobt sie uns und streicht uns über die Köpfe.

»Für morgen überlege ich mir wieder einen schönen Imbiss«, verspricht sie.

»Morgen kommen wir nicht«, sage ich. »Wenn das Wetter gut ist, fällt morgen der Küchendienst aus, da fahre ich weg. Aber ab übermorgen sind wir dann jeden Tag da.«

Als wir die Treppe hinaufsteigen, sagt Rena: »Komisch. Ich glaube, jeder hat Erinnerungen, an die er nicht gerne denkt. Ich glaube, jeder hat etwas, für das er sich schämt und über das er nicht sprechen will.«

Ich nicke nur. Ich bin nicht überrascht, ich habe es schon immer gewusst. Und sogar Tante Lou wird bei manchen Fragen traurig und weicht aus. Deshalb frage ich ja nie nach früher.

Im Zimmer sind die anderen dabei, ihre Schränke aufzuräumen. Auf Betten und Stühlen liegen Kleidungsstücke. »Was ist denn los?«, frage ich.

Susanne knallt ihre Winterstiefel auf den Boden. »Schrankkontrolle«, sagt sie wütend. »Elfriede ist vorhin mit dem Gong durch den Flur gelaufen. Heute Abend macht Fräulein Urban Schrankkontrolle. Irgendjemand muss sie fürchterlich geärgert haben und wir müssen es jetzt ausbaden. Los, räumt auf. Ich habe keine Lust, wegen euch Strafpunkte fürs Zimmer einzustecken.«

Elisabeth legt sorgfältig ihre Puppenkleider zusammen.

Sie hat nicht hochgeschaut, als wir hereingekommen sind. Wir haben bisher noch kein Wort miteinander gesprochen, sie und ich. Das ist nichts Besonderes, das haben wir auch vorher kaum getan. Aber jetzt scheint sie auch mit den anderen nicht zu sprechen. Warum eigentlich? Ist sie böse oder geniert sie sich?

Dorothea wischt mit einem nassen Waschlappen ihre Schatzkiste ab, bevor sie sie wieder in den Schrank stellt.

Rosemarie hängt ihr schönes blaues Kleid mit dem bestickten Kragen und dem weiten Glockenrock ordentlich auf einen Bügel. Sie hat am meisten Arbeit, ihr Spind sieht immer aus, als hätten die Kaninchen darin gehaust. Erst hatte sie einen Schrank mit Elisabeth, doch als der Spind frei wurde, weil Doris zu ihren Eltern zurückgegangen ist, hat Elisabeth darauf bestanden, dass Rosemarie den einzigen Spind im Zimmer bekommt. Man könne niemandem zumuten, mit ihr den Schrank zu teilen, hat sie gesagt, und das stimmt einfach. Rosemarie ist eine Schlampe.

Rena nicht. Ihre Sachen liegen picobello zusammengefaltet im Schrank. »Komm«, sagt sie. »Ich helf dir. Fangen wir gleich an.«

Das tun wir. Ich nehme schnell die kleine Puppe aus ihrem Versteck zwischen meiner Unterwäsche und schiebe sie unter mein Kopfkissen, wo sie immer ist, wenn ich im Zimmer bin. Dann nehme ich die Sachen aus dem Schrank, und Rena und ich falten sie ordentlich zusammen, bevor wir sie wieder zurücklegen. Rena hebt meine rote Bluse hoch. »Ich wasche sie dir nachher noch«, sagt sie, »damit du sie morgen für den Ausflug anziehen kannst.«

Ich schaue sie erstaunt an. Natürlich freue ich mich, dass sie meine Bluse waschen will, aber ein bisschen komisch ist es trotzdem.

»Mach dir keine Sorgen«, sagt sie. »Ich kann das gut, ich habe bei uns zu Hause oft die Wäsche gewaschen.«

Während wir den Schrank fertig einräumen, denke ich die ganze Zeit an Frau Schmuck und den Ausflug nach Schwetzingen, an Polen und an das Meer, das ich nicht kenne, und an den Park, den ich morgen sehen werde. Wenn das Wetter gut ist.

Und im Mund habe ich noch immer den Geschmack von Bananen.

16. Gott wartet lange
und bezahlt mit Prozenten

Das Wetter ist nicht nur gut, es ist sogar prima. Die Sonne strahlt, und die Luft fühlt sich an, als wäre es schon Hochsommer.

Wir sitzen im Auto. Vorn Frau Lehmann, die Ortsvorsitzende des Müttergenesungswerks, wie üblich ganz in Lila, und daneben Fräulein Urban. Sie hat eine hellblaue Bluse an und einen dunkelblauen Faltenrock. Hinten im Auto sitzen ich und Wolfi, der Sohn von Frau Lehmann. Ich habe es erst vorhin erfahren, als ich mit Fräulein Urban auf das Auto gewartet habe, dass er auch mitfährt. »Wolfi kommt mit«, hat sie gesagt, »du wirst also nicht ganz allein sein.« Wolfi! Was für ein Name! Beinah hätte ich gefragt, ob er schon aus den Windeln heraus ist.

Er sieht aus wie höchstens zehn, ist aber elf, sagt er. Wenn er nur den Mund halten würde. Aber dauernd muss er reden. »Das Auto ist ganz neu«, sagt er stolz. Ich nicke, das weiß ich schon von Fräulein Urban. Außerdem sieht man es auch. Es ist beige und glänzend.

Wolfi fragt, wie ich heiße, in welche Klasse ich gehe, ob ich eine Freundin habe, ob es schön ist im Heim, wie ich es gemacht habe, so viel Geld zu sammeln. Ich gebe nur widerwillig Antwort. Dann fragt er noch, warum ich so ein großes Pflaster am Kopf habe, und ich sage, das ginge ihn einen Dreck an. Da ist er endlich still.

Ich habe noch nie einen Ausflug mit einem Auto gemacht. Außer mit einem Krankenwagen oder mit Doktor Zuleger bin ich nur ein einziges Mal mit einem Auto gefahren. Das war in den Osterferien, als Uncle Sam Silver mit seinem Jeep vorbeigekommen ist. Aber einen Ausflug haben wir nicht damit machen dürfen, er hat nur eine kleine Runde mit mir gedreht, bis zur Kirchenruine und wieder zurück zu Tante Lou.

Schade, dass Rena nicht mitfahren darf. Ich habe Fräulein Urban gefragt, aber sie hat es abgelehnt. Ich habe sogar angeboten, auf das versprochene Eis zu verzichten. Aber Fräulein Urban hat gesagt, Rena habe ja noch nicht einmal mit gesammelt, da wäre es ungerecht gegen alle anderen, die sich Mühe gegeben hätten. Das müsse ich einsehen.

Sie hat ja Recht. Aber trotzdem.

Rena hat gestern wirklich noch meine rote Bluse gewaschen und sie heute Morgen vor dem Frühstück trockengebügelt. Ich habe neben ihr gestanden und ihr zugeschaut.

»Du wirst Eis kriegen und ihr geht in ein Restaurant essen«, hat sie gesagt. »Warst du schon einmal in einem Restaurant?«

Nein, natürlich war ich noch nie in einem Restaurant. Außer einmal: Das war, als mich die Fürsorgefrau ins Kinderheim Hildegardis gebracht hat. Doch damals hatte ich solche Angst, dass ich nichts mitgekriegt habe. In Bars war ich schon öfter. Im »Paradiso« zum Beispiel. Aber das habe ich nicht zu Rena gesagt, weil ich nicht daran denken wollte. Und erst recht nicht darüber sprechen. Ins Restaurant geht man nur zum Essen, das weiß ich, ich habe schon davon gelesen. Der

Mann, der einem das Essen bringt, trägt einen Frack – wie der aussieht, weiß ich allerdings nicht – und heißt Herr Ober. Nicht Herr Oberkellner oder Herr Oberservierer oder so etwas, einfach Herr Ober.

Wir sind am Bahnhof vorbeigefahren, dann durch das zerbombte Viertel, in dem nur noch drei, vier Häuser stehen geblieben sind, und schließlich durch die neue Siedlung. Jetzt sind wir auf der Landstraße. Draußen rasen Felder und Wiesen an uns vorbei, Frauen, die Kartoffeln hacken, ein Bauer mit einem Wagen, vor den ein Ochse gespannt ist. Ich habe gar nicht gewusst, dass es hier so viele Bauern gibt. Und ich habe nicht gewusst, dass es so schön ist, wenn man aufs Land kommt. Oder ich habe es vergessen. Irgendwann muss ich es ja gewusst haben, denn als ich bei Frau Kowalski war, habe ich auch auf dem Land gelebt. Aber sie hat mich nicht rausgelassen, ich habe nur aus dem Fenster schauen dürfen. Ich muss unbedingt mit Rena darüber sprechen und sie fragen, ob sie das Land kennt. Wo hat sie eigentlich früher gewohnt? Ich habe keine Ahnung, aber ich glaube, in einer Stadt. Fast alle von uns kommen aus Städten.

Frau Lehmann fährt viel schneller als Doktor Zuleger. Die Landschaft rast so rasch vorbei, dass ich kaum nachkomme mit dem Schauen. Mein Kopf wird ganz leer von Gedanken und füllt sich mit Bildern. Ich schaue und schaue und werde ganz ruhig dabei. Ich könnte immer so weiterfahren und schauen. Durch Felder, Wiesen, Wälder und ab und zu durch ein Dorf.

Doch dann sind wir da. Frau Lehmann stellt das Auto auf einem freien Platz vor einem großen, hohen, schmiedeeisernen Tor ab. Man muss Eintritt bezahlen, wenn man in den Park will. Frau Lehmann holt ihr Portemonnaie heraus, und Wolfi fängt an zu quengeln, dass er jetzt schon ein Eis will. Warum haben sie ihn bloß mitgenommen? Fräulein Urban trägt eine Einkaufstasche mit belegten Broten und einer Thermoskanne mit Tee, für jetzt, fürs Mittagessen. Wir gehen nämlich erst abends essen, das ist viel schöner, haben beide gesagt, Frau Lehmann und Fräulein Urban.

Das Schloss ist riesig. In der Mitte führt eine Einfahrt durch das Schloss hindurch zum Park, der gleich dahinter beginnt. Er ist so groß, dass man nicht sieht, wo er aufhört. Geschwungene Kieswege zwischen kurz gemähten Rasenflächen, die mit Blumenbeeten eingefasst sind, dazwischen Springbrunnen und Teiche. Vor einem großen Springbrunnen liegen steinerne Hirsche mit Hunden.

Und überall stehen steinerne Figuren und Vasen auf hohen Sockeln.

Ich muss eine ganze Weile still stehen bleiben, bevor ich mich traue weiterzugehen. Noch nie habe ich so etwas gesehen, ich habe überhaupt nicht gewusst, dass es so etwas gibt, so etwas Schönes, Weites.

Neben der großen Allee mit den Blumenbeeten und den Brunnen sind Wege, die von gerade geschnittenen Hecken eingefasst sind. Hecken wie Mauern. Wir gehen die Allee entlang, biegen in Heckenwege ein und sind auf einmal zwischen hohen Bäumen, als wären wir im Wald. Und immer wieder tauchen neue Figuren auf.

Wolfi quengelt die ganze Zeit, aber ich achte nicht auf ihn. Von mir aus kann er machen, was er will, er soll mich nur nicht stören. Er nicht, seine Mutter nicht, Fräulein Urban nicht. Ich wünschte, ich wäre ganz allein.

Die Wege zwischen den hohen Bäumen sind angenehm schattig. Plötzlich taucht eine steinerne Frau vor mir auf. Sie steht auf einem Sockel mitten in einem kleinen Teich, als wäre sie gerade jetzt dem Wasser entstiegen. Sie ist nackt und trägt eine Art Handtuch über der Schulter. Das ist ebenfalls aus Stein, aber die Falten sehen aus, als wären sie aus Stoff. Der Stein ist glatt und weiß mit grauen Schattierungen. Die Frau hat den Kopf leicht nach links geneigt. Ihre Arme sind weiß und rund, der Bauch sieht ganz weich aus. Aber am schönsten sind ihre Beine. Sie steht auf dem linken Bein und hat das rechte leicht vorgeschoben, als wolle sie es gerade anheben, um einen Schritt weiterzugehen. Der helle Stein schimmert wie Haut. Und die Beine sind so geformt, dass man die Knie und die runden Waden genau sieht. Als wäre sie lebendig. Und dann die Füße mit Zehen und Zehennägeln. Aber am schönsten ist das rechte Knie.

Wie eine wirkliche Frau sieht sie aus. Als wäre irgendwann einmal eine wunderschöne Frau aus einem Teich gestiegen und durch diesen prachtvollen Park gegangen, und irgendein Zauberer war so begeistert von ihr, dass er sie erhalten wollte. Du sollst nie alt werden, hat er gesagt. So, wie du jetzt bist, jetzt in diesem Augenblick, sollst du bleiben. Und dann hat er sie versteinert. Es hat ihr nicht wehgetan, sie lächelt immer noch, ein steinernes Lächeln jetzt, aber sie ist mitten in der Bewegung zu Stein geworden. Sogar der Stein ist schön, weil sie so schön war. Vielleicht ist sie jetzt sogar noch schöner, als sie in Wirklichkeit war? Vielleicht hat der Zauberer sie auch nur geträumt, und sie ist so, wie er sich Schönheit vorstellte? Ein steingewordener Traum.

Plötzlich legt mir jemand den Arm um die Schulter. Fräulein Urban. »Warum weinst du, Halinka?«, fragt sie.

Ich habe gar nicht gemerkt, dass ich weine. »Sie ist so schön«, sage ich. »Dieses Bein …« Ich weiß nicht, was ich sagen soll. So etwas kann man nicht beschreiben. Und außerdem braucht sie nur die Augen aufzumachen, dann sieht sie es doch selber.

Fräulein Urban zieht mich etwas näher zu sich. »Komm«, sagt sie. »Wir wollen essen. Und dann bekommt ihr das versprochene Eis.«

Ich lasse mich von ihr in die Richtung einer Bank schieben, auf der Frau Lehmann und Wolfi sitzen und uns entgegenschauen. Ich habe keinen Hunger und das Eis ist mir auch egal.

»Es gefällt dir, nicht wahr?«, fragt Frau Lehmann. »Jetzt freust du dich, dass wir hierhergefahren sind, nicht wahr?«

Ihre singende Art zu sprechen ist auf einmal gar nicht mehr komisch. Sie passt gut zu diesem Park.

»Wie nennt man solche Steinfiguren?«, frage ich, während ich mein Brot auswickle. Es ist mit Schnittkäse belegt, auch das ist etwas Besonderes.

»Statuen«, sagt Fräulein Urban. »Sie sind ungefähr zweihundert bis dreihundert Jahre alt.«

Ich esse das Käsebrot, trinke Tee aus einer der Blechtassen, die Fräulein Urban ebenfalls aus ihrer Einkaufstasche geholt hat, und schaue zu den Bäumen hinüber, hinter denen meine Statue steht, seit über zweihundert Jahren. Mir ist, als habe sie auf mich gewartet. Nur auf mich. Und wenn ich weggehe, wird sie darauf warten, dass ich wiederkomme.

Für das Eis müssen wir den Park verlassen.

»Ich will nicht«, sage ich. »Ich brauche kein Eis, ich möchte hierbleiben.«

Frau Lehmann und Fräulein Urban versprechen mir, dass wir noch einmal zurückkommen. Ich will trotzdem nicht weggehen, aber der blöde Wolfi quengelt, und mir bleibt nichts übrig, als den anderen zu folgen. Am Eingang verhandelt Frau Lehmann mit dem Mann an der Pforte, dass wir mit denselben Karten nachher wieder reindürfen. Er verspricht es, und wir gehen ein paar Straßen entlang, von denen ich aber nicht viel mitbekomme, weil ich mit meinen Gedanken noch im Park bin, bei den Statuen, besonders bei meiner, der einen, die seit zweihundert Jahren auf mich gewartet hat …

Plötzlich bleiben wir vor einem Eisstand stehen. Wolfi kennt sich aus, er möchte eine große Waffeltüte mit Himbeer- und Schokoladeneis. Mir ist es egal, was ich bekomme.

»Schau doch mal auf die Tafel, was es alles gibt«, sagt Frau Lehmann.

Sie hört sich an, als wäre sie enttäuscht. Bestimmt hat sie angenommen, dass ich ganz wild auf Eis bin. Das wäre ich normalerweise ja auch gewesen. Sie kann nichts dafür, dass ich die Statuen nicht aus dem Kopf bekomme. Ich betrachte mir die Eissorten. »Banane«, sage ich schnell. »Banane und Schokolade.«

Frau Lehmann lächelt zufrieden. Auch ich bekomme eine große Waffeltüte. Frau Lehmann und Fräulein Urban bestellen für sich selbst nur kleine Tüten mit einer Kugel. Schleckend gehen wir den Weg zurück.

»Kann ich ein bisschen allein herumlaufen?«, frage ich Fräulein Urban leise, als wir wieder im Park sind.

Sie zögert erst, dann sagt sie: »Gut, aber du gehst nicht von den Wegen runter. Und anschließend kommst du hier zu dem Brunnen zurück, zu den Hirschen.«

Ich verspreche es und gehe alleine weiter.

Dieser Park hat früher Menschen gehört. Menschen, die in diesem Schloss gewohnt haben und die einfach hier herumlaufen konnten, ohne Eintritt bezahlen zu müssen. Jeden Tag haben sie das alles gesehen. Bestimmt haben sie auch Kinder gehabt, die auf diesen Wegen herumgerannt sind. Vielleicht haben sie auf dem Rasen Völkerball gespielt. Oder sie haben sich beim Versteckspielen hinter den Sockeln der Statuen versteckt. Sie haben sich auf die Hirsche gesetzt, ihnen die Fersen in die Seite gehauen und »Hü-hott!« geschrien. Wenn man jeden Tag so viel Schönes um sich herum hat, muss man, glaube ich, ein anderer Mensch werden.

Das Schloss ist riesengroß. Selbst wenn man bedenkt, dass auch eine Menge Diener dort gewohnt haben, müssen alle mehrere Zimmer gehabt haben. Wir leben zu siebt in einem. Und Tante Lou in ihrem winzigen möblierten Zimmer. Es kommt mir so seltsam vor. Wenn man dauernd so viel Platz um sich herum hat, kriegt man bestimmt auch eine andere Art, sich zu bewegen.

Früher habe ich nie darüber nachgedacht, dass andere Menschen anders leben. Früher habe ich auch nie darüber nachgedacht, dass es unendlich viele Dinge gibt, die einfach nur nützlich sind, zum Beispiel ein Kochtopf oder eine Schere. Dass es aber außerdem noch andere Dinge gibt, die einen verzaubern können, weil sie nämlich schön sind. Und selten. Plötzlich weiß ich es: Verglichen mit den nützlichen Dingen, ist Schönheit etwas Überflüssiges. Aber etwas, was man trotzdem unbedingt braucht. Ich jedenfalls werde es immer brauchen, das weiß ich in diesem Moment genau. Wieder möchte ich weinen, weil das so ist. Und zugleich bin ich froh, dass ich das hier sehen darf.

Es stimmt nicht, Tante Lou, dass man sich alles vorstellen kann, wenn man nur anfängt, richtig nachzudenken. Das hier hätte ich mir nicht vorstellen können, weil ich einfach nichts davon gewusst habe. Es ist komplizierter, Tante Lou. Man kann sich nur Dinge vorstellen, von denen man weiß. Ich habe das Wort »Schlosspark« zwar schon oft gehört oder gelesen, nur was es bedeutet, habe ich nicht gewusst. Ich glaube, ich habe mir eher so eine Grünanlage wie am Bahnhof vorgestellt.

Ich laufe den Hauptweg entlang und jeden Seitenweg. Als ich gerade drei steinerne Kinder betrachte, die mit einem Ziegenbock spielen, kommt Wolfi auf mich zugerannt. »Ich habe dich gesucht«, schreit er. »Komm mit. Da hinten ist in einem Haus ein Bild auf die Wand gemalt. Das Ende der Welt. Es sieht wirklich aus, als könne man immer weiter und weiter sehen. Fräulein Urban sagt, das heißt Perspektive. Komm, ich zeig's dir.«

»Lass mich doch in Ruhe mit deinem Bild«, sage ich und drehe mich um. Was interessiert mich ein Bild, das auf eine Wand gemalt ist? Schnell gehe ich den Weg zurück. Dann stehe ich wieder vor meiner Statue. Sie ist die schönste von allen, sie hat so schöne Beine, so schöne Knie. Wie kann man aus Stein so etwas machen?

Auf einmal steht Fräulein Urban wieder neben mir und legt mir die Hand auf die Schulter. »Halinka«, fragt sie, »warum hast du die Sammelbüchse aufgemacht? Hast du Geld rausgenommen?«

Einen Moment lang wird mir ganz leer im Kopf und meine Beine zittern. Dann habe ich mich wieder in der Gewalt. »Nein«, sage ich. »Ich war nur so neugierig und wollte wissen, wie voll die Büchse ist. Und dann haben die Drähte nicht mehr zusammengepasst.«

Ihre Hand drückt meine Schulter etwas fester. »Gut«, sagt sie, »reden wir nicht mehr darüber. In ein paar Minuten müssen wir los, wir wollen doch noch in ein Restaurant gehen.«

Sie dreht sich um. Ich schaue ihr nach. Ein bisschen wacklig ist mir noch, aber das geht schnell vorbei. Ich glaube, sie weiß es, aber ich brauche es ihr nicht zu sagen, wenn ich nicht will. Vielleicht sage ich es ihr irgendwann freiwillig und nehme Spüldienst oder Küchendienst oder Pfortendienst dafür in Kauf. Das ist dann, als würde ich mir diesen Ausflug nachträglich erst richtig verdienen. Für das hier lohnt sich alles. Sogar die Angst, die ich wegen dieser Plombe und den Drähten ausgestanden habe. Alles lohnt sich, alles. Gott wartet lange und bezahlt mit Prozenten, Tante Lou, du hast Recht. Irgendwann wird man für alles belohnt.

Schade, dass ich meine Statue nicht streicheln kann, weil das Wasser des kleinen Teiches dazwischen ist. Aber vielleicht ist es auch gut so. Niemand soll sie berühren. Sie ist versunken in sich, sie gehört nur sich selbst. Der Stein sieht kühl aus, glatt und schön. »Auf Wiedersehen«, flüstere ich ihr zu. »Ich komme wieder, ganz bestimmt komme ich einmal wieder.«

Ich schaue hinauf zu ihrem Gesicht. Seit über zweihundert Jahren steht sie hier. Ihr Kopf hebt sich weiß gegen den blauen Himmel ab. In den Büschen und Bäumen haben die Vögel angefangen zu singen, es wird Abend. Ich fühle mich ganz klein und zugleich groß, sehr groß. Ich glaube, das ist Glück. Oder wenigstens etwas Ähnliches.

Dann gehe ich zu den anderen.

Wir fahren mit dem Auto aus Schwetzingen hinaus. In einem Dorf hält Frau Lehmann vor einem Restaurant. »Zur grünen Eiche«, steht auf einem großen Schild. »Hotel und Speisegaststätte«.

Mindestens zwanzig Tische sind in dem Raum, aber er sieht ganz anders aus als unser Speisesaal. An den Fenstern hängen dunkle Vorhänge und die Tische sind weiß gedeckt. An einigen sitzen Leute. Ein Ober bringt uns die Speisekarte. Er trägt einfach einen schwarzen Anzug. Eigentlich habe ich mir einen Frack anders vorgestellt.

Was ich essen will, weiß ich genau, ich brauche keine Speisekarte. »Kasseler Rippchen«, sage ich. »Ich möchte bitte ein Kasseler Rippchen.«

»Wie schön, Kind«, sagt Frau Lehmann. Sie scheint sich wirklich zu freuen, wenn ich einen Wunsch äußere. Vielleicht weil ihr Sohn Wolfi mit nichts zufrieden ist. Ein richtiger Nörgler. Er will unbedingt Pfannkuchen mit Apfelmus.

»Das steht zwar nicht auf der Speisekarte«, sagt der Ober, »aber ich bin sicher, dass sich das machen lässt.«

Endlich ist Wolfi zufrieden.

Fräulein Urban bestellt sich ein Glas Rotwein zum Essen, es kommt aber schon eine ganze Weile vorher und deshalb muss sie sich dann noch mal eines bestellen. Ich beobachte sie misstrauisch. Was passiert, wenn sie sich jetzt besäuft? Fängt sie an zu toben und zu schlagen? Sie bestellt aber kein drittes Glas und sie wird auch nur fröhlich von dem Wein. Frau Lehmann trinkt Mineralwasser und Wolfi und ich bekommen Apfelsaft. Er schmeckt süß und tatsächlich nach Äpfeln.

Endlich kommt das Essen. Jetzt habe ich wirklich Hunger. Der Ober stellt einen Teller vor mich, auf dem das Kasseler Rippchen liegt. Es ist rosafarben mit einer weißlichen Speckschicht zwischen dem Fleisch und dem Knochen. Der ist an der Stelle, wo er durchgesägt ist, grau und porös wie ein alter Gummiball, während das lange, gebogene Teil aussieht, als wäre es mit einer silbrigen Haut überzogen. Und das ganze Kasseler Rippchen ist so groß und so dick, wie ich es mir immer vorgestellt habe. Dazu gibt es Kartoffelbrei und Sauerkraut.

Ich beobachte Frau Lehmann und Fräulein Urban, die ihr Fleisch mit Messer und Gabel essen. Sie halten das Messer in der rechten Hand, die Gabel in der linken. Bei ihnen sieht es ganz leicht aus, doch als ich es selbst versuche, ist es gar nicht so einfach. Aber ich schaffe es. Ich schneide mir ganz kleine Stücke von dem Kasseler Rippchen ab und kaue sehr langsam, damit mir ja nichts entgeht. Es schmeckt seltsam salzig, aber sehr gut. Noch nie, scheint mir, habe ich so etwas Gutes gegessen. An den Geschmack des anderen Kasseler Rippchens, damals, auf der Fahrt vom Sanatorium zum Kinderheim Hildegardis, erinnere ich mich ja kaum mehr. Doch das ist nun auch nicht mehr wichtig, jetzt weiß ich wieder, wie Kasseler Rippchen schmeckt. Gut, sehr gut. Diesen Geschmack vergesse ich bestimmt nicht mehr.

Frau Lehmann und Fräulein Urban schauen oft zu mir her. Sonst mag ich das überhaupt nicht, wenn mich jemand anschaut, aber jetzt ist es mir egal. Als ich am Schluss den Knochen in die Hand nehme, um ihn abzunagen, lachen sie. Ich lache auch. Zum Nachtisch gibt es sogar Pudding, Schokoladenpudding, mit lauter kleinen Sahnehäubchen um den Rand herum.

Auf dem Heimweg mache ich die Augen zu. Draußen ist es sowieso schon fast dunkel, und außerdem will ich mich an alles erinnern, was heute war. Wirklich an alles, damit ich es nie vergesse. Vor allem an meine schöne versteinerte Frau.

Als das Auto vor dem Heim hält, wundere ich mich darüber, wie schnell die Fahrt vergangen ist. Wir steigen aus. Auch Frau Lehmann steigt aus. Sie nimmt mich in den Arm und küsst mich auf die Haare. »Ich bin froh, dass gerade du den Preis gewonnen hast, Halinka«, sagt sie. »Es war sehr schön mit dir.«

Fast muss ich weinen. Aber nur fast. »Danke, Frau Lehmann«, sage ich. »Es war ein sehr schöner Ausflug. Vielen Dank.« Ich habe mich noch nicht mal anstrengen müssen, um mich zu bedanken.

Fräulein Urban und ich gehen nebeneinander die Treppen hinauf. Es ist schon nach dem Lichtaus. »Sei leise«, sagt Fräulein Urban zu mir. »Du brauchst die anderen nicht zu wecken. Schlaf gut, Kind.«

»Sie auch«, sage ich. »Und danke.«

Sie fährt mir mit der Hand über die Haare. Dann geht sie zu ihrer Wohnung, ich zu unserem Zimmer.

Rena ist noch wach, ich habe es erwartet. Aber ich will heute nicht zum Kofferspeicher gehen. Ich will nur im Bett liegen und an die Statue denken. An Schönheit. Ich weiß es selbst nicht. Jedenfalls muss ich heute Abend allein sein.

Wir gehen in den Waschraum und stehen nebeneinander, jede an einem Waschbecken, und halten die Hände unter das kalte Wasser.

»Sei mir nicht böse«, sage ich zu Rena. »Morgen erzähle ich dir alles. Heute kann ich nicht. Ich muss erst einmal nachdenken.«

Rena ist enttäuscht, ich sehe es ihr an. Aber natürlich zwingt sie mich nicht zum Sprechen. Das würde sie nie tun. »Gut«, sagt sie, »dann also morgen.«

Wir gehen zurück ins Zimmer. Sie gibt mir einen Kuss.

Ich liege im Bett, habe unter der Bettdecke meine kleine Puppe in der Hand und gehe den ganzen Ausflug noch einmal durch. Einmal, zweimal, dreimal. Rena weint nicht. Ob sie schläft, weiß ich nicht. Aber das ist im Moment auch nicht wichtig. Morgen. Morgen erzähle ich ihr alles, auch von der Frau aus Stein.

Ich mache die Augen zu.

Der Park ist so groß, dass man nicht sieht, wo er aufhört. Geschwungene Kieswege zwischen kurz gemähten Rasenflächen, die mit Blumenbeeten eingefasst sind, dazwischen Springbrunnen und Teiche. Vor einem großen Springbrunnen liegen steinerne Hirsche mit Hunden. Und überall stehen steinerne Figuren und Vasen auf hohen Sockeln. Ich muss eine ganze Weile still stehen bleiben, bevor ich mich traue weiterzugehen. Noch nie habe ich so etwas gesehen, ich habe überhaupt nicht gewusst, dass es so etwas gibt, so etwas Schönes, Weites …

17. Was braucht man Honig,
wenn auch Zucker süß schmeckt?

Ich bin in einem fremden Heim, einem, in dem ich mich nicht auskenne. Es ist riesengroß, mit langen Korridoren und mit Treppen, die hinauf- oder hinunterführen, und mit einer Unzahl von Türen.

Ich renne die Korridore entlang, als wäre jemand hinter mir her. Doch jedes Mal, wenn ich mich umdrehe, ist der Flur leer, nur ich bin da. Meine Schritte hallen und die Wände werfen ihr Echo zurück. Es hört sich unheimlich an, ich renne immer schneller. Doch plötzlich höre ich eine Stimme, die schreit: »Warte nur, bis ich dich kriege, dann kannst du dein blaues Wunder erleben!« Ich kenne die Stimme und überlege fieberhaft, zu wem sie gehört, aber es fällt mir nicht ein. Ich weiß nur, dass ich wegmuss, dringend.

Voller Angst reiße ich die nächste Tür auf und stehe in einem Zimmer, das ganz anders aussieht, als ich es erwartet habe. Ganz anders als unsere Zimmer. Es stehen keine Bettenreihen drin, keine einfachen Kleiderschränke, keine Schultische, an denen man Hausaufgaben macht.

Es ist ein kleines Zimmer mit einer bräunlichen Tapete.

Am Fenster hängen weiße Stores und schwere, dunkelgrüne Übergardinen, die bis zum Boden reichen. Vor dem Fenster steht ein runder Tisch mit einer grünen Tischdecke aus Samt, drum herum vier Stühle. Rechts in der Ecke sehe ich ein hölzernes Bett und auf dem Bett liegen eine dicke, aufgeplusterte Decke und ein pralles Kopfkissen mit einem Knick in der Mitte. Gleich neben der Tür steht ein altmodischer Schrank mit gedrechselten Füßen und einer Tür. Am auffallendsten ist jedoch eine Kommode an der linken Wand, eine altmodische, mit Schnitzereien verzierte Kommode.

Ich kenne dieses Zimmer, von irgendwoher kenne ich es. Vielleicht habe ich es mal geträumt. In dem Zimmer ist kein Mensch. Es riecht nach … ich muss lange überlegen, bis mir einfällt, wonach es riecht. Nach Flieder. Sofort weiß ich, dass ich schon lange keinen Flieder mehr gerochen habe. Wann eigentlich zum letzten Mal? Ich weiß es nicht, ich habe es vergessen.

Zögernd gehe ich zu der Kommode hinüber und ziehe eine Schublade auf. Schmuck ist darin. Ich nehme eine Kette heraus und betrachte sie lange. Auch sie kommt mir irgendwie bekannt vor, als hätte ich sie schon einmal gesehen. Sie ist aus Silber, dunkel, fast schwarz, und hat einen seltsam geformten Anhänger, einen Stern mit einem grünen Stein in der Mitte. Mir kommen die Tränen, aber ich bin nicht traurig, ich bin froh. Schnell mache ich die nächste Schublade auf, immer weiter, bis alle Schubladen offen stehen. Ganz verrückte Sachen sind in den Schubladen, Schmuck, Porzellanfiguren, Dosen und Schächtelchen, bunte Stoffe.

Ich nehme ein blaues Stück Samt heraus und halte es an mein Gesicht. Wie weich es ist. Plötzlich wird die Tür aufgerissen und jemand packt mich an der Schulter. Erschrocken fahre ich herum.

Es ist Susanne. Sie schüttelt mich.

Schnell mache ich die Augen wieder zu. Ich möchte nicht

aufwachen, ich möchte weiterträumen. Was passiert in diesem Zimmer? Wem gehört die Kommode mit dem Schmuck?

Aber Susanne gibt nicht nach, sie zieht mir die Decke weg.

»Los, aufstehen!« Sie hat diese Woche Zimmerdienst und ist verantwortlich dafür, dass wir alle rechtzeitig fertig sind. Ich stehe auf und gehe in den Waschraum. Als ich zurückkomme, hat Rena schon mein Bett gemacht. Es gongt und wir gehen zusammen hinunter in den Speisesaal.

Beim Frühstück fragt mich Duro, wie der Ausflug war. Ich habe keine Lust zu reden, ich denke immer noch an meinen Traum.

»Schön«, sage ich deshalb nur, »es war sehr schön.«

»Erzähl doch«, sagt Inge. »Lass dir doch nicht jedes Wort aus der Nase ziehen.«

Ich schaue zur Seite, Rena nickt leicht. »Wir sind eben neugierig«, sagt sie versöhnlich und ermutigend. »Das musst du doch verstehen.«

Ich fange an zu erzählen. Aber nicht vom Park, sondern vom Restaurant. Wie der Raum ausgesehen hat, was der Ober anhatte, wie die Tische gedeckt waren und was wir gegessen haben.

Ich erzähle und erzähle und weiß schon nicht mehr genau, ob alles stimmt, was ich sage, ob es wirklich so war. Doch das ist egal. Deshalb beschreibe ich auch noch die Kommode mit den Schnitzereien, die auf einmal auch im Restaurant stand, und erzähle, dass eine Frau eine wunderschöne Silberkette um den Hals trug, mit einem sternförmigen Anhänger, in dessen Mitte ein grüner Stein war. Gebannt hören sie mir zu.

Mir ist das recht. Sie sollen zufrieden sein und mich nicht nach dem Park fragen. Der gehört nur mir. Die anderen würden das sowieso nicht verstehen. Ich wüsste auch nicht, wie ich erklären sollte, was ich dort erlebt habe.

Duro fragt mich dann aber doch:

»Und wie ist der Park?« Ich mache mein gleichgültigstes Gesicht. »Wie Parks eben sind«, sage ich, als hätte ich schon Hunderte von Schlossparks gesehen. »Rasen, Blumenbeete, Wege, Bänke.«

Rena schiebt unauffällig ihre Hand weiter nach rechts, so dass sie meine berührt.

Ich kann wieder richtig atmen. »Hört doch endlich damit auf, mir Löcher in den Bauch zu fragen. Ich habe doch gesagt, dass es schön war.«

Rena steht auf. Sie hat Tischdienst und räumt das Geschirr zusammen, um es in die Küche zu tragen. Ich helfe ihr.

Am liebsten würde ich heute nicht in die Schule gehen. Ich könnte ja sagen, dass mir schlecht ist. Nein, das nimmt mir Fräulein Urban nicht ab. Ich habe auch keine Lust, sie zu beschwindeln. Nicht heute. Deshalb gehe ich mit Rena hinunter in unser Klassenzimmer.

Vom Unterricht bekomme ich allerdings nicht viel mit, ich bin mit dem Kopf woanders. Immer sehe ich die Statue vor mir, mit Silberkette. Oder die Statue in dem kleinen Zimmer mit der grünen Gardine. Da sieht sie ganz anders aus. Und dazwischen höre ich Tante Lous Stimme. »Lernen, Halinka. Du musst lernen, so viel du kannst. Was du gelernt hast, kann dir nie einer wegnehmen.«

Morgen, Tante Lou, morgen passe ich wieder auf, du kannst

dich drauf verlassen. Was heißt eigentlich »schön« auf Polnisch? Ach ja, piękny. Ta kobieta pi̦ekna, was für eine schöne Frau.

Vor dem Mittagessen, beim Postausteilen, hält mir Fräulein Urban einen Brief hin, einen Brief von Tante Lou. Ich schiebe ihn in meine Rocktasche, während ich mich an den Tisch setze.

Rena hat mich beobachtet. »Ich schreibe heute Nachmittag einen Brief an meine Mutter«, flüstert sie mir zu. »Ich hab's gestern schon probiert, da hat es nicht geklappt. Aber heute bestimmt …« Sie greift nach ihrer Gabel.

Als ich nach dem Essen auf dem Klo sitze und den Brief aufmache, fällt ein Zehnmarkschein heraus und flattert auf den Boden. Ich hebe ihn schnell auf.

Fahrgeld. Tante Lou will, dass ich komme. Sie hat Sehnsucht nach mir. Im Brief steht, dass sie sich auf mich freut. Aber es steht noch etwas anderes drin. Uncle Sam Silver fährt nächste Woche zurück in die Vereinigten Staaten, er ist plötzlich zu einer anderen Einheit versetzt worden. Kein Wort von Heiraten. Es ist also nichts, Tante Lou, ich habe mich zu früh gefreut. Ich muss weiter hierbleiben, bis du einen Mann findest.

Schade. Uncle Sam Silver hätte mir gefallen. Aber vermutlich würde mir jeder Mann gefallen, den Tante Lou liebt. Er muss doch zu ihr passen. Natürlich verlieben sich manche Frauen in die falschen Männer, das weiß ich auch. Aber Tante Lou nicht, da bin ich sicher. Es wird schon klappen, irgendwann einmal. »Ich bin sehr traurig«, schreibt Tante Lou, »und Uncle Sam Silver auch. Aber so ist es nun mal mit Soldaten.

Man kann nie genau wissen, wie lange sie irgendwo bleiben.«

Zehn Mark. Ich habe doppeltes Fahrgeld. Ich brauche ihr nichts von dem anderen Geld zu erzählen, ich muss keine Ausrede erfinden. Alles hat sich irgendwie von allein geregelt.

Noch vor Ende der Mittagsruhe gehe ich zu Fräulein Urban. »Ich möchte am Samstag zu meiner Tante fahren«, sage ich.

»Hast du einen Brief von ihr?«, fragt sie.

Ich schüttle den Kopf. Ich habe zwar einen Brief, aber den will ich ihr nicht zeigen. Uncle Sam Silver geht sie nichts an, der geht nur Tante Lou und mich etwas an.

»Sie wissen doch, dass meine Tante nicht richtig Deutsch schreiben kann«, sage ich.

Fräulein Urban zieht die Augenbrauen zusammen. »Ich habe dir schon so oft gesagt, dass sie irgendetwas schreiben muss, wenn du zum Wochenende kommen kannst. Oder zumindest anrufen. Du weißt genau, dass ich dich so nicht fahren lassen darf. Ist sie denn telefonisch erreichbar?«

»Ja«, sage ich. »Am besten jetzt gleich. Sie ist gerade bei ihrer Arbeit.«

Ich schreibe die Telefonnummer auf einen Zettel, und Fräulein Urban geht zu ihrem Telefon, das auf einem Tischchen mit hohen, geschwungenen Beinen steht. Sie wählt die Nummer und hält mir den Hörer hin.

Eine fremde Frau ist am Telefon. Ich sage, dass ich mit Tante Lou sprechen möchte. Die Frau ist mürrisch, sie mault, sie müsse Tante Lou erst suchen. Dauernd diese privaten Anrufe während der Arbeitszeit, das würde der Chef gar nicht gern sehen.

Ich warte geduldig, bis ich endlich Tante Lous Stimme höre. Im ersten Moment bekomme ich kein Wort heraus, weil mir plötzlich ganz heiß wird. Dann erkläre ich ihr, dass sie schriftlich oder telefonisch Bescheid sagen muss, damit ich für das Wochenende zu ihr fahren darf.

»Wieso denn?«, fragt sie. »Ich habe dir doch Geld geschickt, da ist doch alles klar.«

»Trotzdem«, sage ich und plötzlich fallen mir zwei Sachen ein. Die zehn Mark hinter dem Balken und Tante Lous Sofa. Das ist zwar ziemlich schmal, aber Rena und ich sind zum Glück nicht dick.

»Tante Lou«, frage ich, »darf ich eine Freundin mitbringen?«

Einen Moment ist es still.

»Bitte, Tante Lou«, sage ich schnell. »Sie ist sehr lieb. Lieb mit ›ie‹.«

Und dann sagt Tante Lou: »Meschuggener kop! Lieb ist ein wichtiges Wort. Ich weiß genau, dass man es mit ›ie‹ schreibt. Natürlich kannst du deine Freundin mitbringen.«

Sie lacht. Ich habe fast vergessen, wie schön sie lachen kann. »Und jetzt gib mir Fräulein Urban«, sagt sie.

»Danke, Tante Lou.« Ich kriege die Worte fast nicht raus, weil es mir im Hals kratzt. »Danke und bis Samstag. Wir kommen mit dem Zug, der um 14.27 Uhr hier abfährt. Ach, Tante Lou, ich freue mich ja so.«

Ich halte Fräulein Urban den Hörer hin. Ich kann nicht verstehen, was Tante Lou alles sagt, aber es dauert ziemlich lange. Fräulein Urban hört zu und dann lacht sie auch. Wenn Tante Lou lacht, muss jeder mitlachen.

Als Fräulein Urban endlich auflegt, sagt sie: »In Ordnung, du kannst fahren. Und eine Freundin kannst du auch mitbringen. Soll ich mal raten, wer sie ist, diese Freundin?«

»Rena«, sage ich. »Renate, wer denn sonst?«

Sie fährt mir über den Kopf, als ich die Tür aufmache. Wie gestern Abend. »Wann musst du wieder zu Doktor Zuleger?«

»Morgen. Da kommen die Fäden raus.«

Sie streicht mir noch einmal über den Kopf und ich gehe.

Rena wird sich wundern. Als ich mir ihr Gesicht vorstelle, muss ich lachen. Langsam gehe ich den Flur entlang zum Waschraum. Das ist so eine Angewohnheit von mir. Wenn ich aus irgendwelchen Gründen nicht gleich ins Zimmer gehen will, halte ich im Waschraum meine Hände unter das Wasser. Egal um welche Gründe es sich handelt. Das beruhigt mich immer.

Das Wasser ist angenehm kühl, ich bücke mich, trinke ein paar Schlucke und mache mir das Gesicht nass. Im Spiegel schaut mir mein Gesicht entgegen. Plötzlich habe ich das Gefühl, anders auszusehen, älter. Ich hebe das Pflaster an und besichtige meine Wunde. Sie heilt gut, hat Doktor Zuleger gesagt. Die Narbe wird man nicht sehen, wenn ich mir die Haare länger wachsen lasse. Morgen, wenn die Fäden draußen sind, brauche ich bestimmt auch kein so großes Pflaster mehr.

Ich glaube, ich habe gerade dem Glück einen Stuhl hingestellt.

Ich trockne mir das Gesicht und verlasse den Waschraum. Vor unserer Zimmertür bleibe ich stehen. Gleich werde ich es Rena sagen. Ich schiebe die Hand in meine Rocktasche. Da ist meine Puppe. Sie ist dreizehneinhalb Zentimeter lang, ich habe sie gemessen. Sie passt zu mir, ich bin ja auch nicht besonders groß. Rena hat ihr die Zelluloidhaare wieder schwarz angemalt.

Tante Lou, liebe Tante Lou, was braucht man Honig, wenn auch Zucker süß schmeckt?

Mirjam Pressler

Eine Orchidee blüht im Continen-Tal

Über mein Lesen und Schreiben

Warum und wie ich schreibe: Erzähler analysieren und interpretieren sich ungern selbst, sie sollten es auch nicht tun, denn entweder enthält der Text das, was sie ausdrücken wollten, gelegentlich auch zwischen den Zeilen, dann ist es überflüssig, ihn selbst zu interpretieren, oder er enthält es nicht, dann ist er schlecht geschrieben und eine Interpretation macht das Kraut auch nicht fetter. Außerdem würde eine Selbstinterpretation vielleicht mehr von mir preisgeben, als ich möchte, da sich jetzt keine literarische Figur schützend vor mich stellt.

Textanalysen und Interpretationen sind Sache der Literaturwissenschaftler, das kann und will ich Ihnen nicht bieten. Was ich Ihnen bieten kann, ist meine Lesebiographie, die natürlich indirekt auch etwas mit meiner Schreibbiographie zu tun hat.

Ich stehe als Autorin vor Ihnen, aber das stimmt nicht, ich war und bin vor allem Leserin. Ich schreibe, wie ich lese, ich schreibe lesend und lese schreibend, und wenn ich auf meine Lebenszeit zurückblicke, dann habe ich weit mehr Zeit lesend als schreibend verbracht, und zähle ich dann noch das Übersetzen dazu, eine Tätigkeit, die Lesen und Schreiben ja stärker verbindet als jede andere, so ist das Übergewicht des Lesens eindeutig. Jedenfalls ist die Geschichte meines Schreibens so eng mit meiner Lesebiographie verbunden, dass ich beide nicht voneinander trennen kann. Vielleicht ist mein Leben ja nicht nur geprägt von Worten und Sätzen, sondern im eigentlichen Sinn daraus gemacht. Ein eingeschränktes Leben oder ein multiples, je nachdem, von welchem Standpunkt aus man es betrachtet? Ja, das kann gut sein, denn ich traue Wahrnehmungen erst dann, wenn ich Worte für sie finde oder sie mit Worten wenigstens so weit eingekreist habe, dass ihr Kern von mir erkannt werden kann. Denn Worte sind auch nur ein Hilfsmittel, allerdings das weitgehendste, vielsagendste. Wenn das nicht so wäre, wenn alles klar zu benennen wäre, brauchten wir keine Erzähler.

Wie ich lesen gelernt habe

Wie ich lesen gelernt habe, weiß ich nicht mehr, vermutlich durch die älteren Kinder, die in meiner Pflegefamilie lebten. Es werden wohl ihre Fibeln gewesen sein, die mich zum Lesen gebracht haben, ich habe Bilder von *Mama* und *Mimi* und *Ball* und *Hund* und *Hand* vor mir, wenn ich mich erinnere, Bilder von *A-a* und *B-b* und mir fallen Sätze ein wie »Anna will essen« und »Sabine hat einen Ball«. Jedenfalls konnte ich längst lesen, bevor ich in die Schule kam, vom Zauber der Bücher wusste ich allerdings noch nichts.

Bei uns zu Hause gab es keine Bücher, nur die Zeitung. Meine Pflegemutter konnte nicht besonders gut lesen, nehme ich an, denn ich musste ihr immer aus der Zeitung vorlesen. Nicht tagsüber, da war Lesen Zeitverschwendung, unsere Lesezeit war in der Dämmerung, wenn es noch zu hell war, um Licht anzumachen, denn Strom war teuer, aber nicht mehr hell genug, um irgendwelche Arbeiten zu erledigen.

Wir saßen in der Küche, nur wir beide, in meiner Erinnerung sind die anderen nicht dabei. Sie sitzt auf dem Stuhl, breitbeinig, zurückgelehnt, die Beine vorgestreckt und die Hände über dem dicken Bauch gefaltet, und der Himmel im Fenster wird allmählich immer dunkler. Ich kauere vor dem Herd, vor dem offenen Türchen, und der Schein der Flammen fällt auf die Zeitung in meiner Hand. Ich lese vor. Anfangen muss ich immer von hinten, mit den Todesanzeigen, dann blättere ich mich nach vorn durch und lese eine Überschrift nach der anderen laut vor, und wenn sie »halt« sagt, will sie den ganzen Artikel hören.

Wie wenig ich von dem, was ich las, wirklich verstanden habe, lässt sich daran erkennen, dass ich mich vor allem an Dankwart und Blondie erinnere, die Protagonisten der täglichen Bildergeschichten (das Wort Comicstrip lernte ich erst später). Und an den Namen einer Heldin im Fortsetzungsroman, den ich auch immer vorlesen musste: Lisbeth. Diese Lisbeth ritt auf Pferden. Ich bewunderte sie und wollte es ihr gleichtun. Das einzige Pferd weit und breit war der alte Ackergaul eines Nachbarn. Ich schlich mich zum Stall, trat mutig vor ihn hin und griff nach seiner Mähne. Das ignorante Tier hob ein Vorderbein und stellte mir den Huf auf den nackten Fuß. Der wurde blau und das war das Ende meines Interesses an Pferden. Nicht aber am Lesen.

Damals, in der Küche, endlich einmal mit meiner Pflegemutter allein, vor dem knisternden Herdfeuer – das war Glück. Damals muss meine Begeisterung fürs Lesen begonnen haben.

Mein erstes Buch

Als ich fünf war, bekam ich ein Buch geschenkt, von einer Frau, bei der meine Pflegemutter putzte. Ich erinnere mich noch genau an die Bewegung, wie sie es aus dem Bücherschrank nahm und mir in die Hand drückte. Sie hieß Frau Reus und hatte bläuliche Löckchen auf dem Kopf und ein weißes Gesicht mit runden, roten Flecken auf den Wangen, wie sonst niemand, den ich kannte. Erst viel später wurde mir klar, dass sie geschminkt war, und ich erkannte auch den Pudergeruch wieder. Das Buch war ein Reiseführer über Sankt Petersburg, mit herausklappbaren Bildern im Postkartenformat. Bis ich in die Schule kam, war dies mein einziges Buch, es blieb auch lange das einzige, das wirklich mir gehörte, denn damals bekam man die Lesebücher nur ein Schuljahr lang geliehen und musste sie nachher wieder abgeben. Leider.

Dieses Buch ist auch ein gutes Beispiel für die Missverständnisse, die beim ersten Lesen entstehen. Für mich heißt die Stadt bis heute Petersburg – was die Abkürzung St. davor bedeutete, wusste ich nicht, ich glaube, ich habe diese beiden Buchstaben immer als »Stadt« gelesen.

Missverständnisse gehören zur Liebe wie die Dornen zur Rose oder das Salz zur Suppe, sie gehörten auch zu meiner aufkeimenden Liebe zum Wort, zur Sprache als Medium. Ein Missverständnis, das mich sehr lange begleitet hat, war das Continen-Tal, das vermutlich der Zeitungslektüre entstammte. Für mich war es ein wunderbares Tal, in dem die Continen wohnten, die ich mir als eine Art gute Feen vorstellte, in weiße Gewänder gekleidet und sanft und schön. Im

Continen-Tal gab es weder Unkraut, das mühsam heraus-
gerupft werden musste, noch Kartoffelkäfer, und Holz fürs
Feuer brauchte man sowieso nicht, weil es immer warm war.
Im Continen-Tal wuchsen Orchideen, die noch viel, viel
schöner waren als die Rosen im Vorgarten vom Schlosser
Büdinger, und das ganze Jahr über schien die Sonne und es
gab reife Erdbeeren und Schmetterlinge.

Das zweite, dritte und vierte Buch

Ein Buch besaß ich also. Mit nur einem Buch kann man aber
noch keine wirkliche Leidenschaft fürs Lesen entwickeln,
höchstens Lesetechnik, die schon durch das Zeitungvorlesen
gut geschult worden war. Zur Leidenschaft, zur lebenslängli-
chen Abhängigkeit, brauchte es Wiederholungen, es brauchte
noch weitere Bücher, andere Bücher, immer mehr Bücher.

Als ich in die zweite Klasse ging, zog eine Familie in unseren Ort, eine Familie mit drei Kindern, eine so genannte »bes-
sere« Familie, jedes Kind besaß einen eigenen Bücherschrank.
Das war mir neu, so etwas hatte ich noch nie gesehen. Übrigens kannte ich davor auch keine Familie, die eine Toilette
innerhalb der eigenen Wohnung besaß und eine Badewanne!
Die Bücher wurden mir bereitwilligst ausgeliehen, die Badewanne durfte ich nur bestaunen. (Vielleicht, dies sozusagen
in Klammern gesprochen, haben sich damals in meinem Kopf
die beiden Begriffe »Bücher« und »Badewanne« unlösbar
miteinander verknüpft, denn noch heute lese ich gerne, wenn
ich in der Badewanne liege.)

Ich las also die Bücherschränke der Kinder leer, und als ich fertig war, fing ich wieder von vorn an. Zu den Schätzen gehörten viele Klassiker wie *Tom Sawyer, Huckleberry Finn, Gullivers Reisen, Robinson Crusoe* und *Die wundersame Reise des Nils Holgerson*, aber auch Bücher wie *Winnetou, Familie Pfäffling, Im trauten Winkel* und Ähnliches.

Ein Geschichtenbuch ist mir besonders deutlich in Erinnerung geblieben, vermutlich war es das zweite, dritte oder vierte Buch, das ich gelesen habe. Ich erinnere mich an meine Verblüffung über die Dinge, die darin geschahen. Eine der Geschichten handelte zum Beispiel von einem Paar, das sich sehnlichst ein Kind wünschte. Es waren keine Könige, da hätte ich es ja verstanden, ein König braucht einen Sohn, der nach seinem Tod den Thron besteigen kann. Nein, es waren normale Leute, sie lebten in einem Häuschen mit weißen Gardinen vor den spiegelblank geputzten Fenstern und mit bunten Blumen im Vorgarten. Und sie wollten ein Kind. In der Umgebung, in der ich lebte, waren Kinder eine Last, ein ständiger Grund für Ärger, sie kosteten Geld und fraßen einem die Haare vom Kopf. Diese Leute in der Geschichte aber wollten ein Kind und bekamen schließlich eines, es hieß »Schwälbchen«, weil es von einer Schwalbe gebracht worden war. Das muss man sich mal vorstellen, so etwas Ausgefallenes und Edles, bei uns hieß es, wenn die Herkunft angezweifelt wurde: Du bist ja dem Graf Pippin aus dem Arsch gefallen. Oder: Dich hat der Esel im Galopp verloren. Nun gut, was mit diesem Schwälbchen passiert ist, habe ich vergessen, ich erinnere mich nur noch an meinen Neid. Schwälbchen war gewollt, ersehnt sogar, sie hatte Eltern, sie wurde geliebt.

In einer anderen Geschichte stibitzte ein Mädchen ihrer Mutter eine Mandel, als diese einen Kuchen backte und aus irgendeinem Grund für einen Moment die Küche verlassen hatte. Was für ein schlechtes Gewissen dieses Mädchen hatte, sie litt Seelenqualen, bis sie ihrer Mutter den Diebstahl gestanden hatte. Wegen einer einzigen Mandel! Ich fand sie blöd, weil sie nur eine genommen hatte, die Gelegenheit war doch so günstig gewesen. Bei uns wurden ganz andere Dinge geklaut, ohne dass sich jemand darüber aufregte. Strafe gab es nur für den, der sich erwischen ließ und deshalb Ärger verursachte.

Dieses Buch war ganz offensichtlich meine erste Begegnung mit Moralbegriffen, die anderen Kindern selbstverständlich waren. Bei uns gab es kein »Das tut man nicht«. Dass ich trotzdem später zumindest eine Ahnung davon hatte, was man tut oder nicht, verdanke ich Büchern wie diesem. Ich bin mir nicht sicher, ob sie mir wirklich so gutgetan haben, aber zumindest wusste ich, als ich älter wurde, was mit »arm, aber rechtschaffen« und »geflickt, aber sauber« gemeint war.

Es gab auch andere Bücher, informative, die ich mit großer Begeisterung las, zum Beispiel *Die Höhlenkinder*. Die Helden, ein Junge und ein Mädchen, die im Verlauf mehrerer Bände von Kindern zu Erwachsenen wurden, von steinzeitlichen Höhlenmenschen zu Steinhausbewohnern, überlebten ohne Eltern, ohne Besitz, ohne Hilfe, sie mussten sich jeden Trick selbst überlegen und jedes Hilfsmittel selbst erfinden. Sie trotzten allen Gefahren und schafften es zu überleben. Das musste ja meine Bewunderung wecken, Überlebensstrategien waren das große Thema meiner Kindheit.

Geschriebene und gesprochene Sprache

Je vertrauter mir die geschriebene Sprache wurde, umso deutlicher wurde mir auch die Kluft, die zwischen ihr und der gesprochenen Sprache meiner Umgebung bestand.

Es war die Zeit, in der ich mit roten Ohren jedes hochdeutsch gesprochene Wort aufnahm, egal ob es von lebendigen Menschen wie von dieser Familie mit den drei Kindern gesprochen wurde oder aus dem Radio kam. Wenn ich allein war, wiederholte ich die einzelnen hochdeutschen Wörter und Sätze so lange, bis mir der Klang gefiel und sie sich »richtig« anhörten. Diese Bemühungen waren mehr als eine Attitüde, es ging um mehr als eine sprachästhetische Marotte, ich wollte so sprechen wie die Menschen in den Büchern, weil ich genau merkte, dass es um andere Inhalte ging, um eine andere Haltung dem Leben gegenüber. Das Leben, das die Helden in den Büchern führten, ging über das reine Überleben hinaus, zeigte mir etwas, was ich noch nicht verstand, wohl aber erahnte.

Bis heute ist mir diese Abneigung gegen Dialekt und die Liebe zum Hochdeutschen geblieben, auch wenn ich theoretisch weiß, dass alle Arten regionaler Sprachvarianten, alle Mundarten, für Liebhaber der Sprache ein unerschöpflicher Schatz sind. Aber nicht für mich. Für mich gilt das nicht. Meine Sprache ist nicht natürlich gewachsen, sie ist eine Kunstsprache, so wie meine Welt eine Kunstwelt ist. Mancher mag das verachten, es als intellektuelle und emotionale Selbsteinschränkung betrachten. Für mich ist das kein Nachteil, sondern ein großes Glück. Ich bin entkommen, meine

Sprache ist der Beweis dafür. Und meine Töchter sind gar nicht erst in Gefahr geraten. Mit ihnen wurde von Anfang an Hochdeutsch gesprochen.

Gerade weil ich weiß, was Sprache anrichten kann, liebe ich die zivilisierte, die durchdachte und geformte Sprache, ich ziehe Texte vor, bei denen mundartliche oder umgangssprachliche Formulierungen keinen Wert an sich besitzen, sondern beschränkt sind auf ihre Funktion als Stilmittel, um etwas ganz Bestimmtes auszudrücken. Mögen andere sich an Mundartdichtung erfreuen und mögen sie damit Originalität und ein Gefühl von Geborgenheit verbinden, für mich ist Dialekt ein Kennzeichen von unaufgeklärter Dumpfheit und Gewalt. Zu diesem Vorurteil stehe ich.

Immer mehr Bücher

Als ich in die dritte Klasse ging, hatte eine Flüchtlingsfrau zusammen mit ihrer Mutter in unserer Hauptstraße eine Leihbücherei eröffnet. Ein Buch zu leihen kostete zwischen zehn und zwanzig Pfennigen, je nachdem wie dick es war. Geld hatte ich nicht, also bot ich der Frau an, für sie zu putzen und abzustauben, wenn ich mir dafür Bücher ausleihen dürfte. Sie ließ sich, aus welchen Gründen auch immer, darauf ein, und ich las nun bergeweise Heimat- und Liebesromane.

Eine weitere Quelle für Lesestoff bot sich an, als im Nachbarort ein Amerikahaus eingerichtet wurde. Die Bücher dort waren vor allem Sachbücher, Reiseführer, Bücher über Schafzucht in Australien und Hühnerhaltung in Amerika. An den

Titel eines Buches erinnere ich mich noch, es hieß *Das Ei und ich*. Ein Kinderbuch war es nicht, ich glaube, im Amerikahaus gab es überhaupt keine Kinderbücher.

Ich las also wie besessen, in jeder freien Minute, fast in jeder freien Sekunde. Aber das war auch mein Problem: Zu Hause durfte ich mich nicht mit einem Buch erwischen lassen, da wurde ich gleich zum Holzhacken oder Hasenfutterholen geschickt oder ich musste Wäsche aufhängen, einkaufen, die Küche kehren und was dergleichen Aufgaben mehr sind. Ich musste daher Strategien entwickeln, um mir Raum und Zeit zum Lesen zu schaffen.

Ich glaube, ich war ein sehr listenreiches Kind. Wenn ich ein Buch im Haus unterbringen wollte, verbarg ich es in meinem Ranzen, in einem vorbereiteten Umschlag aus Packpapier, damit es aussah wie meine Schulbücher. Die anderen Bücher, ich hatte immer mehrere, weil ich ja auch über mehrere Quellen verfügte, brachte ich meist in einer Kiste in einem Dachverschlag über der Waschküche unter, die eigentlich nur ein Durchgang zum Hinterhof war. In diesem Verschlag standen Gerümpel und ein paar alte Sachen, die wirklich keiner mehr brauchte, ansonsten wurde dort das Heu aufgehoben, das wir immer mit der Sichel am Bachrand mähten, als Streu und Futter für unsere Hasen. Ich hatte ein bisschen Mörtel zwischen den Mauersteinen herausgekratzt, damit ich mit Fingern und Fußspitzen Halt fand und hinaufklettern konnte, ohne die verräterische Leiter anzustellen. Dort oben, im Heu, habe ich viele Bücher gelesen.

Wenn ich im Hinterhof Holz hacken musste, eine sehr regelmäßige und zeitaufwändige Arbeit, stellte ich den Sägebock neben den Hackklotz, und auf dem Sägebock band ich das Buch fest, so dass ich immer wieder hineinschielen konnte. Und wenn ich Schritte in der Waschküche hörte, warf ich einen alten Sack über das Buch.

Abends, beim Hausaufgabenmachen, hatte ich immer ein geliehenes Buch neben dem Schullesebuch liegen, ich blätterte ständig hin und her und tat sehr beschäftigt, es fiel niemandem auf. Und im Bett las ich heimlich unter der Zudecke, falls ich mal das Bett für mich allein hatte, was gar nicht so oft der Fall war. Und es klappte natürlich auch nur, wenn ich mir rechtzeitig die Taschenlampe meines Pflegevaters besorgt hatte. Er schimpfte zwar, dass die Batterien immer so schnell leer waren, aber sonst passierte nichts.

Wenn das Wetter danach war, schnappte ich mir auch oft ein Buch und rannte in den Wald, wo ich einen Hochsitz kannte, auf dem ich, geschützt vor neugierigen Blicken, lesen konnte. Da ich ohnehin oft genug Prügel bekam, war es egal, wofür, also konnte ich auch weglaufen und lesen.

Die seltsamen Plätze, an denen ich meiner Leidenschaft frönte, haben vermutlich auch dazu geführt, dass ich bis heute oft genau weiß, wo und unter welchen Umständen ich ein bestimmtes Buch gelesen habe, dass sich bei mir die Lektüre häufig mit Gerüchen und Farben verbindet, mit der Erinnerung daran, ob ich auf Steinen oder auf Erde oder auf Holz gesessen habe. Die Zeit der Heimatromane war bei mir die Zeit des Hochsitzes, denn ich sehe noch das beigegraue, holzige Papier mit den schnörkeligen Druckbuchstaben vor mir und die Sonnenflecken, die über die Seiten tanzen.

Lesen als Möglichkeit zur Flucht

Ich bin also Leserin, bin es vom ersten Moment an gewesen, auch wenn ich nicht weiß, was mich so in den Bann des gedruckten Wortes gezogen hat. War es der Versuch, die Welt um mich herum zu verstehen? Nein, das glaube ich nicht, schon weil es damals die Bücher nicht gab, die mir vielleicht Anhaltspunkte dazu hätten geben können, ohne meine Identität, die ich mir so mühsam aufbauen musste, gleich wieder zu zerstören. Kinder wie ich kamen in Büchern nicht vor, und als ich *David Copperfield* und *Heimatlos* las, war mir der Unterschied zu mir sofort klar.

Nein, meine Welt war nicht zu verstehen, ich strebte das auch nicht an, denn etwas verstehen zu wollen setzt voraus, dass man bereit ist, das Verstandene zu lieben oder zumindest zu akzeptieren, und das wollte ich auf keinen Fall. Meine Welt war nicht zu verstehen, sie war geprägt von Armut und Gewalt, sie musste nur erduldet werden, überlebt werden. Bei uns wurde nicht viel gesprochen, es wurde geklagt, getratscht, geschimpft und geflucht. Man beschwerte sich über alles, vor allem über diese und jene Person, die einem dies oder jenes angetan hatte. Wie hätte ich wissen sollen, dass man über ganz andere Dinge sprechen kann, wenn nicht aus Büchern? Wie hätte ich wissen können, dass es Liebe und Freundlichkeit gab, einfach so, jeden Tag oder fast jeden Tag, genauso wie es andernorts jeden Tag wunderbares Essen in Hülle und Fülle gab?

Ich glaube, ich verfiel dem Lesen als Möglichkeit zu fliehen, in andere Welten und andere Wirklichkeiten. Gegen die lauten, groben Wörter, die mir an den Kopf geworfen wurden, suchte ich die leisen, gedruckten Wörter, die mir Raum für Gedanken ließen.

Als Kind hat man, glaube ich, auch keineswegs das bewusste Anliegen, die Welt zu verstehen, in der man lebt. Aber indem man andere Welten, andere Lebensformen lesend erfährt, versteht man schließlich die eigene, lernt ihre Defizite kennen und kommt allmählich dazu, sich dagegen aufzulehnen.

Stellen Sie sich bitte das Mädchen vor, von dem ich bisher berichtet habe. Ihre Welt ist klein und vor allem eng. Die Familie ist arm, die Nachbarn sind auch nicht viel reicher, der Umgang miteinander ist geprägt von Gewalt. Man redet nicht viel, man schreit, man jammert über die harten Lebensbedingungen und das fehlende Geld und beschwert sich über die Nachbarn. Dieser Sprachgebrauch ist dem Mädchen vertraut, einen anderen kennt sie nicht.

Das Mädchen glaubt, dass die Welt eben so ist und so sein muss, sie glaubt, dass man die Umstände akzeptieren muss, weil man sie ohnehin nicht ändern kann. Sie glaubt es so lange, bis sie ihr erstes Buch liest, dann ein zweites, ein drittes und ein viertes … Aus der anfänglichen Verwunderung wird Staunen, Verstehen, Widerstand gegen das, was sie immer für unveränderbar angesehen hat.

Die Menschen in den Büchern leben anders, fühlen anders, reden anders. Themen werden berührt und Dinge angesprochen, von denen das Mädchen keine Ahnung gehabt hat, dass man sie auch nur denken könnte. In ihrem Kopf entsteht eine neue Welt. Durch das Nachdenken über die Protagonisten in den Büchern lernt sie auch, über sich selbst nachzudenken, durch das Reflektieren der beschriebenen Lebensumstände erkennt sie ihre eigenen. An ihrer aktuellen Situation ändert sich vorläufig noch nichts, äußerlich gesehen, innerlich fängt sie schon an, sich zu entfernen. Eine neue Welt ist denkbar geworden. Und nicht nur eine, viele Welten, mit jedem Buch eine weitere. Langsam ändert sich nicht nur ihr Blick auf die Welt, sondern auch ihr Lebensplan, erst spielerisch, doch mit jedem Buch werden die Wünsche und Sehnsüchte realer und realistischer. Ohne Bücher ist die Welt eng, die Möglichkeiten dessen, was man für denkbar und daher auch für machbar hält, begrenzt. Dieses Aufbauen neuer, innerer Welten ist allerdings Arbeit, man muss sich anstrengen.

(Solche Kinder wie mich gab es viele und es gibt sie immer noch. Aus ihnen werden die überraschenden LeserInnen, solche, die es nicht, wie man so sagt, »von zu Hause mitbekommen« haben. Für diese LeserInnen bleibt das Lesen immer existenzieller als für andere und geht weit über das intellektuelle Vergnügen hinaus.) Ich brauchte also Bücher, um eine andere Welt kennen zu lernen, um andere Vorstellungen zu entwickeln, auf die ich alleine nicht gekommen wäre. Aber ich brauchte Bücher auch, um überhaupt eine für mich selbst wahrnehmbare Form zu bekommen, um eine eigene Gestalt anzunehmen und zu behalten. Ich musste mich mit den literarischen Figuren vergleichen, die ich an mich heranlassen konnte, weil sie keine reale Gefahr darstellten. Worte waren so nötig wie Brot, sie waren die Nahrung, die es mir ermöglichte, meine Identität aufzubauen und mich nach außen hin abzugrenzen, um nicht von einer Wirklichkeit verschlungen zu werden, die nichts anderes kannte als Verschlingen. Ich musste mich abgrenzen, absondern im Sinne von »besonders« machen. Ich war Teil einer Umwelt, in der Übergriffe jeder Art normal waren, wie sollte ich also meine Grenzen finden? Das Wort war es, das mir Schutz gegen die Umwelt gab, das mich davor bewahrte, so zu werden wie die anderen.

Ich weiß nicht, was aus meinem Leben ohne Bücher geworden wäre.

Und wie hätte ich jemals die Sehnsucht kennen lernen können ohne die Träume, die mir aus den Buchseiten entgegenwuchsen? Angeboren ist uns nur der Überlebenswille, alles andere, alles, was das Leben schön macht, müssen wir auf andere Weise erfahren. Wer nie das Wort »Orchidee« gehört oder gelesen hat, kann nicht von Orchideen träumen. Oder von einem Continen-Tal. Und was wäre der Mensch ohne Sehnsucht? Ich zum Beispiel träume noch immer von einem roten Gelee, durchsichtig, in dem sich das Sonnenlicht bricht und der so wunderbar schmeckt, dass es keine Worte dafür gibt. Diesen Gelee hatte ein todkrankes Mädchen in irgendeinem Buch von einer reichen Dame geschenkt bekommen. Das Mädchen aß jeden Tag ein Löffelchen von der wunderbaren Köstlichkeit, bis das Glas leer war, und dann ist sie gestorben. Ich sehe sie vor mir, sie sitzt am Waldrand, auf einer Bank, und schaut hinunter ins Tal. Es ist wichtig, dass die Sonne scheint, denn ihre Strahlen brechen sich in dem rubinroten Gelee. Die Hand des Mädchens, die den Löffel hält, ist dünn und weiß, ihre Bewegungen sind langsam. Und neben ihr stehen zwei andere Mädchen, gesund und drall, und schauen ihr zu und sind kein bisschen neidisch.

Bei jedem roten Nachtisch, bei jeder roten Marmelade

überlege ich, ob das, was ich da esse, der damals beschriebenen Köstlichkeit entspricht, aber insgeheim weiß ich längst, dass ich ihn nie finden werde, diesen roten Gelee, er wird für immer Teil der Welt sein, nach der ich mich sehne.

Lesen lernen heißt leben lernen

Ich brauchte damals Bücher aus genau denselben Gründen, aus denen wir alle Bücher brauchen. Um etwas vom Leben zu erfahren. Um nicht unvorbereitet vom Schicksal getroffen zu werden, um Dinge im Voraus spielerisch durchzudenken und zu ordnen, um gefasst zu sein auf das, was uns passieren könnte, und wenn es auch nur dazu gut wäre, dass wir rechtzeitig den Kopf einziehen. Manchmal ist das schon viel.

Um mir eine eigene Meinung zu bilden und damit ein eigenes Ich zu werden, muss ich benennen und im Benennen begreifen können, was mir geschieht, was mir geschah und was mir vielleicht geschehen wird. Ich will wissen, welche Anstrengungen andere unternehmen, welchen Preis sie für ihr Leben bezahlen, um mir überhaupt überlegen zu können, welchen Preis ich selber zu bezahlen bereit bin. Ich muss wissen, welche Rollen es sind, in die ich hineinwachse oder in die ich – vielleicht auch gegen meinen Willen – hineingeraten könnte, denn das weiß jedes Kind, dass die Welt nicht so ist, wie man sie haben möchte, und dass sich das Leben nicht so planen lässt, wie man das gern hätte. Ich muss wissen, welche Strategien mir vielleicht zur Verfügung stehen, wenn etwas Unvorhergesehenes geschieht, etwas Schlimmes, Dramatisches. Gefasst sein ist alles.

Das Angenehme, die direkte Triebbefriedigung, muss man nicht lernen, das ergibt sich von allein. Vergnügen aus Essen und Schlafen und anderen existenziellen Beschäftigungen zu ziehen, das kann jeder. Sogar die Sexualität wird erst zu einem Problem, wenn eine zweite Person beteiligt ist, ein Partner, da sind wir uns auf einmal gar nicht mehr so sicher. Es ist gut, wenn wir vorher gelesen haben, wie Liebe ist, wie viele Arten Liebe es gibt, dass man sich ruhig trauen kann und sich nicht genieren muss, wenn man von seinen eigenen Gefühlen überwältigt wird.

Leben ist gefährlich. Umso wichtiger ist es, dass wir auch Konflikte kennen, dass wir uns in Gedanken mit schlimmen Ereignissen vertraut gemacht haben, dass wir unsere Positionen im Voraus oft genug differenziert, variiert und immer wieder neu angepasst haben. Diese Chance wird uns nur in Büchern geboten, im Leben gibt es keine zweite Chance, da passiert alles nur einmal, da hat alles, was wir tun, Folgen, ein Fehler ist ein Fehler. Beim Lesen können wir Irrwegen nachgehen und sie korrigieren, und vorausgesetzt, dass wir nur genügend lesen, können wir falsche Einstellungen ändern und unsere Verständnisfähigkeit schulen.

Von Kindheit an ist Lesen Vorbereitung auf das Leben. Kleine Leser wollen wissen, wie es in der Schule sein wird, was passiert, wenn man sich mal blöd anstellt, was passiert, wenn einem jemand etwas Böses antut. Werden sie älter, wollen sie wissen, wie ist die Liebe, wie ist es, wenn man erwachsen wird, wenn man in neue Rollen hineinwächst, kann man das schaffen, welche Freuden lassen sich erwarten, welcher Verzicht ist dafür nötig.

Und wenn man alt ist, möchte man nicht nur im Rückblick, im Vergleich mit anderen, sein Leben einordnen können und in gewisser Weise auch bewerten können, um sich auf den Abschied vorzubereiten, man möchte auch schon wissen, wie es ist, wenn man krank wird, wie geht man mit der eigenen Endlichkeit um, mit der Tatsache, dass man sterben muss.

Für mich als erwachsene Leserin gibt es noch einen anderen, sehr wichtigen Aspekt, der im Lauf der Zeit vielleicht der wichtigste geworden ist. Das ganze Leben hindurch bedeutet die Entscheidung für eine Sache zugleich die Entscheidung gegen die anderen möglichen Optionen. Ich weiß, dass das nicht zu ändern ist, aber es ist ein Verzicht. Dieses Gefühl wird mit jedem neuen Verzicht bedrückender. Die einzige Hilfe bieten mir dabei Bücher, sie geben mir zumindest die Illusion, viele Leben leben zu können. In der Phantasie kann ich in die verschiedensten Rollen schlüpfen und kann Grenzen überschreiten. Das macht den Verzicht erträglicher, legt einen Schleier über die verpassten Gelegenheiten und erlaubt mir vielleicht, die nicht verpassten in diesem oder jenem Licht zu sehen, zu differenzieren, ihren Wert zu vermehren.

Vom Lesen zum Schreiben

Jetzt bin ich endgültig beim Schreiben angekommen, der Umweg war lang, ich habe alles versucht, dem Thema auszuweichen. Fange ich mit dem Umweg an. Mein Leben besteht aus Umwegen, auch was das Schreiben betrifft. Ich war dem Wort verfallen, gab mich aber vorerst meiner zweiten Leidenschaft hin, dem Bild. Im Nachhinein ist mir klar, dass ich das Bild zur Illustration des Wortes benutzt habe, nie umgekehrt. Das Bild war nie ein Wert an sich, ich habe es nur nicht erkannt. Ich habe also Kunst studiert. Es tut mir nicht leid, aber es war ein Umweg, ich hatte den Schritt vom Lesen zum Schreiben noch nicht gemacht, obwohl ich schon hätte wissen können, dass er mir zur Verfügung stand.

Wie viele Kinder, die unter schwierigen sozialen Bedingungen aufwachsen, litt ich an Einschlafschwierigkeiten, die ich jahrelang damit bekämpfte, dass ich mir abends im Bett Fortsetzungsgeschichten erzählte. Es waren Schauergeschichten mit vielen unerklärlichen Abenteuern, in denen es aber immer um Wesentliches ging, um Liebe und Tod nämlich. Immer siegte das Gute und das Böse wurde umgebracht. Diese Methode des Erzählens perfektionierte ich so sehr, dass ich, wo ich ging und stand, in der Lage war, sie weiterzuführen, mit offenen Augen, die aber in eine andere Welt schauten.

Ich hatte noch eine andere, im Grunde literarische Methode, mit meiner Welt zurechtzukommen. Ich war noch ein Kind, aber ich wusste mehr, als ich hätte wissen dürfen oder sollen. Ich kannte Schmerzen und Hunger und Angst und Entsetzen, und mein Glück bestand darin, dass ich mir die Dinge »umdachte«. »Umdenken« war ein Zauberwort, an dem ich hing, ein durchaus literarischer Akt, den ich aber als solchen nicht erkannte. Ich dachte mir wüste Beschimpfungen in Freundlichkeiten um, und mein ergebenes »Ja, ja, natürlich, gleich« in ein wütendes »Leck mich am Arsch«. Das war fast so gut, als hätte ich es gesagt. Mit Umdenken kann man viel aushalten, Umdenken macht die Welt erträglicher.

An einen weiteren literarischen Akt erinnere ich mich. Ich sollte – ich glaube, es war in der dritten Klasse – meinen Schulweg beschreiben. Nun gut, mein Schulweg war langweilig, jeder kannte ihn, ich hätte ihn auch im Schlaf gehen können: Die Straße hinunter, am Bäcker vorbei, wo es morgens immer so stark nach Brot roch, dass ich merkte, wie hungrig ich die ganze Zeit war, dann die Hauptstraße entlang bis zum Milchgeschäft, in dem eine Frau arbeitete, die mich manchmal hereinrief und mir einen Becher bläuliche Magermilch gab, dort nach links, den Pfad entlang, der zwischen Gärten und Zäunen hindurch zum Hintereingang der Schule führte. Ich kannte diesen Weg in- und auswendig, jede Brennnessel am Zaun war mir vertraut, jeder Riss in einer Mauer, jedes Fensterbrett, jede Unebenheit des Straßenpflasters, jeder Maulwurfshügel hinter dem Zaun, jedes Mauseloch.

Die wichtigen Dinge hätte ich ohnehin nie aufzuschreiben gewagt, die gehörten zu dem inneren Leben, dem ganz anderen. Da gab es den Mann, der nicht mehr ganz richtig im Kopf war, an dessen Haus ich immer mit angehaltenem Atem vorbeirannte, es gab die Kreuzung am Rathaus, an der ich jedes Mal den gleichen Gedanken hatte: Ich brauche es nicht länger auszuhalten, als es geht, im Notfall kann ich hier in ein Auto laufen, dann ist alles vorbei.

Mein Schulweg war also zu langweilig oder zu geheim für einen Aufsatz. Ich hatte aber damals gerade ein Buch im Amerikahaus ausgeliehen, ein Buch über München, in dem wunderbare Worte vorkamen, das schönste war »Viktualienmarkt«. Ich wusste nicht, was Viktualien waren, vermutlich stellte ich mir so etwas Ähnliches wie die Orchideen im

Continen-Tal vor, jedenfalls verlegte ich im Aufsatz meinen Schulweg nach München. Ich musste am Viktualienmarkt vorbeigehen, den ich natürlich nicht beschrieb, bis zum Rindermarkt, an dem sich das Schulhaus befand. (Später, als ich nach München zog, war ich nur wenig enttäuscht, als ich den Viktualienmarkt zum ersten Mal sah, schließlich ist er sehr schön, auch wenn ich an Kartoffeln und Blumenkohl, abgesehen davon, dass ich sie gerne aß, nichts besonders Interessantes fand. Aber der Rindermarkt war richtig enttäuschend. Ich hatte ihn mir wirklich wie eine Art Kamelmarkt vorgestellt, nur eben mit Rindern, aber genauso orientalisch bunt, schließlich kannte ich bereits Tausendundeine Nacht.)

Ans Schreiben dachte ich damals allerdings nicht, Schreiben war eine Tätigkeit, so exotisch wie *Nesthäkchens Sommerfrische* oder Klavierspielen oder der Besuch einer liebenswürdigen Omi, die Geschenke aus einem Strickkorb holt.

Die Frage, wie ich dann – mit neununddreißig Jahren – dazu kam, mein erstes Buch zu schreiben, habe ich schon so oft beantworten müssen, dass ich mir schon wie ein Papagei vorkomme, wenn ich darüber spreche. Um es kurz zu machen: Ich war allein erziehende Mutter und brauchte Geld. Es war nicht ganz so, wie meine Tochter Gila es damals formulierte, sie sagte nämlich: »Bücher sind so teuer, deshalb schreibt meine Mutter sie jetzt lieber selber.« Ich brauchte wirklich Geld.

Das ist natürlich nur die eine Seite der Medaille, die andere ist, dass ich, als meine Töchter anfingen zu lesen, zum ersten Mal wirklich realistische Kinder- und Jugendliteratur kennen gelernt habe. Ich war so begeistert, dass ich dachte, irgendwann schreibe ich auch mal so ein Buch. Ein Irgendwann-Gedanke, der so unverbindlich war wie alle Gedanken und Pläne dieser Art. Erst als die Geldnot dazukam, tauchte der Gedanke wieder auf. Und es hat geklappt. Heute, mit meinem Wissen über das Verlagswesen und den Literaturbetrieb, kann ich nur verwundert feststellen: Ich habe Glück gehabt.

(Dieses Glück verdanke ich der Stadt Oldenburg, die mir einen Preis gab, und meiner ersten Lektorin, Cornelia Krutz-Arnold, die mir sehr geholfen hat. An dieser Stelle möchte ich mich bei Frank Griesheimer bedanken, der nun seit vielen Jahren ein treuer Freund und Lektor ist und es immer wieder schafft, die Risse in meinem bröckligen Selbstbewusstsein zu kitten.)

Die Schreibwerkstatt

Doch nun muss ich wohl zu meiner Werkstatt kommen. Es fällt mir schwer darzustellen, wie ich beim Schreiben vorgehe, es läuft keineswegs so geplant und überlegt oder gar überlegen ab, wie Sie es sich möglicherweise vorstellen. Der größte Teil der Entstehung eines Buchs hat bei mir kaum etwas mit Überlegen und Planen zu tun, ich habe, wenn ich zu schreiben beginne, nicht den Entwurf, nichts in Gedanken Vorformuliertes, kein Konzept. Nicht dass ich nicht nachdenke, das tue ich schon, aber eher »irgendwie«, nicht zielgerichtet, nicht mit einer bestimmten Absicht. Es ist ein intuitiver Prozess, der sich beim Schreiben und dann beim Lesen des Geschriebenen erst entwickelt. Ich habe ja gesagt, dass ich lesend schreibe. Ich fange an mit irgendeiner Szene, einer Figur, einer Beschreibung, und warte auf die Assoziationen, so wie ich beim Lesen auf die Assoziationen warte, und eines entwickelt sich aus dem anderen.

Am Anfang war das Wort. Ein großer Satz. Aber für mich stimmt er. Das Wort ist die Wahrheit und die Lüge, es ist das Trennende und Verbindende. Ohne Wort ist nichts, ist alles nur wabernder Nebel. Ich brauche die Disziplinierung durch das Wort. Doch zugleich mit dem Benennen, Ordnen und Sortieren entwickelt das Wort eine eigene Kraft, einen Sog, der aus sich heraus neue Realitäten erschafft. Wenn ein Wort geschrieben dasteht, verlangt es das nächste, zwingend, und welches Wort ich wähle, entscheidet, welche Assoziation mich bewegt, auf etwas anderes zubewegt, und das macht mich als Autorin aus. Assoziationen, so zufällig sie auch manchmal wirken mögen, sind natürlich alles andere als zufällig, sie haben mit der Biographie des Schreibenden zu tun, mit seinen inneren Fähigkeiten, und die wiederum sind oft, wie in meinem Falle, geschult an der Literatur, die er gelesen hat.

Natürlich schreibe ich meine Texte vor allem für mich selbst. Ich kann nicht denken, ohne die Gedanken in Worte zu fassen, ich kann auch nicht fühlen ohne Worte. Ich glaube, ich kann auch nicht leben ohne Worte. Ich gehöre zu den ich-genügsamen Autoren, die sich mit sich allein wohl fühlen. Da ich aber auch vom Schreiben lebe, habe ich mir ein Konstrukt zurechtgezimmert: Das, was mir gefällt, wird wohl auch ein paar anderen gefallen, und alle kann man ohnehin nicht erreichen. Aber ich freue mich auch, dass ich Leser habe. Denn Geschriebenes wird erst real, wenn es gelesen wird, das Wort besteht aus Buchstaben, bis der Leser es in seiner Vorstellung lebendig macht.

Ich selbst brauche das geschriebene Wort, um eigene Gedanken zu entwickeln, meine eigenen Assoziationen. Nun könnte man einwenden, über das Medium Film ließen sich Bilder viel leichter vermitteln als über Geschriebenes. Es ist auch nicht so, dass ich Kino und Fernsehen nicht mag. Es gibt natürlich gute Filme und die würde ich einem schlechten Buch immer vorziehen, trotzdem kann ein Film auch nicht annähernd ein Buch ersetzen.

Angenommen, ich sehe in einem Film einen Bach, der durch eine Wiese plätschert, auf der Wiese wachsen Blumen, Schlüsselblumen, ich erkenne sie genau, dazwischen die ersten Butterblumen und Wiesensalbei und wilde Karotten. Ein hübsches Bild, denke ich, vielleicht ein bisschen kitschig, und werde schon von der Filmhandlung weitergeführt, denn ein Auto fährt die Straße entlang, die durch die Wiesen führt. Ich folge dem Auto, in dem die gefährdete Heldin sitzt, und habe die Wiese längst vergessen, wenn das Auto im nächsten Ort um die Ecke biegt und vor einer Villa hält.

Wenn ich von dieser Wiese in einem Buch lese, sehe ich ein Mädchen vor mir, das dicke Sträuße Schlüsselblumen pflückt, sie mit einem Wollfaden zusammenbindet und in einen Spankorb legt, dem man wegen seiner rötlichen Flecken ansieht, dass er normalerweise zum Kirschenpflücken verwendet wird. Ein bisschen kitschig, denke ich, schreiben werde ich das nicht, aber ich kann den Blick nicht wenden. Ich sehe das Mädchen den Hang hinuntergehen bis zur großen Straße. Dort stellt es sich an den Straßenrand, nimmt einen Strauß in die Hand und winkt, wenn ein Auto vorbeifährt. Ab und zu hält eines an, der Fahrer kauft einen Strauß, gibt dem Mädchen die geforderten zwanzig oder dreißig Pfennig und fährt weiter.

Ich sehe, wie das Mädchen lacht, und weiß, dass sie das Geld später zu Hause abgibt, aber nicht alles, ein bisschen hat sie behalten und sich dafür Schokoladenrippen beim Bäcker gekauft, das Stück für zehn Pfennig. Und bei diesem Gedanken spüre ich den etwas seifigen Geschmack auf der Zunge und frage mich, warum zum Teufel die Schokolade damals nach Seife geschmeckt hat.

Als Schreibende sehe ich aber auch den Mann, wie er zu Hause ankommt und seiner Frau die Blumen hinhält, und ich kann mir überlegen, wie sie darauf reagieren wird, wütend, weil er glaubt, sie mit einem Strauß Schlüsselblumen abspeisen zu können, oder gerührt, weil er an so etwas wie Blumen gedacht hat. Oder sie fängt an zu weinen, weil die Schlüsselblumen sie an ihre erste Liebe erinnern, die unglücklich war wie alle ersten Lieben.

Beim Lesen habe ich Zeit, ich folge meinem eigenen Rhythmus, kann meine eigenen Assoziationen zulassen. Seltsame, überraschende und ungewohnte Assoziationsketten sind eines der größten Vergnügen beim Lesen, sie gehen weit über die Spannung einer Geschichte hinaus, haben oft gar nichts mehr mit ihr zu tun, sondern nur mit bestimmten Wörtern, die der Autor gewählt hat. Und so schreibe ich auch. Ich tippe ein Wort, einen Satz und warte darauf, was sich daraus ergibt. Das macht mir Spaß, zieht mich mit, und wenn es gut klappt, entsteht eine physische Erregung, auf die ich nicht verzichten möchte. Das alles bedeutet natürlich, dass Bilder und Szenen bei mir oft zufällig entstehen, nicht durchdacht, sondern eher erfühlt. Besser kann ich es nicht erklären.

Dann aber arbeite ich wieder am Text, ich lese das Geschriebene durch, als stamme es von einer fremden Person, ich ändere, streiche, füge hinzu. Wenn ich etwas Bestimmtes lesen will, muss ich es mir eben schreiben. Ich denke beim Schreiben nicht an mögliche Leser, weil ich selbst meine Leserin bin, eine intensive, zuverlässige und neugierige. Und wenn ich genug Zeit habe, um Abstand zu gewinnen, auch eine kritische.

Als Beispiel möchte ich Ihnen eine Szene aus Malka Mai erzählen. Malka, die Siebenjährige, die allein im Ghetto lebt, sieht einen toten Jungen auf der Straße liegen. Natürlich weiß ich, dass sich diese Szene liest, als hätte ich lange darüber nachgedacht, wie man die Verrohung eines Kindes in einer erbarmungslosen Umgebung nachvollziehbar darstellen könnte, so kann ich sie, wenn sie fertig ist, auch lesen. Angefangen hat es jedoch anders. Da war der Hunger. Malka hat Hunger, dazu fällt mir viel ein, auch zu dem Wort »Kälte« fällt mir viel ein, in diesem Fall war es ein Schal, den der tote Junge um den Hals trägt. Malka möchte den Schal, traut sich aber nicht, ihn zu nehmen. Ich weiß, wie das ist, wenn man etwas will, aber nicht wagt, die Hand auszustrecken. Am Schluss hat sie zu lange gewartet, ein Mann bindet dem toten Jungen den Schal ab. Ich weiß, wie sie sich fühlt, ich gehe mit ihr durch das Ghetto, setze mich mit ihr hin, spüre die ganze angestaute Enttäuschung, die nach einem Ausdruck sucht. Malka nimmt einen Stein und zerdrückt damit eine Schnecke, bis sie sich nicht mehr bewegt. Wäre eine kleine Katze da gewesen, hätte

Malka die kleine Katze getötet, ebenso gefühllos. Aber nie wäre Malka zu diesem Zeitpunkt eine kleine Katze begegnet, weil ich den Tod der Katze nicht ausgehalten hätte.

Jedes Schreiben ist, bei mir zumindest, so etwas wie ein freier Fall, ich weiß vorher nicht, was ich in der Hand behalte, ich weiß nur, dass ich die Hand ausstrecken und mich festklammern muss, wenn ich nicht im Bodenlosen, das heißt im Irgendwo und im Beliebigen, landen will. Vor diesem Fall habe ich oft Angst, eine Angst, die vermutlich den meisten Autoren vertraut ist und die, so glaube ich, hinter der bekannten »Angst vor dem weißen Blatt« steht. Dass ich mich dieser Angst immer wieder aussetze, hat etwas mit dem Glück zu tun, wenn man merkt, dass die Hand nicht ins Leere greift.

Wie ich mir meine Leser vorstelle

Etwas Geschriebenes wird erst durch Lesen lebendig, daraus folgt, dass Leser genauso wichtig sind wie Schreiber. Der Leser ist bereit, sich auf die Gedanken und Gefühle des Autors einzulassen, wenn er einen Text liest, er gibt ihm aber seine eigenen Gedanken und Gefühle hinzu und macht ihn dadurch differenzierter, umfassender, reicher. Der Autor schreibt ein Wort wie »blau« und denkt an die Schürze einer dicken, alten Frau, die einen Apfel in der Tasche hat, der Leser sieht einen Pullover vor sich, den er so gerne gehabt hätte, als er klein war, aber nicht bekommen hat. Die beiden schauen sich über das Wort »blau« hinweg an, nicken einander zu und spüren die Sehnsucht und die Enttäuschung bis in die Fingerspitzen.

Wen ich mit meinen Büchern erreichen will? Anonyme Leser, absolut anonyme Leser, sonst würde ich, glaube ich, nicht schreiben. Als ich noch malte, hatte ich einmal eine Verabredung mit einem Galeristen. Ich hatte mein Auto vollgeladen mit Bildern und fuhr los. Es dauerte nicht lange, da wurde mir übel, sehr übel, ich fing an zu erbrechen und konnte den Termin nicht wahrnehmen. Ich war keineswegs krank, es war ein absolut psychosomatisches Erbrechen, ausgelöst durch die Vorstellung, einem fremden Menschen meine Bilder zeigen zu müssen. Das war mir schlimmer, als mich nackt auszuziehen, diese Vorstellung war mir buchstäblich zum Kotzen. Daran habe ich oft gedacht, später, wenn ich meine Manuskripte losschickte. Das hat mir nämlich nichts ausgemacht, da war ich nur ein Name auf dem Absender. Schreiben ist weitgehend etwas Anonymes, zumindest am Anfang. Und dafür bin ich dankbar.

Als Person kann ich meinen Lesern nur unter Vorbehalt gegenübertreten, zwar offen, soweit mir das möglich ist, aber auch auf der Hut vor zu großer Nähe. In meinen literarischen Figuren habe ich keine Angst vor der Nähe, da kann ich Dinge zeigen, die ich sonst lieber für mich behalte. Meine Figuren erlauben mir alles, ich kann mich mit ihrer Hilfe öffnen, ich kann mich hinter ihnen verstecken, ich kann lieben, hassen, sterben. Und viele Leben leben, mit allen Vor- und Nachteilen. Denn auch in der Literatur geht nicht alles so, wie man es möchte. Und wenn ich Glück habe, erfahre ich nicht nur als Leserin, sondern auch als Schreiberin etwas von dem, was hinter den Geschichten steht.

Warum ich Bücher für Kinder und Jugendliche schreibe

Ich habe, was die Beantwortung dieser Frage betrifft, eine Entwicklung durchgemacht. In den ersten Jahren meines Schreibens habe ich geantwortet: Weil meine Kinder in diesem Lesealter sind. Als meine Kinder älter wurden und ich selbst merken musste, dass diese Antwort nicht mehr stimmte, antwortete ich: Ich schreibe die Bücher, die ich gerne gelesen hätte, als ich in diesem Alter war. Ich habe anfangs gesagt, in meiner Kindheit habe es keine Bücher gegeben, die mir Anhaltspunkte zum Verständnis meiner Umwelt hätten geben können. In dieser Hinsicht schreibe ich tatsächlich die Bücher, die ich damals gerne gelesen hätte. Heute weiß ich, dass auch diese Antwort nur bedingt wahr ist.

Die meisten Autoren haben nur ein Thema, das sie in immer neuen Varianten und Variationen bearbeiten, sie schreiben das eine Buch immer neu, nämlich die Geschichte ihres Lebens. Das meint wohl die Fixierung auf ein einziges Thema, sei es, dass es um bestimmte Lebensräume, bestimmte Landschaften, bestimmte Probleme, einen bestimmten Personenkreis geht. Mein Thema ist – im weitesten Sinn – die beschädigte Kindheit, ist letztlich die Verwunderung darüber, dass das Leben, der Wille zu leben zum Glück meist stärker ist als alles, was Menschen sich gegenseitig antun. Mich interessiert die Frage, wie Identität unter widrigen Bedingungen entstehen und wachsen kann. Das ist vielleicht eine einseitige Sicht der Welt, aber eine andere steht mir nicht zur Verfügung. Auch wenn ich es mir anders gewünscht hätte.

Mirjam Pressler, geboren 1940 in Darmstadt, studierte an der Akademie für Bildende Künste in Frankfurt und Sprachen in München und lebte für ein Jahr in einem Kibbuz in Israel. Sie arbeitete danach u.a. als Taxifahrerin und führte einen Jeansladen. Heute lebt sie als freie Autorin und Übersetzerin in Landshut.

Mirjam Pressler hat mehr als 30 eigene Kinder- und Jugendbücher verfasst, darunter *Bitterschokolade* (Oldenburger Jugendbuchpreis), *Novemberkatzen*, *Wenn das Glück kommt, muss man ihm einen Stuhl hinstellen* (Deutschen Jugendliteraturpreis), *Malka Mai* (Deutscher Bücherpreis), die Romane *Golem stiller Bruder*, *Shylocks Tochter*, *Nathan und seine Kinder* sowie die Lebensgeschichte der Anne Frank *Ich sehne mich so*. Außerdem hat sie viele Bücher aus dem Niederländischen, Englischen und Hebräischen übersetzt, darunter auch die Romane von Uri Orlev. Siehe auch www.mirjampressler.de.

Für ihr literarisches Gesamtwerk wurde sie mit der Carl-Zuckmayer-Medaille geehrt, für ihr Gesamtwerk als Übersetzerin mit dem Sonderpreis des Deutschen Jugendliteraturpreises und das Gesamtwerk als Autorin und Übersetzerin mit dem Deutschen Bücherpreis.

Mirjam Pressler
Malka Mai
Roman
Geb. mit Schutzumschlag, 328 Seiten, Gulliver (78594)
Deutscher Bücherpreis 2002

September 1943: Polen war von den Deutschen besetzt. Malka war sieben,
als ihre Mutter sie auf der Flucht über die Karparten allein zurücklassen
musste. Nur selten fanden solche Geschichten ein gutes Ende. Einmal
zum Glück war es so.

»Was für ein Buch! Eine erschütternde Geschichte in einer
wunderschönen poetisch nüchternen Sprache, die keine Sentimentalität
aufkommen lässt. Bilder, die sich einprägen. Mit anderen Worten: Ein
Meisterwerk, das einen zentralen Platz im Schaffen dieser wunderbaren
Schriftstellerin einnehmen wird.« *Badische Zeitung*

»Ein ergreifendes Buch über eine jüdische Kindheit, das man
so schnell nicht vergisst.« *FAZ*

»Diese Geschichte eines kleinen Mädchens und seiner Mutter geht an
Herz und Nieren. Genau im Einzelnen und exemplarisch zugleich, öffnet
dieses Buch Jugendlichen den Zugang zu unglaublichen Zuständen und
haut noch einmal in die Kerbe des Vergessens. Großartig.« *BuchMarkt*

www.beltz.de
Beltz & Gelberg, Postfach 10 01 54, 69441 Weinheim

Peter van Gestel
Wintereis
Roman
Aus dem Niederländischen von Mirjam Pressler
Gulliver, 336 Seiten (74163)
Nominiert für den Deutschen Jugendliteraturpreis

Eine Geschichte im Amsterdam von 1947, die von Kindern erzählt, die
gelernt haben, niemals ihre Gefühle zu zeigen, und die doch so voller
Kraft und Hoffnung sind, wie es nur Kinder vermögen. Ein Roman von
tiefer Schönheit und großer Menschlichkeit.

»Ein wunderschöner Roman vom Erwachsenwerden, dem Willen zu
überleben, von Liebe und tiefer Freundschaft.« *De Volkskrant*

»Diese ergreifende Geschichte ist ein Meisterwerk.« *NRC Handelsblad*

»Der geistreiche, anrührende Roman des vielfach preisgekrönten
holländischen Autors hat auch zwischen den Zeilen viel zu sagen.«
Focus Schule

»Was für eine wundervolle Freundschaftsgeschichte! Was für eine zarte
und gleichzeitig herbe erste Liebe! Was für ein Tiefsinniges, kluges,
heiteres Buch! Ein Winter mit dickstem Eis, das drei Kinder mit ihrer
Freundschaft zum Schmelzen bringt.« *Deutschlandfunk*

www.beltz.de
Beltz & Gelberg, Postfach 100154, 69441 Weinheim

Will Gatti
Diebe!
Roman. Aus dem Englischen von Karsten Singelmann
Gebunden mit Schutzumschlag, 416 Seiten (81058)

In der Hitze einer südamerikanischen Großstadt kämpfen das Mädchen
Baz und ihr Freund Demi ums Überleben. Sie sind die Besten in ihrer
Gang, sie sind Meisterdiebe ihrer Straße. Die beiden fühlen sich
unbesiegbar – bis Demi einen der gefährlichsten Männer der Stadt
bestiehlt – ein kostbarer Ring, mit dem sie ein neues Leben beginnen
könnten. Doch plötzlich ist ihr Leben keinen Cent mehr wert. Als Demi
angeschossen und verschleppt wird, hat Baz keine Wahl: Wenn sie ihren
Freund retten will, muss sie sich ihren Verfolgern stellen.
Ein außergewöhnlich packend erzählter Roman aus einer fremden,
harten Wirklichkeit, der einen atemlos zurücklässt.

»Dramatisch, rasant und voller Leidenschaft – ein Genuss!« *The Times*

www.beltz.de
Beltz & Gelberg, Postfach 1001 54, 69441 Weinheim